Caminando con Dios a través de

el Dolor *y el* Sufrimiento

Timothy Keller

Poiema Publicaciones
Medellín, Colombia

Mientras lees, comparte con otros en redes usando

#ATravésDelDolor

Caminando con Dios a través del dolor y el sufrimiento
por Timothy Keller

Traducido con el debido permiso del libro *Walking with God through Pain and Suffering,* Copyright © 2013 por Timothy Keller, publicado por Dutton, en Penguin Group, una empresa de Penguin Random House.

Poiema Publicaciones
info@poiema.co
www.poiema.co

Categoría: Religión, Cristianismo, Vida Cristiana

ISBN: 978-1-944586-85-0
Impreso en Colombia
SDG *202*

Buscando ser buenos mayordomos de la creación, Poiema se compromete a un uso responsable de los recursos naturales. Por tal razón, hemos preparado este libro con papel ecológico para cuidar el medio ambiente.

A mi hermana Sharon Johnson,
una de las personas más pacientes y gozosas que conozco,
quien me ha enseñado mucho a sobrellevar las cargas,
enfrentar el dolor y confiar en Dios.

CONTENIDO

INTRODUCCIÓN

EL ESTRUENDO DEL PÁNICO QUE HAY DETRÁS DE TODO

Creo que tomar la vida en serio significa algo como esto: que cualquier cosa que haga el hombre en este planeta la haga reconociendo la realidad del terror de la creación... del estruendo del pánico que hay detrás de todo. De lo contrario sería falso.

— Ernest Becker, *La negación de la muerte*[1]

Bendigo al Señor todo el tiempo; en mis labios siempre hay una alabanza para Él. Mi alma alaba al Señor. Todos ustedes los que están tristes, escuchen mi alabanza y alégrense. Honren al Señor conmigo; exaltemos todos Su nombre.

— Salmo 34:1-3 PDT[2]

El sufrimiento está en todas partes. Es algo que no podemos evitar, y su alcance generalmente nos abruma. Si pasas una hora leyendo este libro, al acabar habrán muerto más de cinco niños en el mundo por abuso o violencia.[3] Si dedicas todo el día a leer, habrán muerto más de cien niños de manera violenta. Pero esto es, por supuesto, solo uno de los innumerables tipos de sufrimiento. Cada hora mueren miles de personas en accidentes de tráfico o debido al cáncer, y cientos de personas se enteran de que sus seres queridos ya no están. Es como si cada día desapareciera la población de una pequeña ciudad, dejando a familias y amigos devastados en un instante.

Cuando ocurre un evento masivo que resulta en una cantidad enorme de muertes, como el caso del ciclón Bhola de 1970 en Bangladesh, del tsunami en el Océano Índico en el 2004, o del terremoto de 2010 en Haití —que dejaron más de trescientos mil muertos cada uno— la noticia recorre todo el mundo y todos somos sacudidos por la devastación. Pero las estadísticas son engañosas. Tales desastres históricos realmente no cambian el índice de sufrimiento humano. Decenas de miles de personas mueren diariamente en tragedias inesperadas, y cientos de miles de personas allegadas son devastadas por el dolor y el impacto. La mayoría de estas muertes no salen en primera plana porque el dolor y la miseria parecen ser algo normal en este mundo.

Shakespeare entendió esto al escribir:

Cada nueva mañana
nuevas viudas se lamentan, nuevos huérfanos lloran,
nuevos pesares golpean al cielo en la cara.[4]

La maldad y el sufrimiento son tan comunes que las estadísticas que acabo de mencionar apenas nos hacen pestañear. Pero tenemos que reaccionar. El autor Ernest Becker habló sobre el peligro de negar la miseria de la vida y la aleatoriedad del sufrimiento. Cuando escuchamos sobre alguna tragedia, en todos nosotros se activa un mecanismo de defensa psicológico. Pensamos que esas cosas solo les suceden a otras personas, a los más pobres o a las personas que no son precavidas. O nos decimos a nosotros mismos que si elegimos a las personas indicadas para que nos gobiernen y arreglen nuestros sistemas sociales, nada de esto volverá a suceder.

Pero Becker cree que ese tipo de pensamiento no "[se toma] la vida en serio" ni admite la "realidad del terror de la creación… del estruendo del pánico que hay detrás de todo".[5] Ese pánico proviene de la muerte. La muerte es irremediablemente impredecible e implacable.

El mismo mensaje fue expuesto en un artículo de *The New York Times Magazine* durante el tiempo en que surgió el "francotirador de

Beltway", quien le disparaba a personas en el área de Washington, D. C., de una forma aparentemente aleatoria, sin importar raza o edad. Ann Patchett escribió:

> Siempre estamos tratando de buscarle el sentido al asesinato para sentirnos seguros: no me parezco a la víctima; no vivo en esa ciudad; nunca habría ido a ese lugar ni conocido a esa persona. ¿Pero qué sucede cuando no hay información acerca de ninguna de estas cosas? ¿A dónde acudimos para encontrar nuestra paz interior? (...)
>
> La realidad es que evitar nuestra muerte es uno de nuestros pasatiempos favoritos. Ya sea haciendo ejercicio, revisando nuestro colesterol o realizándonos una mamografía, siempre estamos evadiendo nuestra mortalidad. Puede que descubras cuál es el perfil y pensar en todas las razones por las que no te pasaría lo mismo, pero un francotirador que logra dispararle a un individuo en medio de una multitud es un horrible recordatorio de la muerte. Por más que nos esforcemos, sigue siendo, en su mayoría, aleatoria.
>
> Y, sin duda, viene por nosotros.[6]

Patchett y Becker exponen las formas comunes en que tratamos de negar el estruendo del pánico que hay detrás de todo. Este libro es un esfuerzo por hacer lo que ellos sugieren: tomar la vida en serio. Quiero ayudar a los lectores a vivir bien e incluso con gozo a pesar de estas terribles realidades. La pérdida de seres queridos, una enfermedad debilitante y mortal, traiciones, pérdidas financieras, fracasos morales —si alcanzas un tiempo de vida promedio, terminarás enfrentándote a todo esto. Nadie es inmune.

Es por eso que no importa qué tan precavidos seamos ni qué tan bien hayamos vivido; no importa cuánto nos esforcemos por mantenernos saludables, prósperos, cómodos con nuestros amigos y familias o exitosos en nuestras carreras, algo inevitablemente lo arruinará.

Ninguna cantidad de dinero, de poder ni de planeación puede prevenir la pérdida de un ser querido, una terrible enfermedad, la traición en las relaciones, el desastre financiero ni un montón de problemas que pueden simplemente llegar a tu vida. La vida humana es fatalmente frágil, y está sujeta a fuerzas que van más allá de lo que podemos manejar. La vida es trágica.

Todos sabemos esto por intuición, y aquellos que enfrentan el desafío del sufrimiento y el dolor llegan a entender muy bien que es imposible hacerlo utilizando solo nuestros propios recursos. Todos necesitamos ayuda para no caer en la desesperación. En este libro trataremos de demostrar por qué dicha ayuda debe ser espiritual.

"LOS QUE ESTÁN TRISTES... ALÉGRENSE"

El día de nuestra boda, Kathy y yo pronunciamos nuestros votos frente a nuestros amigos y familiares. A las tradicionales palabras de compromiso añadimos un pasaje de la Escritura, Salmo 34:1-3, el cual está grabado en la parte interna de nuestros anillos de matrimonio.

> Bendigo al Señor todo el tiempo;
> en mis labios siempre hay una alabanza para Él.
> Mi alma alaba al Señor.
> Todos ustedes los que están tristes,
> escuchen mi alabanza y alégrense.
> Honren al Señor conmigo;
> exaltemos todos Su nombre
> (Sal 34:1-3, PDT).

Pronunciar nuestros votos fue un momento importante, y las palabras del texto lo hicieron aún más hermoso. Estábamos por iniciar una vida de ministerio juntos, y nuestro anhelo era mostrarle al mundo al Dios que conocíamos. Sin embargo, en ese momento casi ignorábamos por completo las palabras que están en el centro de este pasaje. La definición del ministerio en este texto es que "los que están tristes" escuchan y se alegran. Una de las razones por las que pasamos por alto esa frase es, tal como dijo Kathy más adelante, que "a esa edad nuestro mayor sufrimiento era una uña enterrada". Éramos jóvenes, y la arrogancia de la juventud ni piensa en el dolor y el sufrimiento. No entendíamos cuán crucial sería ayudar a otros a entender y enfrentar la aflicción, y cuán importante era que nosotros mismos supiéramos enfrentarla.

Al iniciar mi labor como ministro intentaba comprender por qué tantas personas se resistían a Dios y lo rechazaban. Pronto me di cuenta de que la aflicción y el sufrimiento parecían ser la razón principal. ¿Cómo puede un Dios bueno, un Dios justo, un Dios amoroso permitir tanta miseria, depravación, dolor y angustia? A medida que aumenta el dolor en nuestros corazones, nuestras mentes se van llenando de dudas. Cuando me sentaba a platicar con quienes sufrían, lo más frecuente era escuchar fuertes objeciones en contra de la existencia de Dios y de la fe cristiana. Hace algunos años una actriz de Hollywood fue entrevistada después de que su esposo murió repentinamente en un accidente. Hacía tiempo que vivía sin siquiera pensar en Dios, pero una vez experimentó esto, expresó: "¿Cómo puede un Dios amoroso permitir que esto suceda?". En un instante pasó de ser indiferente a Dios a estar airada contra Él.[7] Este es el tipo de experiencia que ha llevado a una serie de pensadores a argumentar, como lo hizo el escritor Stendhal (Marie-Henri Beyle), que "la única excusa válida que tendría Dios sería que no existiera".[8]

Pero al mismo tiempo aprendí que también muchas personas *encuentran* a Dios a través de la aflicción y el sufrimiento. Se percatan de que la adversidad los acerca a Dios en lugar de alejarlos de Él. Los momentos problemáticos los hacen despertar de su ilusión de autosuficiencia espiritual, impulsándoles a buscar lo divino. El sufrimiento "erige la bandera de la verdad en la fortaleza de un alma rebelde".[9] Decir que nadie encuentra a Dios a menos que sufra es una exageración, pero no está muy lejos de la realidad. Cuando el dolor y el sufrimiento llegan a nuestras vidas, finalmente caemos en cuenta no solo de que no estamos en control, sino de que nunca lo hemos estado.

A través de los años también he visto que la adversidad no solo conduce a las personas a creer que Dios existe, sino que también impulsa a los creyentes a una experiencia más profunda de la realidad de Dios, de Su amor y de Su gracia. Una de las principales formas en que pasamos de un conocimiento abstracto de Dios a un encuentro personal con Él es a través del horno de la aflicción. Tal como dijo C. S. Lewis: "Dios nos susurra a través de los placeres, nos habla en nuestra conciencia, pero nos grita en medio del dolor".[10] Los creyentes entienden muchas verdades doctrinales, pero esas verdades no suelen arraigarse en el corazón a menos que sea a través de la desilusión, el fracaso o la pérdida. Un hombre que estaba por perder su carrera y su familia me dijo: "Siempre supe que 'Jesús es todo lo que necesitas'. Pero realmente no entiendes que Jesús es todo lo que necesitas hasta que Jesús es lo único que tienes".

Finalmente, a medida que crecía mi entendimiento de lo que enseña la Biblia, comencé a ver que la realidad del sufrimiento era uno de sus temas principales. El libro de Génesis comienza con el relato de cómo la maldad y la muerte llegaron al mundo. El libro de Éxodo relata los cuarenta años de Israel en el desierto, un tiempo en el que el pueblo fue puesto a prueba de forma muy intensa. La sabiduría literaria del Antiguo Testamento tiene mucho que decir respecto al problema del sufrimiento. El libro de los Salmos nos da una oración para cada situación en la vida, y es asombroso ver todos los lamentos y las preguntas contundentes que se elevan a Dios sobre la aparente aleatoriedad e injusticia del sufrimiento. En el Salmo 44, el escritor contempla toda la devastación en su país y exclama: "¡Despierta, Señor! ¿Por qué duermes?... ¿Por qué escondes Tu rostro y te olvidas de nuestro sufrimiento y opresión?" (Sal 44:23-24). Los libros de Job y Eclesiastés están dedicados casi por completo a reflexionar profundamente sobre los sufrimientos injustos y la aparente futilidad de tantas cosas en la vida. Los profetas Jeremías y Habacuc se quejan abiertamente ante Dios cuando les parece que la maldad está marcando el curso de la historia. En el Nuevo Testamento hay libros como Hebreos y 1 Pedro que nos muestran cómo enfrentar penas y problemas que parecen interminables. Y por encima de todo tenemos a Jesucristo, la figura central de toda la Escritura, quien además es varón de dolores. La Biblia, por tanto, habla extensamente sobre el sufrimiento.

Naturalmente, Kathy y yo hemos tenido que enfrentar nuestras propias aflicciones. En el año 2002 me diagnosticaron cáncer de tiroides, por lo que tuve que ser operado y recibir tratamiento. Casi al mismo tiempo se agudizó la enfermedad de Crohn de Kathy, por lo que tuvo que ser sometida a diversas cirugías en el curso de pocos años, soportando incluso siete en un solo año. En este punto me encontré enfrentando la agonizante posibilidad de abandonar el ministerio debido a la enfermedad de mi esposa. Fue el momento más oscuro de nuestras vidas hasta el momento. Y sabemos, por las Escrituras y nuestra experiencia, que vendrán momentos más oscuros. Sin embargo, también esperamos más gozo del que ahora podemos imaginar.

Al recordar lo que hemos vivido, Kathy y yo estamos convencidos de que el sufrimiento es una de las principales razones por las que la gente *cree* y *no cree* en Dios, por las que algunos *crecen* y otros *decrecen* en carácter, y por las que Dios se hace *menos real* para algunos y *más real* para otros. Y cuando fuimos a la Biblia para estudiar y comprender este patrón, observamos que el gran tema de la Biblia es cómo Dios trae plenitud de gozo no a pesar de, sino *a través* del sufrimiento, así como Jesús nos salvó no a pesar de lo que sufrió en la cruz, sino *a través* de ello. Así que hay un gozo peculiar y conmovedor que parece obtenerse únicamente por medio del sufrimiento.

Este libro contiene lo que hemos aprendido durante los años que hemos estado ministrando a los que están "tristes". Simone Weil escribió que el sufrimiento hace que Dios "parezca estar ausente". Tiene razón. Pero en el Salmo 34, David contesta que a pesar de que nos parezca que Dios está ausente, no significa que realmente lo esté. Recordando el momento en que su vida corría grandes peligros y todo parecía perdido, David concluye: "El Señor está cerca de los quebrantados de corazón, y salva a los de espíritu abatido" (v 18).

Escribo este libro porque hemos comprobado esta verdad en nuestras propias vidas.

EL HORNO ARDIENTE Y EL PLAN PARA ESTE LIBRO

¿Es este libro para personas que sufren? Sí, pero debemos hacer algunas distinciones. Todos sufrimos, o sufriremos. Pero no todos estamos experimentando un dolor profundo actualmente. Aquellos que no lo estén experimentando, pero lo ven en otros, tendrán un cúmulo de preguntas filosóficas, sociales, psicológicas y morales. Por otro lado, aquellos que sí están sufriendo o experimentando dificultades *ahora* no pueden lidiar con ello de manera filosófica. Abordar en un solo libro las preguntas de los que no sufren y las luchas de los que sí lo hacen no es una tarea sencilla. Aunque los afligidos pueden clamar utilizando preguntas filosóficas —"Dios, ¿por qué permites estas cosas?"— lo que realmente quieren saber es cómo sobrevivir sin perder lo mejor de sí mismos. Hablar de manera filosófica e impersonal a una persona que está sufriendo es cruel. Sin embargo, la experiencia del dolor nos conduce casi inevitablemente a "grandes preguntas" acerca de Dios y de la naturaleza de las cosas que no pueden ser ignoradas.

Al leer libros sobre la maldad y el sufrimiento me pareció claro que la mayoría de ellos trataban el tema principalmente desde una sola perspectiva. Muchos libros utilizaban la perspectiva filosófica, considerando si el "problema del mal" hacía que la existencia de Dios fuera más o menos probable, o que el cristianismo fuera más o menos creíble. Otros abordaban el tema teológicamente, agrupando todas las enseñanzas bíblicas sobre el dolor y el sufrimiento. Finalmente, muchos libros abordaban el asunto de manera devocional, escribiendo una serie de meditaciones con el propósito de ayudar a los que sufren a lidiar con su dolor. También había un número más pequeño de artículos y libros que presentaban una perspectiva histórica y antropológica, examinando cómo las diferentes culturas han ayudado a sus miembros a enfrentar los problemas y las pruebas. Cuanto más leía me parecía más claro que estas diferentes perspectivas se complementaban, y que limitarse a una sola forma de tratar el asunto dejaba muchas preguntas sin contestar.

Así que he dividido el libro en tres secciones, cada una de ellas aborda el tema utilizando algunas herramientas diferentes. Lo que las une es la imagen central del sufrimiento como un horno ardiente. Esta metáfora bíblica es sumamente enriquecedora. El fuego es, por supuesto, una imagen conocida del tormento y el dolor. La Biblia llama a las pruebas y a los problemas "[caminar] por el fuego" (Is 43:2) o "el fuego de la prueba" (1P 4:12). Pero también compara al sufrimiento con un *horno* ardiente (1P 1:6-7). El concepto bíblico del horno es más parecido a lo que llamaríamos *fogón* en la actualidad. Cualquier cosa que produzca ese grado de calor es muy peligrosa y poderosa. Sin embargo, si se usa adecuadamente, no destruye. Todo lo que se coloca en el fogón puede ser moldeado, refinado, purificado e incluso adornado. Esta es una hermosa perspectiva del sufrimiento: si se enfrenta y soporta con fe, solo puede mejorarnos, hacernos más fuertes y llenarnos de grandeza y gozo. El sufrimiento, entonces, puede utilizar el mal contra sí mismo. Puede frustrar los propósitos destructivos del maligno, y producir luz y vida de la oscuridad y la muerte.

En la primera parte del libro veremos el "horno" desde afuera —el fenómeno del sufrimiento humano y la forma en que las diferentes culturas, religiones y épocas de la historia han tratado de ayudar a las personas a enfrentarlo y soportarlo. También veremos el clásico asunto filosófico del "problema del mal" y qué respuestas podemos darle. Debido a que en esta primera sección del libro se analiza una gran cantidad de posturas, inevitablemente será una discusión más teórica. Es crucial para comprender todo el panorama, pero francamente puede parecerle demasiado abstracta a alguien que se encuentre en medio de la adversidad.

La segunda sección del libro comienza a enfocarse en todo lo que dice la Biblia sobre el carácter del sufrimiento. Esta sección inicia un viaje desde lo filosófico hacia lo personal. Casi podríamos decir que, al igual que un padre con su bebé, la Biblia nos enseña a caminar paso a paso. La Biblia nos llama a caminar firmemente en medio de las aflicciones, y para lograrlo tenemos que comprender lo que nos enseña sobre este tema. Su enseñanza es maravillosamente balanceada y entendible —profundamente realista y, aun así, sorprendentemente esperanzadora. Esto nos impide pensar que podemos huir del horno (evitarlo), atravesarlo rápidamente (negarlo) o simplemente recostarnos sin esperanza (caer en desesperación por ello).

Finalmente, la tercera sección del libro provee el material más práctico. La Biblia no presenta el atravesar el "fuego" de la aflicción como un asunto de técnica. El sufrimiento puede refinarnos en lugar de destruirnos debido a que Dios camina con nosotros a través del fuego. Pero ¿cómo caminamos con Dios en esos momentos? ¿Cómo nos orientamos hacia Él para que el sufrimiento nos transforme en algo mejor y no en algo peor? Cada capítulo está basado en una estrategia principal para conectarnos con Dios en el horno del dolor y el sufrimiento. No deben verse como "pasos" a seguir en ese orden, sino como diversas facetas o diferentes aspectos de una acción —conocer al Dios que dice: "Cuando cruces las aguas… cuando camines por el fuego… Yo estaré contigo" (Is 43:2).

Si estás en medio de la adversidad, quizás quieras comenzar con la segunda y la tercera sección de este libro. Ahí encontrarás diferentes formas en las que puedes enfrentar el sufrimiento, las cuales varían ampliamente —y en ocasiones parecen contradecirse entre ellas. Parte del genio de la Biblia como recurso para los que sufren es su rico abordaje multidimensional. Reconoce una gran variedad de formas, razones y respuestas al sufrimiento. Para mostrar las múltiples posibilidades de respuestas humanas ante el sufrimiento, he incluido al final de muchos de los capítulos una historia de alguien que ha sufrido y caminado con Dios a través del sufrimiento. Estas historias son tanto inspiradoras como realistas. La Biblia no promete que el sufrimiento se resolverá por completo ni que tendrá un "final feliz" en esta vida, pero estas historias muestran cómo creyentes han lidiado con una variedad de sufrimientos y han caminado a través del horno con la ayuda de Dios. Estas historias son un recordatorio de la presencia de Dios incluso en los peores momentos. Especialmente en los peores momentos.

Es posible que la imagen bíblica más vívida del sufrimiento sea la que encontramos en el tercer capítulo del libro de Daniel, donde tres hombres fieles fueron lanzados en un horno que se suponía los mataría. Pero una figura misteriosa apareció entre ellos. Los que estaban fuera quedaron atónitos al ver no a tres, sino a cuatro personas en el horno, uno de los cuales tenía la apariencia de "un dios". Así que caminaron por el horno del sufrimiento y no fueron consumidos. Con la ventaja de tener el Nuevo Testamento, los cristianos sabemos que este era el Hijo de Dios, el que siglos después enfrentó un horno de aflicción infinitamente peor cuando fue crucificado. Esto eleva a otro nivel el concepto de que Dios "camina con nosotros". En Jesucristo comprobamos que Dios realmente experimentó el dolor del fuego al igual que nosotros. Él realmente es Dios *con* nosotros, en amor y comprensión, en medio de nuestra angustia.

Se sumergió a nuestro horno para que podamos mirar hacia Él *en medio del fuego* y saber que no seremos consumidos, sino que seremos transformados a Su hermosa imagen. "Estaré contigo para bendecir tus problemas y para santificar tu más profunda angustia".[11]

PARTE UNO

ENTENDIENDO EL HORNO

UNO

LAS CULTURAS DEL SUFRIMIENTO

"¿Qué sentido tiene?", preguntó mi padre mientras moría.

ENTRENANDO PARA EL SUFRIMIENTO

El sufrimiento parece destruir tantas de las cosas que le dan sentido a nuestras vidas que en ocasiones nos hace pensar que es imposible seguir hacia adelante. En las últimas semanas de su vida, mi padre enfrentó una serie de enfermedades dolorosas a la vez. Padecía de insuficiencia cardiaca congestiva y de tres tipos de cáncer, aparte de lidiar con problemas en la vesícula, enfisema y ciática. En una ocasión le dijo a un amigo: "¿Qué sentido tiene?". Estaba muy enfermo como para hacer las cosas que le daban sentido a su vida, así que ¿para qué continuar? En el funeral de mi padre, su amigo nos relató cómo le recordó amablemente a mi padre algunos de los temas básicos de la Biblia. Le dijo que si Dios aún lo quería en este mundo era porque aún tenía cosas por hacer a favor de los que le rodeaban. Jesús soportó con paciencia un sufrimiento infinitamente mayor por amor a nosotros, así que podemos ser pacientes cuando nos toque sufrir por Él. Y el cielo enmendará todas las cosas. Estas breves palabras, expresadas con gran compasión, reconectaron a mi padre con la fe cristiana que había conocido durante años. Restauraron su espíritu para enfrentar sus últimos días.

Profundizaremos en esos recursos cristianos más adelante, pero ahora solo es necesario entender esto: nada es más importante que aprender a mantener una vida de propósito en medio del dolor y la adversidad.

Una de las principales formas en que una cultura sirve a sus miembros es ayudándoles a enfrentar la maldad y la adversidad. El filósofo Max Scheler escribió: "Una parte esencial de las enseñanzas y directrices de los grandes pensadores filosóficos y religiosos del mundo ha sido acerca del *significado del dolor y el sufrimiento*".[1] Scheler siguió argumentando que cada sociedad ha elegido alguna versión de estas enseñanzas para proveer a sus miembros "instrucciones... para enfrentar correctamente el sufrimiento —para aprender a sufrir adecuadamente (o a evadir el sufrimiento)".[2] Los sociólogos y antropólogos han analizado y comparado las diversas maneras en que las culturas entrenan a sus miembros para el sufrimiento, el dolor y la pérdida, y se ha demostrado que nuestra cultura contemporánea, secular y occidental es una de las más débiles de la historia respecto a este punto.

Todos los seres humanos tenemos "una fuerza interna que nos mueve a querer comprender el mundo como un cosmos significativo y establecer nuestra posición respecto a él".[3] Esto también aplica para el sufrimiento. El antropólogo Richard Shweder escribió: "Aparentemente los seres humanos desean ser edificados por sus miserias".[4] El sociólogo Peter Berger escribió que cada cultura ha provisto una "explicación de los eventos humanos que le dan sentido a las experiencias del sufrimiento y de la maldad".[5] Notemos que Berger no dice que a las personas se les enseña que el sufrimiento es bueno o significativo. (Esto se ha intentado en diversas ocasiones, pero esa perspectiva es vista como una forma de masoquismo filosófico.) Lo que Berger quiere expresar es la importancia de que las personas vean cómo la *experiencia* del sufrimiento no tiene que ser un desperdicio, pues aunque sea dolorosa, podría ser una buena oportunidad para vivir bien.

Debido a esta profunda "fuerza interna" que tienen los humanos, cada cultura debe ayudar a su gente a enfrentar el sufrimiento, o correrán el riesgo de perder su credibilidad. Cuando no se da ninguna explicación (cuando el sufrimiento es percibido como algo que no tiene sentido y como un completo desperdicio del que no podemos escapar), las víctimas pueden desarrollar una profunda ira y un odio tóxico que Friedrich

Nietzsche, Max Weber y otros llamaron *ressentiment* [resentimiento].[6] Este *ressentiment* puede conducir a una gran inestabilidad social. Así que, en términos sociológicos, cada sociedad debe proveer un "discurso" a través del cual las personas puedan encontrarle un sentido al sufrimiento. Ese discurso debe incluir cierta explicación de las causas del dolor y de las maneras en que podemos responder apropiadamente al mismo. Con este discurso la sociedad puede preparar a su gente para las batallas que enfrentarán en este mundo.

Sin embargo, no todas las sociedades hacen esto igual de bien. Nuestra propia sociedad occidental contemporánea no provee a sus miembros una explicación del sufrimiento, y ofrece muy poca ayuda para lidiar con el mismo. El 25 de diciembre de 2012, solo unos días después del tiroteo en la escuela Sandy Hook de Newtown, Maureen Dowd publicó su columna en el *New York Times* bajo el título "¿Por qué, Dios?", e incluyó la respuesta de un sacerdote católico a la masacre.[7]

Casi inmediatamente hubo cientos de respuestas a la columna. La mayoría no estaba de acuerdo con ella, pero por razones extremadamente diferentes. Algunos se aferraban a la idea del karma, diciendo que el sufrimiento del presente era un pago por pecados de vidas pasadas. Otros hacían referencia a la naturaleza ilusoria del mundo material, idea que proviene del budismo. Otros aceptaban la perspectiva cristiana tradicional del cielo como un lugar de reunión con los seres amados, lo cual es un consuelo mientras sufrimos aquí en la tierra. Algunos señalaban que el sufrimiento nos hace más fuertes, idea que refleja la posición de los pensadores estoicos y paganos de la antigüedad. Otros añadían que como este mundo es todo lo que tenemos, cualquier consuelo "espiritual" debilita la respuesta correcta al sufrimiento, es decir, la acción necesaria para erradicar los factores que lo causaron. Según esta perspectiva, la única respuesta correcta al sufrimiento era hacer del mundo un mejor lugar.

Las respuestas a la columna fueron evidencia de que nuestra propia cultura no nos provee las herramientas para lidiar con la tragedia. Quienes respondieron tuvieron que mirar hacia otras culturas y religiones

—la hinduista, la budista, la confucionista, la griega clásica y la cristiana— para enfrentar la oscuridad del momento. Las personas fueron abandonadas a su suerte.

El resultado final es que hoy quedamos más asombrados y deshechos por el sufrimiento que nuestros antepasados. En la Europa medieval, casi uno de cada cinco niños moría antes del primer año de vida, y solo la mitad de todos los niños llegaban a la edad de diez años.[8] La familia promedio enterraba a la mitad de sus hijos cuando aún eran pequeños, y esos niños morían en casa, así que todos los integrantes vivían el proceso. Las vidas de nuestros ancestros se caracterizaban por mucho más sufrimiento que la nuestras y, sin embargo, innumerables periódicos y documentos históricos nos revelan que ellos enfrentaban las dificultades y el dolor mucho mejor que nosotros. Un experto en la historia antigua del norte de Europa observó cuán desconcertante es para los lectores modernos ver cómo las personas de hace mil quinientos años tenían menos miedo a enfrentar la pérdida o a sufrir violencia y muerte.[9] Otro dijo que así como a nosotros nos sorprende la crueldad que observamos en nuestros antepasados, a ellos les sorprendería ver nuestra "blandura, mundanalidad y timidez".[10]

No solo somos peores que las generaciones pasadas en este aspecto, sino que también somos más débiles que muchas personas que viven en otras partes del mundo actual. El Dr. Paul Brand, un cirujano ortopeda pionero en el tratamiento de pacientes con lepra, invirtió la primera parte de su carrera médica en la India y la última parte en Estados Unidos. Él escribió: "En los Estados Unidos… he encontrado una sociedad que intenta evitar el dolor a cualquier precio. Los pacientes vivían mejor que cualquiera de los pacientes que había tratado anteriormente, pero parecían mucho menos equipados para lidiar con el dolor y eran más traumatizados por él".[11] ¿Por qué?

La respuesta rápida es que otras culturas han provisto a sus miembros diversas respuestas a la pregunta: "¿Cuál es el propósito de la vida humana?". Algunas culturas han establecido que es vivir de una manera moralmente correcta para después escapar del ciclo del karma y de la reencarnación, y así ser liberado a la felicidad eterna. Algunos han dicho que es la iluminación —el reconocimiento de la unidad de todas las cosas y la obtención de tranquilidad. Otros han señalado que es vivir una vida de virtud, nobleza y honor. Hay quienes enseñan que el mayor propósito en la vida es ir al cielo para estar con tus seres queridos y con Dios para siempre. El factor en común es este: En cada una de estas cosmovisiones el sufrimiento puede, a pesar del dolor que produce, ser un medio importante para *alcanzar* tu propósito en la vida. Puede impulsarte hacia tus metas más importantes.

Pero la cultura occidental moderna es diferente. La perspectiva secular es que este mundo material es todo lo que hay. Así que el propósito de la vida es tener la libertad de elegir la vida que te haga más feliz. Es por esto que el sufrimiento no encaja en esta perspectiva. Es una gran interrupción en la historia de tu vida —no es posible que sea una parte significativa de la historia. Desde este punto de vista, tenemos que evitar el sufrimiento casi a cualquier costo, o hacer todo lo posible por minimizarlo. Esto significa que al enfrentar un sufrimiento inevitable e irreducible, las personas seculares tienen que contrabandear recursos de otras perspectivas de la vida, así que recurren a ideas del karma, del budismo, del estoicismo griego, o del cristianismo, aunque sus creencias sobre la naturaleza del universo no concuerden con esas ideas.

Es esta debilidad del secularismo moderno, en comparación con otras religiones y culturas, la que exploraremos en estos primeros capítulos.

EDIFICADOS POR NUESTRAS MISERIAS

Richard Shweder hizo un buen estudio sobre cómo las culturas no occidentales ayudan a su gente a ser "edificadas por la miseria". Las culturas tradicionales perciben las causas del sufrimiento en términos altamente espirituales, sociales y morales. Veremos cuatro formas en las que esas sociedades han ayudado a las víctimas del sufrimiento y la maldad.

Existe lo que algunos antropólogos llaman (no peyorativamente) la perspectiva moralista. Algunas culturas han enseñado que el dolor y el sufrimiento surgen porque las personas no viven correctamente. Hay muchas versiones de esta perspectiva. Muchas sociedades creen que si honras el orden moral, a Dios o a los dioses, tu vida irá bien. Las circunstancias difíciles son un "llamado" a examinarte y arrepentirte. La doctrina del karma es quizás la forma más pura de la perspectiva moralista. Sostiene que cada alma reencarna una y otra vez. Cada vez que pasa de una vida a otra, el alma trae consigo sus obras pasadas y los efectos de las mismas, incluyendo todo el sufrimiento. Si estás sufriendo en el presente, seguramente se debe a tus vidas pasadas. Si ahora vives con decencia, valor y amor, entonces tu vida futura será mejor. En resumen, todo se paga. Tu alma solo será liberada a la felicidad eterna cuando hayas pagado por todos tus pecados.

También existe lo que se ha denominado la perspectiva autotrascendente.[12] El budismo enseña que el sufrimiento no tiene que ver con hechos pasados, sino con deseos incumplidos, y esos deseos son el resultado de la ilusión de que somos seres individuales. Como los antiguos estoicos griegos, Buda enseñó que la solución al sufrimiento consiste en eliminar los deseos a través de un cambio de mentalidad. Debemos desligar nuestros corazones de todo lo transitorio y lo material. La meta del budismo es "alcanzar una quietud del alma en la que todo deseo, individualidad y sufrimiento se disuelvan".[13] Otras culturas alcanzan esta autotrascendencia siendo comunales de una manera que es casi imposible de entender para los occidentales contemporáneos. En tales sociedades no existe una identidad ni un sentido de bienestar fuera del avance y la prosperidad de tu propia familia y de tu gente. En esta cosmovisión, el sufrimiento es minimizado porque al final no podrá hacerte daño, pues vivirás para siempre por medio de tus hijos y de tu gente.[14]

Algunas sociedades lidian con el sufrimiento asociándolo con la suerte y el destino. Creen que las circunstancias de la vida son determinadas por las estrellas o por fuerzas sobrenaturales, o por la maldición de los dioses o, como en el Islam, simplemente por la inescrutable voluntad de Alá. En esta perspectiva, las personas sabias aquietan sus almas con esta realidad. Las antiguas culturas paganas del norte de Europa creían que al final de los tiempos, los dioses y los héroes serían asesinados por los gigantes y los monstruos en la trágica batalla de Ragnarok. En esas sociedades se consideraba muy virtuoso a aquel que enfrentara honorablemente las situaciones trágicas. Esta era la gloria más duradera para ellos, pues así lograban permanecer vivos en las canciones y leyendas a través de los años. Vemos lo mismo en el Islam, donde uno de los principales requerimientos es la rendición sin cuestionamientos a la voluntad misteriosa de Dios. En todas estas culturas, la sumisión a un destino divino —sin quejas ni transigencias— era la mayor virtud y, por tanto, una forma de darle propósito al sufrimiento.[15]

Finalmente, existen aquellas culturas con una perspectiva "dualista" del mundo. Estas religiones y sociedades no consideran que el mundo esté bajo el control absoluto del destino o de Dios, sino que lo ven como un campo de batalla entre las fuerzas de la oscuridad y de la luz. La injusticia, el pecado y el dolor existen en el mundo debido a poderes malignos y satánicos. Los que sufren son considerados víctimas de esta guerra. Max Weber lo describe de esta forma: "Aunque el proceso mundial está lleno de sufrimiento inevitable, es una purificación continua de la luz que ha sido contaminada por la oscuridad". Weber añade que esta concepción "produce una poderosa… dinámica emocional".[16] Los que sufren son considerados víctimas de esta batalla contra el maligno y se les brinda esperanza porque, según se les dice, el bien siempre triunfará. Algunas formas más explícitas de dualismo, como el antiguo zoroastrismo persa, creían que un salvador vendría al final de los tiempos para traer una renovación final. Algunas formas menos explícitas del dualismo, como las teorías marxistas, también contemplan un futuro en donde las fuerzas del bien vencerán a las del mal.

A primera vista, estas cuatro perspectivas parecen ser contrarias. Las culturas autotrascendentes llaman a los que sufren a pensar de manera diferente, las culturas moralistas a vivir de manera diferente, las culturas fatalistas a aceptar su destino noblemente, y las culturas dualistas a poner su esperanza en el futuro. Pero también son muy parecidas. Primero, cada una le señala a sus miembros que el sufrimiento no es una sorpresa, sino que es una parte necesaria de la existencia humana. En segundo lugar, a los que sufren se les indica que el sufrimiento puede ayudarles a conseguir su mayor propósito en la vida, sea que se trate de crecer espiritualmente, de lograr el dominio de uno mismo, de alcanzar el honor o de promover las fuerzas del bien. Y, en tercer lugar, se les dice que crecer y alcanzar algo por medio del sufrimiento depende de ellos. Tienen que actuar según lo que cada uno considera la realidad espiritual.

Así que la cultura comunal invita a los que sufren a decir: "Debo morir, pero mis hijos y los hijos de mis hijos continuarán viviendo para siempre".[17] Las culturas budistas dirigen a sus miembros a decir: "Debo morir, pero la muerte es una ilusión; continuaré siendo tan parte del universo como hasta ahora". Quienes creen en el karma podrían decir: "Debo sufrir y morir, pero si lo hago bien y con nobleza, tendré una mejor vida en el futuro y algún día podré ser liberado del sufrimiento". Pero en cada caso el sufrimiento plantea una responsabilidad y presenta una oportunidad. No debes desperdiciar tu sufrimiento. Todos estos abordajes antiguos, aunque toman muy en serio el sufrimiento, lo consideran como el camino hacia algo mejor. Como el padre de Rosalinda, el Duque Mayor, dice en *Como gustéis* de Shakespeare:

> Dulces son los usos de la adversidad,
> que como el sapo, horrible y venenoso,
> posee una joya preciosa en su cabeza.
> (Acto 2, Escena 1, 12-17).

Estas culturas tradicionales piensan que es inevitable que la vida esté llena de sufrimiento, y la solución que ofrecen a sus miembros se relaciona principalmente con una obra *interna*. Los llaman a una variedad de formas de confesión y purificación, de crecimiento y fortalecimiento espiritual y de fidelidad a la verdad, y a estar en correcta relación con uno mismo, con los demás y con lo divino. El sufrimiento es un desafío que, si se enfrenta de manera adecuada, puede traer mucho bien, gran sabiduría, gloria y hasta dulzura en el presente, y puede prepararte para una consolación eterna. A quienes sufren se les llama a poner su esperanza en un buen futuro sobre la tierra, o en la felicidad espiritual eterna y la unidad con lo divino, o en la iluminación y la paz eterna, o en el favor de Dios y la reunión con los seres queridos en el paraíso.

Aquí está un esquema de las diversas perspectivas:

	MORALISTA	AUTO TRASCENDENTE	FATALISTA	DUALISTA
CAUSA	Obrar mal	Ilusión	Destino	Conflicto cósmico
RESPUESTA	Obrar bien	Desapego	Estoicismo	Fidelidad purificada
RESULTADO	Felicidad eterna	Iluminación	Gloria y honor	Triunfo de la luz

INTERRUMPIDOS POR NUESTRAS MISERIAS

Después de examinar estas culturas tradicionales, Shweder señala que las formas en que las culturas occidentales enfrentan el sufrimiento son bastante diferentes. La ciencia occidental considera que el universo es "naturalista". Mientras que otras culturas creen que el mundo se compone de materia y espíritu, el pensamiento occidental dice que solo está conformado por fuerzas materiales que operan desprovistas de cualquier cosa que pueda llamarse "propósito". No es el resultado del pecado, ni de una batalla cósmica, y tampoco existen fuerzas superiores que determinan nuestro destino. Por tanto, las sociedades occidentales ven el sufrimiento como algo accidental. "Aunque el sufrimiento es real [en esta perspectiva], está fuera del dominio del bien y del mal".[18] Richard Dawkins hizo una declaración inusual sobre la perspectiva secular del mal y el sufrimiento en su libro *El río del Edén*. Él escribió:

> La cantidad total de sufrimiento anual en el mundo natural va más allá de lo que podemos contemplar... En un universo de fuerzas físicas ciegas y de replicación genética, algunas personas

> serán lastimadas y otras personas tendrán suerte. Es algo que no tiene sentido, pero no podemos decir que es injusto. El universo que observamos tiene precisamente las propiedades que uno esperaría si en el fondo no hay un diseño, ni un propósito, ni mal, ni bien —nada excepto indiferencia inmisericorde.[19]

Esto es totalmente distinto a cualquier otra perspectiva cultural sobre el sufrimiento. Todas consideran que la maldad tiene un propósito: castigo, prueba u oportunidad. Pero en la perspectiva de Dawkins, la razón por la que las personas se resisten tanto al sufrimiento es que no aceptan que *nunca* tiene un propósito. No tiene sentido, ni bueno ni malo, porque categorías como "lo bueno" y "lo malo" son insignificantes en el universo en que vivimos. Su argumento es el siguiente: "Los humanos siempre queremos entender el propósito de las cosas. Muéstranos cualquier objeto o proceso, y es difícil resistirse a preguntar: '¿Por qué…?'… Es casi una ilusión universal… Esa vieja tentación regresa con venganza cuando hay una tragedia… '¿Por qué este cáncer/terremoto/huracán tuvo que afectar a *mi* hijo?'". Pero dice que esta agonía sucede porque "somos incapaces de admitir que algo no es bueno ni malo, que no es cruel ni amable,… que no tiene propósito… Tal como dijo el infeliz poeta A. E. Housman: 'A la naturaleza, la despiadada y cruel naturaleza, no le interesa ni entiende'. El ADN no entiende ni le interesa. El ADN sencillamente es. Y bailamos al ritmo de su música".[20]

En resumen, el sufrimiento no significa nada. Dawkins insiste en que la vida es "hueca, carente de sentido, fútil, un desierto de insignificancia", y en que es "infantil" tratar de usar recursos espirituales para hallar el propósito o el significado del sufrimiento.[21]

Sin embargo, Shweder dice que exhortaciones como las de Dawkins son erróneas e imposibles de lograr. Él escribió: "El deseo de entender el sufrimiento es una de esas peculiaridades *dignificantes* de nuestra especie…".[22] Es una de las cosas que nos distinguen de los animales; cuando sufrimos no nos limitamos a chillar y tratar de huir. Intentamos buscarle sentido al dolor para poder superarlo, en lugar de vernos a nosotros mismos como piezas impotentes dentro de una máquina cruel. Y este fuerte deseo de encontrarle sentido y propósito al sufrimiento no solo es dignificante, sino que también es indeleble. Peter Berger y todos los que estudian la cultura humana insisten en que Dawkins está pidiendo algo imposible. Sin propósito, morimos.

Por supuesto, Dawkins continúa diciendo: "La perspectiva adulta... es que nuestra vida puede ser tan significativa, tan plena y tan maravillosa como queramos que sea".[23] En otras palabras, debes crear tu propio significado. *Tú* decides el tipo de vida que encuentras más valiosa y digna, y luego debes tratar de crear ese tipo de vida.[24]

Pero cualquier significado autocreado debe ser hallado dentro de los confines de este mundo y de esta vida. Y es en esta parte que esta perspectiva de la realidad y del sufrimiento difiere tanto de todas las demás. Si aceptas la idea secular de que este universo es meramente materialista, entonces aquello que le da propósito a tu vida debe ser un bien material o alguna condición en este mundo (algo que te dé consuelo, seguridad o placer). Pero es inevitable que el sufrimiento nos impida alcanzar estos tipos de bienes. El sufrimiento los destruye o los pone en peligro. Como dice el Dr. Paul Brand en el último capítulo de su libro *The Gift of Pain* [*El regalo del dolor*], debido a que el significado de la vida en los Estados Unidos es la búsqueda del placer y de la libertad personal, el sufrimiento es muy traumático para los norteamericanos.

Todas las demás culturas establecen su mayor propósito en la vida como algo más que la felicidad y la comodidad individual. Puede ser la virtud moral, la iluminación, el honor o la fidelidad a la verdad. En todas estas perspectivas culturales, el sufrimiento es una forma importante de llegar a un buen final. Todos estos "significados de la vida" pueden alcanzarse no solo a pesar del sufrimiento, sino *a través* de él. En todas estas cosmovisiones, el sufrimiento y el mal no tienen que ganar. Si se enfrenta con paciencia, sabiduría y valentía, el sufrimiento puede incluso acelerar el viaje hacia nuestro destino anhelado. Puede ser un capítulo importante en la historia de nuestra vida, y una etapa crucial para alcanzar lo que más deseamos en la vida. Pero en la perspectiva secular, el sufrimiento no puede ser un buen capítulo en nuestra historia —solo es una interrupción en la misma. No puede conducirte a casa; solo te aleja de las cosas que más anhelas en la vida. En resumen, en la perspectiva secular, el sufrimiento siempre gana.

Shweder lo dice de esta manera: cuando se trata del sufrimiento, la "metáfora reinante de esta perspectiva secular contemporánea es la desdicha circunstancial. El que sufre es una víctima que es atacada por las fuerzas naturales desprovistas de intencionalidad". Y eso significa que "el sufrimiento está… separado de la estructura narrativa de la vida humana… una clase de 'ruido', una interferencia accidental en la vida del que sufre… En cualquier narrativa, el sufrimiento no es otra cosa que una interrupción caótica".[25] En culturas más antiguas (y en las culturas orientales de la actualidad), el sufrimiento se ha visto como una parte esperada de una vida coherente, como algo crucial para poder vivir bien y crecer como persona. Pero el propósito de la vida en nuestra sociedad occidental es la libertad individual. No existe mayor bien que el derecho y la libertad para decidir por ti mismo lo que *tú* quieras pensar que es bueno. Las instituciones culturales deben ser neutrales y "libres de valores", sin decir a las personas por qué vivir, sino solo asegurándoles la libertad para que vivan como sea más satisfactorio para ellas. Pero si el propósito de la vida es la felicidad y la libertad individual, entonces el sufrimiento no sirve para nada. En esta cosmovisión, lo único que debemos hacer con el sufrimiento es evitarlo o, si es inevitable, manejar y minimizar el dolor y la incomodidad tanto como podamos.

VÍCTIMAS DE NUESTRAS MISERIAS

Una de las implicaciones de esta perspectiva es que quien sufre no es responsable de responder al sufrimiento. Shweder señala que según la metáfora del accidente o de la suerte, "el sufrimiento debe ser tratado mediante la intervención de… expertos que sepan tratar el problema".[26] Las culturas tradicionales entienden que quien sufre es el principal responsable durante esos momentos oscuros. Esa persona debe trabajar con su alma

—aprender paciencia, sabiduría y fidelidad. Sin embargo, la cultura contemporánea no ve el sufrimiento como una oportunidad o una prueba, y mucho menos como un castigo. Debido a que los que sufren son víctimas del universo impersonal, ellos son referidos a expertos —ya sea médico, psicológico, social o civil— cuyo trabajo es aliviar el dolor mediante la eliminación de todos los factores de estrés que puedan identificar.

Pero esto de dejarle el manejo del sufrimiento a los expertos ha producido una gran confusión en nuestra sociedad, ya que cada grupo de expertos tiene ideas y métodos diferentes. Como psicoterapeuta y antropólogo, James Davies se encuentra en una buena posición para observar esto. Él escribió: "Durante el siglo XX, la mayor parte de las personas que viven en nuestra sociedad contemporánea están cada vez más confundidas respecto a los motivos de su sufrimiento emocional". Después enumera "la psiquiatría biomédica, la psiquiatría académica, la genética, la economía modera" y dice: "Debido a que cada tradición estaba basada en sus suposiciones distintivas y buscaba sus propias metas mediante sus propios métodos, cada una favorecía el reducir el sufrimiento humano a una causa predominante (ej.: biología, cognición defectuosa...)".[27] Como dice el dicho, si eres un experto en martillos, todo problema parece un clavo. Esto ha provocado mucha confusión. El modelo secular pone a los que sufren en manos de expertos, pero la especialización y el reduccionismo de los diferentes tipos de expertos deja a las personas desconcertadas.

Los hallazgos de Davies apoyan el análisis de Shweder. Él explica cómo el modelo secular anima a los psicoterapeutas a "descontextualizar" el sufrimiento, sin verlo como parte integral de la historia de una persona. Davies hace referencia a una entrevista de la BBC con el Dr. Robert Spitzer en 2007. Spitzer es un psiquiatra que dirigió el grupo que en 1980 escribió el DSM-III (tercera edición del *Manual diagnóstico y estadístico de desórdenes mentales*) de la asociación americana de psiquiatría. El DSM-III buscaba proporcionar uniformidad a los diagnósticos psiquiátricos. Cuando se le entrevistó veinticinco años más tarde, Spitzer admitió que, en retrospectiva, creía que habían clasificado erróneamente como desórdenes mentales muchas experiencias humanas normales de dolor, duelo y ansiedad. Cuando el entrevistador le preguntó: "¿Así que han medicalizado gran parte de la tristeza humana que se consideraba ordinaria?". Spitzer respondió: "Creo que lo hemos hecho hasta cierto punto... Desconocemos cuán serio es el problema... veinte por ciento, treinta por ciento... pero es una cantidad considerable".[28]

Davies continúa diciendo que el DSM se enfocó casi por completo en los síntomas:

> No estaban interesados en comprender la vida de los pacientes ni en saber por qué padecían estos síntomas. Si el paciente estaba muy triste, ansioso e infeliz, entonces simplemente se asumía que él o ella padecía un desorden que debía ser curado, y no que podía ser una reacción humana normal y natural a ciertas condiciones de vida que debían cambiar.[29]

La antigua perspectiva del sufrimiento era que el dolor es un síntoma de un conflicto entre el mundo interno y el mundo externo de una persona. Significaba que el comportamiento y el pensamiento de la persona que estuviera sufriendo debían cambiar, o que alguna circunstancia significativa de su ambiente debía cambiar, o ambas. El enfoque no estaba en el sentimiento doloroso o incómodo, sino en lo que mostraran esos sentimientos acerca de tu vida, y en qué debía hacerse al respecto. Por supuesto, hacer un análisis como ese requiere de estándares morales y espirituales. Requiere de juicios de valor. Y los expertos entrenados de instituciones seculares no están equipados para hacerlo. Así que el énfasis no estaba en la historia de una persona, sino en síntomas como el dolor emocional y el descontento. El trabajo de los expertos era disminuir el dolor a través de diversas técnicas científicas. No se hablaba acerca de la vida del paciente.

Davies concluye:

> La creciente influencia del DSM fue solo uno de los factores sociales que esparció la creencia cultural dañina de que mucho de

nuestro sufrimiento es una carga que necesita ser removida (una creencia que nos atrapa en una cosmovisión que ve todo tipo de sufrimiento como una fuerza negativa en nuestras vidas).[30]

INDIGNADOS POR NUESTRAS MISERIAS

En la perspectiva secular, el sufrimiento nunca es considerado como una parte significativa de la vida, sino como un estorbo. Con ese entendimiento, cuando llegan el dolor y el sufrimiento solo tenemos dos opciones. La primera es manejar y disminuir el dolor. Así que durante las últimas dos generaciones, la mayoría de los servicios y recursos profesionales ofrecidos a los que sufren han pasado de hablar sobre la aflicción a evaluar su nivel de estrés. Ya no les ofrecen ayuda para soportar la adversidad con paciencia, sino que en su lugar utilizan un vocabulario derivado de los negocios, la psicología y la medicina para ayudarles a manejar, reducir y lidiar con el estrés, la tensión y el trauma. Se les aconseja evitar los pensamientos negativos y sacar tiempo para descansar, hacer ejercicio y cultivar relaciones de apoyo. Todo el enfoque está en controlar sus respuestas.

La segunda forma de manejar el sufrimiento en este marco es buscar la causa del dolor y eliminarla. Otras culturas consideran que el sufrimiento es una parte inevitable de la vida debido a las fuerzas invisibles, como la naturaleza ilusoria de la vida o el conflicto entre el bien y el mal. Pero nuestra cultura moderna no cree en fuerzas espirituales invisibles. El sufrimiento siempre tiene una causa material y, por tanto, en teoría puede ser "arreglado". El sufrimiento suele ser provocado por condiciones económicas y sociales que son injustas, políticas públicas que no funcionan, patrones destructivos en las familias o simplemente por personas que son malas. La respuesta adecuada a esto es la indignación, la confrontación de las partes ofensoras y la acción para cambiar esa condición. (Por cierto, esto no está fuera de lugar. La Biblia tiene mucho que decir sobre procurar justicia para los oprimidos.)

Los que pertenecían a culturas más antiguas buscaban las formas en que podían ser edificados por el sufrimiento al examinar su interior, pero hoy en día los occidentales casi siempre se escandalizan por su sufrimiento —y tratan de cambiar factores externos para que el sufrimiento nunca se repita. Nadie ha resumido la diferencia entre la cultura tradicional y la moderna como lo hizo C. S. Lewis, quien escribió: "El problema cardinal para los sabios de la antigüedad era cómo conformar el alma a la realidad, y la solución fue el conocimiento, la autodisciplina y la virtud. Para… [los modernos] el problema es cómo someter la realidad a los deseos de los hombres: la solución es una técnica…".[31] El filósofo Charles Taylor, en su magistral libro *A Secular Age* [*Una era secular*], relata cómo la sociedad occidental realizó lo que él llama "el giro antropocéntrico", el surgimiento de la perspectiva secular. Después de este giro, Taylor señala que "comenzamos a olvidarnos de la presencia soberana de Dios, y empieza a surgir la idea de que podemos sostener el orden [del mundo] por nosotros mismos". Como resultado, la "mayor meta [de la cultura occidental]… es prevenir el sufrimiento".[32]

En la cultura occidental, por tanto, a los que sufren no se les dice que su principal objetivo es hacer algún ajuste interno, aprender algo ni crecer como persona. Como señala Shweder, no es solo que nunca se les asigna una responsabilidad moral, sino que el simple hecho de sugerirlo es considerado "culpar a la víctima" —una de las principales herejías en nuestra sociedad occidental. Por ello, siempre se acude a los expertos para saber cómo responder al sufrimiento, ya sea con manejo del dolor, con tratamiento psicológico o médico, o con cambios en la ley o las políticas públicas.

En el *Boston Review*, Larissa MacFarquhar fue entrevistada por su investigación y su escrito sobre personas muy "santas" que hicieron grandes sacrificios por el bien de otros. Por supuesto, muchas eran personas religiosas mientras que MacFarquhar, empleada de *The New Yorker*, no profesaba ninguna religión y tampoco fue criada en alguna de ellas. En cierto punto, el entrevistador le preguntó qué pensaba acerca de estas personas. Ella respondió con perspicacia y sinceridad, hablando sobre "una diferencia entre los religiosos… y las personas seculares que fue muy esclarecedora". Ella dijo:

Pienso que dentro de muchas tradiciones religiosas existe una mayor aceptación del sufrimiento como parte de la vida, y no siempre lo ven necesariamente como algo terrible porque puede ayudarte a ser una persona más plena. Por otro lado, al menos en mi experiencia limitada, los seculares odian el sufrimiento. No ven nada bueno en él. Su deseo es eliminarlo, y entienden que eliminarlo es su responsabilidad.

Ella señaló que las personas seculares tampoco creen en un Dios que algún día enmendará todas las cosas. Para las personas de fe, "Dios está en control y Su amor sostendrá al mundo. Por otro lado, para los seculares todo depende de nosotros. Estamos solos aquí. Por esta razón pienso que, para los seculares, puede que exista un poco más de urgencia y desesperación".[33]

CRISTIANISMO ENTRE OTRAS CULTURAS

Aquí encontrarás un esquema para entender el secularismo como una quinta cultura del sufrimiento:

	MORALISTA	AUTO TRASCENDENTE	FATALISTA	DUALISTA	SECULAR
CAUSA	Obrar mal	Ilusión	Destino	Conflicto cósmico	Accidente
RESPUESTA	Obrar bien	Desapego	Estoicismo	Fidelidad purificada	Técnica
RESULTADO	Felicidad eterna	Iluminación	Gloria y honor	Triunfo de la luz	Mejor sociedad

¿Y qué del cristianismo? El filósofo alemán Max Scheler, en su famoso artículo "El significado del sufrimiento", señaló la singularidad de la perspectiva cristiana. Scheler escribió que de alguna manera "la enseñanza cristiana sobre el sufrimiento parece ser la actitud opuesta" cuando es comparada con la interpretación de otras culturas u otros sistemas religiosos.[34]

A diferencia de la perspectiva fatalista que prevalece en las culturas de vergüenza y honor, "en el cristianismo no existe esa antigua arrogancia… esa vanagloria del que sufre". En lugar de una resistencia estoica al sufrimiento, "el clamor de los que sufren resuena libre y severamente en todo el cristianismo,", y eso incluye el clamor de Cristo en la cruz.[35] A los cristianos se les permite expresar su dolor con lamentaciones y cuestionamientos —incluso se les anima a que lo hagan.

A diferencia de los budistas, los cristianos creen que el sufrimiento es real, no una ilusión. "No existen las reinterpretaciones: el dolor es dolor, es miseria; el placer es placer, felicidad, no solo 'tranquilidad'… lo que Buddha consideraba el mayor bien. En el cristianismo no existe la disminución de la sensibilidad, sino el fortalecimiento del alma por medio del sufrimiento".[36] Una vez más, observamos esto en el mismo Jesús. En el jardín de Getsemaní dijo: "Es tal la angustia que me invade que me siento morir" (Mr 14:34) y Su angustia fue tal que mientras oraba caían gotas de sudor y sangre a tierra (Lc 22:44). Era lo opuesto a la tranquilidad. No separó Su corazón de las cosas buenas de la vida para alcanzar la paz interior, sino que dijo al Padre: "… no sea lo que Yo quiero, sino lo que quieres Tú" (Mr 14:36).

A diferencia de los que creen en el karma, los cristianos creen que el sufrimiento muchas veces es injusto y desproporcionado. La vida simplemente no es justa. A las personas que hacen el bien no suele irles bien. Scheler escribió que el cristianismo logró hacer justicia a la total gravedad y miseria del sufrimiento al reconocer esto, a diferencia de la doctrina del karma, que insiste en que todo el sufrimiento del individuo es merecido. Esto es presentado por primera vez en el libro de Job, cuando Dios condena a los amigos de Job por insistir en que el dolor de Job y su sufrimiento fueron causados por una vida de inferioridad moral.

Observamos esto mayormente en Jesús. Si alguien merecía una buena vida por su carácter y comportamiento, era Jesús, pero no la obtuvo. Como dice Scheler, toda la fe cristiana está centrada en "el modelo del hombre inocente que recibe libremente el sufrimiento por las deudas de otros… El sufrimiento… adquiere, mediante la calidad divina de la persona que sufre, una nueva y maravillosa nobleza". A la luz de la cruz, el sufrimiento se convierte en "purificación y no en castigo".[37]

A diferencia de la perspectiva dualista (y en cierto grado de la moralista), el cristianismo no contempla el sufrimiento como una forma de uno pagar sus deudas pecaminosas mediante la virtud de la resistencia al dolor. El cristianismo no enseña "que una aflicción ascética y autoinfligida… te hace más espiritual ni que te acerca más a Dios… La interpretación de que el sufrimiento *en sí mismo* acerca al hombre a Dios es más griega y neoplatónica que cristiana".[38] Además, el dualismo divide al mundo en personas buenas y personas malas, y ve el sufrimiento como un símbolo de virtud y una marca de superioridad moral que garantiza la demonización de los grupos que te han maltratado. En contraste, y como escribió Aleksandr Solzhenitsyn, los cristianos creen que "la línea que divide el bien y el mal atraviesa el corazón de cada ser humano".[39]

No, el entendimiento cristiano del sufrimiento es dominado por la idea de la gracia. En Cristo hemos recibido perdón y amor, y hemos sido adoptados en la familia de Dios. Estos bienes son inmerecidos y eso nos libera de la tentación de sentirnos orgullosos de nuestro sufrimiento. Y lo que hace que el sufrimiento sea tolerable es precisamente el disfrute de esos bienes incomparables. Scheler escribió: "El asombroso poder de los mártires no provenía de la dulce esperanza de una futura vida de felicidad, sino de la felicidad de estar en un estado de gracia aun en medio de su sufrimiento". No es solo que este gozo hace que el sufrimiento sea tolerable, sino que el mismo sufrimiento puede incluso aumentar este gozo en medio del dolor. "La doctrina cristiana del sufrimiento pide más que solo tolerar pacientemente el sufrimiento… El dolor y el sufrimiento de la vida fijan nuestros ojos espirituales en los bienes centrales y espirituales de… la redención de Cristo".[40]

Finalmente, ¿cómo se compara la prescripción cristiana para los que sufren con la que les ofrece la cultura secular? Más adelante hablaremos más acerca de este tema importante, pero podemos resumirlo de la siguiente manera. El cristianismo enseña que, contrario a lo que establece el fatalismo, el sufrimiento es abrumador; contrario a lo que establece el budismo, el sufrimiento es real; contrario a lo que establece el karma, el sufrimiento suele ser injusto; y, contrario a lo que establece el secularismo, el sufrimiento es significativo. Existe un propósito en él, y si se enfrenta correctamente puede anclarnos al amor de Dios y darnos más estabilidad y poder espiritual de lo que podemos imaginar. El sufrimiento: el budismo te dice que lo aceptes, el karma te dice que lo pagues, el fatalismo te dice que debes soportarlo con valentía, y el secularismo dice que lo evites o lo arregles. Desde la perspectiva cristiana, todas estas culturas de sufrimiento tienen un elemento de verdad. Es cierto que aquellos que sufren tienen que amar menos lo material. Y sí, la Biblia señala que, en general, hay sufrimiento en el mundo porque la humanidad se ha alejado de Dios. Y sí, necesitamos soportar el sufrimiento y no permitir que nos abrume. El secularismo también tiene razón al decirnos que debemos ser cuidadosos de no aceptar las condiciones y los factores que dañan a las personas y que deben cambiar. Las culturas preseculares solían ser muy pasivas a la hora de enfrentar circunstancias e injusticias que podían cambiar.

Pero como hemos observado, desde la perspectiva cristiana, todas estas ideas son demasiado simples y reduccionistas; por tanto, son medias verdades. El ejemplo y la obra redentora de Jesucristo incorporan todas estas perspectivas en un todo coherente, y a la vez las trascienden. Scheler termina su gran ensayo al regresar a su declaración de que, a fin de cuentas, el cristianismo es contrario a todas estas perspectivas.

> Para los hombres de la antigüedad… el mundo externo era feliz y agradable, pero el *centro* del mundo era muy triste y oscuro. Detrás de la alegre superficie del mundo antiguo acechaban la "suerte" y el "destino". Para el cristiano, el mundo externo es oscuro y está lleno de sufrimiento, pero su centro no es más que pura felicidad y deleite.[41]

Tiene razón en cuanto a la mayoría de las culturas antiguas, pero lo que dice encaja especialmente en la cosmovisión secular. El secularismo, tal como señala Richard Dawkins, contempla la realidad como fría e indiferente, y la extinción como algo inevitable. Las otras culturas también han contemplado la vida diaria como llena de placeres, pero detrás de todo ello hay oscuridad o ilusión. El cristianismo lo ve de un modo diferente. Mientras que otras cosmovisiones nos llevan a sentarnos en medio de los deleites de la vida, previendo los sufrimientos venideros, el cristianismo empodera a su gente para permanecer en medio de los sufrimientos de este mundo, probando el gozo venidero.

HISTORIA DE VIDA: **UN FINAL DE CUENTO DE HADAS**

por Emily

Si me hubieras preguntado por cuáles cosas me sentía agradecida, antes de septiembre habría respondido que por mi familia, mi hogar, mi trabajo y por Dios —por un esposo que me ama y me cuida, por cuatro hijos (catorce, once, nueve y cinco años de edad) quienes gozan de salud y felicidad, por una casa que jamás soñé podría tener, por una carrera que me permite trabajar desde casa, usar mi cerebro y aportar a mi compañía y a mis clientes, y por el Dios que me ha dado todas estas cosas— a pesar de que no las merezco.

En septiembre, de una forma totalmente inesperada, mi esposo nos abandonó por otra mujer (que a su vez abandonó a su esposo y a sus dos hijos). Esta otra familia era amiga de la nuestra; salimos juntos de vacaciones en tres ocasiones diferentes. Pensé que eran nuestros amigos.

Mi corazón murió dentro de mí. Esto no podía estar sucediendo. Mi esposo cristiano —el mismo que se había sentado con los niños y conmigo para explicarnos que aunque el divorcio es real, nunca ocurriría en nuestra familia; el que nos había recordado que habíamos hecho un pacto, una promesa con Dios y el uno con el otro; el que había dicho que sin importar lo que sucediera, siempre estaríamos juntos. Lloré y le rogué que no se fuera, que podíamos resolver este problema. No, él se iba.

Le pregunté que qué le iba a decir a los niños; me respondió que no sabía. Le dije: "No puedes irte sin decirle algo a los niños". Sin duda esto lo detendría, no sería capaz de ver a nuestros preciosos hijos y decirles que nos abandonaría... pero lo hizo. Les pidió que salieran de sus camas y bajaran, y les explicó que se iba. Ellos no entendían... ¿Se va a un viaje de trabajo? ¿Regresará? ¿Cuándo regresará? "No, chicos, me mudaré de casa y no regresaré". Y se fue. Estábamos devastados.

Después de ocho semanas mi corazón seguía destrozado. Dios, ¿realmente es este Tu plan? ¿Cómo puede ser Tu plan? Sé que sanarás mi corazón, sé que algo bueno saldrá de todo esto, pero ¿cómo sucedió ESTO y por qué? Te siento —siento que las personas están orando... pero ¿qué sucederá con nosotros? Nunca he estado tan enojada. Nuestros pobres hijos están sufriendo terriblemente; los "deseos" de su padre se antepusieron a sus "necesidades". "Sigo amando a mis hijos", dice él. ¿En serio? ¿Cómo puedes amarlos y provocarles tanto dolor?

Después de cuatro meses, Dios está comenzando a sanarme de una forma en que no estoy segura de querer ser sanada. Anhelo ver justicia, pero no debo forzarla. Estoy comenzando a orar por él... no sobre él. Estoy comenzando a orar para que su corazón sea sanado. Para que él regrese, no a mí sino a Dios. Necesito continuar sin él, por ahora y quizás para siempre, pero debo perdonarlo para poder superar la amargura. No me amargaré por el resto de mi vida.

Pero ¿cómo lo haré? Dios dice que ore, así que lo hago.

Amo a mi familia y siempre amaré al hombre con quien me casé. Estoy orando por un milagro, para que él despierte y encuentre su camino de regreso a casa, pero también estoy tratando de seguir adelante sin él. Estoy planeando y tratando de continuar con mi vida, con todo lo que tengo que hacer desde una perspectiva práctica, espiritual, emocional y financiera.

Oraré por él de manera regular, lo amaré (pero no permitiré que me pisotee). Voy a mantener a mi familia y buscaré el plan de Dios para nuestra vida. Lo perdonaré, pero no olvidaré —porque si olvido no seré capaz de utilizar lo que he aprendido para ayudar a otros que pudieran pasar por algo similar. Necesito sentir el dolor, permitir que Dios sane ese dolor y me transforme en lo que Él desea. En cierta manera, estoy emocionada. Es muy extraño sentirme así en medio de esta pesadilla.

Ya han transcurrido seis meses, mi situación ha empeorado y, aun así, me siento realmente bendecida.

Mi esposo aún no regresa, continúa con su novia. Me ha dicho que serán parte de la vida de nuestros hijos y que necesito acostumbrarme a ello y no odiarla. Me dijo que si ella era mi enemigo, entonces yo lo sería para él.

Mis hijos aún están lidiando con el hecho de que su padre se haya ido; están deprimidos, enojados, confundidos y frustrados. Mi hijo mayor ha comenzado a cuestionar su fe; se rebela contra toda autoridad y arremete contra su familia. Mi casa está en venta, una venta desfavorable que podría convertirse en una ejecución hipotecaria. No tenemos idea de dónde nos mudaremos.

Sin embargo, en medio de todo esto he llegado a conocer a Dios en un nivel diferente, a verlo obrar de una manera que solo había escuchado. Experimentar esto es asombroso.

Nunca había sufrido una gran tragedia en mi vida —nunca había tenido que depender realmente de Dios. Por supuesto, oraba y veía cómo Dios obraba, pero no de esta manera. Nunca tuve la necesidad de descansar en Dios, de verdaderamente dejarme caer y descansar en Él. Cuando necesitaba el consuelo de Dios, la imagen que venía a mi mente era yo acercándome a Jesús y Él abrazándome. Ahora me veo completamente colapsada y Él me lleva en Sus brazos —y eso es maravilloso.

En medio de esta horrible situación, en donde toda mi identidad y mi familia han sido atacadas, veo destellos de lo que Dios está haciendo y de cómo nuestras vidas serán transformadas, y me emociona ver quién seré al final de todo esto. Es como estar en una carrera en la que comienza a llover y de repente te encuentras con un charco de lodo. No puedes rodearlo, tienes que atravesarlo. La lluvia y el lodo te hacen ir mucho más lento, así que debes concentrarte en cada paso a pesar del dolor… pero al mismo tiempo, algo te impulsa a seguir. En la distancia ves lo que aparenta ser una cortina de lluvia y algo brillante detrás: el sol. Cuando llegues a la meta, serás mucho más fuerte, tendrás un mejor entendimiento de cómo correr esta carrera, y experimentarás satisfacción y paz. Sí, estarás cansado, pero también cargado de energía por la experiencia vivida. No puedo esperar a utilizar lo que Dios me ha enseñado; no puedo esperar a aprender más. Se lo he explicado a mis hijos de esta manera: "En cada cuento de hadas siempre existe una tragedia, y el protagonista enfrenta esa adversidad, se sobrepone a ella y es impulsado por ella. Dios nos está dando nuestro cuento de hadas —¿qué ven al final?".

DOS

LA VICTORIA DEL CRISTIANISMO

Cuando el Cielo va a asignarle a alguien una gran responsabilidad, primero hace que su mente tenga que soportar sufrimiento. Hace que sus tendones y huesos experimenten fatiga y que su cuerpo pase hambre. Lo aflige con pobreza y derriba todo lo que intenta construir. De esta forma, el Cielo estimula su mente, estabiliza su temperamento y desarrolla sus puntos débiles.

— El libro de Mencio (China, 300 a. C.)

Hemos visto cómo las diferentes sociedades equipan a sus miembros para enfrentar el sufrimiento. Ahora examinaremos cómo esto se ha llevado a cabo en diferentes siglos, particularmente en Occidente.[1]

FILOSOFÍA PARA "SALVARSE EL PELLEJO"

El autor clásico Cicerón argumentó que la meta principal de la filosofía es enseñarnos a enfrentar la muerte. El hecho de la mortalidad y la muerte, señala Cicerón, crea temores, deseos incumplidos y tristeza. El propósito de la filosofía es aliviar a las personas de estas cosas, proporcionarles una manera de cuidar el alma. Así que "la filosofía permite y requiere que uno se convierta en su propio médico espiritual".[2] Luc Ferry, un filósofo francés contemporáneo, no cree que la definición de filosofía de Cicerón pueda mejorarse. "Uno no filosofa para entretenerse, ni siquiera para comprender mejor el mundo… sino a veces literalmente para 'salvarse el pellejo'".[3] Dicen que para vivir bien tenemos que aprender a vencer nuestros temores de "los diversos rostros de la muerte", así como del "aburrimiento, de la sensación de que el tiempo se nos va". Tal vez la verdad más terrible que debemos enfrentar es que inevitablemente seremos separados de todos aquellos que amamos. Ferry pregunta: ¿Qué deseamos por encima de todo? Ser entendidos y amados en lugar de estar solos y, sobre todo, *"no morir ni dejar que [nuestros seres queridos] mueran"*.[4]

Ferry sabe que muchas personas seculares de la actualidad (al igual que Epicuro y otros pensadores de la antigüedad) argumentan que no hay que buscarle más explicaciones a la muerte. Señalan que simplemente es el "final de la vida". Cuando mueres, simplemente no existes, no sabes nada, así que no puedes preocuparte. Si ese es el caso, entonces "¿para qué… molestarse con un problema tan carente de sentido?". Pero Ferry responde que este razonamiento es "demasiado brutal como para ser sincero".[5] ¿Qué es lo que le da más sentido a tu vida? ¿No son tus relaciones con las personas que amas? ¿De verdad puedes decir honestamente que no temes un estado futuro que te despoje de todo lo que atesoras en el presente? ¿Tus seres queridos significan tan poco para ti que no te importa separarte de ellos para siempre? Pero esta pérdida de lo que da sentido a la vida comienza incluso antes de que muramos. "La irreversibilidad de las cosas es una especie de muerte en vida".[6] Esto es lo que con razón llamamos maldad y sufrimiento. Y Ferry concluye que las personas honestas deben admitir que la muerte y todas sus consecuencias son un enorme problema humano —quizá el mayor. Para vivir bien y libremente, siendo capaces de gozar y amar, debemos aprender a vencer el terrible e inevitable miedo de estas pérdidas irreversibles.[7]

Los antiguos filósofos griegos creían que el verdadero propósito de la filosofía era descubrir cómo enfrentar bien el mal, el sufrimiento y la muerte. De hecho, Ferry argumenta que *solo* la filosofía o la religión pueden ayudarnos a lidiar con el dolor y la muerte. ¿Por qué? El sufrimiento nos quita los amores, las alegrías y las comodidades que creemos le dan sentido a la vida. ¿Cómo podemos mantener nuestro aplomo, o incluso nuestra paz y alegría, cuando eso sucede? Solo podremos hacerlo si encontramos nuestro propósito en cosas que no pueden ser tocadas por la muerte. Pero eso significa ubicar las respuestas a las preguntas "¿Qué propósito tiene la vida humana?" y "¿En qué debería invertir mi tiempo aquí?" en cosas que el sufrimiento no pueda destruir. Eso solo puede hacerse mediante la filosofía o la religión. "Es un error", concluye, "creer que la psicología moderna, por ejemplo, puede sustituir este [proceso]".[8] Ferry (que no es un hombre religioso) sabe que se está oponiendo a la cosmovisión secular en este punto, pero insiste en que la ciencia no puede ayudarnos con el sufrimiento, pues no puede ayudarnos a encontrar un propósito. La ciencia puede decirnos lo que algo *es*, pero nunca lo que *debería ser* —ahí entran la filosofía y la fe. Sin embargo, sin resolver estos problemas no podremos manejar la dureza de la vida.

Cada etapa de la historia ha ofrecido su propia literatura de "consolación" a los que sufren para entrenarlos y ayudarlos en sus pruebas y pérdidas. Examinaremos tres épocas de la historia occidental: la antigua, la medieval y la moderna, y cómo cada una trató de llevar esto a cabo.

SALVACIÓN A TRAVÉS DE LA RAZÓN

Puede que la escuela más influyente de la filosofía griega haya sido la de los estoicos.[9] Los estoicos creían que el universo tenía una estructura racional divina llamada Logos. No creían que el universo estuviera compuesto estrictamente de materia física, pero tampoco creían que hubiera un Dios personal responsable de crear y sostenerlo. Para ellos el universo era divino, hermoso, bien estructurado y tenía un orden que era racional y capaz de ser percibido por nuestra razón. Creían, por tanto, que existen "absolutos" morales —formas correctas de comportarse según el orden del universo— y formas de vida que eran incorrectas porque se oponían a este orden. Esto podía deducirse e inferirse de lo que se observaba en el mundo. A pesar de los tiempos aparentemente caóticos y de los lugares desordenados, en esencia el universo era armonioso, pues todas las cosas ocupaban su lugar correspondiente y hacían lo que debían hacer.

Para los estoicos, entonces, la tarea de nuestra mente y razón era percibir el orden del mundo y alinearnos con él. Para esto había que enfrentar la muerte y el sufrimiento de tres maneras. La primera manera implicaba "aceptar los giros inesperados del destino como la obra providencial y benéfica de Dios".[10] Si el universo en sí mismo es divino, racional y perfectamente ordenado, entonces vivir "en consonancia con el universo" significaba aceptar por completo lo que sea que el mundo te haya enviado. Para los estoicos, "la buena vida es una vida libre de esperanzas y temores. En otras palabras, una vida que acepta el mundo tal como es".[11]

La segunda forma era poniendo a la razón por encima de las emociones, y aprendiendo a no apegarse demasiado a cualquier cosa en la vida, ya que de ahí proviene el dolor abrumador del sufrimiento. Un erudito resume bien este principio. Se trataba de "volverse indiferente, a través del uso de la razón, a todas las cosas que salieran de nuestro control... El alma debía expulsar o suprimir las emociones fuertes".[12] Por ejemplo, en los *Discursos* de Epicteto, el filósofo dice a sus alumnos:

> La principal y más alta forma de entrenamiento, y una que se encuentra en las mismas puertas de la felicidad, es no dejar que nada se convierta en algo de lo cual no puedes despojarte... Cuando beses a tu hijo, a tu hermano o a tu amigo, nunca cedas por completo a sus afectos ni des rienda suelta a tu imaginación; refrénalos, restríngelos.[13]

Epicteto continuó diciéndoles: "También recuérdate a ti mismo que aquello que amas es mortal, que aquello que amas no es tuyo... Mientras besas a tu hijo, ¿qué tiene de malo susurrarle: 'Mañana morirás'?".[14]

Luc Ferry está de acuerdo en que esto suena sumamente cruel, pero defiende a Epicteto. Sostiene que el filósofo no está diciendo que seas cruel con tus hijos, sino que "ames el presente hasta el punto de no desear nada más y no lamentar nada en absoluto".[15] Si haces esto, entonces puedes decirte a ti mismo: "Cuando llegue la catástrofe, estaré preparado". De hecho, dice Ferry, si pudieras alcanzar el objetivo estoico, alcanzas algo parecido a la salvación, en el sentido de que nada podrá perturbar la serenidad que viene de eliminar todo tipo de temor. Cuando el sabio alcanza este grado de iluminación, realmente vive "como un dios", en la eternidad de un instante que no puede ser alterado por nada.[16]

Lo tercero que ofrecían los estoicos a quienes sufrían tenía que ver con su propia muerte. Ellos enseñaban que cuando morimos no dejamos de existir. La muerte era simplemente una transformación de un estado a otro. El universo te necesitaba, por así decirlo, en tu forma de persona humana. Pero cuando mueres, tu sustancia —tanto el alma como el cuerpo— sigue siendo parte del universo solo que de otra forma. Marco Aurelio dijo: "Viniste a este mundo como una parte; desaparecerás dentro del todo que te dio a luz, o más bien serás reunido a su principio generador mediante un proceso de cambio".[17]

SOMETIÉNDOSE AL DESTINO, SEPARÁNDOSE DEL MUNDO

En la antigüedad clásica, los dos escritores más influyentes en cuanto al sufrimiento fueron los pensadores romanos Cicerón y Séneca, ambos fuertemente influenciados por los estoicos griegos. El tema central de las *Disputas tusculanas* de Cicerón es que la muerte no es un mal y que no debe ser vista con temor y odio. Tu vida es un préstamo de la naturaleza que puede ser retirado en cualquier momento. Es sabio reconocer y aceptar los términos del préstamo ya que, después de todo, no hay otra opción. Cicerón creía que el dolor por la muerte de sus seres queridos era inevitable y correcto, siempre que fuera moderado. Habiendo concedido esto, Cicerón mantuvo que el dolor sigue siendo una cosa inútil, sin una función positiva. Surge de creencias falsas sobre la naturaleza de las cosas y, por lo tanto, debe ser controlado.[18] La otra obra fue *Consolación a Marcia*, de Séneca. Marcia era una mujer que había perdido un hijo y seguía lamentándose por ello tres años más tarde. Usando argumentos similares a los de Cicerón, Séneca la exhorta a superar su dolor y a "seguir adelante". La naturaleza no nos promete que podamos conservar a nuestros seres queridos por siempre, ni siquiera por mucho tiempo. Aunque murió joven, evitó muchos males en la vida —de hecho, esta pudo haber sido una forma de escapar de un sufrimiento que hubiera sido mucho peor. Todo esto apunta a una clave para vivir bien —uno debe someterse al destino y no protestar ni luchar contra él.

Mientras los filósofos griegos y romanos estaban formulando su comprensión del destino y el sufrimiento, había una visión similar formándose en otra parte del mundo. Durante siglos, las culturas y religiones orientales sostuvieron que este mundo material y la percepción de que los seres humanos existen como entidades separadas dentro de él es una ilusión. Los Vedas, las escrituras más antiguas del hinduismo y del pensamiento indio, enseñaron que todas las diferencias son irreales. La verdad más grande es *Tat tvam asi* ("Tú eres eso"). En otras palabras, el mundo físico parece contener muchos objetos individuales. Este objeto A no es ese objeto B. Eso es lo que nos dicen nuestros sentidos (y la ciencia y la lógica). Mientras una persona sufre pérdidas, otra vive en abundancia. Pero esta es una apariencia engañosa llamada *maya*. No solo no hay maldad, sino tampoco bien, ni individuos, ni mundo material. En realidad, todo es parte del Uno, del Alma Totalitaria, del Espíritu Absoluto. Nada está fuera de eso.[19] En última instancia, no podemos perder nada. Somos parte de todo.

Hoy en día la forma más pura e influyente de este pensamiento es el budismo.[20] Según la tradición, el príncipe Siddhartha Gautama vivía una vida segura y aislada llena de riquezas y lujos, pero cuando salió de su palacio, se vio confrontado con las "cuatro escenas": un hombre enfermo, un hombre anciano, un hombre muerto y un hombre pobre. Después de esto decidió dedicarse a descubrir cómo vivir una vida de serenidad ante el sufrimiento humano. Después de varios años logró la iluminación bajo un árbol. En su primer sermón describió a sus seguidores las cuatro verdades nobles: (1) toda la vida es sufrimiento, (2) la causa del sufrimiento es el deseo o el anhelo, (3) el sufrimiento solo termina cuando el deseo se extingue, y (4) esto se puede lograr siguiendo el camino óctuple hacia la iluminación. El camino óctuple es un enfoque integral para todas las áreas de la vida — puntos de vista, intenciones, discursos, conductas, medios de subsistencia, esfuerzos, atención plena y meditación. Es una vida extremadamente equilibrada que no requiere de ascetismo ni de privación, pero sí exige una vida de simplicidad, de servicio a los demás y de muchas disciplinas de autocontrol.

Para superar el sufrimiento tienes que desapegar tu corazón, evitar amar demasiado las cosas de este mundo. Se cree que el problema central del que sufre es un estado de consciencia insatisfactorio. Nuestro anhelo y, por tanto, nuestro dolor en el sufrimiento se basa en la ilusión de que somos seres o personas individuales. Dicho en un lenguaje simple, si vemos que todo es efímero, no nos apegaremos a ello. Si consideramos que todo es realmente parte de nosotros, no nos apegaremos a ello ni lloraremos como si se hubiera perdido. Al final no puedes perder nada porque todo es parte del Absoluto, del Uno al que todos volveremos.

A estas alturas puede que ya sea evidente que hay fuertes similitudes entre esto y los enfoques de los griegos, particularmente de los estoicos.[21] Los estoicos enseñaron que la realidad subyacente del mundo es un Logos impersonal y universal que es el centro del cosmos y determina todas las cosas. Así que la forma más práctica de vivir bien es "nunca ceder a tus afectos", sino restringir el amor o la alegría por cualquier cosa. El filósofo francés André Comte-Sponville señala la estrecha conexión entre el estoicismo y el budismo. Ambos niegan que "vivir con esperanza" sea algo bueno. Por el contrario, ambos señalan que la esperanza es una asesina. Si vivimos esperando que nuestros planes tengan éxito, y si nos decimos a nosotros mismos que nuestra felicidad depende de su cumplimiento, sufriremos ansiedad durante ese tiempo y quedaremos devastados cuando no logremos nuestras metas. Y será nuestra culpa.[22] Como escribió una vez el ensayista griego Plutarco, debemos someternos "sin quejarnos y de forma obediente a la dispensación de las cosas".[23]

UNA ESPERANZA SUPERIOR

Cuando el cristianismo comenzó a crecer, sus escritores rápidamente comenzaron a aportar muchas ideas nuevas al mundo del pensamiento humano, difiriendo notoriamente no solo de las creencias paganas occidentales, sino también del pensamiento oriental, especialmente en lo referente al dolor y el sufrimiento.[24] Es casi imposible sobreestimar la importancia de la perspectiva cristiana del sufrimiento por el éxito que tuvo en el imperio romano y por su impacto en el pensamiento humano.

Los primeros oradores y escritores cristianos no solo argumentaron enérgicamente que la enseñanza del cristianismo tenía una mejor explicación del sufrimiento, sino que insistieron en que las vidas de los cristianos lo demostraban. Cipriano relató cómo los cristianos no abandonaron a sus seres queridos ni huyeron de las ciudades durante las terribles pestes, como hicieron la mayoría de los residentes paganos. En lugar de esto, se quedaron para atender a los enfermos y enfrentaron su muerte con calma.[25] Otros escritos cristianos primitivos, como *Para los romanos* de Ignacio de Antioquía y *Carta a los filipenses* de Policarpo, señalaban el aplomo con que los cristianos se enfrentaban a torturas y muerte a causa de su fe. "Los cristianos usaron el sufrimiento para defender la superioridad de su credo… [porque] sufrían mejor que los paganos".[26] Los griegos habían enseñado que el verdadero propósito de la filosofía era ayudarnos a enfrentar el sufrimiento y la muerte. Sobre esta base, escritores como Cipriano, Ambrosio y más tarde Agustín argumentaron que los cristianos sufrieron y murieron mejor, y esta fue una evidencia empírica y visible de que el cristianismo era "la filosofía suprema". Las diferencias entre la población pagana y la cristiana en cuanto a este tema fueron lo suficientemente significativas como para dar credibilidad a la fe cristiana. A diferencia del momento actual, en el que la existencia del sufrimiento y el mal hace que la fe cristiana sea vulnerable a la crítica y la duda, los primeros cristianos proclamaban que el dolor y la adversidad en la vida eran de las principales razones para abrazar la fe.

¿Por qué eran tan diferentes los cristianos? No era debido a alguna distinción en su temperamento natural; no eran simplemente personas más fuertes. Tenía que ver con lo que creían sobre el mundo. Judith Perkins, erudita en documentos clásicos, argumenta que el relato del sufrimiento de la tradición filosófica griega no fue práctico ni satisfactorio para la persona promedio. El enfoque cristiano del dolor y el mal, con mayor espacio para la tristeza y mayor base para la esperanza, fue parte importante de su atractivo.[27]

Primero, el cristianismo ofrecía una mayor base para la esperanza. Luc Ferry, en su capítulo "La victoria del cristianismo",[28] está de acuerdo en que la perspectiva cristiana del sufrimiento fue una de las principales razones por las que el cristianismo derrotó completamente a la filosofía griega y se convirtió en la cosmovisión dominante en el imperio romano. Para Ferry, una de las principales diferencias tenía que ver con lo que el cristianismo enseñaba respecto al amor y al propósito de las personas. La diferencia más obvia era la doctrina cristiana de la resurrección de los cuerpos y la restauración del mundo material. Los filósofos estoicos habían enseñado que, después de la muerte, continuamos como parte del universo, pero no en una forma individual. Tal como resume Ferry: "La doctrina estoica de la salvación es completamente *anónima e impersonal*. Nos promete la eternidad, ciertamente, pero no como personas, sino como un fragmento olvidado del *cosmos*".[29] Pero los cristianos creían en la resurrección debido a la confirmación de cientos de testigos oculares del Cristo resucitado. *Ese* es nuestro futuro, y eso significa que somos salvos de manera individual —nuestras personalidades serán conservadas, embellecidas y perfeccionadas después de la muerte. Nuestro futuro estará lleno de un amor perfecto y sin obstáculos —con Dios y con los demás. Ambrosio escribió:

> Debe haber una diferencia entre los siervos de Cristo y los adoradores de ídolos; estos últimos lloran por sus amigos, pues suponen que han perecido para siempre... Pero en cuanto a nosotros, para quienes la muerte es el fin no de nuestra naturaleza sino solo de esta vida, ya que nuestra naturaleza misma será renovada y mejorada, la llegada de la muerte enjugará toda lágrima.[30]

Los filósofos griegos, especialmente los estoicos, intentaron "despojarnos de los temores relacionados con la muerte, pero a expensas de nuestra identidad individual".[31] El cristianismo ofrecía algo radicalmente más satisfactorio. Ferry señala que lo que los seres humanos queremos "sobre todas las cosas es reunirnos con nuestros seres queridos y, si es posible, con sus voces, sus rostros —no en forma de fragmentos indiferenciados, como piedrecitas o verduras".[32]

No hay una declaración más sorprendente sobre esta diferencia entre el cristianismo y el paganismo antiguo que la que se encuentra en el primer capítulo del Evangelio de Juan. Allí, Juan aborda de manera brillante uno de los temas principales de la filosofía griega, al comenzar su relato diciendo que "en el principio [del tiempo] ya existía el *Logos*" (Jn 1:1). Pero continúa diciendo: "Y el *Logos* se hizo carne, y habitó entre nosotros. Y hemos contemplado Su gloria" (Jn 1:14). Esta fue una declaración impresionante. Juan estaba diciendo: "Estamos de acuerdo en que existe un orden detrás del universo, y en que hallamos el significado de la vida cuando nos alineamos con él". Pero Juan también estaba diciendo que el *Logos* detrás del universo no era un principio abstracto y racional que solo podía ser entendido por la élite educada. Más bien, el *Logos* del universo es una persona — Jesucristo— que cualquiera puede amar y conocer en una relación personal. Ferry resume el mensaje de Juan de esta manera: "Lo divino... ya no era una estructura impersonal, sino un individuo extraordinario".[33] Ferry señaló que esto fue un "cambio insondable" que tuvo un "efecto incalculable en la historia de las ideas".

Y MÁS ESPACIO PARA EL SUFRIMIENTO

La otra gran diferencia entre los filósofos griegos y el cristianismo era que la consolación cristiana daba más lugar a las expresiones de tristeza y dolor. Las lágrimas y el llanto no deben ser sofocados ni limitados —son naturales y buenos. Cipriano cita a San Pablo, diciendo que los cristianos *deben* realmente afligirse, pero que deben hacerlo llenos de esperanza (1Ts 4:13).[34] Los cristianos no veían el dolor como una cosa inútil que debía ser reprimida a toda costa. Ambrosio no se disculpó por sus lágrimas y su dolor a causa de la muerte de su hermano. Recordando las lágrimas de Jesús en la tumba de Lázaro, escribió: "No hemos incurrido en ningún pecado grave por nuestras lágrimas. No todo el llanto procede de la incredulidad o la debilidad… El Señor también lloró. Lloró por uno que no era familiar Suyo, yo por mi hermano. Lloró por todos al llorar por uno; yo lloraré por todos al llorar por mi hermano".[35]

Para los cristianos, el sufrimiento no se debe tratar principalmente mediante el control y la supresión de las emociones negativas con el uso de la razón o la fuerza de voluntad. La realidad no era conocida principalmente a través de la razón y la contemplación, sino a través de las relaciones. La salvación se obtenía por medio de la humildad, la fe y el amor, no de la razón y el control de las emociones. Y, por tanto, los cristianos no enfrentamos la adversidad reduciendo estoicamente nuestro amor por las personas y por las cosas de este mundo, sino aumentando nuestro amor y nuestro gozo en Dios. Ferry señala: "Agustín, después de haber criticado radicalmente el amor que nos lleva a aferrarnos a cualquier cosa, no lo condena cuando su objeto es divino".[36] Lo que está diciendo es que aunque el cristianismo estaba de acuerdo con los escritores paganos en que ese apego desmesurado a los bienes terrenales puede conducir a penas y dolor innecesarios, también enseñó que la respuesta a esto no era disminuir mi amor por esos bienes, sino amar a Dios por encima de todo. La única forma en que podremos enfrentarnos a todas las cosas con paz es si Dios es nuestro mayor amor, pues ni siquiera la muerte puede separarnos de Su amor. El dolor no tenía que ser eliminado, sino sazonado y sostenido con amor y esperanza.

Además de utilizar el amor y la esperanza para aligerar nuestro dolor, los cristianos también somos llamados a usar el consuelo de conocer el cuidado paternal de Dios. El consejo de los antiguos consoladores a los enfermos era que aceptaran la inevitabilidad de su cruel destino. Señalaban que el destino era aleatorio, una rueda de azar sin fundamento ni propósito; así que debían reconciliarse con él y no entregarse a la autocompasión ni quejarse.[37] El cristianismo rechazó rotundamente esta opinión. En lugar de múltiples dioses y centros de poder luchando unos contra otros, y de un destino impersonal gobernando sobre todo, el cristianismo presentaba una visión completamente nueva a la cultura grecorromana. El historiador Ronald Rittgers señaló que los cristianos afirmaban que un Creador único sostiene al mundo con sabiduría y amor personal, "en oposición directa al politeísmo pagano y las nociones paganas del destino".[38] Lo resume de esta manera: "Este Dios creó a la humanidad para la comunión con Él" e impuso la muerte y el sufrimiento solo cuando la raza humana se separó de esta confraternidad para ser sus propios amos; "la mortalidad y las dificultades no eran parte de la naturaleza original de las cosas". Después de la Caída de la raza humana y la llegada del dolor y la maldad, Dios comenzó un proceso de salvación para restaurar esa comunión a través de Cristo. Durante este tiempo, Dios utilizó "pruebas, tribulaciones y adversidades para probar las almas humanas", y junto con ellas les ofreció la "esperanza de ser libradas de ellas... Fue Él quien eliminó el aguijón de la muerte".[39] En resumen, aunque los caminos de Dios a menudo son tan borrosos para nosotros como los de un padre para un bebé, aún confiamos en que nuestro Padre celestial nos cuida y está con nosotros para guiarnos y protegernos en todas las circunstancias de la vida.

LA VICTORIA DEL CRISTIANISMO

Poco a poco las perspectivas cristianas fueron sustituyendo a las perspectivas paganas más antiguas y se convirtieron en las ideas culturales dominantes. Uno de los cambios más importantes se relacionó, de nuevo, con la doctrina de la resurrección. Los cristianos nos enseñaron que Jesús vino en un cuerpo físico, y que Él redimirá y resucitará nuestros cuerpos físicos. En contraste con la enseñanza griega, esto implicaba que *esta* vida material es buena y que vale la pena disfrutarla plenamente. No debemos detestar ni apartarnos de los placeres y las comodidades de la vida, ni de las relaciones ordinarias. Ferry escribió: "Aunque los ateos nos quieren hacer creer lo contrario, la religión cristiana no está completamente entregada a la guerra contra el cuerpo, la carne, los sentidos".[40]

Pero la resurrección significa más que esto. Ferry describe de forma conmovedora la sensación de pérdida irrecuperable que caracteriza nuestra existencia, con referencia al poema "El cuervo" de Edgar Allan Poe. El siniestro pájaro solo puede repetir las palabras *nunca más*, algo que el autor usa para transmitir la irreversibilidad de la vida. Una vez que dejamos atrás nuestra juventud, el hogar en el que crecimos, a nuestros seres queridos, no hay marcha atrás. La irreversibilidad es una especie de muerte en vida. Pero aquí es donde entra la doctrina de la resurrección del cuerpo. Las religiones que enseñan la dicha celestial para el alma eterna solo pueden ofrecer consuelo por la vida que hemos perdido, pero el cristianismo ofrece una *restauración* de la vida. No solo recuperamos nuestros cuerpos, sino que obtenemos los cuerpos que nunca tuvimos pero quisimos tener, y uno que va más allá de lo que podemos imaginar. No solo recuperamos nuestras vidas, sino que obtenemos la vida que anhelamos pero que nunca tuvimos. Todo se debe a que la esperanza cristiana no es solo una existencia incorpórea etérea, sino una en la que el alma y el cuerpo finalmente se integran perfectamente, una en la que bailamos, cantamos, nos abrazamos, trabajamos y jugamos. La doctrina cristiana de la resurrección es, entonces, una reversión de la aparente irreversibilidad de la muerte. Es el final del "nunca más".

Ferry llega a una conclusión extraordinaria y difícil de refutar históricamente:

> Aprovechando lo que percibía como una debilidad en la sabiduría griega, el cristianismo creó una nueva doctrina de salvación. Fue tan efectiva que abrió un abismo en las filosofías de la antigüedad y dominó el mundo [occidental] durante casi mil quinientos años... [El cristianismo] parece ser la única versión de la salvación que nos permite no solo trascender el miedo a la muerte, sino también vencer a la muerte misma.[41]

Habiendo establecido estos fundamentos básicos para enfrentar el sufrimiento, los predicadores y escritores cristianos comenzaron a escudriñar la Biblia y a desarrollar recursos más detallados y prácticos para consolar a los que sufrían. El resultado fue un trabajo cada vez más matizado y sofisticado sobre el consuelo y la "cura" de las almas que sufren. Una de las innovaciones más llamativas fue cómo los consoladores cristianos comenzaron a reconocer la gran diversidad de formas de sufrimiento de una manera que los primeros pensadores no lo hicieron.

San (o Papa) Gregorio Magno (c. 540-604) fue quizás el autor más influyente sobre la cura de las almas al final de la historia primitiva del cristianismo. Sus obras más importantes fueron *Regla pastoral* y *Moralia*, una serie de discursos sobre el libro de Job.[42] Por un lado, Gregorio rechazó la idea de que el sufrimiento fuera una ilusión o el resultado de un destino caprichoso; el sufrimiento siempre tuvo un propósito. Gregorio enfatizó que estamos en manos de un Dios sabio, no de un destino cruel y ciego. Así que en lugar de quejarnos, como si fuéramos víctimas, deberíamos soportar nuestro sufrimiento pacientemente, como lo hizo Job.

Sin embargo, también rechazó el otro extremo: el error del moralismo —la idea hindú del karma, la cual establece que la proporción de nuestro sufrimiento se debe a la proporción de nuestros pecados. Gregorio enseñó que si bien el sufrimiento en general es causado por el pecado humano, eso no significa que las formas particulares de sufrimiento sean siempre el resultado de pecados específicos. Advirtió contra la conexión directa entre el pecado y el sufrimiento, ya que, después de todo, es una de las principales lecciones del libro de Job. En *Moralia*, Gregorio muestra que los amigos de Job insistieron en que su gran sufrimiento tenía que ser el castigo por alguna perversidad de igual magnitud. Pero no pudieron percibir que en el mundo hay diferentes tipos de sufrimiento, y que todos son útiles para "una serie de propósitos divinos".[43] Hay sufrimientos que sirven para disciplinar y corregir a alguien cuyos patrones de vida son pecaminosos (como en el caso de Jonás, quien casi perece en la tormenta), hay otros sufrimientos que sirven "no para corregir errores del pasado sino para prevenir errores en el futuro" (como en el caso de José, quien fue vendido como esclavo), y luego está el sufrimiento que no tiene otro propósito que el de conducir a una persona a amar a Dios con más fervor, y así descubrir la paz y la libertad suprema. El sufrimiento de Job, según Gregorio, pertenecía a esta última categoría.[44]

Un Dios personal es un Dios con propósito, y en la Biblia es posible reconocer diferentes formas en que el sufrimiento opera en nuestras vidas. Los primeros pastores cristianos no creían que hubiera una sola forma de consolar o preparar a alguien para enfrentarse a la adversidad.

LA REFORMA DEL SUFRIMIENTO DE LUTERO

Después de la época del Papa Gregorio se produjo un cambio gradual pero significativo dentro de la iglesia, dirigiéndose hacia la creencia de que "la respuesta apropiada [al sufrimiento] era soportarlo pacientemente y así, con la ayuda de la gracia divina, merecer el cielo...".[45] En otras palabras, el sufrimiento se convirtió en una forma de expiar los pecados, similar a la enseñanza del karma de las religiones orientales. Si aceptas el sufrimiento con paciencia, esto salda parte de la deuda por tu pecado y te ayuda a ganar el favor de Dios y la entrada a la dicha eterna.

Como ejemplo de esto, el teólogo de la edad media Johannes von Paltz escribió *Suplemento a la mina celestial* en 1504. Argumentó que la paciencia durante el sufrimiento tenía tanto valor moral que incluso si hubieras vivido toda tu vida en una pecaminosidad implacable, podrías merecer la remisión completa por todo si al final aceptas tu muerte con fe y tranquilidad. Ronald Rittgers señala que este énfasis en merecer la salvación por medio del sufrimiento se alejaba de las primeras enseñanzas cristianas, volviendo a la prohibición pagana de cualquier expresión de tristeza. Dio como resultado, en palabras de Rittgers, un "estoicismo cristianizado".[46] El cielo podría interpretar las manifestaciones de sufrimiento o los gritos de dolor como una falta de fe y sumisión, así que tales arrebatos impedirían que pudiéramos saldar la deuda causada por nuestros fracasos morales. Por tanto, lo importante era que se suprimieran las emociones y se tomara el sufrimiento con calma y sin cuestionamientos. Esto no deja lugar para los estallidos de Job ni para los lamentos que encontramos en los Salmos. La rica y multidimensional enseñanza bíblica sobre cómo entender y atravesar el dolor y el sufrimiento se rebajó a una resistencia sin quejas.

Pero la llegada de la Reforma europea, y particularmente de la teología bíblica de Martín Lutero, trajo no solo una renovación de la iglesia en general, sino también un entendimiento más profundo de la perspectiva cristiana del sufrimiento. Lutero rechazó la visión medieval de la salvación como un proceso gradual de crecimiento en virtud que finalmente merecía la vida eterna. En cambio, entendía que la salvación se recibía por la fe, y fe no principalmente como una cualidad interna de pureza, sino como "una capacidad esencialmente receptiva". Tener fe es confiar en la promesa de Dios, el medio por el cual recibimos la salvación como un regalo gracias a la obra salvadora de Cristo, no la nuestra. Esto tuvo "implicaciones revolucionarias" para la perspectiva cristiana del sufrimiento.[47]

Lutero predicó que no había nada más importante para una persona que darse cuenta de que él o ella no podía contribuir en nada para su salvación. Podemos ser plenamente aceptados y declarados justos ante Dios por medio de la fe en Cristo, únicamente por gracia. Comprender esto nos libera finalmente de la agobiante carga de ganarnos el favor de la sociedad, de la familia, de otras personas o incluso de uno mismo. Nos libera del miedo al futuro, de cualquier ansiedad sobre nuestro destino eterno. Nos libera de todo lo que nos pueda atar, y eso nos permite enfrentar todo sufrimiento sabiendo que, gracias a la cruz, Dios está de nuestra parte y que, debido a la resurrección, todo estará bien al final.

La creencia de que somos salvos por nuestra virtud, por el estado de nuestros corazones o por nuestras buenas obras produce gran incertidumbre e inseguridad en nuestras vidas. Si el trato que Dios nos da está condicionado por la calidad de nuestras vidas, y la calidad de nuestras vidas siempre está lejos de ser perfecta, entonces nunca podemos estar seguros de que Él nos ama. Para salir de esta incertidumbre es necesario que dejes de creer que tu sabiduría o tu fortaleza pueden darte una vida buena y segura o lograr que Dios te deba esa vida.

Lutero creía que el sufrimiento juega un papel doble. Antes de experimentar el gozo y el amor que nos ayudan a enfrentar y superar el sufrimiento, el sufrimiento primero debe despojarnos de nuestro orgullo y llevarnos a encontrar nuestro verdadero gozo y nuestra única seguridad en Cristo. Lutero declaró: "Puesto que Dios nos quita todos nuestros bienes y nuestra vida a través de muchas tribulaciones, es imposible para el corazón estar tranquilo y soportarlo a menos que se aferre a mejores bienes, es decir, a menos que se una a Dios mediante la fe".[48] El sufrimiento disipa la ilusión de que tenemos la fuerza y la capacidad para gobernar nuestras propias vidas y salvarnos a nosotros mismos. Las personas "se convierten en nada a través del sufrimiento" para así poder ser llenas de Dios y de Su gracia.[49] Lutero escribió: "Crear algo de la nada va en conformidad con la naturaleza de Dios; por lo tanto, en alguien que todavía no es nada, Dios no puede hacer nada", y

> … por tanto, Dios solo acepta a los abandonados, solo cura a los enfermos, solo da vista a los ciegos, solo da vida a los muertos, solo santifica a los pecadores, solo da sabiduría a los imprudentes. En resumen, Él solo tiene misericordia de aquellos que son miserables.[50]

LA TEOLOGÍA DE LA CRUZ

Pero el sufrimiento fue mucho más que un proceso espiritual de preparación para Lutero. Fue él quien acuñó la frase "la teología de la cruz" en contraste con la "teología de la gloria". El mundo espera un Dios que sea fuerte y cuyos seguidores sean bendecidos y exitosos si realmente se esfuerzan y cumplen perfectamente Su ley. Esa era la opinión de los amigos de Job, de los fariseos en los días de Jesús y, según Lutero, la mentalidad de la mayoría de los líderes de la iglesia medieval en su época. Era una "teología de la gloria", pero no era la teología de la Biblia. El sorprendente mensaje de la Escritura es más bien que la revelación más profunda del carácter de Dios está en la debilidad, el sufrimiento y la muerte en la cruz. Esto es "exactamente lo opuesto a donde la humanidad esperaba encontrar a Dios".[51] En *Explicaciones de las noventa y cinco tesis*, Lutero incluye lo siguiente:

> Alguien que trate de ver las cosas invisibles de Dios como si fueran claramente perceptibles en las cosas creadas no merece ser llamado un teólogo.
>
> Sin embargo, merece ser llamado teólogo aquel que comprende las cosas visibles y manifiestas que Dios revela a través del sufrimiento y la cruz.[52]

Los teólogos de la "gloria", señala Lutero, piensan que los caminos de Dios son "claramente perceptibles". Es por esto que los amigos de Job estaban seguros de que si te va bien, estás viviendo bien y Dios está complacido contigo, pero si te va mal, estás viviendo mal y Dios te ha abandonado. Pensaban que era fácil discernir los propósitos y los planes de Dios, pero los sufrimientos de Job eran realmente bastante misteriosos. Los propósitos de Dios estaban ocultos para Job y, de hecho, la mayoría permanecen ocultos incluso para los lectores del libro que lleva su nombre. Sin embargo, de la agonía y el sufrimiento de Job surgió una de las revelaciones más profundas de la naturaleza de Dios, tanto de la Biblia como de toda la literatura —además del carácter transformado de Job.

De la misma manera, los líderes religiosos de los días de Jesús esperaban a un Mesías agradable y fácil de entender que derrotara a los romanos y llevara a Israel hacia la independencia política. Un Mesías débil, sufriente y crucificado no tenía sentido para ellos. Aquellos que miraban a Jesús mientras moría en la cruz no tenían idea de que estaban contemplando el mayor acto de salvación en toda la historia. ¿Podrían los observadores de la crucifixión "percibir claramente" los caminos de Dios? No, a pesar de que estaban ante una maravilla de la gracia. Solo vieron oscuridad y dolor, y la razón humana no concibe que Dios esté obrando en o a través de *eso*. Así que le gritaban que descendiera de la cruz, y se burlaban diciendo: "Salvó a otros… ¡pero no puede salvarse a Sí mismo!" (Mt 27:42). Pero no se dieron cuenta de que podía salvar a otros solo porque decidió *no* salvarse a Sí mismo.

Fue a través de la debilidad y el dolor que Dios nos salvó y nos mostró las profundidades infinitas de Su gracia y Su amor por nosotros. Manifestó Su infinita sabiduría al lograr que en un solo evento se cumpliera el justo requisito de la ley *y* se asegurara el perdón de los infractores de esa ley. En un instante, el amor y la justicia de Dios fueron plenamente satisfechos. Este Mesías vino a morir para poner fin a la muerte misma. El pecado solo podía ser expiado a través de la debilidad y el sufrimiento; era la única forma de acabar con el mal sin acabar con nosotros.

Lutero decía que la exclamación de Jesús desde la cruz —"Dios Mío, Dios Mío, ¿por qué me has desamparado?" (Mt 27:46)— contenía "las palabras más grandiosas en toda la Escritura".[53] Lutero conocía personalmente lo que él llamaba *anfectungen*, una palabra que hace referencia a los "asaltos" que el mundo, la carne y el diablo hacen a los seres humanos a través de los males y el sufrimiento de la vida. Para Lutero, "*Anfectung* es... un estado de desesperanza e impotencia que tiene fuertes afinidades con el concepto de *angustia* [o pavor]".[54] Pero en estas palabras de abandono en la cruz, Lutero percibió una profunda paradoja. Cristo sufrió el abandono de Dios en Su naturaleza humana; Él conoció *anfectungen* en una escala infinita, más allá de lo que cualquier ser humano experimentará alguna vez. A esto se refiere el autor de Hebreos, en el Nuevo Testamento, cuando nos exhorta a acercarnos confiadamente a Jesús para recibir misericordia y gracia en nuestro tiempo de necesidad porque Él puede "compadecerse de nuestras debilidades... [habiendo] sido tentado en todo de la misma manera que nosotros, aunque sin pecado" (Heb 4:15). De hecho, Lutero consideró que "en Cristo, el pecador tiene a un Salvador que experimentó la mayor separación posible de Dios —y la venció".[55]

Lutero entonces pregunta: ¿Por qué nos sorprende que nuestras vidas a menudo estén llenas de oscuridad y dolor? Incluso Dios mismo, en Cristo, se negó a evitarlo. Pero aunque los propósitos de Dios muchas veces estén ocultos para nosotros como lo estuvieron para Job y para los que observaban al pie de la cruz, los que tenemos la enseñanza de la Biblia y entendemos su mensaje sabemos que para ganar la vida tenemos que perderla. El camino hacia el poder, la libertad y la alegría es a través del sufrimiento, la pérdida y la tristeza.

No es que estas cosas malas produzcan cosas buenas de forma automática. El sufrimiento produce crecimiento en nosotros solo cuando entendemos el sufrimiento de Cristo y Su obra a nuestro favor. Lutero enseñó: "Los cristianos no pueden sufrir con Cristo" —es decir, no pueden imitar Su paciencia ni Su amor estando bajo presión— "antes de haber abrazado todos los beneficios del sufrimiento de Cristo *a su favor*" y en su lugar.[56] Lutero supo por experiencia propia lo mucho que el sufrimiento nos aflige si no estamos seguros del amor de Dios por nosotros. La enseñanza medieval de que podemos ganarnos el favor de Dios por la calidad de nuestra paciencia mientras sufrimos simplemente no funcionó. Eso nunca podría dar paz a la conciencia, porque nunca sabríamos si estamos sufriendo con suficiente sumisión y pureza de corazón.

Y Lutero creyó correctamente que esta paz interior era quizás el prerrequisito más importante para poder enfrentar bien el sufrimiento. No debemos tratar de usar nuestra paciencia para ganarnos la paz con Cristo; necesitamos la paz con Cristo para poder ser pacientes. No podemos ni empezar a sufrir como Cristo si no hemos descansado en la suficiencia de Sus sufrimientos por nosotros. Si sabemos que nos ama incondicionalmente, a pesar de nuestros defectos, entonces sabemos que está con nosotros y que está obrando en nuestras vidas durante esos tiempos de dolor y tristeza. Y podemos estar seguros de que no solo está cerca de nosotros, sino que mora en nosotros y que, como somos miembros de Su cuerpo, Él percibe nuestros sufrimientos como si fueran Suyos (ver Hch 9:4; Col 1:24).

EL SURGIMIENTO DEL "MARCO INMANENTE"

En la primera etapa de la era moderna, el cristianismo fue creciendo en Europa y en las colonias del nuevo mundo. Pero durante los próximos quinientos años, las cosas cambiaron. Como preguntó el filósofo Charles Taylor: "¿Por qué era prácticamente imposible que alguien no creyera en Dios en nuestra sociedad occidental en el año 1500, mientras que en el año 2000 a muchos de nosotros nos parece que esto no solo es fácil, sino incluso inevitable?".[57] En los últimos cinco siglos, las sociedades de Occidente que originalmente eran religiosas y estaban llenas de fe poco a poco se han vuelto más seculares. La influencia de la religión y la fe en las instituciones públicas es cada vez menor. Creer en Dios está permitido, pero suele verse como algo problemático y es considerado una opción entre muchas otras para la vida.

Taylor acuña varios términos para describir la secularidad contemporánea. Señala que hoy vivimos dentro de un "marco inmanente", la visión de que el mundo es un orden completamente natural sin nada sobrenatural. Es un mundo completamente "'inmanente', versus un posible mundo 'trascendente'".[58] Otra frase que utiliza es el "yo regulado". En tiempos más antiguos, el concepto del yo era "abierto y maleable". Incluía un alma, por ejemplo, que nos conectaba con Dios y el mundo espiritual y, por tanto, gran parte de nuestros sentimientos, intuiciones y actitudes estaban bajo la influencia de fuerzas externas, fuerzas que no podíamos controlar. A menudo se suponía que era necesario mirar fuera del yo (a la naturaleza y a Dios) para aprender la forma correcta de vivir. En cambio, las personas modernas tienen un "yo regulado", es decir, viven enfocadas y encerradas en sí mismas. Debido a que no existe un orden trascendente y sobrenatural fuera de mí, soy yo quien determina lo que soy y lo que seré.[59] No necesito mirar hacia afuera para saber cómo vivir. Hoy queremos ser los que determinan el significado de todas las cosas; de hecho, ahora "nos declaramos los legisladores de la verdad".

Taylor argumentó que el cambio hacia este nuevo sentido del yo requería un nuevo crecimiento masivo en la "confianza en nuestros propios poderes de ordenamiento moral".[60] Antes había mayor humildad en cuanto a nuestra capacidad para comprender el universo, y esto debido a que el universo nos parecía mucho más grande. Había un misterio infinito en él, profundidades que la razón humana nunca podría sondear o conocer. Había "más cosas en el cielo y en la tierra" de las que podíamos soñar en nuestras filosofías humanas. No era un universo enmarcado únicamente por la inmanencia; también estaba lleno de lo espiritual. Pero el marco inmanente se desarrolló y creció junto con el yo regulado y autosuficiente. Aunque Taylor lo dice en un lenguaje académico, cada día vemos más expresiones populares y vívidas que confirman sus puntos. Hace poco, un artículo del *New York Times* observó una tendencia en las personas, especialmente en las mujeres, a cambiarse el nombre. Una mujer que se cambió el nombre después de un divorcio explicó: "Cambiarme el nombre es un símbolo. Implica que debo asumir la responsabilidad total de mi vida. Tenía que crear mi propia felicidad, desarrollar mi fuerza, ser el motor de mi impulso".[61]

El cambio al marco inmanente no eliminó inmediatamente toda creencia en Dios, pero la alteró. El marco, por así decirlo, no era sólido en todos sus lados, sino que tenía una pequeña abertura en la parte superior. Taylor explica cómo el deísmo halló cabida entre las élites del siglo dieciocho. La idea del deísmo es que Dios creó el mundo para nuestro beneficio, y que ese mundo ahora opera por sí mismo, sin Su participación constante o directa. Este mundo funciona como un reloj y puede ser entendido científicamente, sin necesidad de una revelación divina. Según esta perspectiva Dios existe pero se convierte en alguien o algo más distante, no en alguien que podamos conocer. Nuestra principal responsabilidad *no* es amarle, adorarle, obedecerle ni buscar Su perdón cuando no lo hagamos. En cambio, el objetivo principal de los seres humanos es usar nuestra razón y nuestra libre voluntad para apoyar el florecimiento humano. En resumen, la antigua idea cristiana de que existimos para la gloria de Dios se desvaneció y fue reemplazada por la creencia de que Dios existe para cuidarnos y sostenernos.

LA MALDAD NATURAL Y EL TERREMOTO DE LISBOA

Uno de los primeros lugares en los que este yo moderno se enfrentó al mal y al sufrimiento fue en el gran terremoto de Lisboa de 1755, un famoso ejemplo de lo que se ha llamado "maldad natural" —sufrimiento que no es causado por agentes humanos, sino que simplemente es parte del mundo natural. En el Día de Todos los Santos, el 1 de noviembre, un terremoto masivo destruyó casi por completo la ciudad principal de Portugal y mató a decenas de miles de personas. Muchos filósofos y pensadores de Europa, sobre todo Voltaire, percibieron esto como evidencia contra la existencia del Dios amoroso de la Biblia. Si pensamos en este evento desde la perspectiva de una cultura profundamente secular, podríamos pensar que el "problema del mal" —cuestionar a Dios ante un desastre— era completamente normal. Hoy en día, cada vez que ocurre una gran tragedia vemos que la gente hace el mismo tipo de preguntas y desafíos a la fe en lo divino.

Pero Taylor señala que el discurso del "problema del mal" sobre el terremoto de Lisboa en realidad fue algo nuevo. Sabemos que las personas han cuestionado los caminos y la justicia de Dios en los asuntos humanos desde el libro de Job, incluso antes, pero prácticamente nadie había argumentado que el mal hacía imposible la existencia de Dios. La afirmación de que el mal refuta la existencia de Dios era algo que solo podía surgir de suposiciones sobre Dios que pertenecen al marco inmanente. Taylor escribe que cuando la sociedad occidental creía en un mundo que era misterioso e incognoscible para la razón —y en un Dios que era glorioso e inefable— el problema del mal era "menos agudo". Desde esa perspectiva, no era extraño que algún mal fuera inexplicable. Pero la secularidad del deísmo empeoró el problema del mal por dos razones.

En épocas anteriores, cuando ocurría el sufrimiento, el hecho de que no pudiéramos pensar en buenas razones para explicarlo no significaba que no existieran. Éramos más humildes respecto a nuestra capacidad de entender el mundo. Pero para el siglo XVIII, ya creíamos que con el tiempo seríamos capaces de entenderlo todo con nuestras mentes y nuestra razón. Empezamos a confiar en nuestra capacidad de observar y analizar cada detalle, y esto cambió la forma en que los seres humanos percibían el sufrimiento. Ahora el mal se ha convertido en un problema mucho más grande.

La certeza de que tenemos todos los elementos necesarios para llevar a cabo un juicio en contra de Dios… es algo que ha surgido en esta era… En épocas anteriores, ante una situación desesperante en el mundo [de Dios], nos sentíamos más inclinados a apelar a Él como ayudador y salvador, a la vez que aceptábamos que no podíamos entender cómo Su creación había llegado a esa situación ni de quién era la culpa (probablemente nuestra). Ahora que creemos saber cómo funciona todo... las personas en los cafés y en los salones de belleza comienzan a expresar su desagrado en conversaciones sobre la justicia divina, y los teólogos entonces piensan que este es el reto que deben asumir.[62]

En segundo lugar, la gente ahora cree que no fuimos creados para servir a Dios. Más bien, Dios creó el mundo para nuestro beneficio. Pero, Taylor continúa, fue este concepto deísta de Dios —no tanto la perspectiva cristiana— que el terremoto de Lisboa puso en duda. Él escribió:

> Una vez que afirmamos entender el universo y cómo funciona; una vez que intentamos explicar cómo funciona asumiendo que fue creado para nuestro beneficio, esa explicación queda abierta al desafío... En Lisboa, en el año 1755, parecía evidente que no [obró para nuestro beneficio]. Así que el orden inmanente complica las cosas.[63]

Si crees que el mundo fue creado por Dios para nuestro beneficio, entonces el sufrimiento y el mal sacudirán tu entendimiento de la vida. Hoy en día la horrenda maldad es un problema aún mayor para quienes tienen residuos del cristianismo —aquellos que creen en un Dios distante que existe para nuestro beneficio— que para los que tienen una fe ortodoxa que no ha sido debilitada por el marco inmanente. En otras palabras, el sufrimiento y el mal refutan la existencia de Dios solo si se tiene una visión particular de Dios que constituye una desviación de la visión más tradicional y ortodoxa. La conclusión escéptica está íntimamente ligada a las premisas. Se podría argumentar que, dentro del marco inmanente, el juego está manipulado para ir en contra del Dios de la Biblia cuando se trata del mal y el sufrimiento.

EL CRISTIANISMO RESIDUAL Y EL PROBLEMA DEL MAL

A menudo se señala que Estados Unidos se secularizó más lentamente que Europa y Canadá, pero aun así esa secularización ha avanzado. A pesar del deísmo de fundadores estadounidenses como Thomas Jefferson, varios avivamientos espirituales permitieron que la cultura estadounidense se mantuviera caracterizada por creencias cristianas. De manera particular, esas creencias incluían la universalidad del pecado humano, es decir, que cada persona tiene una naturaleza propensa al mal y capaz de cometer grandes males. Esto significaba que el "mal moral" —el terrible sufrimiento y dolor que los seres humanos causan a otros seres humanos— era fácil de explicar. Era visto como algo normal entre seres caídos. Además, la doctrina del pecado original también explica el mal natural. Debido a que nos apartamos de Dios, era entendible que nuestro mundo fuera un lugar oscuro y quebrantado, pues estaba bajo el juicio de un Dios justo. Así que los terremotos y las invasiones eran ocasiones para hacer llamados públicos a la oración y al arrepentimiento.

Pero Estados Unidos comenzó a alejarse de las creencias más antiguas sobre la pecaminosidad humana, dirigiéndose hacia la ceguera espiritual y la impotencia que produce el alejarse de la ayuda divina. Andrew Delbanco escribió *La muerte de Satanás*, donde explica cómo a principios del siglo XIX la cultura estadounidense comenzó a apartarse de las doctrinas cristianas sobre la maldad de la naturaleza humana y la realidad sobre Satanás. Escribió: "El orgullo, una vez la marca distintiva del diablo, ahora no es solo una emoción legítima sino el dios de los Estados Unidos... El individualismo liberal asumió su forma moderna en estos años".[64]

Y así hemos llegado a nuestros días. Todas las sociedades occidentales viven dentro del marco secular, y aunque muchas personas todavía profesan creencias bastante tradicionales de Dios, la mayoría se ven afectadas por este marco. Nos consideramos capaces de controlar nuestro propio destino, capaces de discernir por nosotros mismos lo que está bien y lo que está mal, y pensamos que Dios está obligado a arreglar las cosas para nuestro beneficio, especialmente si vivimos una vida lo suficientemente buena según nuestros propios estándares. El sociólogo Christian Smith llama a esta mentalidad "deísmo moral y terapéutico".[65] Muchas de las personas con esta mentalidad se identifican como creyentes en Dios, y otros hasta dirían que son cristianos. Pero, como hemos visto, la secularización diluye las creencias tradicionales. Y puede que esta creencia secularizada en Dios, o este residuo del cristianismo, sea la peor condición preexistente para enfrentar el sufrimiento.

En la antigüedad, el cristianismo era ampliamente reconocido por poseer recursos superiores para enfrentar el mal, el sufrimiento y la muerte. En nuestros tiempos —aunque esto no se dialoga tan públicamente como antes— sigue ofreciendo recursos mucho más poderosos que cualquier cosa que la cultura secular pueda ofrecer a quienes sufren. Sin embargo, esos recursos residen en creencias cristianas sólidas y distintivas.

La primera creencia cristiana relevante es la de un Dios personal, sabio, infinito y, por tanto, inescrutable que controla todo lo que acontece en el mundo —y eso es mucho más reconfortante que la creencia de que nuestras vidas están en manos de un destino caprichoso o del azar. El segundo principio crucial es que, en Jesucristo, Dios vino a la tierra y sufrió sacrificialmente con y para nosotros —y eso es mucho más reconfortante que la idea de que Dios es alguien remoto y desinteresado. La cruz también demuestra que, a pesar de ser inescrutable, Dios obra a favor nuestro. La tercera doctrina es que por medio de la fe en la obra de Cristo en la cruz, podemos estar seguros de nuestra salvación —eso es mucho más reconfortante que los sistemas que creen en *el* karma. Estamos seguros de que las dificultades de la vida no son la paga de nuestros pecados del pasado, pues ya Jesús pagó por ellos. Tal como enseñó Lutero, el sufrimiento es insoportable si no estás seguro de que Dios está de tu parte y contigo. La secularidad no puede proveerte eso, y las religiones que prometen la salvación a través de la virtud y las buenas obras tampoco pueden hacerlo.

La cuarta gran doctrina es la de la resurrección de entre los muertos para todos los creyentes. Esta es la culminación de nuestras alegrías y consuelos. Uno de los deseos más profundos del corazón humano es el amor sin separación. Sobra decir que la perspectiva de la resurrección es mucho más reconfortante que creer que la muerte te lleva a la nada o a ser una sustancia espiritual impersonal. La resurrección va más allá de la promesa de una vida etérea e incorpórea después de la muerte. Recuperaremos nuestros cuerpos en un estado de belleza y poder que no podemos imaginar en la actualidad. El cuerpo resucitado de Jesús era corpóreo —podía ser tocado, abrazado y se alimentaba. Sin embargo, atravesó puertas cerradas y podía desaparecer. Esta es una existencia material, pero una que va más allá de los límites de nuestra imaginación. La idea del cielo puede ser un consuelo en medio del sufrimiento, una compensación por la vida que hemos perdido. Pero la resurrección no es solo consuelo —es una restauración. Recuperamos todo: el amor, los seres queridos, los bienes, la belleza de esta vida, pero en nuevos e inimaginables grados de gloria, alegría y fuerza. Es una *reversión* de la aparente irreversibilidad de la pérdida que menciona Luc Ferry.[66]

Si estas doctrinas cristianas no nos consuelan, entonces creo que dejar de creer en Dios es una mejor preparación para la tragedia que esa fe secularizada en Dios la cual caracteriza a una gran parte de nuestro mundo occidental. Hoy hay muchas personas que creen en Dios, y puede que hasta vayan a la iglesia, pero si les preguntas si están seguros de su salvación y aceptación ante Dios, o si la idea de la muerte sacrificial de Jesús en la cruz es real y conmovedora para ellos, o si están convencidos de la resurrección corporal de Jesús y de los creyentes, es probable que obtengas una respuesta negativa, o simplemente una mirada confundida. El marco inmanente de la cultura occidental debilita la creencia intelectual en Dios, y eso hace que sea aún más difícil tener esa certeza en el corazón. Pero si estamos pasando por un sufrimiento horrendo, es mucho más difícil sostener este cristianismo parcial o teísmo que el ateísmo. Como nos ha mostrado Taylor, el mal natural ofende a aquellos que creen en un Dios que existe para servirnos, y confunde a aquellos que no creen que todos somos pecadores que necesitan la salvación por pura gracia.

La escritora atea Susan Jacoby escribió lo siguiente en *The New York Times*: "Cuando veo a personas temblando de frío después de haber perdido su hogar por una tormenta, o cuando los medios de comunicación me muestran con morbo el dolor de padres que han perdido a un hijo, no tengo que preguntarme, como aquellos que profesan tener fe, por qué un Dios todopoderoso y bueno permite que sucedan estas cosas".[67] En cierto sentido, ella tiene razón. Si no crees en Dios, no deberías preguntarte por qué la vida es tan injusta. Simplemente es así; tienes que aceptarlo. Pero tampoco disfrutas del consuelo y el gozo que hay en la fe cristiana. Jacoby señala que el ateísmo te hace "libre de lo que se conoce como el problema de la teodicea", pues no necesitas "conciliar las cosas [terribles]" de esta vida "con [la existencia] de un jefe supremo e invisible que esperas ver en [la vida] venidera".

Pero como hemos visto en los escritos del filósofo Charles Taylor, el "problema de la teodicea" es en gran medida producto no de una firme creencia en Dios y en el pecado, sino de una fe debilitada. El problema del mal se vuelve más y más intolerable a medida que aumenta nuestro orgullo, que disminuye nuestra dependencia de la gracia y la revelación de Dios, y que nos sentimos más seguros de que entendemos cómo funciona el universo y cómo debería desarrollarse la historia. Y es solo cuando Dios se vuelve más remoto —un Dios que es completamente amoroso solo en lo abstracto, no en el sentido de haber sufrido y muerto por nosotros para rescatarnos del mal— que Él nos parece insensible frente al dolor. En resumen, el teísmo sin seguridad de salvación ni de resurrección es mucho más desilusionante que el ateísmo en medio del dolor. Cuando se sufre, creer en Dios de esta manera es peor que no creer en Dios.

HISTORIA DE VIDA: **EL FINAL NO HA SIDO ESCRITO**

por Tess

Mi crisis de fe ocurrió en mis primeros años de adultez, lejos de cualquier sufrimiento personal significativo. Mientras estudiaba medicina estuve involucrada en un sinnúmero de tragedias: niños de siete años que eran lanzados de camionetas, accidentes automovilísticos fatales, jóvenes de veinticinco años diagnosticadas con cáncer de mama, ataques cardíacos en Navidad, etc. Había visto mucho. Había tratado a muchos. Y mientras luchaba en medio de estas circunstancias desafiantes con la ayuda de mi esposo, Barry, nuestra fe fue probada. Dios aumentó nuestra fe de tal manera que confiamos en Él a pesar de no entender muchas cosas. En los años siguientes, a medida que crecía mi comprensión de las complejidades de la fisiología humana, comencé a desarrollar más y más asombro al ver la manera en que funcionaba el cuerpo humano. Que un bebé nazca sin defectos congénitos es un milagro. Es una maravilla que podamos seguir respirando, digiriendo alimentos y combatiendo el cáncer mientras dormimos.

Diariamente veía el delicado y tenue equilibrio de la naturaleza, y todo por la *pura gracia* de Dios. Así que ante la realidad del dolor y el sufrimiento, no éramos de aquellos que se preguntaban: "¿Por qué yo?". En su lugar, la pregunta era: "¿Por qué no a mí? ¿Qué hice para merecer esta cadena inmerecida de bendiciones?".

A principios del año 2012 a mi madre le diagnosticaron cáncer de ovario metastásico y recidivante, con un pronóstico terminal. Desplazamos a nuestra familia de cinco, contando al que estaba por nacer, a la casa de mis padres en Arizona para estar con ella hasta el final. Tres semanas después de nuestra llegada, ella murió y se reunió con nuestro Señor. En los últimos días de su enfermedad física se volvió cada vez más delirante, pero increíblemente, lo que recitaba era la Escritura. Estaban tan arraigadas en su corazón que cuando la enfermedad había destrozado su mente y la había reducido a divagaciones incoherentes, lo que quedaba era la Palabra de Dios. Mientras la enterrábamos, mi oración era que el Señor sellara Su Palabra en mi corazón de tal manera que cuando mi mente estuviera desahuciada, solo pudiera expresar Sus palabras.

En agosto de ese mismo año le dimos la bienvenida a nuestro tercer hijo, y seis semanas después nuestro hijo mayor cumplió tres años. La vida era casi perfecta otra vez. Catorce semanas más tarde, en una bella y tranquila tarde de noviembre, volví del trabajo al maravilloso caos de nuestra casa, justo cuando nuestra niñera estaba despertando a nuestro bebé de su siesta. Tardé varios segundos para asimilar sus gritos de terror. Entré en nuestra habitación, sabiendo exactamente lo que había sucedido. Sabía que había muerto antes de verlo. Mi primer pensamiento fue Job 1:21: "El Señor ha dado; el Señor ha quitado. ¡Bendito sea el nombre del Señor!", seguido de cerca por 1 Tesalonicenses 5:18: "Den gracias a Dios en toda situación, porque esta es Su voluntad para ustedes en Cristo Jesús". Todos los años de entrenamiento, combinados con el increíble poder del Espíritu Santo al prepararme exactamente con lo que necesitaba cuando lo necesitaba, tomaron control de mí. Estaba hablando por teléfono con mi esposo en ese momento. Le dije que Wyatt había muerto y que él tenía que venir a casa inmediatamente. Realicé RCP mientras estaba en el altavoz con el 911, pero sabía que era solo una formalidad. Policías y detectives entraron y salieron, descartaron un homicidio, y luego llegó el equipo forense para llevarse el cuerpo de mi bebé. Me negué. No renunciaría a mi bebé sin pelear, o al menos discutir, con Dios. Sabía lo que Él había dicho sobre pedir y recibir, y acerca de no recibir porque no pedíamos, y sobre la viuda que molestó al juez hasta lograr que le concediera su petición, y acerca de la fe del tamaño de un grano de mostaza. Durante una hora, mi esposo y yo, junto con nuestra niñera, oramos por la resurrección de nuestro hijo. Resurrección real y física, como la de Lázaro. Fuimos al trono de Dios con valentía, completamente lúcidos, sin estar desconsolados, y pedimos tan sinceramente como pudimos para que nuestro bebé regresara. No mi voluntad, sino la Tuya sea hecha. Dios escuchó nuestra oración. Y respondió que no. Y le dije que lo aceptaba, pero que tendría que ayudarnos a superar esto porque no podíamos hacerlo nosotros mismos. La causa de la muerte fue asfixia posicional, o SMSL (síndrome de muerte súbita del lactante). Ni siquiera estaba enfermo.

Pero el final no ha sido escrito. El Señor nos ha mostrado una y otra vez que Él nunca tuvo la intención de que pasáramos por esto solos. Él se dio a Sí mismo, y nos dio al cuerpo de Cristo, la iglesia. La mañana después de la muerte de Wyatt, dos de nuestros amigos se presentaron sin avisar para cuidar a nuestros otros dos hijos. Nuestra comunidad, la iglesia llamada Redeemer Church, movilizó a un ejército de guerreros de oración y de ayudantes. Vinieron familiares desde Nicaragua, Arkansas, Texas y Arizona, y muchos hermanos salieron de sus hogares para que esos familiares pudieran quedarse allí. Esos mismos hermanos alquilaron un apartamento cerca de nuestra casa, nos enviaban comida (y también a nuestra niñera en Brooklyn), planearon y llevaron a cabo el memorial, imprimieron boletines, etc. Atendieron cada detalle al estilo típico de los neoyorquinos, con precisión y excelencia, y todo sin nuestro conocimiento o consentimiento. Esto nos permitió experimentar las profundidades de nuestro dolor en toda su agonía. Para cuando salimos, nuestra comunidad había sido transformada y unida a través del sufrimiento, y yo estaba embarazada de nuevo. "El Señor ha dado; el Señor ha quitado. ¡Bendito sea el nombre del Señor!".

Tim Keller dijo una vez que Dios nos daría lo que hubiéramos pedido si supiéramos todo lo que Él sabe. La idea de que el Príncipe del cielo se rebajara y se hiciera pobre para vivir y habitar entre nosotros es humillante. La idea de que no hay nada en la experiencia humana que Dios mismo no haya sufrido, ni siquiera la pérdida de un hijo, es alentadora. Y la idea de que, en Su resurrección, las cicatrices de Jesús se convirtieron en Su gloria nos empodera. Dios usará estas cicatrices para Su gloria, a medida que se conviertan en nuestra gloria. Sin duda, el final no ha sido escrito.

TRES

EL DESAFÍO A LOS SECULARES

¿Deseas conocer el arte de vivir, amigo mío? Está contenido en una frase: haz uso del sufrimiento.

— Henri Frederic Amiel[1]

En los dos primeros capítulos vimos los desafíos que tiene la visión secular al preparar a las personas para el sufrimiento. Aunque los filósofos griegos clásicos insistieron en que sus ideas ayudaban a enfrentar el dolor y la muerte, no funcionaron quizás para la mayoría. Puede que hoy esté sucediendo algo similar. Los escritores ateos como Richard Dawkins y Susan Jacoby hacen afirmaciones similares de que una visión completamente secular de la vida elimina el "problema del mal" y libera a la gente para concentrarse en hacer del mundo un lugar mejor. Sin embargo, ¿esto realmente funciona para la mayoría de las personas?

Como señala Richard Shweder, mientras que este marco domina las instituciones elitistas de las sociedades occidentales, la mayoría de los verdaderos afectados lo desconocen. Él argumenta que los enfoques más antiguos, espirituales y tradicionales persisten a nivel popular por debajo del discurso secular dominante. Existen "como 'contradiscursos' personales o comunitarios contra el discurso oficial de la explicación científica".[2]

¿DÓNDE ESTABAN LOS HUMANISTAS?

No mucho después de los tiroteos en Newtown en diciembre de 2012, y de que pasaran todos los discursos de los líderes cívicos, los memoriales y los funerales, Samuel G. Freedman escribió una columna en *The New York Times* titulada "En una crisis, los humanistas parecen estar ausentes". En todas las ceremonias públicas, Freedman observó que tanto los líderes políticos como los que sufrían tenían una fuerte tendencia a usar palabras y símbolos claramente religiosos. Connecticut no está ni cerca del Cinturón bíblico estadounidense y, sin embargo, todas estas familias que perdieron hijos eligieron realizar servicios religiosos en iglesias católicas, congregacionales, mormonas y metodistas, así como en una megaiglesia protestante y un cementerio judío. Un grupo de jóvenes cristianos negros viajó desde el sur para cantar "Sublime gracia".[3] El presidente Obama pronunció un discurso que esencialmente fue un sermón, hablando de Dios "llamando a Sus hijos a casa". Citó extensamente 2 Corintios 4 y 5, y usó esa esperanza en un mundo futuro y una vida venidera para consolar y tratar de hacer soportables las pérdidas que experimentamos aquí y ahora.

Freedman fue uno de los muchos que quedaron perplejos al ver a una sociedad tan secular —según encuestas recientes, un veinte por ciento de la población no tenía "preferencia religiosa alguna"— acudir a Dios y a la fe de una forma tan visible para poder afrontar esta tragedia. Freedman dijo que todo esto "provocó una pregunta: ¿dónde estaban los humanistas? En tiempos donde el porcentaje de estadounidenses sin afiliación religiosa crece rápidamente, ¿por qué los *ningunos*, como se les conoce coloquialmente, parecen estar tan ausentes?". (Estos son los términos que usa Freedman para referirse a personas seculares que no creen en una deidad personal ni en lo sobrenatural.)

Freedman citó a Greg M. Epstein, capellán humanista de Harvard, quien dijo: "Lo que la religión puede ofrecer a las personas en momentos como este —más que teología y más que una presencia divina— es comunión. Y debemos proveer una forma alternativa de comunión... para el creciente número de personas que dicen no ser creyentes". En resumen, Epstein decía que la religión no ofrece a los que sufren mucho más que amistades y apoyo, y que eso es lo que la gente secular debería poder ofrecerles también.

Pero nuestra encuesta sobre culturas e historia ha demostrado que esto no es cierto. Richard Shweder, Peter Berger y otros sociólogos y antropólogos no estarían de acuerdo en que las culturas religiosas ofrecen principalmente una comunidad de apoyo en lugar de "teología". Por encima de todo, las religiones dan explicaciones más extensas de la vida que ayudan al que sufre a entender el propósito de su sufrimiento y a aprender de su dolor. Estas explicaciones son profundamente teológicas, y es precisamente aquí que el secularismo moderno no puede ayudar.

Freedman agregó que el humanismo secular no solo es incapaz de proporcionar teología, sino que es difícil hasta considerar que pudiera ofrecer comunión. Las religiones crean comunidades en torno a una adoración compartida, a celebraciones y festividades anuales, y a relaciones profundas basadas en textos sagrados. Crean ritos para celebrar nacimientos, la mayoría de edad, matrimonios y muertes que no solo unen a los miembros de la comunidad entre sí, sino que también los unen con los creyentes de siglos pasados y, por tanto, al pasado mismo. El secularismo no puede producir ninguna de estas cosas, por lo que no ha forjado el tipo de comunidades estrechas que pueden consolar a las personas durante los momentos de dolor.

Freedman argumenta que hay un problema fundamental en el secularismo que siempre bloqueará sus esfuerzos por formar el mismo tipo de comunidades sólidas que ofrecen las creencias religiosas. Solo puede haber comunión cuando un grupo de personas mantiene una lealtad superior hacia algo más importante que sus propios intereses. Y, Freedman señala, "el humanismo sufre… de valorizar al individuo". Cuando la autoridad suprema que determina lo que es correcto y lo que es incorrecto soy yo mismo, y cuando nada es más importante que mi derecho a vivir como mejor lo considere, no hay forma de crear una comunidad de apoyo.

¿ES EL ATEÍSMO UNA BENDICIÓN?

Pocos días después de la publicación del artículo de Samuel Freedman, Susan Jacoby respondió en las mismas páginas con el artículo de opinión

"Las bendiciones del ateísmo", que mencioné en el capítulo anterior. Expresó su "exasperación ante la interminable charla sobre la fe en Dios como el único consuelo para aquellos devastados por los crueles asesinatos en Newtown, Connecticut… [y de que insistan en que la] incredulidad… no tiene nada que ofrecer cuando las personas están sufriendo".[4] Para contrarrestar esa impresión, Jacoby comenzó relatando cómo se convirtió en atea.

> Remonto mi ateísmo a mi primer encuentro, a los siete años, con la plaga de la poliomielitis. En 1952, un amigo de nueve años fue afectado por la enfermedad y tuvo que permanecer conectado a un pulmón de acero. Después de visitarlo en el hospital, le pregunté a mi madre: "¿Por qué Dios le haría eso a un niño pequeño?". Suspiró de una manera que transmitió su falta de convicción y dijo: "No lo sé. El sacerdote diría que Dios debe tener Sus razones, pero no sé cuáles podrían ser". Solo dos años después, en 1954, la vacuna de Jonas Salk comenzó el proceso de erradicación de la polio, y mi madre aprovechó la oportunidad para sugerir que Dios pudo haber guiado su investigación. Recuerdo haber respondido: "Bueno, Dios debería haber guiado a los médicos hace mucho tiempo para que Al no tuviera que estar conectado a un pulmón de acero". (Murió solo ocho años después, cuando yo ya era una atea comprometida.)

Jacoby continuó diciendo que "es principalmente frente al sufrimiento… que recuerdo forzosamente lo que el ateísmo tiene para ofrecer". Continuó diciendo que como atea era libre de tener que enfrentar el problema del mal, a diferencia de las personas religiosas. Ya no tenía que preguntarse, "como debe hacerlo toda persona de fe, por qué un Dios todopoderoso y bueno permite que sucedan tales cosas". Este escape de la carga del problema del mal "libera" al ateo "para que él pueda concentrarse en el destino de este mundo". En lugar de la duda y la confusión que según ella absorben a los creyentes frente a la tragedia, los ateos pueden ponerse a trabajar para cuidar a las víctimas y cambiar lo necesario para que no vuelva a suceder.

Finalmente, dice que al consolar a otros es posible mostrar que "la razón y la emoción no son opuestas, sino complementarias". Cita a Robert Green Ingersoll, "el gran agnóstico" del siglo XIX, que dijo frente a la tumba del hijo de su amigo: "Quienes se encuentran con corazones destrozados alrededor de esta pequeña tumba, no deben temer. La fe más grande y más noble en todo lo que es, y ha de ser, nos dice que la muerte, incluso en el peor de los casos, es solo un descanso perfecto... Los muertos no sufren".[5] Jacoby señala esto como un ejemplo de consuelo secular. Ingersoll estaba tomando una posición muy "racional" —que no hay nada después de la muerte— y la usaba para consolar a los afligidos.

Jacoby tiene razón en que la mentalidad secularista fomenta el activismo contra las fuerzas que causan sufrimiento. Es cierto que los sistemas religiosos que apuntan al karma, o la naturaleza ilusoria de este mundo, o a cualquier otra vida futura pudieran alentar a las personas a una especie de pasividad contra el mal y la injusticia en el mundo. Este es un punto en el que el enfoque secular pudiera tener razón, a diferencia de otras visiones culturales y religiosas del sufrimiento.

Pero ese podría ser el único punto en el que el secularismo tiene una ventaja.

Primero, Jacoby exagera cuando dice que todas las personas de fe *deben* luchar contra el problema del mal. En la discusión de Charles Taylor sobre nuestra era, vimos que el "problema del mal" no era ampliamente percibido por la mayoría de las personas hasta que las poblaciones comenzaron a habitar el marco "inmanente", la mentalidad secular que valoriza la razón individual y produce personas "confiadas en sus propios poderes de ordenamiento moral". Ya hemos dicho que las creencias más sólidas en Dios no eliminan el problema del mal, sino que evitan que se vuelva dominante o debilitante.

Jacoby continúa diciendo que los ateos son liberados para "abogar por causas sociales como la justicia para los afroamericanos, los derechos de las mujeres, la reforma carcelaria y la eliminación de la crueldad hacia los animales". Para esto, se basa en Robert Green Ingersoll. Pero su comentario parece ignorar deliberadamente dos cuestiones —una histórica y otra filosófica. El problema histórico es que muchos de los grandes movimientos de justicia social han sido de naturaleza religiosa. La religión, entonces, también puede liberar a las personas para que promuevan la justicia social.[6] Históricamente sería difícil argumentar que el ateísmo ha inspirado más movimientos de justicia social que la religión, por lo que no está claro cómo el ateísmo provee mejores recursos para responder al sufrimiento.

El problema filosófico es quizás aún mayor. Jacoby asume que a pesar de que no hay Dios, los conceptos de la justicia y del florecimiento humano —y de lo correcto y lo incorrecto— son evidentes para todos. Pero ese no es el caso. Dentro de un marco religioso, la ética y la moralidad tienen una base clara. Están basadas en las fuentes de autoridad que la religión reconoce. Pero definir una conducta moral y justa es sumamente difícil dentro de una cosmovisión secular, y no solo porque haya un desacuerdo sobre estándares éticos particulares. La pregunta más profunda para los pensadores seculares es sobre qué van a basar sus estándares de modo que no sean puramente arbitrarios. Al menos desde el siglo XVIII, filósofos como David Hume han señalado que la ciencia y la razón empírica no pueden ser la base de la moralidad, ya que pueden decirnos cómo viven las personas pero no cómo *deben* vivir. Hume escribió que la razón por sí sola "es incompetente para responder cualquier pregunta fundamental sobre... moralidad, o el significado de la vida".[7]

Michael Sandel, profesor de Harvard, en *Justicia: ¿Qué es lo correcto?*, muestra que existen al menos tres teorías diferentes y contradictorias sobre la justicia que compiten por el dominio en nuestra sociedad. Cada teoría depende de creencias divergentes sobre la naturaleza humana y el significado de la vida, todas basadas en creencias sobre la naturaleza de las cosas que no pueden ser probadas. Sandel ofrece una cantidad enorme de ejemplos (incluidos el aborto, la reforma migratoria y el matrimonio entre personas del mismo sexo) para demostrar que no existe una base "racional" ni neutral para ninguna de las partes en cuanto a estos temas, que todos argumentan sobre la base de diferentes concepciones de la libertad, diferentes puntos de vista sobre la relación adecuada del individuo con la comunidad, y diferentes definiciones de una buena vida humana. El ateísmo, entonces, no responde a las grandes preguntas de qué es la justicia y cuál debería ser nuestra visión de la buena sociedad.[8]

Finalmente, Jacoby hace referencia a la afirmación de Robert Green Ingersoll de que "los muertos no sufren" para mostrar que una visión estrictamente secular del mundo puede ser reconfortante. Pero Ingersoll simplemente estaba reciclando la noción de Epicuro de que no debemos temer a la muerte porque dejamos de existir. Como hemos observado, este intento de consuelo fue, en palabras de Luc Ferry, "demasiado brutal para ser honesto". Tiene poco sentido hablar de un estado en el que se nos despoja de todo el amor y de todo lo que le da sentido a la vida —y luego decir a las personas que no deben temerlo. El consuelo secular de que "los muertos no sufren" parece débil en comparación con el consuelo cristiano de la resurrección. Un secularista como Jacoby objetaría diciendo que "esa creencia no es verdad", pero los cristianos podrían decir lo mismo sobre las creencias seculares. Dejando de lado la pregunta de cuál grupo de creencias es verdad, es difícil sostener que el marco secular equipa a sus seguidores para el mal y el sufrimiento tan bien como las creencias religiosas equipan a los suyos.

Si eres un padre enfrentando el horror de contemplar a tu hijo pequeño en un ataúd, ¿cómo se comparan las dos formas de consuelo? La evidencia —tal como demuestran antropólogos como Shweder, al igual que los tiroteos en Newtown— es que a fin de cuentas la gran mayoría de las personas acudirán a culturas no seculares y a religiones para superar su sufrimiento.

Una mujer atea comentó en una de las muchas discusiones en internet sobre el discurso del presidente en Newtown. Ella admitió que el discurso secular simplemente no funciona para la mayoría de las personas. Escribió: "En mi vida adulta, creí en Dios como por treinta segundos —cuando enterraron a mi hijo. Experimenté una sensación indescriptiblemente vívida de la partida de este espíritu. Luego recobré mis sentidos". En ese momento tuvo la fuerte sensación de que este mundo material no podía ser todo lo que existía. Pero a pesar de que se negó a seguir ese instinto, reconoció lo poderoso que es. "Es fácil ver cómo la gente puede ser seducida", agregó.[9]

Esta intuición —que no somos una mera concatenación de materia y sustancias químicas, sino también un alma— es, según Shweder, una de las convicciones más comunes en los seres humanos por siglos. En ese momento de dolor, ni siquiera el profundo rechazo que esta mujer sentía hacia las creencias religiosas pudo reprimir esa intuición. Es irreal, y quizás hasta cruel, insistir en que todos deben rechazarla o de lo contrario ser catalogados, según Richard Dawkins, como "infantiles".

EL SUFRIMIENTO Y EL GIRO HACIA LO ESPIRITUAL

Tanto la investigación como la experiencia nos dicen que la mayoría de las personas acuden a lo espiritual en busca de ayuda para interpretar y soportar el sufrimiento. Victor Frankl, un psiquiatra judío que sobrevivió tres años en los campos de exterminio nazis, observó cómo algunos de sus compañeros de prisión pudieron soportar el horror y superarlo mientras que otros no pudieron. La diferencia se redujo a lo que Frankl llamó propósito. El problema es que las personas contemporáneas piensan que la vida se trata de encontrar la felicidad. Decidimos qué condiciones nos harán felices y luego trabajamos para lograr esas condiciones. Vivir para la felicidad significa que estás tratando de obtener algo de la vida. Pero cuando llega el sufrimiento nos quita las condiciones para la felicidad y destruye toda razón para seguir viviendo. Pero cuando "vivimos por un propósito" no estamos tratando de obtener algo de la vida, sino que la vida espera algo de *nosotros*. En otras palabras, solo tienes propósito en la vida cuando hay algo más importante que tu propia libertad y felicidad, algo por lo que estás más que dispuesto a sacrificar tu felicidad.[10]

Debido a que esta era la única forma de sobrevivir al terror de los campos de exterminio, Frankl notó la frecuencia con que las personas seculares o nominalmente religiosas recurrían a la fe una vez que entraban en el horror de esos lugares. Muchos presos desarrollaron un nuevo "interés religioso... el más sincero que pudiéramos imaginar. La profundidad y el vigor de las creencias religiosas a menudo sorprendían a los recién llegados". Esto incluía "oraciones improvisadas y servicios en la esquina de una choza o en la oscuridad del camión de ganado".[11] Frankl argumentó que este incremento en la fe no solo era natural, sino que era una de las únicas formas de sobrevivir en un entorno que te despojaba de todas las fuentes terrenales de importancia, seguridad y propósito.

Después de los bombardeos del maratón de Boston, una escritora de *The Atlantic*, Eleanor Barkhorn, notó que sus redes sociales se llenaron de mensajes que decían: "Ora por Boston". Barkhorn dijo: "Fue discordante... Era... extraño ver a tantos amigos no religiosos hablando de la oración. La mayoría de esos amigos de Facebook que escribieron sobre la oración no son practicantes. Tal vez vayan a la iglesia o a la sinagoga en días festivos, pero no regularmente, y nunca publican algo sobre la oración en circunstancias normales... Lo que vi en Twitter y Facebook... no fue simplemente a personas devotas recordando a otras personas devotas que... oraran. También vi a las que no son religiosas haciendo un llamado a la oración". Barkhorn continuó observando que la declaración "no hay ateos en las trincheras" es tanto condescendiente como inválida. Mucha gente *se vuelve* atea en las trincheras. También argumentó que la compulsión generalizada de orar después de una crisis es de corta duración. Pero luego explicó cómo, siendo una joven no religiosa en Manhattan, después del 11 de septiembre sintió "un impulso involuntario de invocar el nombre de Dios", que con el tiempo se convirtió en un deseo de leer la Biblia y finalmente en un fe cristiana auténtica.[12]

Un libro aclamado de Andrew Solomon, *Lejos del árbol*, examina el impacto y la respuesta de los padres que descubren que su hijo no es como ellos, sino que nace con una discapacidad auditiva, con autismo, con enanismo, con Síndrome de Down, con una enfermedad crónica o con alguna discapacidad. Solomon presenta una serie de casos de familias que han enfrentado cada una de estas condiciones y más. Estos niños siempre representan una crisis para la familia donde nacen, pero la conclusión de Solomon fue: "El paradigma de este libro es que la mayoría de las familias descritas aquí han terminado agradecidas por las experiencias que hubieran querido evitar".[13] Esto, por supuesto, encaja mucho mejor con lo que las culturas antiguas llaman "la dulzura de la adversidad", es decir, que el sufrimiento no es la interrupción de una historia de vida sino una parte crucial de una buena vida. Una de las cosas más interesantes para el lector es observar cómo la religión suele ser parte de todas estas descripciones de cómo las familias llegaron a aceptar a sus hijos. Esto es cierto a pesar de que el propio Solomon no es religioso y no tiene tal intención.

Hubo una pareja, David y Sara, que tuvo un hijo ciego y con discapacidad cognitiva. Jamie creció sin poder sentarse o darse la vuelta por sí mismo, y siempre tuvo que utilizar un catéter. Después de los médicos asegurarle que la condición de Jamie era anómala, Bill y Sara tuvieron una hija que nació sana, pero luego tuvieron otro hijo, Sam, que terminó siendo aún más discapacitado neurológicamente que Jamie. Para sorpresa del lector, Sara le dijo a Solomon: "Si hubiéramos sabido que la condición podía repetirse, no nos hubiéramos arriesgado... Habiendo dicho eso, si me dijeran: 'Podemos borrar esa experiencia [de tener un segundo hijo discapacitado]', no lo haría... Me sorprende mucho el impacto que alguien ciego, retrasado, mudo y paralítico genera. Su habilidad para tocar a los demás ni se compara con la nuestra. Esa es parte de nuestra historia de supervivencia, nuestro asombro de cómo él ha conmovido a tanta gente".[14]

Es una historia impresionante, y una que está llena de referencias religiosas, lo cual no es sorprendente a la luz de lo que hemos visto en nuestro estudio de lás culturas y la historia. El día después de haberse enterado de que su primer hijo era ciego y discapacitado, Sara le dijo a David: "No sé por qué digo esto, pero tengo la firme convicción de que debemos bautizar a Jamie". Este impulso fue extraño para ambos porque ninguno había ido a la iglesia en años. Y aún se resistían a gran parte de la doctrina religiosa, pero Sara explicó: "Creo que estaba reconociendo que Jamie tenía un alma". Este fue un paso crucial para los padres. Para amar y cuidar a su hijo, tenían que entender que él era verdaderamente humano. Pero si se trataba simplemente de un cuerpo, sería mucho más difícil verlo así. Carecía de la mayoría de las capacidades que consideramos nos hacen humanos. La filósofa Martha Nussbaum enumera los tipos de "capacidades" que según la visión secular definen a alguien que es humano y que, por tanto, tiene derechos. Ella incluye: el uso de la imaginación y el pensamiento, las emociones, la razón práctica, la afiliación ("tener las bases sociales del respeto propio"), la recreación y el control sobre nuestro entorno.[15] Por supuesto, Jamie no poseía nada de esto. ¿Cómo evitarían verlo y tratarlo como a un animal o a un objeto? Adoptaron una comprensión más antigua de la naturaleza humana que incluye tanto el cuerpo como el alma, pues todos los seres humanos, ya sean brillantes o discapacitados, están hechos a la imagen de Dios. Como argumenta Richard Shweder, las narrativas seculares oficiales son inadecuadas para millones de personas que sufren en las sociedades occidentales.

Existen muchas otras señales de que las familias en el libro de Solomon recurrieron regularmente a "contradiscursos" para sobrevivir e incluso prosperar en situaciones que parecerían intolerables. El padre de un hijo con enanismo es ahora un cristiano devoto y llegó a amar a su hijo y profesar: "Creo que hay un Dios. Creo que Dios no hace basura".[16] Otra madre de un niño autista dice que su iglesia es su mayor consuelo. La hermana de Jamie, Liza, una vez se tomó dos semanas de vacaciones para leerle *Las crónicas de Narnia*, un conjunto de libros para niños de C. S. Lewis que está lleno de simbolismo cristiano. Incluso Solomon, que no era religioso, dijo que su propio hijo era "completa y permanentemente humano, pues tiene un alma y ninguna alteración podría cambiar eso".[17]

EL FRACASO DE LOS SECULARES

La visión secular de la vida no funciona para la mayoría de las personas a la hora de afrontar el sufrimiento. ¿Por qué no? Comencemos resumiendo nuestros hallazgos.

Una razón es que el sufrimiento humano se presenta en una inmensa variedad de formas debido al amplio espectro de las posibles causas del mismo. El enfoque occidental simplifica demasiado las causas complejas del sufrimiento, reduciéndolas a la "victimización como la causa dominante".[18] Por supuesto, esto sí produce sufrimiento en muchos casos. Los niños que mueren por un incendio en un edificio inseguro son víctimas —víctimas de los constructores que violaron los códigos de incendios, y víctimas de un accidente eléctrico. Pero hay mucho sufrimiento, incluyendo el de varias enfermedades, que en cierta medida es causado por los mismos que sufren. Hay demasiado sufrimiento que simplemente no encaja en la perspectiva occidental. Otras culturas creen que el sufrimiento es causado por accidente y desgracia, por pecado y fracaso, por el destino o la voluntad de Dios, y por la lucha entre el bien y el mal. Algunos hablan de la diferencia entre el "mal natural" (los contratiempos y el destino) y el "mal moral" (el pecado y la opresión). Este espectro de causas abarca los diversos tipos de sufrimiento. El enfoque secular no.

Otro problema con la visión actual de la cultura occidental es que, al final, es ingenuamente optimista sobre la vida humana. Tal como sugieren Susan Jacoby y otros, la respuesta principal de la persona secular al mal y al sufrimiento no es encontrarle algún significado ni prepararse para vencerlo en una vida futura, sino mejorar el mundo por medio de la eliminación progresiva del sufrimiento aquí en la tierra. Pero la razón de todo el énfasis en el aquí y el ahora de este mundo es que el secularismo no tiene otra felicidad que ofrecer. Si no puedes encontrarla aquí, realmente no hay esperanza para ti.

En su libro *Perros de paja: Pensamientos sobre humanos y otros animales*, el filósofo John Gray analiza la epidemia del uso y la adicción a las drogas en las sociedades occidentales. Escribe que "el consumo de drogas es una admisión tácita de una verdad prohibida [en la cultura occidental]". ¿Cuál es esa verdad? Es que "para la mayoría de la gente, la felicidad es inalcanzable". La vida humana es inevitablemente difícil e infeliz para la gran mayoría de las personas y siempre lo será. En la cosmovisión secular, toda felicidad y propósito deben encontrarse en esta vida y en este mundo. Así que para tener alguna esperanza, la gente secular debe creer que es posible eliminar la mayoría de las cosas que nos hacen infelices. Pero eso es imposible. Las causas del sufrimiento son infinitamente complejas e imposibles de eliminar. En una admisión sorprendente, Gray, que no es religioso, argumenta que las culturas religiosas, por la naturaleza de sus creencias, fueron capaces de ser mucho más realistas sobre lo empedernida que es la miseria humana:

> Las culturas religiosas podían admitir que la vida terrenal era difícil porque prometían otra en la que toda lágrima sería enjugada. Sus sucesores humanistas afirman algo aún más increíble: que en el futuro, incluso en el futuro cercano, todos pueden ser felices. Las sociedades fundadas sobre la fe en el progreso no son capaces de admitir la infelicidad normal de la vida humana.[19]

El autor Ernest Becker, en *La negación de la muerte*, también expresa su disgusto con lo que él llama "manipuladores científicos" que no toman en serio la miseria y el horror de la vida humana. Dan la impresión de que "podemos cambiar el mundo" con esta o aquella tecnología, o que podemos manejar el dolor y el sufrimiento, o que podemos "quitarle lo grotesco mediante legislaciones y así crear una condición humana 'adecuada'". Es por esto que dice que "en ese sentido, toda la ciencia es 'burguesa', un asunto de los burócratas".

LA EXPANSIÓN DEL YO

Pero quizás el principal desafío del sufrimiento para las culturas seculares es que revela la debilidad de la historia que ofrece a sus seguidores acerca del mundo. Como hemos visto, cada cultura debe darle a su gente una historia, una narrativa general, que explique la esencia de la vida humana. Andrew Delbanco, en *El verdadero sueño americano: Una meditación sobre la esperanza*, señala que una narrativa cultural debe lograr dos cosas. Primero, debe darnos esperanza. Una narrativa solo puede darnos esperanza si nos ayuda a "imaginar un final que trascienda nuestra pequeña cantidad de días y horas para poder mantener a raya la 'sospecha de que uno pudiera estar a la deriva en un mundo absurdo'" y si vence "la sospecha de que todos nuestros logros y gastos no son más que vanidades mientras esperamos la muerte".[20] En segundo lugar, sin embargo, la narrativa debe lograr que una sociedad se una en lugar de dividirse en un millón de partes individuales. Nos inspira a poner el interés propio a un lado por el bien de la comunidad al darnos "el sentimiento indispensable de que el mundo no termina en las fronteras del yo".[21]

Delbanco señala que en el corazón de toda historia hay una gran idea, "la esencia de la vida", con la que las personas de una sociedad se pueden identificar. También comparte lo que él entiende han sido las tres grandes ideas de la cultura estadounidense: Dios, la nación y el yo. En los primeros años de la sociedad estadounidense, el propósito de la vida era vivir para la gloria de Dios.

Posteriormente, argumenta Delbanco, los estadounidenses del siglo XIX sustituyeron a Dios y Su Reino por los Estados Unidos como nación (sus valores democráticos, expansión y prosperidad). Intercambiaron la esperanza del Reino de Dios por la misión de hacer del mundo un lugar mejor a través de los valores y el poder de los Estados Unidos como nación redentora, "la nación más grandiosa del mundo". Delbanco, al igual que muchos otros eruditos, afirma que este movimiento fue sin duda una etapa en la secularización de nuestra sociedad, un paso más hacia el marco inmanente. El nacionalismo y la democracia eran la nueva religión porque los estadounidenses se habían dedicado a convertirse en individuos autosuficientes. Alexis de Tocqueville dijo que una de las "nuevas características" de los Estados Unidos era su individualismo, y esto en la década de 1830. Escribió que el estadounidense "solo existe en sí mismo y para sí mismo".[22] Así que durante esta segunda etapa de la historia de los Estados Unidos, la gran mayoría creía en Dios, pero Él era cada vez más remoto, menos misterioso y majestuoso, y cada vez estaba menos involucrado en el funcionamiento del mundo. Todo esto implicaba que había capacitado a los seres humanos para que comprendieran el mundo y lo rehicieran sin Su ayuda.

Pero Delbanco cree que estas antiguas "historias" culturales han quedado en el olvido. Esa fase de la historia estadounidense aún visualizaba un bien superior a la libertad individual. Al igual que el resto de las culturas, fuimos llamados a dejar de lado nuestros intereses personales para alcanzar algo mayor —en este caso, el bien del país. Pero en algún momento a finales del siglo XX, él dice que "algo murió", a saber, "toda idea de un destino común digno de lágrimas, sacrificio e incluso la muerte". La gratificación instantánea se instaló "como el sello distintivo de la buena vida". La devoción a Dios y cualquier cosa parecida al patriotismo estadounidense eran motivos de burla entre aquellos con "perspectivas modernas", y de esa manera se extinguió la "visión colectiva"[23]. La persona contemporánea, por ejemplo, no siente mucha culpa porque "ya no siente… que existe algo en el mundo que lo trascienda".[24]

> La historia de esperanza que he intentado esbozar en este libro es una de disminución. Al principio, el ser se expandía hacia la inmensidad de Dios (y algunas veces era abrumado por la misma). Desde la república inicial hasta la Gran Sociedad, la esperanza estaba en un ideal nacional que, aunque era inferior a Dios, era más grande y más duradero que cualquier ciudadano individual. Hoy, la esperanza ha desaparecido.[25]

Esto es lo que Robert Bellah llama individualismo expresivo en su libro *Hábitos del corazón*, publicado justo cuando Delbanco vio el fuerte "giro hacia el yo" en nuestra cultura.[26] Este es un tema muy extenso, y escritores tanto de izquierda como de derecha han advertido sobre sus consecuencias —desde Tocqueville hasta el sociólogo Émile Durkheim, desde Karl Marx hasta Edmund Burke, todos predijeron un tejido social en decadencia y "el infierno de la soledad".

Pero en este libro no abarcaremos todos los detalles. Muchos expresan su preocupación por lo que el "yo expandido" —un ser que dice "tengo que crear mi propia felicidad, construir mi fortaleza, ser el motor de mi impulso"[27]— significa para la cohesión social. Sin embargo, a nosotros nos preocupa lo que significa para el sufrimiento. Tal como reconoció Victor Frankl en los campos de exterminio, las personas que son sus propios legisladores en cuanto a moralidad y propósito no tienen nada por lo cual morir y, por tanto, nada por lo cual vivir cuando la vida los despoja de su libertad. Tanto Richard Shweder como Andrew Delbanco percibieron, cada uno a su manera, que la "historia de la vida" que ofrece la cultura moderna no tiene ningún objetivo final más importante que la comodidad y el poder personal. Tal como observó Frankl, cuando no tenemos un propósito que va más allá de la felicidad personal, el sufrimiento puede llevar muy rápidamente al suicidio.

UNA HISTORIA DIFERENTE

Hemos dicho que cada cultura ofrece a sus miembros una historia sobre la esencia de la vida, y la historia de la cultura moderna —que enseña que la esencia de la vida es la libertad individual y la felicidad— no tiene lugar para el sufrimiento. Pero la historia cristiana, como veremos, es completamente diferente. El sufrimiento es central en la historia cristiana. El sufrimiento es el resultado de nuestro alejamiento de Dios y, por tanto, fue el camino por el cual Dios mismo, en Jesucristo, vino y nos rescató. Y ahora, una de las principales formas en que nos volvemos más semejantes a Cristo, más santos y más felices —y una manera crucial de mostrarle al mundo el amor y la gloria de nuestro Salvador— es precisamente la manera en que sufrimos.

El pastor y teólogo William Willimon relató algo que ocurrió durante sus primeros años de ministerio. Una mujer en su iglesia acababa de dar a luz y él fue al hospital a visitarla. Cuando llegó allí, el esposo y la esposa estaban esperando al médico porque habían recibido la inquietante noticia de que "hubo problemas en el nacimiento". Cuando el médico llegó, le dijo a la pareja que el niño había nacido con síndrome de Down, pero que también tenía una afección respiratoria menor que podía ser corregida. Les dijo: "Mi recomendación es que consideren dejar que la naturaleza siga su curso, y en unos días ya no tendrán problema alguno". Básicamente les estaba diciendo que era mejor no tratarlo y dejar que el niño muriera "naturalmente". La pareja estaba confundida y le preguntó al médico por qué no solucionaban el problema respiratorio. Él los miró y señaló que criar a un niño con síndrome de Down provocaría una enorme cantidad de estrés en su matrimonio, y que estudios han demostrado que muchos padres de niños con síndrome de Down se separan o se divorcian. Luego expresó: "¿Les parece justo provocar este tipo de sufrimiento a sus otros dos hijos?".[28]

Ante la palabra *sufrimiento*, la esposa de repente pareció comprender. Ella respondió que sus hijos habían llevado una vida segura y cómoda con todas las ventajas del mundo. En todo caso, el problema sería que no han tenido que lidiar mucho con el sufrimiento y las dificultades de la vida. Ella habló de "la mano de Dios" y dijo: "Ciertamente puedo ver por qué tiene sentido que un niño como este nazca en una familia como la nuestra. A nuestros hijos les irá bien. Puede ser una gran oportunidad".

El doctor se quedó estupefacto y se volvió hacia el ministro, instándolo a "hacerles entrar en razón". Willimon sabía que la pareja debía ser informada sobre lo que les esperaba para que no asumieran su papel con ingenuidad. Pero, escribió, la pareja *sí* estaba utilizando el razonamiento, solo que era un razonamiento que el médico no comprendía. En la narrativa cultural dominante —reflejada en el razonamiento del médico, "palabras como 'sufrimiento' son irremediablemente negativas" porque "es importante evitar el dolor a toda costa", ya que "nuestras vidas son [valoradas] mayormente por nuestros deseos". Sin embargo, la pareja estaba viendo la vida usando la lógica de la historia cristiana —la Caída y la redención del mundo a través de Jesucristo—, y en esa historia el sufrimiento puede tener efectos redentores; puede ser una forma de servir a los demás y una forma de glorificar a Dios.[29]

EL LLAMADO A LA HUMILDAD

En el libro antiguotestamentario llamado 2 Reyes leemos la historia de Naamán, un rico y poderoso general del ejército sirio.[30] Estaba sufriendo terriblemente, muriendo lentamente de lepra. Al escuchar sobre un Dios poderoso en Israel, viajó allí con dinero y una carta amenazadora de su propio gobernante. Fue donde el rey de Israel y exigió ser curado de su lepra. Al igual que muchos de nosotros hoy, Naamán pensó que el dinero, la influencia y la experiencia podrían resolver su sufrimiento. Así que recurrió a la persona que en ese entonces poseía la mayor cantidad de estas cosas y esperaba una solución. En respuesta, el rey israelita se rasgó la túnica y respondió: "¿Y acaso soy Dios, capaz de dar vida o muerte?" (2R 5:7). En otras palabras, dijo: "¡No me pidas hacer algo que solo Dios puede hacer!".

Todo el mundo occidental de la actualidad necesita escuchar esta exclamación del rey de Israel. Cuando nos enfrentamos al sufrimiento, creemos que la solución vendrá de un cambio en la política pública, de la mejor terapia psicológica o de los avances tecnológicos. Pero la oscuridad del mundo es demasiado profunda para ser disipada por esas cosas. Está mal, en nuestro orgullo, creer que podemos controlar y vencer la oscuridad con nuestro conocimiento. La mayoría de las veces no admitimos cuán oscuro es el mundo, pero cuando suceden eventos como el del 11 de septiembre o la masacre de Newtown, esos eventos nos abruman de una forma que nos parece casi intolerable. No debemos ser pasivos frente a desastres y tragedias. Si hay alguna forma particular de esa oscuridad que pueda evitarse mediante un cambio en la política pública, deberíamos hacer todo lo posible por lograrlo.

Sin embargo, es crucial percatarse de que tales medidas nunca serán suficientes. El dolor y la maldad en este mundo son profundos y tienen raíces espirituales. No pueden reducirse a causas empíricas que puedan aislarse y eliminarse por completo. Como expresó Hamlet: "Hay más cosas en el cielo y en la tierra que las que imagina tu filosofía…". Quizás J. R. R. Tolkien lo expresa más claramente en su novela *El señor de los anillos*: "Siempre después de una derrota y un respiro, [el mal] toma otra forma y vuelve a surgir".[31] No importa lo que hagamos, el sufrimiento humano y el mal no pueden ser erradicados. Aunque pongas todo tu empeño en detenerlo, simplemente tomará otra forma y volverá a crecer. Si vamos a enfrentarlo, necesitamos algo más que recursos terrenales.

Al final Naamán no recurrió a la riqueza, a la tecnología ni al poder de los expertos, sino a Dios mismo. En lugar de confiar en su propia experiencia o en la de los demás, fue llamado a humillarse ante Dios. Como resultado, no solo obtuvo una cura para su cuerpo sino también una nueva relación con Dios y un alma rebosante de gracia y alegría. El sufrimiento lo llevó a su salvación. Esto ni siquiera comienza a responder la pregunta "¿Por qué permite Dios que tanto mal y sufrimiento persistan en el mundo?". El ejemplo tampoco justifica ese sufrimiento. Sin embargo, una de las principales enseñanzas de la Biblia es que casi nadie crece ni encuentra a Dios sin sufrimiento, sin que el dolor llegue a nuestras vidas como sales aromáticas que nos despiertan y nos hacen conscientes de realidades sobre la vida y sobre nuestros corazones que antes no percibíamos.

Cristo mismo tuvo que enfrentar un sufrimiento infinito en la cruz para poder darnos salvación y gracia. Él nos amó lo suficiente como para soportar ese sufrimiento con paciencia y valentía, así que debemos aprender a confiar en Él lo suficiente como para hacer lo mismo. Enfrentar Su debilidad y sufrimiento de esa manera condujo al poder de la resurrección, y nosotros también podemos experimentar ese poder si le imitamos.

HISTORIA DE VIDA: **CICATRICES DE BELLEZA Y PROFUNDIDAD**

por Kendra

Silencio. Quietud. "Lo siento... pero no escucho el latido del corazón", dijo el técnico de ultrasonido. Más silencio. De repente, todo en esa oscura habitación parecía aún más oscuro y frío. Justo unos momentos antes, mi esposo Juan y yo estábamos conversando con el técnico. Habíamos esperado veinte largas semanas para conocer el sexo de nuestro hijo... esperando que fuera el aliento que necesitábamos para impulsarnos a través de la segunda mitad de esta difícil etapa. Pero, en un instante, la habitación se había vuelto fría y sin vida. Cuando el técnico salió para llamar al médico, la oscuridad de la habitación reflejaba la oscuridad que comenzó a invadir nuestros corazones. No puede ser cierto... *El doctor entrará y escuchará el latido del corazón y todo estará bien*, desearon nuestros corazones desesperadamente. En un sombrío día de febrero y con una simple oración, la muerte había alterado nuestras esperanzas y nuestros sueños.

No es común que la noticia de un embarazo deseado desate una fuerte ansiedad mezclada con temor a lo que probablemente sea inevitable. Para nuestra familia, las alegres noticias de una nueva vida, un segundo bebé en camino, nos llenaron de miedo y de esperanza a la vez. Esta es nuestra historia de sufrimiento y pérdida, misterio y paz, alegría y dolor.

Nuestra primera hija nació dos años antes. Nació hermosa y saludable, pero mi embarazo no fue nada tranquilo. A las pocas semanas de embarazo, me diagnosticaron una rara condición llamada hiperémesis gravídica (HG). Presentándose en aproximadamente el 2 % de los embarazos, la HG se caracteriza por una rápida pérdida de peso, desnutrición y deshidratación debido a los incontrolables vómitos. Perdí once kilos en el primer trimestre, recibí tratamiento intravenoso para la deshidratación y dependía de un medicamento potente para combatir las nauseas durante todo el embarazo. Todos los síntomas desaparecieron el día en que ella nació, y a medida que mi salud fue mejorando nos acomodamos en el maravilloso caos de la vida con un recién nacido. Al final te parece un pequeño sacrificio cuando lo comparas con toda la alegría que trae un hijo anhelado. Aunque los médicos nos dijeron que era muy posible que volviera a experimentar HG, nuestro deseo de tener otro hijo era más fuerte que nuestra memoria. Creyendo tontamente que la experiencia nos había enseñado algo sobre cómo manejar esa condición, intentamos concebir nuevamente.

Solo una semana después de celebrar la buena noticia del embarazo, regresó la HG. Desafortunadamente, esta vez parecía ser un caso aún más severo. De hecho, solo el 0.5 % de todos los embarazos son diagnosticados con este grado de HG. Me internaron inmediatamente para iniciar un plan de tratamiento agresivo. Me colocaron un catéter central cerca del corazón para administrar los medicamentos y nutrientes que mi cuerpo necesitaba para mantener la vida del bebé que crecía dentro de mí. No comí durante cuatro meses, y estaba débil y con náuseas cada vez que me despertaba; vomitaba varias veces al día. Contábamos con la ayuda constante de una gran cantidad de familiares y amigos que se ocupaban de nuestra hija, preparaban comidas, se quedaban conmigo y oraban por nosotros. Eran las manos y los pies de Cristo, y muchas veces nos hemos preguntado cómo habríamos sobrevivido sin nuestra comunidad. Su amor literalmente nos nutrió y sostuvo.

Mirando hacia atrás, ahora vemos que nuestro duelo realmente comenzó durante las primeras semanas de este embarazo. Sabíamos que este tendría que ser nuestro último embarazo. Debido a la "incompatibilidad química" que tiene mi cuerpo con el embarazo, no podíamos volver a poner a nuestra familia en riesgo. Estábamos haciendo todo lo posible por perseverar y sobrevivir cada día, entendiendo que podría ser así durante los nueve meses.

Ese día gris de febrero habíamos llegado a la mitad del embarazo. Celebrar este importante logro nos había dado más esperanza. Pero, en lugar de ser una celebración, hemos llegado a considerar ese día como el día en que perdimos nuestra inocencia. *¡No se supone que los bebés mueran!* A menudo me encontraba pensándolo y, literalmente, gritándolo. Este trágico final de meses de sufrimiento físico parecía demasiado cruel. Sin embargo, tuvimos que enfrentar un parto inducido para dar a luz a nuestro segundo hijo; un hijo al que nunca conoceríamos en esta vida.

John Wilson nació tranquilamente la mañana siguiente. Mientras sostuvimos su cuerpo sin vida, un torrente de emociones se apoderó de nosotros. La noticia de una nueva vida tiene un poder misterioso que nos conduce a la esperanza, y uno empieza a soñar acerca del futuro que tendremos con nuestro hijo a medida que crece. Lloramos por la pérdida de este sueño. Mientras lo encomendamos a Dios, sentí que los brazos de Dios nos rodeaban tiernamente, uniéndose a nuestro dolor. Nuestros queridos amigos y nuestra comunidad de la iglesia planearon un hermoso servicio conmemorativo, y comenzamos el proceso de olvidarnos de la visión que teníamos para nuestra familia.

Los días siguientes fueron profundamente oscuros y vacíos. No podía dormir —y a veces me parecía que no podía ni respirar. Me sentía muy débil e incapaz. Soy una psicoterapeuta… conozco intelectualmente las etapas del duelo. Pero ahora las estaba experimentando… Las palabras que se me ocurren para describir esos sentimientos no parecen adecuadas. Creía que Dios podía manejar mis emociones y no tenía miedo de expresárselas… con frecuencia. Hubo momentos de enojo, pero mayormente sentía angustia, desesperación, celos, amargura y una profunda tristeza. Pero de alguna manera, en medio de todas esas emociones que sentía a diario, una fuerte y poderosa paz se apoderaba de mi corazón y me daba consuelo. Sentía la presencia de Dios de una forma muy profunda, y poco a poco comencé el proceso de aprender que, aunque Él permite que nos sobrevengan tragedias, no nos abandonará ni nos negará una relación íntima y vivificante con Él. Mi relación con Él crecía de nuevas maneras y se hacía más real. Él me acercaba más a Sí mismo a través de cada pregunta y duda, por más dolorosa que fuera. Él realmente estaba EN este lugar oscuro con nosotros. Las palabras del salmista: "El Señor está cerca de los quebrantados de corazón, y salva a los de espíritu abatido" (Sal 34:18), me sostuvieron a lo largo de los días y meses de sanación. Dios fue verdaderamente nuestro refugio.

"Bienaventurados los que lloran" ya no son solo palabras en una página. Hemos conocido el poder de estas palabras como parte de la Palabra viva de Dios. Las hemos experimentado en carne propia. Como la mayoría de ustedes, estamos seguros de que NUNCA habríamos elegido soportar el horno ardiente de vivir la muerte de nuestro bebé. Sin embargo, hemos podido reconocer los ricos dones que nunca hubiéramos recibido si no hubiéramos pasado por esta prueba. Dios desea que experimentemos una relación abundante con Él y con los demás. Cada vez que realmente me uno a otro en su dolor, agradezco el regalo de mi dolor. Me recuerda nuestra vulnerabilidad y dependencia. Nuestra naturaleza nos lleva a querer ser fuertes e independientes. Sin embargo, no hay lugar para el ego en el sufrimiento. Este despojo del ego abre las puertas a una relación auténtica con los demás. A medida que me acerco a los demás, estoy experimentando a Dios en el aquí y el ahora.

En los días posteriores a la pérdida de nuestro hijo, un amigo me dijo que a partir de ese momento siempre "cojearíamos". Aunque nuestras cicatrices no son físicas, el dolor ha dejado una marca en nuestros corazones. Pero me gusta pensar que estas cicatrices son unas marcas únicas de belleza y profundidad.

Aunque nuestra historia no termina aquí; Dios unió cuatro vidas de una manera milagrosa y maravillosa para producir belleza donde antes había cenizas. Ahora disfrutamos de una vida con dos niños preciosos, nuestra hija de nueve años y un hijo, nuestro milagro, que cumple cinco años esta misma semana. Esperamos ese día en que nos reuniremos con nuestro primer hijo varón en el cielo, pero mientras tanto agradecemos el poder experimentar a Dios de una manera muy real y dinámica, y nos gozamos en la vida que Él nos ha dado.

CUATRO

EL PROBLEMA DEL MAL

"Dado que el orden del mundo está moldeado por la muerte, ¿no sería mejor para Dios si nos negamos a creer en Él y luchamos con todas nuestras fuerzas contra la muerte, sin levantar los ojos hacia el cielo donde Él se sienta en silencio?".

Tarrou asintió. "Sí. Pero tus victorias nunca serían duraderas; eso es todo".

La cara de Rieux se ensombreció. "Sí, lo sé. Pero no es motivo para abandonar la lucha".

"No es motivo, estoy de acuerdo. Solo que ahora puedo imaginar lo que esta plaga debe significar para ti".

"Sí. Una derrota sin fin".

— Albert Camus, *La plaga*[1]

EL PROBLEMA DEL MAL EN CONTEXTO

El "problema del mal" es bien conocido. Si crees en un Dios que es todopoderoso y soberano sobre el mundo y que a la vez es perfectamente bueno y justo, entonces la existencia del mal y el sufrimiento plantea un problema. La declaración clásica fue dada por David Hume, en sus *Diálogos sobre la religión natural*. "Las viejas preguntas de Epicuro aún no han sido respondidas. ¿Está dispuesto a prevenir el mal, pero no puede? Entonces Él es impotente. ¿Puede, pero no está dispuesto? Entonces es malvado. ¿Es capaz *y* está dispuesto? ¿De dónde, entonces, proviene el mal?".[2] Esto también ha sido llamado el argumento del mal contra Dios, o simplemente el argumento del mal.

Muchos insisten en que este problema es la objeción más fuerte contra la existencia de Dios en general y la credibilidad del cristianismo en particular. Entonces, ¿por qué no hice referencia a este tema en el capítulo uno? La razón es que el sufrimiento es una realidad con la que las personas y las sociedades han luchado durante siglos. Antes de que sufrir sea un problema filosófico, es una crisis práctica —antes de preguntar: "¿Por qué?", deberíamos preguntar: "¿Cómo?". ¿Cómo sobrevivo a esto? Por lo tanto, hemos analizado el sufrimiento histórica y culturalmente, comparando y contrastando cómo las diversas sociedades y personas han percibido el mal y la tristeza. Nuestro análisis ha demostrado que para hacer esto, todos tienen que tener alguna teoría funcional de lo que es el sufrimiento, lo que significa (y no significa) y cómo debemos responder a él. Nadie puede funcionar sin un conjunto de creencias sobre todo esto.

Si hubiera comenzado este volumen con el tradicional problema del mal contra la existencia de Dios, inevitablemente habría dado la impresión de que la creencia en un Dios tradicional es lo *único* desafiado por la existencia del sufrimiento. La mayoría de las personas que ven los problemas que plantea el sufrimiento contra la creencia teísta clásica se inclinan hacia una forma de pensar más secular. Pero hemos visto que también el secularismo consiste de un conjunto de creencias, y es quizá la más débil de todas las visiones del mundo para ayudar a sus seguidores a comprender y soportar el "terror de la vida". El cristianismo, aunque tiene un problema con el mal, funciona bastante bien en comparación con las otras alternativas. Esto se ve claramente cuando analizamos el sufrimiento desde todas las perspectivas: sociocultural, práctica y psicológica. Es por eso que comencé el libro con esas áreas antes de pasar, en este capítulo, a lo filosófico. Sin embargo, el sufrimiento ciertamente presenta problemas para la fe en Dios, así que ahora hablaremos acerca de esos problemas.

Al hacerlo, también debemos tener en cuenta lo que aprendimos de Charles Taylor sobre la historia del desarrollo de la secularidad en la cultura occidental. La consciencia de este problema de la relación entre

Dios y el mal es al menos tan antigua como el filósofo griego Epicuro, quien lo planteó trescientos años antes de Cristo. Pero Taylor señala correctamente que a pesar de las discusiones de los filósofos, el argumento del mal nunca fue popular hasta algún tiempo después de la Ilustración. Las cosas cambiaron cuando el pensamiento occidental empezó a ver a Dios como más remoto y a ver al mundo como algo completamente entendible a través de la razón. Estas tendencias intelectuales se vieron reforzadas por cambios tecnológicos que con el tiempo llevaron al desarrollo del "yo regulado". Los seres humanos adquirieron mucha más confianza en su propia capacidad para razonar y percibir.

Cuando las personas que están dentro del marco inmanente consideran la relación entre Dios y el mal, su conclusión escéptica ya viene íntimamente ligada a las premisas. Las discusiones modernas sobre el problema del sufrimiento comienzan con un Dios abstracto —un Dios que es todopoderoso y bueno, pero que no es glorioso, majestuoso, infinitamente sabio, eterno ni el Creador y Sustentador de todas las cosas. No es de extrañar, entonces, que la gente moderna sea mucho más propensa que sus antepasados a concluir que, si no pueden percibir una buena razón para un propósito particular del sufrimiento, Dios tampoco podría tener alguna razón justificada para ello. Si el mal no tiene sentido para nosotros, pues entonces el mal simplemente no tiene sentido.

Y así, aunque sigue habiendo un montón de preguntas y problemas filosóficos, la cultura de alguna manera los pasa por alto. ¿Por qué tener esto en cuenta cuando escuchamos el debate filosófico? Siempre es crucial recordar que nuestras creencias se forman no solo a través de la razón y el argumento, sino también por medio del acondicionamiento social.[3] Las creencias nos parecen más factibles si las profesan personas que admiramos. Nuestro estatus social y nuestra cultura nos predisponen para aceptar algunos argumentos y rechazar otros. Por todo esto, la única forma de ser lo más reflexivo, equilibrado y objetivo posible es ser muy conscientes de nuestros prejuicios culturales.

Si un juez tiene que tratar un caso que involucre a una compañía en la que él ha invertido, él se retiraría del caso porque su objetividad podría ser cuestionada. Nosotros, las personas modernas, estamos en la misma situación. Debido a que lo que más valoramos es la libertad y la autonomía del yo individual, y a que la existencia de un ser como Dios es el mayor impedimento para ello, ya Dios mismo nos parece cuestionable. Somos prontos para quejarnos del mal y el sufrimiento en el mundo porque se alinea con nuestros prejuicios culturales. Pero, a diferencia del juez, no podemos negarnos a escuchar este caso. Debemos considerar el problema. Solo estoy exhortando a mis lectores, que seguro compartirán al menos algunos de los prejuicios de nuestra cultura occidental, a ser conscientes de sus prejuicios a medida que estudiamos este tema.

EL ARGUMENTO DEL MAL CONTRA DIOS

El problema del mal se percibe ampliamente entre la gente de la actualidad y, de hecho, plantea un desafío real a la creencia en Dios. Se esperaría que cualquier Dios que sea todopoderoso *y* completamente bueno termine con el mal y el sufrimiento, ya que no solo querría prevenirlo sino que tendría toda la capacidad para hacerlo. Sin embargo, el mal existe y persiste. Por lo tanto, no es posible que exista este Dios todopoderoso y amoroso. Esto resalta un punto muy importante. El argumento del mal contra Dios puede tomar una de dos formas. Se les ha llamado el *argumento lógico* (que busca demostrar que ciertamente no existe tal Dios) y el *argumento probatorio* (que razona que *probablemente* no exista tal Dios). Examinaremos primero el más ambicioso, el argumento "lógico".

Hasta la década de 1980, el argumento del mal contra Dios fue considerado entre los filósofos académicos como concluyente, una prueba de que el Dios tradicional de la Biblia no podía existir. Afirmaba que el mal hacía que el cristianismo no solo fuera menos creíble, sino lógicamente imposible. El filósofo británico John Mackie, en su famoso artículo "El mal y la omnipotencia", escribió: "Se puede demostrar, no solo que las creencias religiosas carecen de apoyo racional, sino que son totalmente irracionales, pues varias partes esenciales de la doctrina teológica son incoherentes entre sí".[4]

Pero las cosas comenzaron a cambiar con la publicación del libro de Alvin Plantinga llamado *Dios, la libertad y el mal* en 1974, junto con su libro más técnico *La naturaleza de la necesidad* el mismo año.[5] En estas obras, Plantinga sostiene que "la existencia del mal no es lógicamente incompatible (ni siquiera en el sentido lógico general) con la existencia de un Dios que sea todopoderoso, omnisciente y completamente bueno".[6] Plantinga y otros filósofos que le siguieron fueron tan efectivos que veinticinco años después se aceptó ampliamente que el argumento lógico en contra de Dios no funcionaba. El filósofo William Alston escribió que "ahora (casi) todos reconocen que [la idea de que el mal refuta la existencia de Dios] ha sido desacreditada".[7] En su lugar, los pensadores escépticos comenzaron a formular una nueva versión: el argumento probatorio contra Dios. En esta reformulación, se hizo una afirmación mucho más débil, a saber, que el sufrimiento no es una *prueba,* sino una *evidencia* que hace que la existencia de Dios sea menos probable, aunque no imposible.[8] Como veremos más adelante, los mismos argumentos que derribaron la forma más fuerte de este caso contra Dios también arrojan dudas reales sobre la forma más débil.

Todo esto muestra que la afirmación tan común de que el sufrimiento y el mal simplemente refutan la existencia de Dios ha sido casi completamente abandonada en los círculos profesionales y académicos, "porque la carga de demostrar que no hay posibilidad alguna de la coexistencia de Dios y… el mal es demasiado pesada para los ateos".[9] El argumento del mal contra Dios ya no se considera convincente.

¿Cómo sucedió esto? Podemos comenzar a entender esta historia reciente del debate filosófico al comprender una útil distinción que se hace a menudo entre una teodicea y una defensa de Dios.

LA EDIFICACIÓN DEL ALMA Y EL SUFRIMIENTO

La distinción entre una *teodicea* y una *defensa* fue presentada por Plantinga en *Dios, la libertad y el mal*. La palabra teodicea fue acuñada por el filósofo Gottfried Leibniz, y significa literalmente una justificación de los caminos de Dios para con los seres humanos.[10] Todo aquel que intente proveer una teodicea se ha fijado una meta muy alta. Una teodicea busca dar una respuesta a la gran pregunta de "¿por qué?". Su objetivo es explicar por qué un Dios justo permite que exista y persista el mal. Intenta revelar las razones y los propósitos de Dios para el sufrimiento con el fin de que los oyentes estén satisfechos de que Sus acciones con respecto al mal y al sufrimiento están justificadas.

Una de las primeras teodiceas fue la de la "edificación del alma", formulada por el teólogo Ireneo en el siglo II y promovida en forma contemporánea por el autor John Hick. Este punto de vista señala que los males de la vida pueden justificarse si reconocemos que el mundo fue creado principalmente para ser un lugar donde las personas encuentran a Dios y crecen espiritualmente hasta llegar a ser todo lo que fueron diseñados para ser. Esto sucede cuando "conocemos y llegamos a dominar la tentación… tomando decisiones responsables en situaciones concretas", lo que resulta en "un carácter positivo y responsable que proviene de grandes esfuerzos personales".[11] Hick argumenta que este tipo de edificación de las almas es un bien infinito y no se logra simplemente por uno haber sido creado en un estado de inocencia o virtud.

La teodicea de la edificación del alma nos ayuda a examinar nuestras suposiciones. ¿El mayor bien es que nos sintamos cómodos y sin problemas o que mejoremos espiritual y moralmente? Si nuestras vidas no salen como planeamos, es natural cuestionar la sabiduría de Dios, pero nuestra indignación se magnifica en gran medida por la premisa no examinada de que Dios, si existe, existe para hacernos felices, según *nuestra* definición de la felicidad. Además, es difícil imaginar el desarrollo de virtudes como la valentía, la humildad, el dominio propio y la fidelidad si cada buena acción se recompensara inmediatamente y cada mala acción se castigara inmediatamente. Nadie haría las cosas simplemente porque es lo correcto. Solo reaccionaríamos instintivamente para evitar el dolor y obtener placer. Así que la injusticia y la dificultad de la vida en el mundo es un medio por el cual nos convertimos en algo más que animales condicionados en su comportamiento.

Sin embargo, la teodicea de la edificación del alma tiene algunas debilidades que son muy evidentes. Primero, el dolor y el mal parecen no tener nada que ver con la edificación del alma. Muchas personas con almas malas reciben muy poca de la adversidad que aparentemente necesitan, y muchos con almas nobles reciben una cantidad que parece ir más allá de lo necesario para su crecimiento espiritual. Además, esta teodicea no habla ni explica el sufrimiento de los niños pequeños ni de los bebés que mueren con dolor, ni tampoco el sufrimiento de los animales.

DIOS, LA LIBERTAD Y EL MAL

La segunda y tal vez la más destacada de estas explicaciones es la teodicea del libre albedrío. Esta tiene una larga y antigua historia que se remonta a San Agustín.[12] En su forma más simple, podría resumirse así: Dios nos creó no para ser robots o animales de instinto, sino agentes libres y racionales con la capacidad de elegir y, por lo tanto, amar. Pero para crearnos con la capacidad de elegir libremente lo bueno, Dios también tendría que darnos la capacidad de elegir el mal. Así que sí es posible abusar de nuestro libre albedrío, y esa es la razón del mal. Pero este mayor bien —para nosotros, de tener un alma racional, y para Dios, de tener hijos que le amen realmente en lugar de una especie de "mascotas"— hace que valga la pena el mal que inevitablemente le acompaña. Jean-Paul Sartre lo establece muy bien: "El hombre que quiere ser amado no desea que la otra persona se sienta esclavizada… Si el amado se convierte en un autómata, el amante se encuentra solo".[13]

Estas ideas suelen ir acompañadas de una insistencia en que Dios no ha creado realmente el mal porque no es una "cosa" como otros objetos creados. Agustín, quien fue seguido más tarde por Tomás de Aquino y otros, enseñó que el mal es, más bien, la condición que resulta cuando algo que Dios diseñó como bueno es torcido o corrompido. Puede haber bien sin mal, pero el mal, siendo parasítico, no puede existir sin el bien del que se aprovecha.[14] Dios, por lo tanto, no es el autor del mal, sino que lo permitió para que los humanos alcanzaran el bien mayor de la libertad y el amor.

Peter van Inwagen lo resume de la siguiente manera: "El Dios omnisciente sabía que, por más mal que pudiera resultar de una separación voluntaria de Él… el regalo del libre albedrío sería, por así decirlo, valioso. Porque la existencia de una eternidad de amor depende de este don, y esa eternidad supera los horrores de esa separación entre lo divino y lo humano —que aunque es larga… es temporal".[15]

La teodicea del libre albedrío se ha vuelto muy popular, pero puede ser en parte porque nuestra cultura nos inclina a considerarla atractiva. Suena creíble para los que habitamos en la civilización occidental, donde se nos ha enseñado a pensar en la libertad y la elección como algo casi sagrado. Pero tenemos dos problemas.

El primero de ellos es que esto parece explicar solo una categoría específica de maldad. Es normal distinguir entre el mal *moral*, realizado por los seres humanos, y el mal *natural*, cuyas causas son desastres como huracanes, inundaciones y terremotos, así como muchas formas de enfermedad. La teodicea del libre albedrío aborda el mal moral, pero ¿cómo puede explicar el mal natural? Peter van Inwagen responde ofreciendo una versión ampliada de la teoría del libre albedrío. En sus conferencias impartidas en St. Andrews University Gifford, relata la historia cristiana de la Caída. En esta historia, la humanidad es bendecida por Dios en un estado paradisíaco, pero se aparta de Dios en desobediencia y pierde Su protección y presencia.[16] Como explica van Inwagen, esto significa que "el mal natural… es una consecuencia del abuso del libre albedrío".[17] De modo que el libre albedrío humano puede explicar la violencia de la naturaleza.

Pero surge un segundo problema —y es, en mi opinión, mucho más grande. ¿Es realmente cierto que Dios no podía crear agentes libres capaces de amar sin hacerlos también capaces de hacer el mal? La opinión de que Él no pudo hacerlo ha sido llamada comprensión libertaria del libre albedrío. Señala que Dios no puede llevarnos a hacer lo correcto sin violar nuestro libre albedrío, por lo que el mal es inevitable para los agentes libres.

Pero la Biblia presenta a Dios mismo como soberano y libre (Sal 115:3), y no solo es capaz de amar, sino que es la fuente de todo amor. Sin embargo, Él mismo no puede ser malvado. Él no puede mentir ni romper una promesa (Nm 23:19; Tit 1:2), no puede ser tentado por el mal (Stg 1:13), no puede negar ni contradecir Su carácter perfectamente justo y santo (2Ti 2:13; 1P 1:16). Si Dios tiene un libre albedrío pero no es capaz de hacer lo incorrecto, ¿por qué no podrían otros seres ser iguales? Los autores bíblicos también nos enseñan que en el futuro Dios nos dará un mundo donde no habrá sufrimiento ni mal, y ese mundo estará lleno de seres humanos redimidos. El sufrimiento y la muerte serán desterrados para siempre. Eso significa que estaremos en el mundo de Dios pero no podremos elegir el mal. Sin embargo, obviamente todavía seremos capaces de amar.

Finalmente, muchos teólogos cristianos señalan que la enseñanza bíblica sobre la naturaleza de la libertad difiere marcadamente de los puntos de vista modernos. La Biblia caracteriza todo pecado como esclavitud, nunca como libertad. Solo podremos experimentar completa libertad cuando seamos totalmente redimidos de todo pecado (ver Ro 8:21). Somos libres solo en la medida en que hacemos lo que Dios nos creó para hacer: servirle. Por tanto, cuanto más capaz eres de cometer el mal, *menos* libre eres. Hasta que lleguemos al cielo y perdamos la capacidad de elegir el mal, no seremos verdadera y completamente libres. ¿Cómo, entonces, podría la capacidad de pecar ser una forma de libertad?[18]

Hay otra línea de enseñanza bíblica que refuta la teodicea del libre albedrío. La teodicea supone que si Dios nos da el don del libre albedrío, entonces no puede controlar los resultados de su uso. Pero la Biblia muestra en muchos lugares que Dios puede dirigir nuestras elecciones soberanamente a lo largo de la historia sin violar nuestra libertad y responsabilidad por nuestras acciones. Por ejemplo, la crucifixión de Jesús estaba claramente predestinada y, sin embargo, todas las personas que la llevaron a cabo según el plan de Dios estaban tomando decisiones libremente y fueron responsables de lo que hicieron (ver Hch 2:23). Esto indica que es posible ser libre mientras Dios dirige nuestro curso. Hay muchos otros ejemplos de esto. Dios puede dar libre albedrío y aun así dirigir los resultados de nuestras elecciones para que se ajusten a Su plan para la historia.[19]

Hay una duda final sobre las premisas subyacentes de la teodicea del libre albedrío. Esta asume que a pesar de los horrendos males de la historia, vale la pena tener libertad de elección. ¿Pero es así? ¿Qué pasa si ves a un niño caminando frente a un automóvil que se aproxima? ¿Dirías: "¡No puedo violar su libertad de elección! Tendrá que asumir las consecuencias"? Por supuesto que no. No pensarías que su libertad de elección es más importante que salvarle la vida. Violarías esa libertad tan rápido como pudieras. Podrías sacarle del camino del automóvil y enseñarle cómo evitar que vuelva a suceder. ¿Por qué Dios no podría haber hecho lo mismo con nosotros? Supongamos que la Caída de la humanidad sucedió de la manera en que lo dice la Biblia. ¿Por qué no puede ser posible que Dios haya mostrado a Adán y a Eva una imagen detallada y espeluznante de todo lo que les sucedería a ellos y a sus descendientes si comían del árbol? Él pudo haberlos asustado y convencido de que no debían comer del fruto prohibido.

En resumen, ¿podría el don y el mantenimiento del libre albedrío ser la única o la principal razón por la que Dios permite el mal? El propósito de una teodicea es revelar las razones de Dios para permitir el mal y el sufrimiento de modo que nos parezca justo. ¿Es esto lo que hace la teodicea del libre albedrío? ¿Realmente responde a la mayoría de las preguntas? No creo que lo haga, y hay un número considerable de personas que tampoco lo creen.[20] Si Dios tiene buenas razones para permitir el dolor y la miseria, las razones deben extenderse más allá de la simple provisión de la libertad de elección.

EL PROBLEMA CON TODAS LAS TEODICEAS

Hay otras teodiceas que se han presentado a lo largo de la historia. Una ha sido llamada teodicea de la ley natural, presentada por C. S. Lewis en su libro *El problema del dolor* y por el filósofo Richard Swinburne de Oxford.[21] Esta argumenta que un mundo creado por Dios debe tener un orden natural; no puede ser aleatorio, operando de manera diferente en cada momento. Si quebrantamos las leyes naturales, tenemos consecuencias. Por ejemplo, imagina un mundo físico sin una ley de gravedad. Pero si la gravedad existe, cuando saltes desde un precipicio sufrirás heridas o morirás —seas bueno o malo. Sin leyes naturales, la vida es imposible, pero el sufrimiento es entonces inevitable. Los males naturales que tanto nos duelen son los subproductos de algo que nos trae un bien aún mayor.

Pero la mayor parte del sufrimiento *no* ocurre de manera ordenada, proporcional a las malas elecciones. Si las personas solo se lastimaran cuando hacen algo estúpido como saltar desde un precipicio, sería doloroso, pero pensaríamos que es justo. Pero el mal natural no nos llega así. La gente no solo muere cayéndose de precipicios, sino también porque el precipicio cae en una avalancha y entierra a toda persona que encuentre en su camino. El sufrimiento a menudo es aleatorio y horrible, afectando a personas que parecen no haber hecho nada para merecerlo.

Esto no agota la lista de teodiceas. Algunas son ingeniosas pero quizá demasiado complicadas, como la teoría de la plenitud, que señala que Dios pudo haber creado innumerables universos y la distribución del mal podría ser diferente en cada uno, pero equitativa en general.[22] Otras son demasiado simples, como la teodicea del castigo, que observa el comienzo de Génesis y concluye que todo el sufrimiento puede justificarse porque la humanidad se rebeló contra Dios, y que el sufrimiento en el mundo es simplemente nuestro merecido castigo por el pecado.

Pero como claramente vemos en el libro de Job, eso no explica por qué, si el sufrimiento es un castigo por el pecado, no cae sobre las personas en proporción a la bondad o la maldad de su carácter. ¿Por qué Dios permite que la distribución del "castigo" sea tan aleatoria e injusta? Esta perspectiva tiene el mismo problema que la teodicea del libre albedrío. ¿Por qué Dios no convenció a nuestros antepasados humanos de seguirle sin violar su libre albedrío, y así poder evitar el castigo? Y como la Biblia dice que habrá un día donde Dios acabará todo mal y sufrimiento, ¿por qué un Dios amoroso y todopoderoso permite que continúe?

En conjunto, las diversas teodiceas pueden explicar una gran cantidad de sufrimiento humano; cada teodicea proporciona algunas explicaciones creíbles para algunos de los males del mundo, pero al final siempre se quedan cortas al tratar de explicar todo el sufrimiento. Es muy difícil insistir en que alguna de ellas provee pruebas convincentes de que Dios tiene razones totalmente justas para permitir todo el mal que vemos en el mundo. Peter van Inwagen escribe que ninguna iglesia, denominación o tradición cristiana importante ha respaldado una teodicea en particular.[23] Alvin Plantinga escribió: "Debo decir que la mayoría de los intentos de explicar *por qué* Dios permite el mal —las *teodiceas*, como solemos llamarlas— me parecen tibios, superficiales y frívolos".[24] Y a estas advertencias podemos agregar el mismo libro de Job. Como veremos, uno de sus mensajes es que es inútil e inapropiado suponer que cualquier mente humana podría comprender todas las razones que Dios podría tener para cualquier instancia de dolor y pena, y mucho menos para todo mal. Puede ser que la Biblia misma nos advierta que no debemos tratar de construir estas teorías.

Por lo anterior, en las últimas décadas la mayoría de los pensadores y filósofos cristianos han dejado de crear teodiceas. En cambio, cada vez más (y en mi opinión, con razón) recomiendan que los creyentes no intenten formular teodiceas, sino que simplemente presenten una *defensa*. Una defensa se niega a intentar relatar una historia que revele por completo los propósitos de Dios al decretar o permitir el mal. Una defensa simplemente busca probar que el argumento del mal contra Dios falla, que los escépticos no han podido defender su causa. Una defensa muestra que la existencia del mal *no* significa que Dios no pueda existir o que sea poco probable que exista. Al hacer una teodicea, la carga de la evidencia recae sobre el creyente en Dios. Él o ella debe presentar un caso tan convincente que el oyente le diga al creyente: "Ahora veo por qué todo el sufrimiento vale la pena". Pero en una defensa, la carga de la evidencia recae sobre el escéptico. ¿Por qué?

En la superficie, estas dos declaraciones —"Hay un Dios bueno y omnipotente" y "Hay mal en el mundo"— no se contradicen directamente. Depende del escéptico presentar un caso convincente de que realmente se contradicen entre sí. Debe presentar un argumento tan convincente que el oyente le diga al escéptico: "Ahora veo por qué, si existe el mal, Dios no puede existir, o al menos no es probable que exista". Pero eso no es nada sencillo.

EL ARGUMENTO LÓGICO Y LA OBJECIÓN DE LOS "JEJENES"

Peter van Inwagen sugirió que una persona que usa el mal como argumento en contra de la existencia de Dios podría decir algo como esto:

> *Escéptico*: "Si existiera un ser omnipotente y moralmente perfecto que supiera sobre los males que conocemos —pues, ni siquiera habrían surgido esos males porque él habría evitado que ocurrieran. O, de no haberlo hecho por alguna razón, ciertamente los eliminaría en el instante en que aparecieran. Pero observamos males, y muy duraderos. Por tanto, debemos concluir que Dios no existe".[25]

En resumen, el argumento es:

1. Un Dios verdaderamente bueno no querría que existiera el mal; un Dios todopoderoso no permitiría que existiera el mal.
2. El mal existe.
3. Por tanto, no es posible que exista un Dios bueno y poderoso.

Pero el creyente en Dios podría responder señalando que el argumento del mal contra Dios tiene una premisa oculta, a saber, que Dios no tiene razones válidas para permitir que exista el mal. Podría decir:

> *Creyente*: "Puede ser que alguien tenga un deseo muy fuerte de algo e incluso sea capaz de obtener tal cosa, pero que no actúe según este deseo —porque los motivos para no hacerlo le parecen superiores al deseo de tener esa cosa… [así que] Dios

podría tener razones para permitir que exista el mal, pues en Su mente superan la deseabilidad de que no exista el mal".[26]

Si Dios tiene buenas razones para permitir el sufrimiento y el mal, entonces no hay contradicción entre Su existencia y la del mal. Así que para que su caso no falle, el escéptico tendría que responder que *Dios no podría tener razones válidas*. Pero es muy difícil probarlo.

Para mostrar al escéptico que su premisa es falsa, el creyente podría señalar que nosotros mismos a menudo permitimos el sufrimiento en la vida de alguien para lograr un bien mayor. Los médicos a menudo realizan procedimientos y tratamientos dolorosos a las personas con el fin de mejorar su salud y prolongar su vida. Los padres que castigan el mal comportamiento quitando juguetes o privilegios están causando dolor (especialmente desde la perspectiva del niño), pero la alternativa es que el niño se convierta en un adulto sin dominio propio y, por tanto, experimente un sufrimiento mucho mayor. Y la mayoría de la gente diría que hay algo de verdad en lo que dijo Nietzsche: "Lo que no me mata me hace más fuerte". Muchos pueden señalar hacia adversidades específicas en sus vidas que, por más insoportables que hayan sido, les ayudaron a evitar sufrimientos mayores en el futuro.[27] Por lo tanto, la premisa de permitir el dolor por la buena razón de lograr una mayor felicidad es válida, y no solo es algo que comprendemos sino que también es algo que aplicamos. Eso significa que no podemos asumir que haya incoherencia entre la existencia de Dios y la del mal y el sufrimiento.

El escéptico podría decir que la incoherencia no es entre Dios y el sufrimiento en general, sino entre Dios y las clases y magnitudes de mal y sufrimiento que vemos en el mundo. A menudo hay personas indefensas que experimentan gran violencia y dolor que no aparentan tener un propósito en el crecimiento del carácter de dichas personas. Sí, señala el escéptico, puede haber buenas razones para permitir algunos tipos de sufrimiento, pero no la magnitud y los tipos de sufrimiento que existen en el mundo de hoy. Dios no podría tener razón alguna para permitir eso.

Pero podemos discernir otra suposición implícita *dentro* de la primera premisa oculta. La suposición es: "Si *yo* no puedo percibir ninguna razón por la cual Dios podría para permitir ese mal... entonces lo más probable es que no tenga ninguna".[28] Pero esa premisa es obviamente falsa. Recuerda que el argumento del mal contra Dios comienza con la idea de un Dios omnipotente. Dice: "Si Dios es infinitamente poderoso como dices, ¿por qué no detiene el mal?". Pero un Dios que es infinitamente más poderoso que nosotros también sería infinitamente más sabio que nosotros. Así que la respuesta al escéptico es: "Si Dios es infinitamente sabio, *¿por qué* no podría tener razones moralmente suficientes que *tú no puedas imaginar* para permitir el mal?". Insistir en que sabemos tanto sobre la vida y la historia como el Dios todopoderoso es una falacia lógica, por más que el marco inmanente de nuestra cultura nos incline a pensar de esa manera.

Al filósofo Stephen John Wykstra se le ocurrió la ilustración de los "jejenes" para revelar esta falacia en el argumento del mal.[29] Wykstra estaba respondiendo a los escritos de William Rowe, quien argumentó que debido a que no podemos ver ningún "bien mayor" que pueda justificar que Dios permita el sufrimiento, entonces "*no* existen tales bienes". Wykstra respondió señalando a los jejenes, unas moscas diminutas cuyas mordidas son muy dolorosas.[30] El hecho de que no puedas ver a los jejenes no significa que no estén allí. Alvin Plantinga continúa con la ilustración:

> Observo dentro de mi carpa: no veo a un perro San Bernardo. Entonces es probable que no haya un San Bernardo en mi carpa. Si hubiera uno, es muy probable que lo viera. Un San Bernardo no puede esconderse fácilmente en una carpa pequeña. De nuevo miro dentro de mi carpa y no veo ningún jején... Esta vez no es muy probable que no haya jejenes en mi carpa... Y es que incluso si hubiera jejenes, no los vería; son demasiado pequeños para ser vistos. Y ahora la pregunta es si las razones de Dios, si las hay, para permitir tales males... son más como un San Bernardo o más como jejenes... Debido a que Dios *sí* tiene una

> razón para permitir estos males, ¿por qué pensar que seríamos los primeros en saberlo?... Debido a que Él es omnisciente y dadas nuestras grandes limitaciones epistémicas, no es sorprendente que Sus razones... sobrepasen nuestro entendimiento.[31]

Aquí vemos el talón de Aquiles del argumento "lógico" contra Dios —la idea de que el mal implica la *imposibilidad* de que Dios exista. Si tienes a un Dios que es lo suficientemente infinito y poderoso como para que te enfades con Él por permitir el mal, entonces debes al mismo tiempo tener a un Dios que es lo suficientemente infinito como para tener razones válidas para permitir ese mal.

Y ahora también podemos ver por qué Charles Taylor tiene razón al decir que el "problema del mal" no fue ampliamente percibido como una objeción contra Dios hasta los tiempos modernos. Los seres humanos que operan dentro del marco inmanente tienen mucha más confianza que las personas antiguas en sus poderes de razonamiento y en su habilidad para descubrir los misterios del universo. Creer que Dios no pueda pensar en algo que nosotros no hemos podido pensar es más que una falacia. Es una marca de gran orgullo y fe en nuestra propia mente.

EL ARGUMENTO PROBATORIO Y EL EFECTO MARIPOSA

Pero ¿qué pasa con la forma menos ambiciosa del argumento, es decir, el argumento probatorio contra Dios? Este señala, más modestamente, que el mal y el sufrimiento simplemente hacen que la existencia de Dios sea improbable. Un escéptico podría decir: "Por supuesto que no podemos probar que no podría existir un Dios, o que no podría haber una razón válida para permitir el mal. Pero ¿has presenciado la muerte lenta de un niño pequeño que está siendo devorado por el cáncer? Aunque técnicamente el mal no puede refutar la existencia de un Dios bueno y poderoso, hace que su existencia sea altamente improbable".[32]

El problema con este argumento es que no es fundamentalmente diferente al argumento lógico. Se apoya en las mismas premisas y tiene el mismo talón de Aquiles. Si no podemos probar que Dios no tiene razones válidas para el mal, tampoco podemos evaluar el nivel de probabilidad de que tenga tales razones. Insistir en que tenemos una posición ventajosa desde la cual podemos evaluar porcentajes o probabilidades es volver a olvidar las limitaciones de nuestro conocimiento. Si hay un Dios infinito y nosotros somos finitos, no habría forma de que pudiéramos establecer tales cosas.

Imagina una pelota en la cima de una colina que podría deslizarse desde la colina hacia cualquiera de varios valles, provocando avalanchas y cambiando paisajes y vidas. La ruta de la pelota, sin embargo, depende de un montón de diferencias casi imperceptibles en la posición y el impulso iniciales, de las irregularidades en el terreno e incluso de las condiciones climáticas como el viento o la presión atmosférica. ¿Podemos saber exactamente a dónde irá la pelota cuando se lance, y qué porcentaje de probabilidad hay para cada valle? No. Hay demasiadas variables. En el campo de la teoría del caos, los científicos han aprendido que los sistemas macroscópicos, como el clima, pueden ser sensibles a los cambios más pequeños. Un ejemplo clásico de esto es la afirmación de que el aleteo de una mariposa en China podría determinar la trayectoria de un huracán al sur del Océano Pacífico. Sin embargo, nadie podría calcular y predecir los efectos reales del vuelo de la mariposa.

Ahora, ¿qué pasaría si cada evento en el tiempo, incluso el más insignificante, tuviera efectos de onda masivos e infinitamente complejos? Ray Bradbury describió esto en su cuento de ciencia ficción "El ruido de un trueno". En la historia, Travis, el guía para los viajes en el tiempo, le dice a Eckels que cuando visite el pasado debe asegurarse de no salirse del camino de metal que le será proporcionado. De lo contrario, podría hacer algo como pisar un ratón. Eso significaría que todos los futuros descendientes de ese ratón, tal vez millones, desaparecerían. Eso implicaría que todos los otros animales que se alimentaban de esos ratones morirían de hambre y no tendrían descendencia. Eso significaría que los seres humanos que se habrían comido a esos animales no lo harían, y eso les llevaría a mudarse o a morir de hambre. Y la muerte de una mujer o un hombre significaría que familias enteras —y, por tanto, naciones enteras— no existirían.

> Pisar a un solo ratón… podría tener efectos que sacudan nuestra tierra y nuestros destinos a través del tiempo, hasta sus mismos cimientos… Quizás Roma nunca se levantaría sobre sus siete colinas. Quizás Europa sea siempre un bosque oscuro… Pisa un ratón y dejarás tu huella, como un Gran Cañón, por toda la eternidad… Así que ten cuidado. Mantente en el camino. ¡Nunca te salgas![33]

Ahora, si hasta los efectos del vuelo de una mariposa o del rodar de una pelota colina abajo son demasiado complejos para calcular, ¿cuánto menos podría un ser humano mirar la muerte trágica y aparentemente "sin sentido" de un joven y tener alguna idea de lo que serán sus efectos sobre la historia? Si hay un Dios todopoderoso y omnisciente dirigiendo el número infinito de eventos interactivos en toda la historia para lograr Sus buenos propósitos, sería una locura pensar que podríamos ver cualquier acontecimiento en particular y comprender una millonésima parte de lo que producirá. El efecto mariposa de la historia significa que "solo una mente omnisciente podría captar las complejidades de dirigir un mundo de criaturas libres hacia… objetivos previstos [que son buenos]… Es cierto que muchos males nos parecen inútiles e innecesarios, pero simplemente no tenemos el derecho ni la capacidad de emitir ese juicio".[34]

EL ARGUMENTO VISCERAL DEL MAL

Las personas que escriben y discuten sobre los argumentos y contraargumentos filosóficos que hemos analizado suelen hacerlo en un tono desapasionado y distante. Pero la mayoría de las personas que objetan a la existencia de Dios cuando enfrentan grandes males no lo hacen por razones filosóficas, sino por razones viscerales. Peter van Inwagen los llama el problema "global" y el problema"local" del mal. En su conferencia sobre el problema local, relata la historia real de una mujer que fue atacada por un hombre que no solo la violó, sino que le cortó los brazos por los codos y la dejó abandonada. De alguna manera logró arrastrarse hasta el lado de una carretera, donde fue rescatada. Sobrevivió, pero ahora debe vivir su vida sin brazos y con el recuerdo del horror de esa noche.[35]

Nuestra respuesta a tal incidente surge inicialmente de lo profundo de nuestro ser. Genera una sensación en el estómago antes de que nuestro cerebro pueda producir un conjunto de proposiciones. Podríamos decir: "Puedes ahorrarte todos tus razonamientos silogísticos. Ya me sé los argumentos. Sé que la existencia de este tipo de crueldad no refuta técnicamente la existencia de un Dios personal. Pero *no tiene sentido* que cosas como esta se justifiquen de ninguna manera. Esto está *mal —mal*. No quiero creer en un Dios que permita que esto ocurra, ya sea que exista o no". Ese es el argumento visceral del mal contra Dios. No es justo llamarlo mera emoción, un sentimiento pasajero. El mal puede hacer que Dios sea inconcebible, irreal para el corazón.

El argumento visceral no es una operación estrictamente lógica y, sin embargo, tiene una lógica moral. Hace unos años me senté con una familia joven cuyo esposo y padre acababa de morir electrocutado mientras hacía unos ajustes de mantenimiento en su casa. Su cadáver aún estaba cerca y la ambulancia estaba en camino. Solo el mayor de sus tres hijos, un niño de nueve años, pudo articular lo que todos estaban sintiendo. "¡No está bien! Un niño necesita a su papá. *No* está bien". Y es que aunque sepamos que la muerte y el sufrimiento nos esperan, nos resistimos a ellos.

Hoy en día el ejemplo clásico del argumento visceral quizá sea el que encontramos en *La noche* de Elie Wiesel.[36] El autor describe vívidamente cómo la primera noche en el campo de concentración nazi lo devastó. Dice que esa primera noche "convirtió [su] vida en una larga noche, siete veces maldita y siete veces sellada". Miró los hornos que convertían a los seres humanos, incluyendo a niños pequeños, en "guirnaldas de humo". Los fuegos de esos hornos destruyeron por completo su fe en Dios.

> Nunca olvidaré esas llamas que consumieron mi fe para siempre... Nunca olvidaré esos momentos que asesinaron a mi Dios y a mi alma, y que convirtieron mis sueños en polvo.[37]

¿Cómo puedes "argumentar" contra eso? Es solo con gran respeto por la experiencia de Wiesel y su brillantez como escritor que debemos señalar que hubo otros que vieron los mismos escenarios y salieron con su fe en Dios intacta, incluso fortalecida.[38] Como hemos visto, Victor Frankl describió cómo los reclusos en el campo de concentración respondieron de maneras muy diferentes al terror. Muchos perdieron toda esperanza, pero otros la encontraron, y eso incluye la esperanza religiosa. J. Christiaan Beker, un exprofesor del Seminario Teológico de Princeton, vivió en un campo de trabajos forzados en Berlín como esclavo de los nazis, y terminó escondiéndose de los alemanes durante meses en un ático, con el temor constante de ser traicionado o descubierto. Él vio mucha maldad y, como resultado, sufrió de una condición maníaco-depresiva por el resto de su vida. Sin embargo, fue durante su esclavitud que decidió convertirse en un teólogo cristiano y más adelante escribir *Sufrimiento y esperanza: La visión bíblica y el dilema humano*.[39]

El mensaje de su libro es que la esperanza cristiana de la resurrección y la renovación del mundo nos permite ver "el poder de la muerte en el presente en términos de su futuro vacío y, por lo tanto, en el conocimiento de su derrota segura".[40]

EL EFECTO *BOOMERANG*

Así que no todos los que experimentan el mal de una forma radical pierden automáticamente la fe en Dios. Y esto debe significar que incluso la reacción visceral al sufrimiento tiene algunos argumentos, algunas suposiciones, que pueden no ser conscientes al principio. No *respondemos* simplemente a un mal nauseabundo y desgarrador. En el fondo nos estamos diciendo algo al respecto, lo estamos interpretando de una manera particular. Como escribió Blaise Pascal: "Algo puede agradarme o sorprenderme a primera vista sin que yo sepa la razón y, sin embargo, me sorprende por una razón que solo logro detectar más adelante… El corazón tiene sus razones, y la razón no las comprende”.[41]

Hay una suposición moral en las mentes y corazones de aquellos cuya fe es debilitada en lugar de fortalecida por el sufrimiento. La suposición es que Dios, si existe, no ha hecho lo correcto, que ha violado un estándar moral. El mal solo es malo si viola una norma moral. Cuando decimos: “No puedo creer en un Dios que permita esto”, estamos diciendo que de alguna manera Dios es cómplice del mal.

Pero esto crea un enigma para el que no cree en Dios. Es indiscutible que los seres humanos tienen *sentimientos* morales. Un sentimiento moral es cuando siento que un comportamiento es correcto o que un comportamiento es incorrecto y hasta repulsivo. Ahora, si no hay Dios, ¿de dónde vienen esos fuertes instintos y sentimientos morales? Hoy muchos dirían que nuestro sentido moral proviene de la evolución. Se cree que nuestros sentimientos sobre lo correcto y lo incorrecto están genéticamente integrados en nosotros porque ayudaron a nuestros antepasados a sobrevivir. Esa explicación habla de los sentimientos morales, pero no de la *obligación* moral. ¿Qué derecho tienes tú de decirle a las personas que están obligadas a detener ciertos comportamientos que sientes son incorrectos si *sus* sentimientos les dicen que esas cosas están bien? ¿Por qué deberían tus sentimientos morales prevalecer sobre los de ellos? ¿De dónde sacas ese estándar que dice que tus sentimientos morales son correctos y los demás incorrectos? ¿En qué te basas para decirle a alguien: “Lo que has hecho es malo”, si sus sentimientos difieren de los tuyos?

Podemos llamarlo un enigma porque la base misma de la incredulidad en Dios —una certeza en cuanto al mal y a la obligación moral de no cometerlo— se disuelve si Dios no existe. La base sobre la que argumentan se desvanece, y esto no solo hace que el argumento del mal contra Dios fracase, sino que tiene un “efecto *boomerang*” sobre quienes lo utilizan porque demuestra que están asumiendo algo que no puede existir a menos que Dios exista. Entonces, en cierto sentido, te basas en

Dios para argumentar en contra de Dios. La víctima más famosa de esta experiencia de *boomerang* fue C. S. Lewis.

Durante años, Lewis rechazó la existencia de Dios porque creía que el argumento lógico del mal contra Dios funcionaba. Pero con el tiempo se percató de que el mal y el sufrimiento eran un problema mayor para él como ateo que como creyente en Dios. Concluyó que la consciencia del mal moral en el mundo era en realidad un argumento *a favor* de la existencia de Dios, no en contra. Lewis describe su despertar hasta este punto en *Mero Cristianismo*,[42] pero da una exposición más larga en su ensayo *De Futilitate*. Lewis decía: "Existe, sin duda, un motivo muy obvio para negar que haya un propósito moral operando en el universo: es decir, el curso de los acontecimientos en toda su crueldad y aparente indiferencia, u hostilidad, hacia la vida…".[43] Así que la razón por la que Lewis no podía creer que había un Dios bueno, un "propósito moral" operando detrás del universo, era la existencia de la crueldad y del mal en el mundo.

Pero luego comenzó a percatarse de que el mal en el mundo era "precisamente el argumento que no podemos utilizar" para negar a Dios. ¿Por qué? "A menos que juzguemos que esta crueldad es realmente perversa, no podemos… condenar al universo por exhibirla… A menos que consideremos que nuestro propio estándar es algo más que nuestro, que es de hecho un principio objetivo al cual estamos respondiendo, no podemos considerar ese estándar como válido".[44] Aquí estaba el enigma para Lewis como ateo. Su objeción a la existencia de Dios era que no podía percibir ningún estándar moral detrás del mundo —el mundo era simple y aleatoriamente malvado y cruel. Pero entonces, si no había Dios, su definición del mal solo se basaba en un sentimiento privado. Así que Lewis escribió: "En resumen, si no admitimos que la realidad definitiva es moral, no podemos condenarla moralmente".[45] Y concluyó con una vívida idea:

> La actitud desafiante del ateo hacia un cosmos aparentemente despiadado e incongruente es en realidad un homenaje inconsciente a lo que está dentro o detrás de ese cosmos que él reconoce como infinitamente valioso y autoritario: pues si la misericordia

> y la justicia fueran realmente solo caprichos privados sin raíces objetivas e impersonales, y si él se diera cuenta de esto, no podría seguir indignándose. El hecho de que él acuse al cielo mismo por desecharlos significa que en algún nivel de su mente él sabe que están entronizados en un cielo aún más elevado.[46]

Así que esto nos deja con una pregunta. ¿Qué pasa si el mal y el sufrimiento en el mundo realmente hacen que la existencia de Dios sea *más* probable? ¿Qué pasa si nuestra consciencia del mal absoluto es una pista de que en el fondo todos sabemos que Dios realmente existe? Alvin Plantinga escribe que una perspectiva secular del mundo "no permite ninguna obligación moral genuina de ningún tipo… y, por lo tanto, no hay forma de decir que exista una maldad genuina y atroz. En consecuencia, si piensas que realmente existen males horribles (... y no solo alguna especie de ilusión), entonces tienes un poderoso… argumento [a favor de la existencia de Dios]".[47]

A. N. Wilson, escritor y crítico, había abandonado el cristianismo de su juventud, pero recientemente escribió un artículo llamado "Por qué he vuelto a creer". Su trabajo al escribir un libro sobre la familia Wagner y la Alemania nazi fue crucial para su regreso a la fe. Le mostró "qué clase de mundo loco es creado por aquellos que piensan que la ética es una construcción puramente humana".[48] Una memoria reciente de un viaje de fe titulada *La fe y otras llantas pinchadas* nos muestra que este efecto *boomerang* no es algo que le sucede solo a académicos como Lewis, Plantinga o Wilson. Andrea Palpant Dilley fue criada por misioneros médicos en Kenia, donde estuvo expuesta a mucha más muerte y oscuridad que la mayoría de los niños criados en países occidentales. Para cuando era una adolescente comenzó a cuestionar la bondad de Dios, y para el momento en que tenía veinte años había rechazado el cristianismo por completo. Lo que la alejó fue su ira contra Dios por el sufrimiento y la injusticia.

Pero una noche tuvo una discusión filosófica con un joven sobre la existencia de Dios. Él argumentaba que la moralidad era relativa, diferente para cada cultura y persona. Para concluir, dijo: "Creo que la moralidad es totalmente subjetiva; por tanto, Dios es innecesario". Dilley se escuchó a sí misma respondiendo: "Pero si la moral es totalmente subjetiva, entonces no puedes decir que Hitler estaba equivocado. No puedes decir que haya algo injusto en dejar que los bebés mueran de hambre. Y no puedes condenar el mal. ¿Qué tan sostenible es eso?… Tienes que aceptar un estándar moral objetivo, aquí arriba". Movió su mano de un lado a otro, dibujando una línea horizontal en el aire. "Y ahí entra en juego la posibilidad de una mente moral divina". Se percató de que estaba dando sus primeros pasos de regreso a la fe.[49]

Más adelante, Dilley concluyó:

> Cuando las personas me preguntan qué me hizo salir de la iglesia y qué me hizo regresar, mi respuesta a ambas preguntas es la misma. Dejé la iglesia en parte porque estaba enojada con Dios por el sufrimiento humano y la injusticia. Y volví a la iglesia por esa misma lucha. Me percaté de que ni siquiera podía hablar de justicia sin estar dentro de un marco teísta. En una cosmovisión naturalista, un huérfano sin padres en los barrios marginados de Nairobi solo puede explicarse en términos de la supervivencia del más apto. Todos somos animales que viven en un mundo sin Dios, peleando por espacio y recursos. La idea de justicia realmente no significa nada. Para hablar de justicia tienes que hablar sobre una moralidad objetiva, y para hablar de una moralidad objetiva tienes que hablar de Dios.[50]

En resumen, el problema del sufrimiento sin sentido no desaparece cuando dejas de creer en Dios. Si no hay Dios, ¿por qué tener un sentido de indignación y horror cuando se inflige un sufrimiento injusto a cualquier grupo de personas? La violencia, el sufrimiento y la muerte son fenómenos completamente naturales. ¿Sobre qué te basas para señalar que la crueldad es incorrecta? Dos pensadores famosos dieron respuestas muy diferentes a esas preguntas. El Dr. Martin Luther King Jr., en su

"Carta desde la cárcel de Birmingham", dijo que si no existiera una ley divina superior que definiera la justicia, no habría manera de saber si una práctica o experiencia humana en particular es injusta o no. Pero cuando Friedrich Nietzsche escuchó que un desastre natural había destruido la isla de Java en 1883, escribió a un amigo: "¡Doscientos mil desaparecieron de un plumazo, qué magnífico!". Nietzsche fue implacable en su lógica. Decía que como no hay un Dios, todos los juicios de valor son arbitrarios. Todas las definiciones de justicia son simplemente los resultados de tu cultura o temperamento.

Por diferentes que fueran sus perspectivas, King y Nietzsche estuvieron de acuerdo en un punto. Si no hay Dios o una ley divina superior, entonces la violencia es perfectamente natural. Así que dejar de creer en Dios no ayuda en absoluto con el problema del sufrimiento y, como veremos, elimina muchos recursos para enfrentarlo.

HISTORIA DE VIDA: **ESPERANZA EN CRISTO**

por María

Mis dos padres fueron destruidos por el alcoholismo. Yo tenía tres años cuando se divorciaron.

Mi madre me amaba, pero el alcohol se convirtió en su refugio, la embriaguez y la locura en la norma. Varias veces me dejaban fuera de la casa por cosas como perder una competencia de piano o tirar vodka por el desagüe, y tenía que romper la ventana del sótano para volver a entrar.

Tenía diecisiete años cuando Jesús me encontró. Un amigo me invitó a la iglesia y me aferré a las palabras consoladoras del ministro sobre el amor infalible de Dios. Tenía la esperanza de que mi vida cambiara.

Me casé con un hombre seis años mayor que yo. Al principio, nuestra relación me consoló, pero él se volvió violento. Fui golpeada repetidamente, en una ocasión con una cadena para perros; fui estrangulada, pateada en el estómago, empujada desde un muelle y por las escaleras. Increíblemente, me convencí de que todavía lo amaba.

A los veintitrés años, volví a encontrar a mi padre. Pensé que me protegería y me defendería, así que abandoné a mi marido. En lugar de esto, mi padre abusó sexualmente de mí. Caí en una profunda desesperación e intenté suicidarme. Al fallar, grité contra Dios por permitirme vivir. ¿En dónde estaba Él?

Busqué consejería con un joven diácono extremadamente inteligente y amable. Después de un año, nos enamoramos, pero él ya estaba casado. Luchamos y suplicamos a Dios por ayuda, pero finalmente caímos en pecado. Se divorció y nos casamos. No merecíamos la bendición de los tres hermosos hijos que Dios nos dio. Por primera vez, tuve una familia.

Mis hijos tenían menos de seis años cuando comencé a experimentar dolores de cabeza severos, pérdida de la audición y parálisis facial parcial. Un especialista descubrió un tumor cerebral masivo. Algunas partes del tumor aún permanecen inoperables y ahora están causando nuevas complicaciones. Recuerdo que me sentía extrañamente calmada. Aunque nuestras vidas fueron trastornadas, mi familia todavía estaba intacta.

Mis hijos crecieron y, aunque fueron criados en la iglesia, también se vieron fuertemente influenciados por el mundo. Todos fueron arrestados en algún momento. El más joven fue diagnosticado con un trastorno esquizofrénico. El mayor fue encarcelado por dos años. Estábamos devastados.

Poco después, mi esposo sufrió dos derrames que alteraron drásticamente su personalidad. Descubrí que nuestras finanzas estaban en ruinas. Con el tiempo perdimos nuestra casa. Estaba tan devastada que apenas podía hablar con un terapeuta.

La vida no ha cambiado. Pero Dios me está cambiando.

Lo que descubrí sobre las angustias y los problemas, especialmente aquellos que van mucho más allá de lo que podemos manejar, es que tal vez esos son los problemas que Él permite precisamente porque no podemos manejarlos, y tampoco el dolor y la ansiedad que provocan. Pero Él sí puede hacerlo. Creo que quiere que nos percatemos de que confiar en Él para manejar estas situaciones es en realidad un regalo. Su regalo de paz para nosotros en medio de la locura. Los problemas no desaparecen y la vida continúa, pero Él reemplaza el aguijón del dolor con esperanza, lo cual ha sido un descubrimiento sorprendente.

He llegado a creer que la vida no siempre será como lo es ahora. Encuentro aún más consuelo en poder dejar de concentrarme en todo mi dolor para enfocarme en Aquel que algún día quitará ese dolor por completo y para siempre.

Pasé toda mi vida buscando y nunca encontré una receta para pasar de la desesperación a la esperanza. No vino de algo que haya hecho o dejado de hacer. La esperanza no está en la solución del problema, sino en enfocarse en Cristo, quien facilita el cambio.

PARTE DOS

ENFRENTANDO EL HORNO

CINCO

EL DESAFÍO A LA FE

Los otros dioses eran fuertes, pero Tú fuiste débil.
Cabalgaron, mas Tú descendiste del trono.
Solo las heridas de Dios pueden hablar a nuestras heridas,
y ningún dios tiene heridas, sino solo Tú.

— Eduardo Shillito, en "El Jesús de las cicatrices"

RESPUESTAS PARA EL CORAZÓN

Hemos señalado que el argumento visceral contra Dios sucede a nivel del corazón. Cuando Pascal habla de las "razones del corazón", no se refiere a meros sentimientos irracionales ni a simples proposiciones lógicas. Se describen mejor como intuiciones, explicaciones que no solo dan luz a la mente sino que también son reconfortantes o satisfactorias en cuanto a nuestra existencia. Una "razón del corazón", a diferencia de una proposición abstracta, afecta y cambia actitudes y acciones. Propongo que hay tres temas poderosos de la enseñanza cristiana que pueden servirnos de esta manera cuando se trata del dolor y el sufrimiento en la vida. Cada uno no solo ayuda a enriquecer nuestra comprensión del sufrimiento, sino que afecta directamente nuestras actitudes, dándonos una nueva perspectiva para poder enfrentar la adversidad.

El primer grupo de enseñanzas cristianas que preparan al corazón en este sentido son las doctrinas de la Creación y la Caída. Génesis 1 y 2 nos muestran a los seres humanos que Dios puso en un mundo sin muerte ni sufrimiento. El mal que vemos hoy no fue parte del diseño original de Dios. No era la intención de Dios para la vida humana. Eso significa que ni siquiera una muerte pacífica a la edad de noventa años representa la forma en que las cosas deberían ser. Aquellos de nosotros que percibimos la muerte como algo malo, comoquiera que suceda, estamos en lo correcto. La "ira ante la muerte de la luz" es nuestra intuición de que no estábamos destinados a la mortalidad, a la pérdida del amor o al triunfo de la oscuridad. Para ayudar a las personas a enfrentar la muerte y el dolor, a menudo les decimos que la muerte es una parte natural de la vida. Pero para verlo de esa manera tendrían que reprimir una intuición humana muy correcta y profunda: el hecho de que no estábamos destinados a volver al polvo, y de que el amor debía perdurar.

Génesis 3 confirma esta intuición en gran detalle, mostrándonos el origen de la oscuridad del mundo y cómo se desarrolló a partir de nuestro rechazo del señorío de Dios. Cuando nos alejamos de Dios y perdimos esa relación, todas las demás relaciones se vinieron abajo. Debido a que rechazamos Su autoridad, todo en el mundo —nuestros corazones, emociones, cuerpos, nuestras relaciones con otras personas y con la naturaleza en sí— dejó de funcionar como debería.

La Caída de la humanidad significa que el diseño original del mundo está roto. En el jardín del Edén, los hombres y las mujeres fueron llamados a trabajar —a cuidar y cultivar la tierra. Cuando Adán y Eva pecaron, parte de la maldición fue que a partir de ese momento no solo saldrían flores y alimento de la tierra, sino que también crecerían "espinas y cardos". Aquí vemos que Dios no erradicó completamente el buen patrón de vida que había creado, pero ahora está muy lejos de Su intención original. El trabajo duro siempre debería conducir a la prosperidad, pero la realidad ahora es que a veces se puede trabajar duro y la injusticia o el desastre lo arruinan. Por tanto, la doctrina de la Caída nos da una comprensión bastante matizada del sufrimiento.

Por un lado, esta enseñanza rechaza la idea de que las personas que sufren más siempre son peores que las que sufren menos. Esa fue la premisa de justicia propia de los amigos de Job, quienes se sentaron con él y básicamente le dijeron: "La razón por la que esto te sucede a ti y no a nosotros es que estamos viviendo bien y tú no". Al final del libro, Dios expresa Su furia ante los "consejeros miserables" de Job. El mundo está demasiado afectado por el pecado como para decir simplemente que las personas buenas tienen vidas buenas y las personas malas tienen vidas malas. Toda la raza humana está afectada por el pecado. Como dice Jesús, el sol brilla sobre malos y buenos, y la lluvia cae sobre justos e injustos (Mt 5:45). La persona que sufre no necesariamente está recibiendo un pago justo por actos específicos de maldad.

Pero, por otro lado, aunque nunca debemos decir que cada caso particular de sufrimiento es causado por un pecado en particular, es justo decir que el sufrimiento y la muerte en general son una consecuencia natural y un juicio justo de Dios por nuestro pecado. Así que, a la luz de nuestro historial, no podemos protestar diciendo que la raza humana merece una vida mejor que la que tenemos ahora.

Todo esto constituye una "razón del corazón" para quienes sufren porque, cuando se acepta, trae consigo el alivio de la humildad. A menudo la gente asume que Dios está obligado a crear un mundo donde las cosas nos benefician. Vimos cómo el deísmo del siglo XVIII promovió explícitamente esta idea a pesar de que contradice al libro de Génesis y al resto de la Biblia. Pero, como señala el sociólogo Christian Smith, esta idea ha capturado los corazones de la mayoría de la gente. En su investigación, Smith llegó a la conclusión de que la mayoría de los adultos jóvenes en Estados Unidos son "deístas practicantes", aunque muchos no conozcan el término. Smith quiere decir que ven a Dios como un ser cuyo trabajo es satisfacer las necesidades de ellos mismos. Aunque no lo digan de manera explícita, estos adultos jóvenes tienen la firme convicción de que Dios le debe a todos una vida cómoda, excepto a los más malvados. Sin embargo, esta premisa conduce inevitablemente a una amarga desilusión. La vida es desagradable, dura, brutal y siempre se percibe como demasiado corta. Esta postura condena a quienes la defienden a una vida de confusión cuando las cosas salen mal.

Cuando nos detenemos a considerar esta premisa —que Dios nos debe una buena vida—, es evidente que no tiene justificación. Si en realidad hay un Dios infinitamente glorioso, ¿por qué debería el universo girar a nuestro alrededor en lugar de girar alrededor de Él? Si miramos los estándares bíblicos de Dios para nuestro comportamiento —la Regla de oro, los Diez mandamientos y el Sermón del monte— y luego consideramos todas las formas en que hemos quebrantado todos esos estándares a lo largo de la historia, podemos entender que el enigma del mal no es lo que pensábamos. Quizás el verdadero enigma es este: a la luz de nuestro comportamiento como raza humana, ¿por qué permite Dios tanta *felicidad*? La enseñanza de la Creación y la Caída elimina la autocompasión que aflige a las personas con la visión deísta de la vida. Fortalece el alma, preparándola para no sorprenderse cuando la vida sea dura.

LA RENOVACIÓN DEL MUNDO

La segunda doctrina cristiana que habla a nuestros corazones es la del juicio final y la renovación del mundo. Muchas personas se quejan de que no pueden creer en un Dios que juzgue y castigue a las personas. Pero si no hay un juicio final, ¿qué sucede con la enorme cantidad de injusticia que ha ocurrido y sigue ocurriendo? Si no hay un juicio final, solo nos quedan dos cosas por hacer: perder toda esperanza o entregarnos a la venganza. O significa que la tiranía y la opresión que han prevalecido a lo largo de los siglos nunca se corregirán —y al final no importará si vives una vida de justicia y bondad o una vida de crueldad y egoísmo—, o significa que tenemos que tomar nuestras armas y salir a cazar a los malhechores ahora. Tendríamos que tomar la justicia en nuestras propias manos. Si no hay un Juez, nosotros mismos tendríamos que ser los jueces.

Es por esto que la doctrina bíblica del juicio final, lejos de ser una idea sombría, nos permite vivir con esperanza y gracia. Si la aceptamos, tenemos esperanza y un incentivo para luchar por la justicia. No importa cuán poco éxito tengamos ahora, sabemos que llegará un día en el que la justicia se establecerá de una manera plena y perfecta. Toda maldad, lo que hemos llamado el mal moral, se corregirá. Pero también nos permite ser amables, perdonar y abstenernos de la venganza y la violencia. ¿Por qué? Si no estamos seguros de que habrá un juicio final, cuando nos veamos perjudicados sentiremos una compulsión casi irresistible de tomar la espada y atacar a los malhechores. Pero si sabemos que nadie se saldrá con la suya, y que al final todos los males serán reparados, entonces podemos vivir en paz. La doctrina del juicio final nos advierte que no tenemos ni el conocimiento para saber exactamente lo que la gente merece, ni el derecho de aplicar castigos cuando nosotros mismos somos pecadores (Ro 2:1-16, 12:17-21). Así que creer en el juicio final nos impide ser demasiado pasivos o demasiado violentos en nuestra búsqueda de la verdad y la justicia.

Pero el consuelo más profundo para quienes sufren se encuentra al otro lado del juicio final. Peter van Inwagen escribe:

> Llegará el momento en que no habrá más sufrimiento inmerecido, y así será por toda la eternidad: esta oscuridad presente, "la era del mal", será recordada como un breve parpadeo al comienzo de la historia humana. Todo mal hecho por los malvados a los inocentes se habrá vengado, y cada lágrima habrá sido enjugada.[1]

Como hemos dicho, no hay una teodicea totalmente satisfactoria que muestre por completo por qué Dios está justificado al permitir el mal. Sin embargo, la doctrina cristiana de la resurrección y la renovación del mundo (cuando todas las promesas e implicaciones bíblicas son sopesadas y comprendidas) se acerca más que cualquier explicación que tengamos. La resurrección del cuerpo significa que no solo recibiremos un consuelo por la vida que hemos perdido, sino que esa vida será restaurada. No solo obtenemos los cuerpos y las vidas que tuvimos, sino los cuerpos y las vidas que deseábamos pero que nunca antes habíamos recibido. Obtenemos una vida gloriosa, perfecta e inimaginablemente plena en un mundo material renovado.

A menudo podemos ver cómo las cosas malas "ayudan a bien" (Ro 8:28, RV60). El problema es que solo logramos verlo en ocasiones, en un número limitado de casos. Pero ¿por qué no podría ser que Dios haya permitido el mal porque nos conducirá a una gloria y a un gozo muy superiores a los que hubiéramos obtenido de cualquier otra manera? ¿No es posible que la gloria y la alegría que experimentaremos en el futuro sean infinitamente mayores a lo que hubieran sido si no existiera la maldad? ¿Y qué si ese mundo futuro de alguna manera fuera mejor por haber sido quebrantado? Si tal es el caso, eso realmente significaría la completa derrota del mal. El mal no sería simplemente un obstáculo para nuestra belleza y dicha, sino que las habría mejorado. El mal lograría lo contrario de lo que pretendía.

¿Cómo podría suceder esto? En el nivel más elemental, sabemos que solo puede haber valentía si hay peligro. Y, fuera del pecado y el mal, nunca contemplaríamos la valentía de Dios, ni el asombroso alcance de Su amor, ni la gloria de una deidad que deja de lado Su gloria y se dirige a la cruz. En esta vida, la idea de la gloria de Dios nos parece bastante remota y abstracta. Pero debemos percatarnos de que los mejores deleites que hemos tenido alguna vez —en la belleza de un paisaje, en el placer de la comida o en un abrazo amoroso— son como gotas de rocío en comparación con el océano de alegría infinita que tendremos al ver a Dios cara a cara (1Jn 3:1-3). Eso anhelamos, nada menos. Y según la Biblia, nuestro disfrute de esa gloriosa belleza es infinitamente mayor gracias a que Cristo nos ha redimido del mal y de la muerte. Se nos dice que los ángeles anhelan contemplar el poder del evangelio, maravillados de lo que Jesús hizo en Su encarnación y expiación (1P 1:12).

Pablo dice de forma misteriosa que nosotros, los que conocemos a Cristo y el poder de Su resurrección, también "[participamos] en Sus sufrimientos" (Fil 3:10-11). Alvin Plantinga menciona las enseñanzas de los teólogos reformados pasados, como Jonathan Edwards y Abraham Kuyper, quienes creían que gracias a nuestra caída y redención logramos un nivel de intimidad con Dios que no se puede recibir de ninguna otra manera. Y eso hace que los ángeles nos tengan envidia.[2] ¿Y qué si en el futuro nos percatáramos de que así como Jesús no pudo haber mostrado esa gloria y ese amor de otra manera que no fuera a través de Su sufrimiento, nosotros tampoco habríamos podido experimentar esa gloria, alegría y amor de otra manera que no fuera a través de un mundo de sufrimiento?

¿Y por qué no podría ser que nuestra gloria futura fuera tan grande que llegue a "devorar" el mal del pasado, no solo impidiendo que el recuerdo del mal oscurezca nuestros corazones, sino hasta usándolo para incrementar nuestra felicidad? La historia de fantasía de C. S. Lewis sobre el cielo y el infierno, *El gran divorcio*, describe al infierno y a todas las personas que lo habitan como microscópicamente pequeñas. Dice que cuando las personas están en la tierra creen que "ninguna bienaventuranza futura puede compensar" un caso particular de sufrimiento, "sin saber que el cielo, una vez alcanzado, convertirá esa agonía en gloria".[3] Es la misma idea que quiso transmitir J. R. R. Tolkien cuando visualizó ese momento en el que "todo lo triste se vuelve irrealidad".[4]

LAS HERIDAS DE DIOS

Las últimas doctrinas que sirven como recursos para nuestros corazones son las doctrinas de la encarnación y la expiación.

Peter Berger es sociólogo, no teólogo, pero sabe que cada cultura debe proporcionar una forma de darle sentido al sufrimiento de sus integrantes. Berger dice que la Biblia presenta dos formas básicas de hacerlo. En el libro antiguotestamentario de Job tenemos la verdad más difícil y severa sobre el sufrimiento, es decir, que al final no podemos cuestionar a Dios. Job le pide a Dios que le explique por qué todas esas penas y tristezas han caído sobre él. Pero en respuesta, "el interrogador es desafiado radicalmente en cuanto a su derecho de siquiera plantear la pregunta".[5] Dios confronta a Job con su propia finitud, su incapacidad para comprender los consejos y propósitos de Dios aunque le fueran revelados, y su condición de pecador que no tiene derecho a exigir una vida cómoda. Berger admite que esta visión de las cosas tiene una lógica sólida, pero que, en sí misma, tal visión sería "difícil de aceptar para la mayoría de la gente… y solo posible para ciertos religiosos 'virtuosos'".[6] Pero, afortunadamente, eso no es lo único que dice la Biblia acerca del sufrimiento.

Berger señala que la "tensión insoportable de este problema que vemos… en el Antiguo Testamento" se resuelve con "la solución cristiana al problema". Y esa solución es que "el Dios encarnado es un Dios que sufre. Sin este sufrimiento, sin la agonía de la cruz, la encarnación no proporcionaría la solución a ese problema [del sufrimiento]". Berger luego cita a Albert Camus, quien escribió: "Solo el sacrificio de un Dios inocente podría justificar la tortura interminable y universal de la inocencia. Solo el más miserable sufrimiento de Dios podría calmar la agonía del hombre".[7]

Berger percibe la genialidad de la solución. Él escribe:

> Por medio de Cristo se apacigua la terrible otredad del Yahvé de las tormentas [en Job]. Al mismo tiempo, debido a que la contemplación del sufrimiento de Cristo profundiza la convicción de la indignidad del hombre, se permite repetir la antigua rendición [arrepentimiento] de una forma más refinada… [Pues] el sufrimiento de Cristo no justifica a Dios, sino al hombre.[8]

El libro de Job señala la indignidad y la finitud humanas, y exige una rendición completa ante la soberanía de Dios. En sí mismo, el llamado podría parecer más de lo que alguien que sufre puede soportar. Pero luego llegamos al Nuevo Testamento, el cual contiene un consuelo inimaginable para aquellos que confían en la soberanía de Dios. El Dios soberano ha descendido a este mundo y ha experimentado su oscuridad. Él mismo bebió la copa del sufrimiento más horrendo. Y lo hizo no para justificarse, sino para *justificarnos*, es decir, para soportar el sufrimiento, la muerte y la maldición que nosotros merecemos por nuestro pecado. Él mismo sufrió el castigo para algún día regresar y acabar con todo el mal sin tener que condenarnos ni castigarnos.

El Nuevo Testamento enseña que Jesús es Dios hecho carne: "Toda la plenitud de la divinidad habita en forma corporal en Cristo" (Col

2:9). Él seguía siendo Dios, pero sufrió. Experimentó debilidad, una vida llena de "fuerte clamor y lágrimas" (Heb 5:7). Él conocía de primera mano el rechazo, la traición, la pobreza, el abuso, la desilusión, la desesperación, el duelo, la tortura y la muerte. Y es por eso que Él puede "compadecerse de nuestras debilidades", porque "ha sido tentado en todo de la misma manera que nosotros, aunque sin pecado" (Heb 4:15). Su sufrimiento en la cruz fue mucho más allá del peor sufrimiento humano, y allí experimentó un rechazo y un dolor que exceden los nuestros tan infinitamente como Su conocimiento y poder superan los nuestros. No hay mayor agonía que la pérdida de una relación de amor. Sin embargo, no podemos imaginar lo que sería perder no solo una relación humana que ha durado algunos años, sino el amor infinito del Padre que Jesús tuvo desde la eternidad. La separación debió ser insoportable. Jesús experimentó el rechazo de Dios en la cruz cuando gritó: "¡Dios Mío, Dios Mío! ¿Por qué me has desamparado?".

Aquí vemos la mayor fortaleza: un Dios que es lo suficientemente fuerte como para volverse débil voluntariamente y sumergirse en la vulnerabilidad y la oscuridad por amor a nosotros. Y observamos la mayor gloria posible: la voluntad de dejar de lado toda Su gloria por amor a nosotros.

No hay otra religión que siquiera conciba algo semejante. El ministro cristiano John Dickson habló una vez sobre el tema de *las heridas de Dios* en un campus universitario en Sydney, Australia. Durante la sesión de preguntas, un hombre musulmán se levantó para explicar "cuán descabellada era la afirmación de que el Creador del universo estuviera sujeto a las fuerzas de Su propia creación —que tuviera que comer, dormir, ir al baño y, para colmo, morir solo en una cruz". Dickson señaló que sus comentarios fueron inteligentes, convincentes y civilizados. El hombre continuó argumentando que era ilógico que Dios, la "causa de todas las causas", pudiera ser afligido por cualquier ser inferior. El ministro no le respondió con un buen argumento ni con una frase ingeniosa, sino que simplemente le agradeció al hombre por hacer tan clara la singularidad del cristianismo. "Lo que el musulmán ve como una blasfemia, el cristiano lo considera valioso: Dios tiene heridas".[9]

Así que Peter Berger tiene razón. La respuesta del libro de Job (que "Dios sabe lo que hace, así que calla y confía en Él"), es correcta pero insuficiente. Es inadecuada porque por sí misma solo es cruel, y porque el Nuevo Testamento nos da más para afrontar los horrores de la vida. Nos alejamos de Dios, pero Dios no nos abandonó. De todas las principales religiones del mundo, solo el cristianismo enseña que Dios vino a la tierra en Jesucristo y experimentó personalmente el sufrimiento y la muerte.

¿Ves lo que esto significa? Sí, no sabemos por qué Dios permite que continúen el mal y el sufrimiento, ni por qué son tan aleatorios, pero ahora al menos sabemos cuál *no* es la razón. *No* puede ser que Él no nos ame. *No* puede ser que no le importemos. Está tan comprometido con nuestra felicidad que estuvo dispuesto a sumergirse en las profundidades del sufrimiento. Él nos entiende, ha estado allí y nos asegura que tiene un plan para un día enjugar todas nuestras lágrimas. Alguien podría decir: "Pero eso es solo la mitad de la respuesta a la pregunta '¿Por qué?'". Sí, pero es la mitad que necesitamos.

Si Dios nos diera una explicación de todas las razones por las que permite que las cosas sucedan como lo hacen, sería demasiado para nuestros cerebros finitos. Piensa en los niños pequeños y su relación con sus padres. Los niños de tres años de edad no pueden entender la mayor parte de las razones por las que sus padres permiten o no permiten ciertas cosas. Pero aunque no son capaces de comprender las razones de sus padres, son capaces de conocer el amor de sus padres y, por lo tanto, son capaces de confiar en ellos y vivir de forma segura. Eso es lo que realmente necesitan. Ahora, la diferencia entre Dios y los seres humanos es infinitamente mayor que la diferencia entre un padre de treinta años y un niño de tres años, por lo que no debemos esperar poder comprender todos los propósitos de Dios. Lo que sí podemos hacer es conocer Su amor a través de la cruz y el evangelio de Jesucristo. Y eso es lo que más necesitamos.

En el libro de Ann Voskamp llamado *Un millar de obsequios*, ella comparte el proceso que atravesó para comprender la muerte sin sentido de su hermana, aplastada por un camión a la edad de dos años. Al final, ella concluye que el asunto principal es si confiamos en el carácter de Dios. ¿Es realmente amoroso? ¿Es realmente justo? Esta es su conclusión:

> [Dios] nos dio a Jesús... Si Dios no nos rehusó a Su propio Hijo, ¿nos *negará* algo que necesitemos? Si la confianza es algo que debe ganarse, ¿no se ha ganado Dios nuestra confianza después de las cruentas heridas, de las espinas clavadas en Su frente y de Él haber intercedido por ti con Sus labios lastimados? ¿Cómo no nos dará amorosamente todas las cosas que Él considera mejores y correctas? Él ya nos ha dado lo incomprensible.[10]

LA LUZ EN LA OSCURIDAD

Este es un mundo oscuro. Existen muchas maneras de mantener a raya esa oscuridad, pero no podremos hacerlo para siempre. Con el tiempo, las luces de nuestras vidas (el amor, la salud, el hogar, el trabajo) comenzarán a desvanecerse. Y cuando eso suceda, necesitaremos algo más de lo que nuestra propia comprensión, competencia y poder nos pueden dar.

En Isaías 9:2 y Mateo 4:16 se nos dice que cuando Jesús nació, "el pueblo que habitaba en la oscuridad [vio] una gran luz; sobre los que vivían en densas tinieblas la luz [resplandeció]". Pero alguien podría pensar: "Si Jesús es la luz del mundo, ¿por qué no hizo algo para remediar el sufrimiento y la oscuridad mientras estuvo en el mundo? Los niños siguen muriendo de una forma prematura y horrible. Los pobres siguen siendo oprimidos. Los padres jóvenes siguen muriendo en accidentes, dejando viudas y huérfanos que deben valerse por sí mismos. Todavía hay guerras y rumores de guerras. ¿Por qué no lo detuvo todo?".

Pero ¿qué hubiera pasado si Jesús no hubiera muerto joven sino que hubiera venido a la tierra a poner fin a la injusticia y a acabar con el mal? ¿Cuál hubiera sido el resultado para nosotros? Recuerda el dicho de Tolkien: "Siempre después de una derrota y un respiro... [el mal] toma otra forma y vuelve a surgir".[11] Tiene razón. Considera los avances científicos y tecnológicos que han traído beneficios incalculables en el cuidado de la salud y en la comunicación. Incluso se ha atribuido la caída de la Cortina de Hierro y el final de la Guerra Fría a la revolución de la comunicación. Sin embargo, muchas personas bien informadas ahora temen que los terroristas usen esa tecnología para derribar sectores enteros de la red electrónica, para aniquilar bienes totales avaluados en trillones de dólares y así provocar una depresión mundial. La energía nuclear también es una gran fuente de electricidad cuando se usa adecuadamente, sin embargo, sabemos que la proliferación nuclear y el terrorismo nuclear son muy probables. Cuando un nuevo avance resiste el mal en alguna de sus formas, el mal siempre encuentra la manera de usar ese avance para regresar a nuestras vidas en formas diferentes.

¿Por qué? Es porque el mal y la oscuridad de este mundo provienen en gran medida de *nuestro interior*. Martín Lutero enseñó que la naturaleza humana está *in curvatus in se*, encorvada sobre sí misma. Somos tan instintiva y profundamente egocéntricos que no creemos que lo somos. Y esta curvatura interna es la fuente de una gran parte del sufrimiento y el mal que experimentamos, desde la violencia y los genocidios en los titulares de las noticias hasta el motivo por el que tu matrimonio es tan doloroso. El filósofo John Gray es ateo, pero en este punto está de acuerdo con el libro de Génesis.

> En comparación con el mito de Génesis, el mito moderno en el que la humanidad marcha hacia un futuro mejor es mera superstición. Como enseña la historia de Génesis, el conocimiento no puede salvarnos de nosotros mismos. Si sabemos más que antes, solo significa que tenemos una mayor capacidad para vivir nuestras fantasías… El mensaje de Génesis es que en las áreas más vitales de la vida humana no puede haber progreso, solo una lucha interminable con nuestra propia naturaleza.[12]

¿Ahora ves lo que hubiera sucedido si Jesús hubiera venido con una espada en la mano y con poder para destruir todas las fuentes de sufrimiento y maldad en Su primera venida? No habrían quedado seres humanos. Si no crees que eso es justo, diría que no conoces tus propias capacidades, tu propio corazón.

Pero Jesús no vino a la tierra la primera vez para traer justicia, sino para cumplirla. Él no vino con una espada en las manos, sino que permitió que esas manos fueran traspasadas por clavos. La enseñanza cristiana durante siglos ha sido esta: Jesús murió en la cruz en nuestro lugar, tomando el castigo que merecen nuestros pecados, para así poder regresar a la tierra algún día y acabar con el mal sin destruirnos a todos.

Jesús no vino la primera vez con un programa político para eliminar la opresión romana, por bueno que eso hubiera podido ser. No quería hacer simplemente lo que los seres humanos podemos (y debemos hacer): oponernos y prevenir toda forma de la maldad. No, Él tenía un programa más radical. Él nació en el mundo, murió en la cruz y resucitó de entre los muertos para dar inicio a ese programa. Su muerte y resurrección crearon un pueblo en el mundo que ahora tiene una capacidad única y poderosa para disminuir el mal en sus propios corazones, así como un mandato a oponerse y a resistir el mal que vean en sus comunidades y sociedades. Y todo esto porque el Hijo de Dios participó del sufrimiento humano para así acabar con el mal, el pecado, el sufrimiento y la muerte para siempre.

La Biblia enseña que Jesús es la luz del mundo. Si sabes que estás en Su amor, que nada puede apartarte de Su mano y que te está conduciendo al hogar de Dios y al futuro de Dios, entonces Él puede ser una luz para ti en lugares oscuros, cuando todas las demás luces se apaguen. Su amor por nosotros ahora, y esta infalible esperanza para el futuro, son una luz en la oscuridad que ilumina nuestro camino.

HISTORIA DE VIDA: **EL PERDÓN**

por Georgianna

A mis hijas y a mí nos encanta la ficción, especialmente las historias que tienen finales felices. Nuestra vida con su padre y mi esposo, Ted, había sido tan feliz y bendecida. Tan es así, que si Dios me hubiera dicho: "Voy a permitir una crisis dolorosa en tu familia y *todos ustedes van a sufrir*", yo contestaría con calma: "De acuerdo, Padre, que se haga Tu voluntad". Podemos manejar cualquier situación juntos.

El 13 de mayo de 2011 nuestra hija menor, Jane, tuvo un accidente. Se estaba balanceando sobre su silla y cayó hacia atrás, golpeándose la cabeza en el piso de madera. Soy una enfermera especialista en pediatría, así que la evalué de inmediato. No mostraba signos de ninguna lesión. Mi hermana, que también es enfermera, estuvo de acuerdo en que parecía estar bien.

Jane tenía su cita de rutina con el pediatra el 16 de mayo de 2011. Le conté al médico lo que había sucedido, y él pensó que sería prudente hacerle una radiografía de cráneo. Llevamos a Jane al hospital de niños, donde los rayos X revelaron una fractura craneal. Una tomografía computarizada confirmó que no hubo otras complicaciones. Obviamente me sentí mal y tuve muchas preguntas, pero el personal médico nos consoló y nos aseguró que todo estaba bien. Alabamos a Dios todo el camino a casa por proteger a Jane de lesiones más graves.

Una semana después, estaba en casa con Anne, Paige y Jane. De repente llegaron unos detectives de la policía y trabajadores de Servicios de Protección Infantil (CPS, por sus siglas en inglés). Habían venido a investigar porque se había hecho una denuncia de "abuso infantil severo". Sus preguntas fueron impactantes, acusatorias y confusas. Peor aún, mis hijas fueron testigos de todo.

El informe de "abuso infantil severo" provino de una doctora nueva en el hospital que solo vio los rayos X y realizó el informe a CPS basándose únicamente en eso. Como Jane tenía menos de doce meses, el informe se clasificó automáticamente como un caso criminal.

Nos quitaron la custodia de nuestras tres hijas.

No había evidencia de abuso, pasado o presente, en ninguna de nuestras hijas. No había factores de riesgo de abuso en nuestra familia. No había lesiones previas en ninguna de nuestras niñas. Todos los profesionales médicos que examinaron a Jane y hablaron con nuestra familia descartaron la posibilidad de abuso.

A pesar de la verdad, nuestra familia fue separada y no se reunió sino hasta nueve meses después. A Ted y a mí no nos permitieron vivir en la misma casa que nuestras niñas, por lo que nos vimos obligados a mudarnos, y solo nos permitieron visitas supervisadas.

Nunca olvidaré la primera noche lejos de nuestras hijas. Estaba furiosa, clamando a Dios, gritando de agonía. Entonces sucedió algo poderoso. Una profunda calma me inundó. De repente me percaté de que Dios estaba allí, abrazándome, indignado por la injusticia, llorando con nosotros, Sus hijos. Nunca me había sentido tan protegida en toda mi vida.

Ciertamente no estuve completamente confiada o en paz durante los siguientes nueve meses. Cada segundo se sentía como una malvada persecución. Nuestras hijas estaban sufriendo. Me estaban acusando falsamente de "abusar severamente" de Jane. También me atacaron personal y profesionalmente en muchos niveles. Llevaba más de una década trabajando como enfermera con familias de alto riesgo. Estaba capacitada específicamente para prevenir el abuso y la negligencia infantil.

Además del ataque emocional a nuestra familia, también sufrimos la enorme carga financiera de la defensa legal, de consultas relacionadas al caso, de facturas médicas y de la consejería que necesitábamos, y no me permitieron regresar al trabajo ya que implicaba estar con niños.

¿Y qué pasó con esa consciencia profunda y pacífica de la presencia y protección de mi Padre? Todavía estaba en mí, dándome fuerzas para seguir adelante. A pesar de las desilusiones, las frustraciones y las tristezas de cada día, dormía profundamente todas las noches. Cada mañana le daba gracias a Dios por renovar mis fuerzas.

Durante el día luchaba frecuentemente con Dios. A menudo me molestaba cuando Él no "arreglaba las cosas". Estaba tan cansada de esperar a que la verdad prevaleciera. Hubo innumerables reuniones en la corte, peticiones, audiencias, visitas de CPS, procedimientos policiales, procedimientos legales, rumores, opiniones de expertos, consejos extraoficiales y cantidades masivas de papeleo. La mayoría de las veces recibía la valentía que Dios me daba para manejar todos estos desafíos. Otras veces me desmoronaba bajo la presión. Con el tiempo aprendí que a Dios no le importaba cuán fuerte o débil pudiera ser. Él seguía siendo el mismo. Este fue el verdadero milagro: no que Dios nos haya rescatado del horno de fuego, sino que mi familia vivió y sobrevivió en ese horno con la provisión de Dios.

A menudo nos encontrábamos pronunciando palabras de esperanza y aliento a los demás. Pero nunca oculté mis verdaderos sentimientos sobre mis luchas. Dios me hizo lo suficientemente vulnerable como para tocar los corazones de las personas, pero lo suficientemente resistente como para testificar sobre Su provisión. Muchos dijeron: "Si eso me sucediera, me derrumbaría; no sobreviviría; mi enojo me haría hacer algo lamentable. Pero ustedes son tan fuertes, tan fieles, tan pacientes!". Cada vez que alguien decía esto sentía una chispa de alegría porque me encantaba ser el instrumento de Dios. Sí, sentí todas esas emociones terribles, pero Dios es fuerte y me fortaleció. Sí, me desmoroné, muchas veces, pero Dios siempre me volvía a levantar. A veces disfrutaba la idea de vengarme, pero Dios reemplazaba mi amargura con misericordia. Dios fue paciente, ¡yo no!

Finalmente llegamos al juicio de la Corte Juvenil. Técnicamente también era una investigación criminal, así que la policía realizó muchos procedimientos de investigación, pero no llegamos a ser acusados penalmente porque no hallaron evidencias contra nosotros. El juez era respetado por todos como un juez justo y objetivo. El abogado del CPS tenía la reputación opuesta. Mientras estaba en el estrado, a menudo me sentía dolida, enojada, molesta, derrotada, engañada, traicionada e indefensa, pero todo el tiempo pude sentir a Dios conmigo, luchando por mí. Al finalizar el tercer día del juicio, cuando ya estábamos solos Ted y yo, exclamé: "Gracias, Dios, por el privilegio de este sufrimiento, por estar con nosotros en medio de él, y por brillar a través de nosotros durante este sufrimiento…".

El cuarto día, el juez hizo una declaración que sorprendió a todos. Desestimó todo el caso por infundado, sin siquiera escuchar nuestra defensa. Solo pude susurrar "gracias", una y otra vez. Nuestro abogado nos dijo: "Esta no es mi victoria ni su victoria. Esta es la victoria de Dios. Agradézcanle a Él, no a mí".

Cuando la batalla terminó, aún quedaban heridas de batalla que necesitaban atención. Al principio estábamos tan aliviados y tan alegres por la libertad, que no nos dimos cuenta de la tarea emocional que teníamos por delante. A pesar de la reunificación de nuestra familia, nuestras hijas siguieron sufriendo los efectos de nuestra crisis.

Ted y yo también enfrentamos algunos síntomas de estrés postraumático, pero aun así, el estado de ánimo predominante en nuestro hogar fue el alivio. Volvimos a experimentar paz y alegría, pero con una nueva intensidad y frescura. Mi asombro y gratitud por el regalo de mis hijas habían sido renovados. Fue sorprendente cómo el dolor persistente coexistió con el deleite, cómo nuestro duelo convivió con nuestra sanación.

Febrero de 2013 marcó el primer aniversario de nuestra prueba. La ayuda más poderosa para nuestra recuperación ha sido el perdón. Creo que la injusticia es difícil de perdonar. Personalmente, hubiera sido imposible perdonar sin la ayuda de Dios.

Después de nuestra exoneración, mi familia intentó repetidamente contactar al hospital de niños que inició todo. El jefe de personal finalmente acordó una reunión con el médico que nos reportó. Nuestra intención era tener una plática sobre los eventos para evitar daños similares a otras familias.

Relaté cada detalle espantoso de nuestra experiencia como familia al jefe de personal y a la jefa del Departamento de Abuso Infantil (la que nos reportó). Mientras hablaba, me sentí segura y tranquila, nunca enojada ni amargada.

Cuando terminé, el jefe de personal se disculpó y me dijo: "Se cometieron errores y siento mucho lo que tu familia tuvo que pasar". Luego la doctora que hizo el diagnóstico erróneo de abuso infantil repitió la misma disculpa.

Cuando salíamos de la oficina, abracé a la mujer que nos había reportado. Créeme, no tenía ganas de mostrarle amor, pero Dios sí. Esa fue la sanación y reconciliación más poderosa que jamás haya experimentado. Dios me cambió en ese momento, más de lo que Él me había cambiado a lo largo de toda esa prueba. Él cambió milagrosamente mi perspectiva; de repente me vi en esta mujer defectuosa que estaba frente a mí. ¿Cuántos errores he cometido en mi vida? ¿A cuántas personas he lastimado, intencional o involuntariamente? ¿Cuántas veces he permitido que el orgullo me impida hacer lo correcto? ¿En qué soy diferente a quien me acusó?

Creo que nuestra historia tiene un final feliz, pero la verdad es que nuestra historia es interminable. Y alabo a Dios porque todavía está escribiendo capítulos de mi vida. Mi familia y yo estamos humildemente agradecidos por el sufrimiento que nuestro Padre soportó junto con nosotros. Sin Él estaríamos viviendo cómodamente nuestra "vieja normalidad", en lugar de estar viviendo con valentía nuestra "nueva normalidad".

SEIS

LA SOBERANÍA DE DIOS

Toda dificultad apunta hacia algo que aún no forma parte de nuestra teoría de la vida.

— George MacDonald[1]

Hemos analizado el sufrimiento y el mal desde perspectivas culturales, históricas y filosóficas. En el camino hemos contrastado varios puntos de vista con el cristianismo y, como resultado, ya hemos sentado las bases para una teología bíblica del sufrimiento. Ahora tomaremos lo que ya hemos aprendido y presentaremos un resumen de lo que la Biblia nos enseña sobre el dolor y el sufrimiento.

Comparada con las otras cosmovisiones que hemos considerado, la imagen bíblica del sufrimiento es, en mi opinión, la más matizada y multidimensional. Al considerar el material bíblico, observamos dos equilibrios fundamentales.

El sufrimiento es a la vez justo e injusto.

Dios es un Dios soberano y uno que sufre.

Estos dos conjuntos de verdades, considerados equitativamente, conducen a una comprensión rica y multifacética de las causas y formas del sufrimiento. También ofrece a los que sufren una gran variedad de recursos y enfoques para enfrentarlo, sin caer en una receta genérica para todos.

En este capítulo y el siguiente veremos estos dos pares de verdades complementarias sobre el sufrimiento, y luego volveremos a la respuesta final de Dios al mal (en la cruz y en la nueva creación).

EL SUFRIMIENTO COMO JUSTICIA Y JUICIO

Los primeros capítulos de la Biblia, Génesis 1-3, establecen que el sufrimiento en el mundo es el resultado del pecado, particularmente del pecado original (cuando la humanidad se alejó de Dios). Después de que Adán y Eva desobedecieron a su Creador, Dios les describió cómo se vería el mundo caído. Es prácticamente un catálogo de todas las formas de sufrimiento, incluyendo el aislamiento espiritual, el dolor psicológico interno, el conflicto y la crueldad sociales e interpersonales, los desastres naturales, las enfermedades y la muerte (Gn 3:17-19). Se entiende que todo este mal natural y moral fue el resultado de la ruptura de nuestra relación con Dios. Y el sufrimiento comienza cuando Adán y Eva son expulsados del jardín del Edén (Gn 3:23-24). Su exilio es la imposición original del sufrimiento como juicio.

Pablo recordó esta verdad al escribir:

> De hecho, considero que en nada se comparan los sufrimientos actuales con la gloria que habrá de revelarse en nosotros... porque [la creación] fue sometida a la frustración. Esto no sucedió por su propia voluntad, sino por la del que así lo dispuso. Pero queda la firme esperanza de que la creación misma ha de ser liberada de la corrupción que la esclaviza, para así alcanzar la gloriosa libertad de los hijos de Dios (Ro 8:18, 20-21).

La palabra *frustración* también puede traducirse como "futilidad". Ser fútil es no cumplir con tu propósito, esforzarte pero ver que todo se reduce a nada. El mundo ahora está en una condición maldita en la que no cumple el propósito para el cual fue diseñado. Los seres humanos no fueron creados para experimentar la muerte, el dolor, el sufrimiento, la decepción, las rupturas de relaciones, las enfermedades y los desastres naturales.[2] Nada de eso estaba en el diseño de Dios. Un mundo frustrado es un mundo quebrantado en el que las cosas no funcionan como deberían, y esa es la razón por la que existen el mal y el sufrimiento.

Pero Pablo agrega que este juicio no significa que Dios nos haya abandonado. Por el contrario, Su juicio sobre el mundo tiene un propósito. Aun cuando impuso el sufrimiento como castigo, lo hizo pensando en un plan para redimir todas las cosas. Dios juzgó al mundo con la "firme esperanza" de una redención final que sería gloriosa. Este pasaje tiene una profundidad enorme. Sugiere que una vez que los seres humanos se alejaron de Dios, solo hubo dos alternativas: la destrucción inmediata o un camino que conduciría a la redención a través de grandes pérdidas, dolor y sufrimiento, no solo para los seres humanos sino también para Dios mismo. Incluso hay un indicio de que la gloria futura será de alguna manera aún mayor para todos los que sufren. Sin embargo, por el momento, vivimos en oscuridad.

La Biblia hace énfasis en que la existencia del sufrimiento en el mundo es realmente una forma de justicia. Pero el sufrimiento como juicio no termina con el pecado original y la expulsión inicial del Edén. En la historia vemos como Dios suele dar recompensas y castigos a naciones e individuos sobre la base de sus obras, o simplemente para permitir que las personas cosechen las consecuencias naturales de lo que han sembrado. El libro de Proverbios está lleno de ejemplos de lo que se ha llamado justicia retributiva.[3] La amargura a menudo conduce a la necesidad porque el avaro no tiene amigos (Pro 11:24-26); una persona perezosa e indisciplinada puede pasar hambre (Pro 19:15); una persona que elige a los amigos equivocados a menudo es avergonzado (Pro 13:20). Mucha de la literatura de sabiduría dice claramente que en estos casos el sufrimiento es ocasionado por un comportamiento que va en contra de la corriente del universo, que viola el orden moral de Dios de la misma manera en que tratar de volar arrojándonos desde un precipicio viola la ley de la gravedad.

SUFRIMIENTO COMO INJUSTICIA Y MISTERIO

Sin embargo, aunque la Biblia nos dice que el sufrimiento en el mundo es el resultado del pecado humano en general, también enfatiza que las instancias individuales de sufrimiento pueden no ser el resultado de un pecado particular. Como lo resume un erudito: "El hecho del sufrimiento se consideraba el resultado del pecado, especialmente el pecado original, pero esto no significaba que cada instancia de sufrimiento podía vincularse causalmente a un pecado específico y al castigo divino".[4]

El ejemplo más destacado es el caso de Job. El sufrimiento de Job es mayor que el de sus amigos. Esto condujo a sus amigos a concluir, de manera egolátrica, que la vida moral de Job era inferior a la de ellos. El libro muestra claramente que esa conclusión era orgullosa, cruel y equivocada, y una que Dios mismo condenó de forma enérgica al final del libro. Los amigos de Job olvidaron la mitad del principio dual. Aunque la raza humana en su conjunto merezca el mundo quebrantado en el que habita, el mal no se distribuye de manera proporcional y justa. Los "malos" no tienen vidas peores que las de los "buenos". Y, por supuesto, las personas más rectas a menudo tienen vidas terribles. Job es un ejemplo, y Jesús —el único que sufrió siendo verdaderamente inocente— es otro.

El libro de Eclesiastés también señala casos de sufrimiento injusto, inmerecido y aparentemente inexplicable. El escritor observa que "el sabio tiene sus ojos en su cabeza, más el necio anda en tinieblas", pero luego se percata de "que un mismo suceso acontecerá al uno como al otro" (Ec 2:14). El trabajador y el sabio a menudo pierden todo mientras que los malvados prosperan. Él señala: "He visto algo más en esta vida: maldad donde se dictan las sentencias, y maldad donde se imparte la justicia" (Ec 3:16). Al comienzo del cuarto capítulo, el autor dice que se fijó en toda la opresión que hay en esta vida. Sigue diciendo:

> Vi llorar a los oprimidos, y no había quien los consolara; el poder estaba del lado de sus opresores, y no había quien los consolara. Y consideré más felices a los que ya han muerto que a los que aún viven, aunque en mejor situación están los que aún no han nacido, los que no han visto aún la maldad que se comete en esta vida (Ec 4:1-3).

Por todo esto es que escribe: "Aborrecí entonces la vida, pues todo cuanto se hace en ella me resultaba repugnante. Realmente, todo es absurdo; ¡es correr tras el viento!" (Ec 2:17). El término hebreo utilizado aquí para "absurdo" o "vanidad" es similar a la "futilidad" que llegó al mundo a raíz del pecado humano.

Proverbios, Eclesiastés y Job se encuentran uno al lado del otro en la sección de "literatura de sabiduría" de la Biblia. Es importante reconocer las diferencias entre sus perspectivas sobre el sufrimiento y cómo estas se complementan. Mientras que Proverbios tiende a enfatizar la justicia del sufrimiento y cuánto sufrimiento está directamente relacionado con el mal, Job y Eclesiastés muestran vívidamente cuánto sufrimiento *no* se debe a ello.

La historia bíblica de la Creación fue única entre los relatos antiguos del origen del mundo. Otros relatos describen que el mundo surgió a través de una batalla o lucha entre seres divinos u otras fuerzas sobrenaturales. Estos puntos de vista contienen múltiples potestades que están en constante conflicto y tensión. Eso significaba que el mundo era básicamente un lugar caótico, un lugar donde podía suceder cualquier cosa dependiendo de qué poder ganara la batalla. Esta visión ha resurgido hoy en los escritos de los científicos materialistas que ven el universo como una serie de fuerzas no guiadas y violentas. En esta clase de mundo, lo más importante es tener fuerza y poder.

Pero Gerhard von Rad, erudito del Antiguo Testamento, señala la singularidad de las Escrituras hebreas.[5] Allí leemos que la Creación fue el resultado de un Dios todopoderoso sin rival, que hizo el mundo no como un guerrero que gana una batalla, sino más bien como un artista que crea algo maravilloso y hermoso. Como artista, creó por puro placer (Pro 8:27-31). Y, por tanto, el mundo tiene un patrón u orden complejamente diseñado, algo así como un *tejido*. Los tejidos tienen un diseño específico y complejo.

Según von Rad, tener sabiduría bíblica es "llegar a ser competente en cuanto a las realidades de la vida".[6] Dado que el mundo fue creado por un Dios bueno y justo, el tejido del mundo tiene un orden moral.

Ese orden no se basa en el poder, sino en la rectitud. Puede que a corto plazo nos parezca que el poder y el egocentrismo llevan al éxito, pero a la larga no "funcionan" en un mundo creado por un Dios bueno y justo. Por lo tanto, el poder egoísta y cruel no solo es pecaminoso, sino estúpido. Produce soledad, desolación y destrucción. La fidelidad, la integridad, el servicio desinteresado y el amor no solo son correctos sino también sabios, porque se ajustan al tejido de la realidad.

Pero aunque Proverbios señala el hecho de que, en general, el trabajo arduo conduce a la prosperidad y la pereza conduce a la necesidad, no siempre funciona de esa manera. Job y Eclesiastés complementan la perspectiva que nos ofrece Proverbios sobre el mundo. Nuestro mundo ha sido creado por Dios y, por tanto, tiene un orden moral básico. Sin embargo, ahora hay un problema con ese orden. Está roto, aunque no completamente. El erudito bíblico Graeme Goldsworthy nos dice que Proverbios nos muestra la realidad del orden de Dios, que Job señala su "lado oculto" y que Eclesiastés revela su "confusión".[7] Al final del libro de Job, Dios insiste en que el orden moral del universo sigue intacto, pero está en gran parte oculto a los ojos humanos. Así que a pesar de que aún vemos casos de "justicia poética" donde los malhechores caen en las mismas trampas que le ponen a los demás, hay mucho sufrimiento que es desproporcionado y cuya distribución es injusta. Los buenos pueden morir jóvenes.

El Nuevo Testamento ratifica la misma visión de las cosas. En Juan 9, Jesús sana a un ciego y se esfuerza por mostrar a Sus discípulos que no estaba en esa condición por su pecado o el de sus padres, sino para que se cumplieran los propósitos inescrutables de Dios. Por ello, las personas que sufren no deberían ser culpadas automáticamente por su condición.

Esta idea bíblica no solo se opone a las enseñanzas del karma, sino que va en contra del sentido común. El psicólogo Mel Lerner ha demostrado que la mayoría de la gente tiene un profundo deseo de creer que "las personas reciben lo que merecen y merecen lo que reciben". Tienden a culpar a las víctimas de la tragedia, especialmente si no es posible castigar a un ofensor.[8] Esto proviene de nuestro impulso humano de buscarle el sentido a las cosas, pero también es probable que surja de la profunda necesidad humana de creer que tenemos el control de nuestras vidas. La gente quiere creer que "eso no me podría pasar a mí porque soy más sabio, soy mejor, sé lo que estoy haciendo". La evaluación bíblica es mucho más compasiva hacia los que sufren, y a los que no están sufriendo no les da razones para gloriarse. Gran parte del sufrimiento es misterioso e injusto.

EL SUFRIMIENTO COMO EL ENEMIGO DE DIOS

El mal es un intruso en la buena creación de Dios. Y a menudo el mal y el sufrimiento ocurren sin tener en cuenta la decencia moral de un individuo, o la falta de la misma. Pero a pesar de que, como veremos, la Biblia insiste en que el sufrimiento no está fuera del control de Dios, es crucial entender que el mal es un enemigo de Dios. David Bentley Hart, en un ensayo escrito después de los tsunamis de 2004 que mataron a tantos, escribe:

> … de un niño que agonizó hasta morir de difteria, de una joven madre devastada por el cáncer, de decenas de miles de asiáticos devorados en un instante por el mar, de millones asesinados en campos de exterminio y hambrunas forzadas… Nuestra fe está en un Dios que ha venido a rescatar a Su creación de la absurdidad del pecado y del vacío de la muerte, y por eso se nos permite odiar estas cosas… En cuanto al consuelo, cuando lo buscamos, no puedo imaginar nada mejor que el feliz conocimiento de que cuando veo la muerte de un niño, no veo el rostro de Dios, sino el rostro de Su enemigo. Es… una fe que… nos ha liberado del optimismo y, en cambio, nos ha enseñado a tener esperanza.[9]

Podemos ver algo de esta verdad en Juan 11 cuando Jesús visita a la familia de Su amigo recién fallecido, Lázaro. Cuando se acerca a la tumba, la mayoría de las traducciones dicen que fue "conmovido una vez más" o "conmovido otra vez dentro de Sí" (v 38). Pero estas traducciones son demasiado débiles. La palabra griega usada por el escritor del Evangelio de Juan significa "bramar con enojo". Es un término sorprendente. El teólogo B. B. Warfield escribe: "Lo que Juan nos dice es que Jesús se acercó a la tumba de Lázaro en un estado, no de dolor incontrolable, sino de ira incontenible".[10] ¿Por qué se enfurecería Jesús al contemplar la tumba de Lázaro y el dolor de su familia? De alguna manera, Su ira y Sus lágrimas parecen inapropiadas. Él sabe muy bien que está a punto de convertir todo el duelo y el luto en gritos de asombro y alegría; está a punto de resucitar a Lázaro de entre los muertos (vv 42-44). Entonces, ¿por qué está furioso? ¿Y contra quién está furioso? Warfield, apoyándose en el comentario de Calvino sobre el mismo pasaje, da una respuesta impresionante.

> El espectáculo de la angustia de María y sus acompañantes enfureció a Jesús porque evidenciaba el mal de la muerte, su falta de naturalidad y, como dice Calvino (en el versículo 38), su "violenta tiranía". Calvino sigue diciendo (en el versículo 33) que al ver el dolor de María, Jesús "contempla la miseria general de toda la raza humana" y arde en ira contra el opresor de los hombres. Se llena de una furia inextinguible; todo Su ser está perturbado…
>
> El objeto de Su ira es la muerte, y vino al mundo precisamente para destruirla. Puede que Sus ojos se llenen de lágrimas de simpatía, pero esto es incidental. Su alma está llena de ira y Él avanza hacia la tumba, en las palabras de Calvino, "como un campeón que se prepara para la batalla"… Lo que hace Juan en esta declaración es mostrarnos el corazón de Jesús cuando vino a lograr nuestra salvación. Jesús ataca a nuestro favor, y no con una fría despreocupación, sino con una ardiente ira contra el enemigo. Él no solo nos ha salvado de los males que nos oprimen; ha sentido la opresión por nosotros y con nosotros y, bajo el impulso de estos sentimientos, ha forjado nuestra redención.[11]

Así que Jesús está furioso contra el mal, la muerte y el sufrimiento y, aunque es Dios, no está enojado consigo mismo. Esto significa que el mal es el enemigo de la buena creación de Dios y de Dios mismo. Y la misión de Jesús es acabar con el mal. Pero, como hemos visto, el mal está tan profundamente enraizado en el corazón humano que si Cristo hubiera venido para destruirlo donde sea que lo encontrara, también habría tenido que eliminarnos a nosotros. En vez de venir como un general al frente de un ejército, fue hacia la cruz en debilidad para pagar por nuestros pecados y algún día poder regresar para aniquilar el mal sin tener que juzgarnos a nosotros también. Podremos estar en Su presencia porque en la cruz Él recibió el juicio que nosotros merecíamos.

En pasajes como Juan 9 y 11, Jesús enseña que, aunque Dios ha impuesto el sufrimiento y el mal como un castigo justo e impartirá justicia en el día del juicio, el sufrimiento suele ser injusto y siempre será algo que Dios mismo odia. Tal y como resume Ronald Rittgers: "Cristo defiende el... modelo de justicia [que el sufrimiento se debe al pecado]. Cuando reprende a la gente por especular sobre los dieciocho que murieron cuando la Torre de Siloé cayó sobre ellos (Lc 13:4-5) o cuando castiga a los discípulos por tratar de conectar la ceguera de un hombre con un pecado específico (Jn 9:1-12), Él no está negando el modelo... más bien se opone a una aplicación simplista y egolátrica del mismo".[12]

SUFRIMIENTO, JUSTICIA Y SABIDURÍA

Ya podemos ver cómo este primer conjunto de enseñanzas bíblicas (que el sufrimiento es justo e injusto) nos da sabiduría para enfrentar el sufrimiento. Como observó von Rad, ser sabio es ser consciente de lo compleja que es la realidad. Parte de la realidad es que el sufrimiento es algo que Dios ha impuesto al mundo. Todo lo que somos y tenemos se lo debemos a Dios, pues Él nos creó y sostiene nuestra vida en todo momento. Es razonable y correcto que le amemos más que a cualquier otra cosa y que dediquemos nuestra vida a servirle Él, no a ir tras nuestros propios intereses e impulsos. Pero no lo hacemos; vivimos para nosotros y pecamos. Debido a ello, no merecemos un mundo bueno, un mundo hecho para nuestro beneficio.

Pero otra realidad es que el orden de la creación, el tejido de este mundo, está deshilachado o roto. El sufrimiento y el dolor se distribuyen desproporcionadamente, por lo que a menudo los inocentes sufren más y los malvados sufren menos. A la luz de esta segunda realidad, debemos ser muy cuidadosos de no suponer que el sufrimiento nos ha sobrevenido a nosotros o a otros por no vivir bien. No debemos mirar a padres con hijos descarriados, o a grupos étnicos caracterizados por la pobreza y el crimen, o a personas homosexuales que están muriendo de SIDA y asumir que si no estamos sufriendo de la misma manera que ellos es porque somos moralmente superiores a ellos ante los ojos de Dios. Y cuando el sufrimiento nos sobreviene inexplicablemente, como le sucedió a Job, podemos clamar en medio de nuestra confusión. Tenemos razón para estar profundamente angustiados, y hay algo de verdad en nuestro sentimiento de que estamos sufriendo injustamente.

Si ignoramos cualquiera de estas verdades no estaremos viendo el universo como es en realidad. Si olvidamos la primera verdad (que, en general, el sufrimiento es justo) caeremos en la orgullosa y amarga autocompasión que rechaza la bondad o incluso la existencia de Dios. Si olvidamos la segunda verdad (que, en particular, el sufrimiento a menudo es injusto), podemos quedar atrapados en una culpa desmesurada y en la creencia de que Dios nos ha abandonado. Estas enseñanzas eliminan lo que podríamos llamar la respuesta "te odio" (ira contra Dios) y la respuesta "me odias" (una culpa devastadora acompañada de una sensación de fracaso personal). Los consejeros están familiarizados con la gran cantidad de personas que cae en uno de estos abismos, o en ambos. Este equilibrio (que Dios es justo y algún día impartirá justicia, pero que la vida, mientras tanto, puede ser muy injusta) nos protege de muchos errores mortales. Si terminamos en un abismo u otro, será debido a que somos imprudentes, "incompetentes respecto a las realidades de la vida".

LA SOBERANÍA DE DIOS

El segundo par de verdades que debemos comenzar a considerar son las enseñanzas de que Dios es un Dios soberano y, sin embargo, un Dios que sufre. Estas son las enseñanzas bíblicas que usan los filósofos para describir a Dios como alguien que es "todopoderoso" y "completamente bondadoso". Pero la Biblia va más allá, presentándolo no solo como omnipotente sino como soberano sobre cada evento en la historia; también nos muestra a Dios no solo como "bueno y amoroso" sino como un Dios que entra a nuestro mundo y se sujeta a más maldad, sufrimiento y dolor de lo que cualquiera de nosotros pudiera experimentar jamás. Rittgers escribe que a menos que conozcamos ambas verdades, el sufrimiento no puede tener ningún sentido ni ninguna solución final:

> El Dios de la Biblia... sufre con la humanidad en la cruz y, sin embargo, en cierto sentido también es soberano sobre el sufrimiento. *Ambas* creencias eran (y son) esenciales para la afirmación cristiana tradicional de que el sufrimiento en última instancia tiene algún significado y de que el Dios trino puede liberarnos de él.[13]

¿Qué queremos decir cuando señalamos que Dios es soberano sobre la historia y, por lo tanto, sobre el sufrimiento? En ocasiones, la doctrina bíblica de la soberanía de Dios se ha llamado compatibilismo.[14] La Biblia enseña que Dios tiene el control absoluto de lo que sucede en la historia y, sin embargo, ejerce ese control de tal manera que los seres humanos son responsables de las acciones que han elegido libremente y de los resultados de esas acciones. Por tanto, la libertad humana y la dirección de Dios en los acontecimientos históricos son completamente compatibles. Para decirlo de manera más práctica: si un hombre roba un banco, él es completamente responsable de ese mal moral aunque sea parte del plan de Dios.

Pensar sobre esto en términos de porcentajes puede ser crudo, pero es efectivo. Muchos creen o que Dios planifica las cosas que han de suceder o que el ser humano elige libremente lo que quiere que suceda, pero no que ambas cosas sean ciertas. Algunos dicen que el evento se debe 50% a la actividad de Dios y 50% a las decisiones humanas. O tal vez sea 80-20, o 20-80. Pero la Biblia muestra que toda la historia está 100% bajo la dirección deliberada de Dios y, al mismo tiempo, llena de seres humanos que son 100% responsables de su comportamiento.

Esta forma de pensar contradice tanto las formas de pensamiento antiguas como las modernas. La noción griega del "destino" y la noción islámica de "kismet" son bastante diferentes a la doctrina cristiana de la soberanía de Dios. El mito griego de Edipo cuenta que, según el oráculo, él estaba destinado a matar a su padre y casarse con su madre. Aunque Edipo y todos a su alrededor hicieron todo lo posible por evitar este destino, lo único que lograron con todas sus hazañas fue apresurarlo. El destino se cumple a pesar de las elecciones de todos. El concepto cristiano de la soberanía de Dios es bastante diferente. El plan de Dios funciona *por medio* de nuestras elecciones, no independientemente ni a pesar de ellas. Nuestras elecciones tienen consecuencias y Dios nunca nos obliga a hacer nada, siempre hacemos lo que más deseamos hacer. Dios lleva a cabo Su voluntad de forma perfecta a través de nuestras acciones voluntarias.

Toda la Biblia presupone este "compatibilismo" entre el plan de Dios y nuestras acciones, y en muchos lugares lo enseña explícitamente.[15]

En Isaías 10, Dios llama a Asiria "vara de Mi ira" (v 5) cuando dice que la está utilizando para castigar a Israel por sus pecados, pero al mismo tiempo asume que Asiria es responsable de lo que está haciendo. "Lo envío [a Asiria] contra una nación impía [Israel]", dice Dios, "pero esto Asiria no se lo propuso; ¡ni siquiera lo pensó! Solo busca destruir y aniquilar a muchas naciones" (v 6-7). Aunque Dios usa a Asiria como Su vara según Su plan sabio y justo, la motivación interna de esa nación no es una pasión por la justicia, sino simplemente un deseo cruel y orgulloso de dominar a los demás. Así que Dios juzgará al instrumento de Su juicio. Las acciones de Asiria son parte del plan de Dios, pero los asirios son responsables de sus elecciones. Es un equilibrio notable. Por un lado, el mal se toma en serio como una realidad. Sin embargo, hay una garantía de que, al final, nunca podrá triunfar.

Dios es llamado "Aquel que hace todas las cosas conforme al designio de Su voluntad" (Ef 1:11). "*Todas las cosas*" están en armonía con el plan de Dios. Esto significa que el plan de Dios incluye "cosas pequeñas". Proverbios 16:33 dice: "Las suertes se echan sobre la mesa, pero el veredicto proviene del Señor". Hasta el lanzamiento de una moneda es parte de Su plan. A fin de cuentas, no hay accidentes. Su plan también incluye cosas malas. El Salmo 60:3 dice: "Has sometido a Tu pueblo a duras pruebas; nos diste a beber un vino embriagador".

El sufrimiento no está fuera del plan de Dios, sino que forma parte del mismo. En Hechos 4:27-28, los discípulos cristianos oran a Dios diciendo: "En efecto, en esta ciudad se reunieron Herodes y Poncio Pilato, con los gentiles y con el pueblo de Israel, contra Tu santo siervo Jesús, a quien ungiste para hacer lo que de antemano Tu poder y Tu voluntad habían determinado que sucediera". El sufrimiento y la muerte de Jesús fue un gran acto de injusticia, pero también fue parte del plan de Dios.

LOS PLANES DE DIOS Y LOS NUESTROS

Según la Biblia, Dios planifica nuestros planes. Proverbios 16:9 dice: "El corazón del hombre traza su rumbo, pero sus pasos los dirige el Señor". El autor asume que mientras hacemos nuestros planes, estos encajan en los planes de Dios.

Hay muchos textos que entrelazan el libre albedrío y la soberanía divina en formas que nos asustan. En Génesis 50:20, José explica cómo Dios usó la acción malvada de sus hermanos de venderlo como esclavo para hacer un gran bien. "Es verdad que ustedes pensaron hacerme mal, pero Dios transformó ese mal en bien para lograr lo que hoy estamos viendo: salvar la vida de mucha gente". Nota que José asumió que lo que hicieron era malo: "pensaron" hacerle mal, fue intencional. Sin embargo, señala que el plan de Dios prevaleció, y que Él usó los problemas y las penas de José para llevar a cabo Sus buenos propósitos. La versión del Nuevo Testamento de lo que José señaló se encuentra en Romanos 8:28: "Dios dispone todas las cosas para el bien de quienes lo aman".

En Hechos 2:23, Pedro nos dice nuevamente que Jesús fue crucificado "según el determinado propósito" de Dios, pero quienes lo mataron fueron culpables de injusticia y anarquía. En otras palabras, la muerte de Jesús fue determinada por la voluntad de Dios; no era posible que no sucediera. Sin embargo, ninguno de los que traicionaron y mataron a Jesús fue obligado a hacerlo. Todos eligieron libremente lo que hicieron y fueron totalmente responsables de sus decisiones. Jesús mismo reúne estas verdades en una sola oración: "A la verdad el Hijo del hombre se irá según está decretado, pero ¡ay de aquel que lo traiciona!" (Lc 22:22).

Uno de los ejemplos más fascinantes de esta perspectiva bíblica se encuentra en el relato de la confrontación de Moisés con Faraón en Éxodo 7-14. Una y otra vez Moisés llama a Faraón a liberar a los israelitas de la esclavitud y le declara que esta es la voluntad de Dios. En varios capítulos se nos señala que Faraón "endureció" su corazón y se negó tercamente a liberar al pueblo. Este rechazo obstinado condujo a los egipcios a miserias y muertes indescriptibles. Pero lo fascinante es que el texto nos dice que Dios endureció el corazón de Faraón (Éx 7:3; 9:12; 10:1; 11:10; 14:4, 8) casi la misma cantidad de veces que nos indica que Faraón endureció su propio corazón (Éx 8:15, 32; 9:34; 10:3; 13:15). Entonces, ¿lo hizo Dios? ¿Lo hizo Faraón? La respuesta bíblica a ambas preguntas es sí.

Piensa en todos los pecados del patriarca Jacob, cuya vida se relata en el libro de Génesis. Jacob engañó a su padre y le robó a su hermano; como resultado, tuvo que huir de su tierra natal y experimentó gran sufrimiento e injusticia en un país extranjero. Sin embargo, allí se encontró con el amor de su vida y tuvo hijos que formaron parte del linaje de Jesús. Su pecado no activó un "plan B" para su vida. Todo era parte del plan perfecto de Dios para él, e incluso para la salvación del mundo. ¿Era responsable de su pecado? Sí. ¿Sufrió las consecuencias de su comportamiento necio? Sí. Pero aunque Jacob era responsable, Dios estaba en control.

A fin de cuentas, el concepto cristiano de la soberanía de Dios es un principio maravilloso y práctico. Nadie puede decir que sabe exactamente *cómo* encajan estas dos verdades.[16] Sin embargo, muchos de nosotros somos capaces de dirigir a las personas por un camino sin violar su libre albedrío. Si los buenos líderes pueden hacer esto en parte, ¿por qué no podría el Dios infinito hacerlo a la perfección? La soberanía de Dios es misteriosa pero no contradictoria. Significa que tenemos un gran incentivo para usar nuestra sabiduría y voluntad para hacer las cosas de la mejor manera posible, sabiendo que Dios nos sostiene y sabiendo que de lo contrario sufriremos las consecuencias de nuestra necedad y maldad. Por otro lado, existe una promesa absoluta de que no podemos arruinar completamente nuestras vidas. Incluso nuestros fracasos y problemas serán utilizados para la gloria de Dios y nuestro beneficio. No conozco una verdad más reconfortante que esta. "Clamaré al Dios Altísimo, al Dios que todo lo hace para mí" (Sal 57:2), dice el salmista.

Esta enseñanza tiene implicaciones sumamente importantes y prácticas para la forma en que abordamos el sufrimiento. En un sentido, esto significa que, como escribe Donald Carson: "Debe ser que Dios está detrás del bien y del mal de maneras algo diferentes; es decir, Él está detrás del bien y del mal pero en formas *asimétricas*".[17] Aunque el mal moral no puede realizarse fuera de los límites de los propósitos de Dios, "el mal no se le puede imputar moralmente" porque los responsables son los perpetradores.[18] Sin embargo, dado que en última instancia todos los buenos impulsos del corazón humano provienen de Dios (Stg 1:17),[19] cuando suceden cosas buenas, estas *sí* se le pueden atribuir directamente.

En el nivel más práctico, tenemos la garantía crucial de que incluso la maldad y la tragedia, que sabemos no formaban parte del diseño original de Dios, están siendo entretejidas en un plan sabio. Así que la promesa de Romanos 8 de "que Dios dispone todas las cosas para el bien" es un consuelo incomparable para los creyentes.

HISTORIA DE VIDA: **DEPENDENCIA DE DIOS**

por Russ y Sue

RUSS: La primera década de nuestro matrimonio estuvo marcada por ciclos de privilegios y crisis. El hecho de pasar constante y repentinamente de trabajos exitosos al desempleo y a intentar iniciar nuevos trabajos hizo que fuera muy difícil sentir algo de seguridad. Sin embargo, fue la preparación para los desafíos implacables que se avecinaban.

En el año 2000 nuestro mundo fue sacudido por la inesperada noticia de que Sue tenía cáncer.

SUE: La noche antes de escuchar los resultados de mi biopsia estaba angustiada y desesperada. De repente, la habitación se llenó de una presencia innegable. Fui abrumada por una sensación de paz y escuché: "Todo estará bien, estoy contigo". Ese escalofriante momento fue un regalo que no solo me arrulló para dormir esa noche, sino que me dio las fuerzas para recibir el diagnóstico: linfoma de Hodgkin. Me sostendría a lo largo de mis pruebas.

Apenas habíamos celebrado el final de la quimioterapia cuando el cáncer volvió con fuerza. Esto requirió un trasplante de células madre y una dosis alta de quimioterapia con una probabilidad de supervivencia de un 50%, y luego radioterapia. Podíamos ver claramente que todo estaba fuera de nuestro control.

RUSS: Pasamos tres semanas juntos a través del procedimiento de células madre hasta que las defensas de Sue se redujeron a cero. Enfrentamos el tema de la muerte, tuvimos conversaciones profundas y nos contemplábamos en silencio. Experimenté tanta paz y cercanía con Dios y con mi esposa que era como si hubiera estado en un universo paralelo. Lo más difícil era pensar en la realidad de que Dios podía permitir que ella muriera. Necesitaba poder decir de corazón: "Tu voluntad, no la mía". Pero Dios me libró de ese tormento, pues ella empezó a recuperarse.

SUE: El tratamiento eliminó el cáncer, pero un año después causó fibrosis pulmonar, una cicatrización incurable y progresiva de los pulmones. Con el tiempo, la única opción para sobrevivir era un trasplante doble de pulmón.

Oré desesperadamente para evitar el procedimiento, pero era necesario. El apoyo que recibimos a través de la iglesia, los amigos, los vecinos y la familia fue un testimonio de la fidelidad de Dios. Después de tres intentos fallidos, los pulmones de reemplazo fueron compatibles. Mientras los médicos operaban, podía ver ángeles entrar en sus cuerpos. Me desperté eufórica dos días después. Mi primer pensamiento fue: "¡Señor, lo hiciste!". Fui bendecida con más tiempo. Pensé inmediatamente en mi donante, quien en su muerte se convirtió en mi salvavidas.

RUSS: La primera noche en casa estábamos llenos de asombro, de tremenda alegría y de profunda reverencia hacia Dios. Esa noche sentimos que nuestro amor e intimidad con Él habían llegado a niveles que no conocíamos antes; fue una especie de vistazo al cielo. Fue una experiencia inolvidable de alivio y satisfacción, una dicha tan intensa que ninguno de los dos quería que terminara. Es un recuerdo que sigue animándonos hasta el día de hoy.

Nuestra alegría en los días siguientes fue inmensa, pero en el cuarto mes se produjeron signos de rechazo y de enfermedad pulmonar crónica, junto con la posibilidad de un retrasplante.

Estos problemas médicos sin resolver son una fuente de profunda frustración y tristeza, y ponen cargas difíciles de sobrellevar para nuestra familia. Sin embargo, de alguna manera, Dios alivia el dolor, el agotamiento y la ira cuando no podemos soportar más, y nos anima a seguir hacia adelante. Su rostro aparece en las acciones de los demás, y nuestra gratitud fluye junto con nuestro dolor. Sabemos que Dios nos está sosteniendo, obrando a favor nuestro. Lo sentimos, lo vemos y somos animados por ello.

Hemos llegado a aceptar que no tendremos la vida estable y cómoda que esperábamos. Nos hemos percatado de que no debimos haber estado luchando por la estabilidad y la comodidad, sino por la dependencia *total* en Dios, quien nos da las fuerzas. Esto requiere un esfuerzo diario para dejarle todo a Él. Nuestro verdadero consuelo es la promesa de que "en el cielo nuestro gozo será mayor como resultado de la profundidad de nuestra angustia". Puede que aún estemos lisiados, pero somos fortalecidos por nuestra fe renovada. Dios nos ha ayudado a perseverar y eso nos da la esperanza y la fuerza para continuar.

SIETE

EL SUFRIMIENTO DE DIOS

Me parece bastante desastroso que haya surgido la idea de que el cristianismo es una religión irreal e idealista que sugiere que si somos buenos, entonces seremos felices… Por el contrario, es extremada y hasta cruelmente realista, insistiendo en que… hay ciertos logros eternos que hacen que hasta la felicidad parezca basura.

— Dorothy L. Sayers, *¿Credo o caos?*

Dios es soberano sobre el sufrimiento, sin embargo, en la enseñanza particular de la fe cristiana, Dios también se hizo vulnerable y se sujetó al sufrimiento. El otro lado de la soberanía de Dios es el sufrimiento de Dios mismo. Como dijo Ronald Rittgers, entender ambas cosas (por paradójico que parezca al principio) es crucial para captar la perspectiva cristiana del sufrimiento. En capítulos anteriores, hemos aprendido que "la *razón principal* por la que los cristianos insisten en que se puede confiar en Dios en medio del sufrimiento es que… Dios mismo tiene experiencia directa con el sufrimiento".[1]

No podemos exagerar la importancia de esto. Rittgers y Peter Berger identifican esta verdad como el contrapeso y el complemento de la enseñanza de que Dios es soberano y usa el sufrimiento como parte de Sus propósitos. Sí, Él es el Señor de la historia, pero también es el Ser vulnerable que entró en esa historia y se sujetó a sus fuerzas más oscuras. Sí, a menudo Dios parece estar ausente, pero el mismo Jesús experimentó el dolor abrasador de esa ausencia cuando gritó: "Dios mío, Dios mío, ¿por qué me has desamparado?". Sí, Dios es Rey, pero es un Rey que vino a la tierra y no fue a un trono sino a una cruz. Sí, Dios es glorioso, pero no hay mayor gloria que esta: que dejó a un lado Su gloria y Su poder para volverse débil y mortal.

> ... quien, siendo por naturaleza Dios, no consideró el ser igual a Dios como algo a qué aferrarse. Por el contrario, se rebajó voluntariamente, tomando la naturaleza de siervo y haciéndose semejante a los seres humanos. Y, al manifestarse como hombre, se humilló a Sí mismo y se hizo obediente hasta la muerte, ¡y muerte de cruz! (Fil 2:6-8).

¿Cómo se convirtió el Dios soberano en el Dios que sufre? El sufrimiento de Dios ya estaba indicado en las Escrituras hebreas, mucho antes de la venida de Jesús al mundo.

El Antiguo Testamento nos muestra a un Dios que decide amarnos tanto que nuestra condición le afecta. En el libro de Jeremías, Dios habla de Israel como "Efraín" y dice: "¿Acaso no es Efraín Mi hijo amado? ¿Acaso no es Mi niño preferido? Cada vez que lo reprendo, vuelvo a acordarme de él. Por él Mi corazón se conmueve; por él siento mucha compasión" (Jer 31:20). En una famosa exclamación en Oseas 11, Dios clama: "¿Cómo podría Yo entregarte, Efraín? ¿Cómo podría abandonarte, Israel?... Dentro de Mí, el corazón me da vuelcos, y se me conmueven las entrañas. Pero no daré rienda suelta a Mi ira, ni volveré a destruir a Efraín. Porque en medio de ti no está un hombre, sino estoy Yo, el Dios santo, y no atacaré la ciudad" (Os 11:8-9). Otro ejemplo sorprendente de este mismo tema es Génesis 6:5-6: "Al ver el Señor que la maldad del ser humano en la tierra era muy grande, y que todos sus pensamientos tendían siempre hacia el mal... le dolió en el corazón". El erudito del Antiguo Testamento Derek Kidner dice que estos son "los términos más audaces, contrapuestos en otros lugares [de la Biblia] si es necesario, pero no debilitados".[2]

Lo que Kidner quiere decir es que estos pasajes bíblicos deben leerse junto a aquellos que hablan de la omnipotencia, la soberanía, la santidad, la absoluta autosuficiencia y la naturaleza eterna de Dios. Como lo expresa el teólogo bíblico Alec Motyer: "El Dios vivo [es] una realidad autosuficiente que no necesita suplirse de la vitalidad de una fuente externa".[3] Dicho de otra manera, Dios no depende de nadie ni de nada, sino que todo depende de Él. Dios no necesita nuestro amor y adoración. A diferencia de nosotros, no necesita nada para ser completo. No debemos ver estos pasajes que hablan de las emociones y el dolor de Dios sin considerar lo que dice el resto de la Biblia; de lo contrario, podríamos concluir que Dios es "cambiante, [que está] en proceso de crecimiento" o que necesita nuestro amor.[4]

Pero tampoco debemos ir al otro extremo. Los teólogos a veces han hablado de la "impasibilidad de Dios", a saber, que Dios es incapaz de sentir emociones, ya sea de alegría, placer, dolor o sufrimiento.[5] Pero esto va más allá de lo que enseña la Escritura. No debemos restar importancia a lo que se dice en pasajes como Oseas 11 y Génesis 6. "La palabra *dolió*", escribe Kidner sobre Génesis 6:6, "es similar al 'dolor' y 'sufrimiento' [infligido a los seres humanos por su pecado] en Génesis 3:16, 17: *Dios ya sufre por el hombre*".[6]

Todos sabemos que involucrar al corazón conduce al sufrimiento. Cuanto más amas a alguien, más te apropias del dolor y la tristeza de esa persona. Es por eso que aun desde los primeros capítulos de Génesis vemos a Dios sufriendo debido a nuestro sufrimiento, debido a la miseria del mundo. Aquí no vemos una deidad abstracta, ningún "principio divino", ninguna "estructura racional detrás del universo". No se trata simplemente de la "chispa de la vida divina en todo ser vivo". Este es un Dios trascendente pero personal que nos ama tanto que Su corazón está lleno de dolor por nosotros. Eso ya sería lo suficientemente extraordinario. Pero luego está el mismo Jesús.

EL SUFRIMIENTO DE DIOS EL HIJO

Los Evangelios nos muestran a Jesús experimentando las presiones, dificultades y dolores ordinarios de la vida humana. Experimentó cansancio y sed (Jn 4:6), angustia, dolor y aflicción de corazón (Mr 3:5; Jn 11:35; 12:27). Su sufrimiento fue tal que a lo largo de Su vida oró "con fuerte clamor y lágrimas" (Heb 5:7, ver Lc 22:44). Él supo lo que era sentirse completamente incomprendido por Sus mejores amigos y rechazado por Su familia y Su pueblo (Jn 7: 3-5; Mt 13:57; Mr 3:21). También fue tentado y atacado por el diablo (Mt 4:2). Y sorprendentemente, se nos dice que Jesús "aprendió" de esos sufrimientos (Heb 5:8). Donald Carson concluye: "El Dios en quien confiamos sabe en qué consiste el sufrimiento, no solo porque sabe todas las cosas, sino también porque lo *experimentó*".[7]

Pero al final de Su vida llegamos a la *Pasión*, literalmente los sufrimientos de Jesús. Fue abandonado, negado y traicionado por todos aquellos a quienes había dedicado Su vida, y en la cruz fue abandonado incluso por Su Padre (Mt 27:46). Esta experiencia final, en última instancia insondable para nosotros, implicó una agonía infinita y cósmica que va mucho más allá del conocimiento de cualquiera de nosotros aquí en la tierra. La razón es que el mayor sufrimiento es la pérdida del amor, y esta fue la pérdida de un amor eterno y perfecto. No hay nada más difícil que la interrupción y la pérdida de relaciones familiares, pero aquí vemos que "Dios sabe lo que es sufrir, no solo porque lo ve con mucha mayor claridad que nosotros, sino porque ha sufrido personalmente en la forma más severa posible... la agonía de la pérdida por la muerte, la separación de un ser amado... [y] la separación de Su propia familia (la Trinidad) por la inmensidad de Su propia ira contra el pecado".[8] En otras palabras, para poder cumplir con toda justicia, para castigar el pecado con el fin de que en amor pudiera perdonarnos y recibirnos, Dios tuvo que soportar el castigo por el pecado. Dios el Hijo tomó el castigo que merecíamos, incluyendo la separación del Padre. Así que Dios decidió pasar por una agonía infinita por amor a nosotros.

El predicador escocés de principios del siglo XIX, Robert Murray M'Cheyne, trata de ayudarnos a entender lo que él llamó "la infinidad de los sufrimientos de Cristo" en la cruz. Al reflexionar sobre el clamor de Jesús en cuanto al abandono del Padre, M'Cheyne escribe:

> Él no tuvo ningún consuelo de Dios, no tuvo la sensación de que Dios lo amaba, no sintió que Dios se compadecía de Él, no sintió que Dios lo apoyaba. Dios había sido Su sol, pero ese sol se convirtió en oscuridad… Él estaba sin Dios; era como si no tuviera a Dios. Todo lo que Dios había sido para Él le fue quitado. Él fue privado de Su Dios. Se sintió como los condenados que escuchan al Juez decir: "Apártense de Mí, malditos… quienes serán castigados con la destrucción eterna, alejados de la presencia del Señor y de la gloria de Su poder". Sintió que Dios le decía lo mismo a Él. (…)
>
> ¡Ah! Este es el infierno que Cristo sufrió. El océano de los sufrimientos de Cristo es insondable… Él fue abandonado en el [lugar] de los pecadores. Si te acercas a Él nunca serás abandonado… "Dios mío, Dios mío, ¿por qué me has desamparado?" [¿La respuesta?] Por *mí —por mí*. El océano de los sufrimientos de Cristo es insondable.[9]

Sin embargo, no hemos terminado con lo que la Biblia nos dice sobre el sufrimiento de Dios. En Hechos 9 tenemos el relato de la conversión de Pablo. Siendo un fariseo celoso, Saulo (luego llamado Pablo) perseguía a los cristianos. Cuando Jesús se le aparece en el camino a Damasco, le pregunta: "Saulo, ¿por qué *me persigues*?" (Hch 9:4). Aquí vemos que Jesús se identifica tanto con Su pueblo que comparte su sufrimiento. Cuando estamos heridos o en duelo, Él también lo está.

En ocasiones, el Nuevo Testamento lo pone al revés y habla de cristianos que comparten los sufrimientos de Cristo. Pedro anima a sus lectores diciéndoles que cuando pasan por el fuego de la prueba, el horno, Jesús no solo está presente espiritualmente con ellos, sino que participan "en los sufrimientos de Cristo" (1P 4:13; ver Col 1:24). Pedro está diciendo que sufrimos junto con Él. Ahora, es bastante claro en la Biblia que los sufrimientos de Jesús ya lograron nuestra redención y que no podemos contribuir en nada a Su obra de salvación. Es por eso que, al morir, Jesús dijo que Su obra estaba "consumada", que la deuda había sido pagada en su totalidad (Jn 19:30). Tal como Lutero dijo tan enérgicamente, nuestro sufrimiento no nos hace ganar ni merecer la salvación. Sin embargo, podemos tener el extraordinario consuelo de saber que, debido a que estamos conectados con Cristo a través del Espíritu, a que estamos unidos a Él como parte de Su Cuerpo, "participamos" con Jesús en Sus sufrimientos (Fil 3:10).

Quizás la mejor manera de entender esto es poniéndolo de la siguiente forma. Dan McCartney escribe: "Cristo aprendió a ser más humano por medio de Su sufrimiento (Heb 5:8). [Y, por lo tanto,] nosotros aprendemos a ser más como Cristo por medio de nuestro sufrimiento".[10] Así como Jesús asumió la semejanza humana a través del sufrimiento (Heb 2:18; 4:14-15), nosotros podemos crecer en nuestra semejanza a Cristo a través del mismo, si es que lo afrontamos con fe y paciencia. "Por tanto, no nos desanimamos. Al contrario, aunque por fuera nos vamos desgastando, por dentro nos vamos renovando día tras día. Pues los sufrimientos ligeros y efímeros que ahora padecemos producen una gloria eterna que vale muchísimo más que todo sufrimiento" (2Co 4:16-17).

Cuando sufrimos como creyentes en Jesús, Él está literalmente con nosotros en nuestro horno de pruebas; de alguna manera Él también siente las llamas.

EL SOBERANO SUFRIENTE

Estas dos verdades deben mantenerse juntas, tal y como están en la Biblia —ambas son ciertas, no se contradicen sino que se complementan. Como señalan Donald Carson y Dan McCartney, es un error caer en la creencia de que Dios no es capaz de sentir o de sufrir. Esa idea encaja con el concepto de Dios que tenía Platón más que con el Dios de la Biblia. También puede debilitar la creencia cristiana histórica de que Jesús seguía siendo Dios aunque estuviera despojado de Su gloria y viviendo una vida humana. Dios aprendió el sufrimiento por experiencia. Por otro lado, hay un número creciente de teólogos que enfatizan tanto el sufrimiento de Dios que pierden de vista la soberanía divina, presentando a

Dios como alguien que no es todopoderoso y que es incapaz de detener el sufrimiento en el mundo.[11] Ronald Rittgers escribe: "La idea de que Dios tiene una relación causal con la adversidad y la desgracia es rechazada por muchos teólogos contemporáneos. La noción de Dios como alguien que también sufre es bienvenida, pero la idea de Dios como agente del sufrimiento es rechazada".[12]

Pero Rittgers agrega: "El Dios que no tiene una relación causal con el sufrimiento no es Dios en absoluto, ciertamente no es el Dios de la Biblia... quien es sufriente y soberano a la vez. Ambas creencias eran (y son) esenciales para la afirmación cristiana tradicional de que el sufrimiento en última instancia tiene algún significado".[13] Eso es absolutamente correcto. Si Dios no tiene control sobre la historia, entonces el sufrimiento no es parte de ningún plan; es al azar y sin sentido. Esta sería la perspectiva secular de Richard Shweder. Por otro lado, si Dios no ha sufrido, entonces ¿cómo podemos confiar en Él?

En otras palabras, es por el hecho de que Dios es todopoderoso y soberano que Su sufrimiento es tan asombroso. Si Dios estuviera limitado de algún modo o no tuviera el control, Su sufrimiento no sería tan radicalmente *voluntario* y, por tanto, no habría podido ser por amor. Es por eso que ver la agonía de Dios en la cruz es tan conmovedor y consolador. Albert Camus escribe: "Debido a que Cristo sufrió, y sufrió voluntariamente, el sufrimiento ya no es injusto... Si todo en el cielo y en la tierra, sin excepción, está condenado al dolor y al sufrimiento, entonces es posible experimentar una forma extraña de felicidad".[14] En otra parte, Camus observa: "[Cristo] el Dios-hombre también sufre, y con paciencia. El mal y la muerte ya no pueden imputarse por completo a Él, ya que Él sufre y muere... La divinidad abandonó Sus privilegios y vivió la agonía de la muerte hasta el final".[15]

Peter Berger dice que Camus, un "crítico perspicaz" del cristianismo, entiende la "inmensa potencia religiosa" de esta respuesta al problema del sufrimiento.[16] Si Dios no es la excepción —si hasta Él ha sufrido— entonces no podemos decir que no entiende, o que Su soberanía sobre el sufrimiento se ejerce de una manera cruel e insensible, o que es un Rey frío que permite que las cosas sucedan sin preocuparse por lo que estamos pasando. Como argumenta Camus, la cruz hace que sea imposible decir cosas tan simples como esas. Como Él no permaneció inmune a nuestro dolor, podemos confiar en Él.

Eso lleva a muchas implicaciones prácticas que son ricas y poderosas. Debido a que el sufrimiento es tanto justo como injusto, podemos llorar y externar nuestro dolor, pero sin el aditivo tóxico de la amargura. Debido a que Dios es soberano y sufriente a la vez, sabemos que nuestro sufrimiento siempre tiene un propósito aunque no podamos verlo. Podemos confiar en Él sin comprenderlo todo. Cuando uno de mis hijos tenía alrededor de ocho años, comenzó a ejercer su voluntad y a resistirse a las instrucciones de sus padres. Una vez le dije que hiciera algo y me dijo: "Papá, te obedeceré y haré esto, pero solo si primero me explicas por qué debería hacerlo". Respondí algo así: "Si me obedeces solo porque tiene sentido para ti, entonces no es obediencia, es solo un acuerdo. El problema es que eres demasiado joven para entender la mayoría de las razones por las que quiero que hagas esto. Hazlo porque tienes ocho años y yo tengo treinta y ocho —porque eres un niño y yo un adulto, y porque soy tu padre".

Podemos ver fácilmente por qué los niños deben confiar en sus padres aun cuando no los entiendan. ¿Cuánto más, entonces, deberíamos confiar en Dios a pesar de que no lo entendemos? No es solo que la diferencia entre Su sabiduría y la nuestra es infinitamente mayor que la diferencia entre un niño y un padre. No es solo que Él es soberano y todopoderoso. También debemos confiar en Él porque se ganó nuestra confianza en la cruz. Así que podemos confiar en Él aun cuando no nos haya explicado las razones que estén detrás. Eso es parte de Su bondad hacia nosotros.

LA DERROTA FINAL DEL MAL

El libro de Apocalipsis es bastante complejo y aborda muchos temas. Pero siempre me he beneficiado cuando medito en la forma en que habla sobre el sufrimiento y el mal.

En el capítulo 6, Juan (el autor) tiene una visión de "las almas de los que habían sufrido el martirio por causa de la palabra de Dios y por mantenerse fieles en su testimonio" (Ap 6:9). Estas son personas que fueron ejecutadas injustamente por su fe. Claman pidiendo justicia y le preguntan a Dios: "¿Hasta cuándo, soberano Señor, santo y veraz, seguirás sin juzgar a los habitantes de la tierra...?" (Ap 6:10). Este es un clamor agónico que ha resonado a lo largo de los años en todos los libros de la Biblia. "¿Hasta cuándo, Señor, vas a tolerar esto? Libra mi vida" (Sal 35:17). "¿Dónde está el Dios de justicia?" (Mal 2:17). "¿Por qué entonces toleras a los traidores? ¿Por qué guardas silencio mientras los impíos se tragan a los justos?" (Hab 1:13).

Pero el teólogo Louis Berkhof escribe: "La Biblia nos enseña a esperar un juicio final como la respuesta decisiva de Dios a todas estas cuestiones, como la solución a todos esos problemas y como la eliminación de todas las aparentes discrepancias del presente". Berkhof luego cita pasajes como Mateo 25:31-46, Juan 5:27-29, Romanos 2:5-11 y Apocalipsis 20:11-15, que hablan del "gran trono blanco" y de todas las personas que alguna vez vivieron, "grandes y pequeños", frente al trono con los "libros abiertos" y cada persona siendo juzgada con justicia. "Estos pasajes", dice Berkhof, "no se refieren a un proceso, sino a un evento muy definitivo al final de los tiempos".[17]

Sin embargo, la Biblia no solo nos dice que el mal es castigado, lo cual es importante. En nuestro mundo, a veces los malvados son atrapados y llevados ante la justicia, pero aunque podamos *castigar* el mal, no podemos *deshacer* el mal. Encarcelar o ejecutar asesinos, por ejemplo, no devolverá a los muertos que mataron ni reparará las vidas que han arruinado. Pero el libro de Apocalipsis promete mucho más que un juicio final. Berkhof nos dice que el día del juicio estará "acompañado por... la venida de Jesucristo, la resurrección de los muertos y la renovación del cielo y la tierra".[18]

En Apocalipsis 5, Juan tiene una visión de Dios sentado en un trono con un rollo sellado en la mano. Muchos eruditos han estado de acuerdo en que este pergamino es "el significado y el propósito de la historia, el gran plan de Dios para todos los tiempos". Está sellado con siete sellos y Juan comienza a llorar porque le parece que nadie tiene la capacidad de abrir el rollo, es decir, "para interpretar y llevar a cabo el plan de Dios".[19] Pero luego oye que otros le dicen que no llore, porque un Cordero que "parecía haber sido sacrificado" (Ap 5:6) se levanta y abre el rollo, sello tras sello. ¿Y por qué puede compartir el trono y abrir el pergamino? Es debido a Su sufrimiento redentor. La canción dice:

> *Digno eres de recibir el rollo escrito*
> *y de romper sus sellos,*
> *porque fuiste sacrificado,*
> *y con Tu sangre compraste para Dios*
> *gente de toda raza, lengua, pueblo y nación.*
> *De ellos hiciste un Reino;*
> *los hiciste sacerdotes al servicio de nuestro Dios,*
> *y reinarán sobre la tierra* (Ap 5:9-10).

En los siguientes capítulos se abren los sellos y se llevan a cabo grandes juicios con gran poder. Estamos avanzando inevitablemente hacia el día del juicio final y de la renovación de todas las cosas. Y ahora vemos lo que a primera vista parece simplemente una ironía. El Nuevo Testamento nos muestra que Jesús padeció prácticamente todo tipo de mal al final de Su vida. Fue abandonado, traicionado y negado por Sus amigos. Fue entregado por una multitud caprichosa. Su juicio fue una farsa y fue torturado y asesinado, una víctima de la injusticia. Allí se exhibió todo tipo de pecado y maldad: cobardía, mentiras, intereses creados, nacionalismo y racismo, instituciones religiosas y políticas corruptas, y detrás de todo el poder del mismo Satanás (Jn 13:27). Christopher Wright lo resume así: "La cruz fue la manifestación más plena de nuestra rebeldía contra Dios. Era lo peor que podía producir la maldad (humana y no humana)".[20]

Pero ¿quién está abriendo los sellos del pergamino y llevando a cabo juicios contra las fuerzas de la oscuridad? ¡Un Cordero herido! Esa no es una imagen que asociaríamos con fuerza y poder, y ese es el punto.

La Biblia dice que en el mismo momento en que Jesús estaba muriendo en la cruz, Él estaba desarmando "a los poderes y a las potestades... [humillándolos] en público al exhibirlos en su desfile triunfal" (Col 2:15). Por medio de Su muerte, Él absorbió la maldición por la desobediencia humana (Gá 3:10-14) y así derrotó al pecado, a la muerte y a las fuerzas del mal. "Ya no hay ninguna condenación para los que están unidos a Cristo Jesús" (Ro 8:1) —ya la muerte no tiene poder sobre nosotros. Así que es un Cordero herido el que ahora puede no solo juzgar la maldad, sino también deshacer el daño que el mal ha causado en la creación.

Esto no solo es una ironía —es la estrategia definitiva para la derrota del mal. Sin el sufrimiento de Jesús, el mal gana. Resulta en la destrucción de toda la raza humana. El sufrimiento de Jesús era la única manera de terminar con el sufrimiento —de juzgar y renovar el mundo— sin tener que destruirnos. El teólogo Henri Blocher dice que aquí llegamos al "umbral de la sabiduría secreta y oculta", la revelación más profunda que tenemos del misterio de cómo la cruz de Jesús responde al problema del mal.[21]

Blocher, en su libro *La maldad y la cruz*, argumenta que si el mal fuera puramente "local" —"una imperfección en cada ser finito"— Cristo podría simplemente haber venido a enseñar a las personas un camino diferente. Si, por el contrario, el mal fuera solo una entidad —alguna fuerza externa en el universo— entonces "habría sido suficiente usar alguna fuerza superior para eliminarlo".[22] Pero el mal no es simplemente el resultado de individuos defectuosos ni de un solo ser poderoso como el diablo. Se deriva de ambos, así como de los efectos de un orden creado que fue corrompido. Y, en última instancia, no podemos ver todas las raíces y las fuentes del mal —es un misterio.

Pero podemos ver esto: en la cruz, el mal se "vuelve contra sí mismo". O, como lo expresó Juan Calvino, en la cruz, la destrucción fue destruida, "el tormento fue atormentado, la maldición fue condenada... la muerte fue asesinada, la mortalidad fue hecha inmortal".[23] Blocher escribe:

> En la cruz, el mal es conquistado como el mal... El mal es conquistado como el mal porque Dios lo vuelve contra sí mismo.

> Él comete el crimen supremo, el asesinato de la única persona justa, la misma operación que anula el pecado. La maniobra no tiene precedente alguno. No es posible imaginar una victoria más completa... Dios atrapa al engañador en sus propias artimañas. El mal, como un yudoca, [trata de] subyugar el poder del bien, al cual pervierte; el Señor, como un campeón supremo, responde usando el mismo agarre del oponente.[24]

Esta es ciertamente la derrota definitiva del mal, pues esta estrategia usó el propio peso y la propia fuerza del mal contra él mismo, como en el yudo. Él continúa: "Esto... pecado de pecados, el asesinato del Hijo... brinda la oportunidad de llevar el amor a su máximo esplendor, porque no hay mayor amor que dar la propia vida por los amigos (Jn 15:13)". El mal es vencido porque Dios lo usa para producir lo contrario: valor, fidelidad, sacrificio desinteresado, perdón. Pero hay más. La cruz no solo es un ejemplo inspirador de amor. "El requisito de [la justicia]... que el mal sea castigado con la muerte... permite a nuestro Hermano y nuestra Cabeza intervenir en amor y hacerse cargo de la deuda en el lugar de la parte culpable... En la cruz, el mal es conquistado por el mayor grado de amor en el cumplimiento de la justicia".[25] Blocher concluye afirmando correctamente que esta respuesta cristiana al mal es a la vez más optimista *y* más pesimista que las alternativas:

> No podemos estar en otro lugar que no sea al pie de la cruz. Después de haber estado allí, recibimos la respuesta de la sabiduría de Dios, la cual encoleriza a los defensores de las teodiceas optimistas o de las filosofías trágicas. La respuesta de Dios es el mal puesto en contra de sí mismo, conquistado por el mayor grado de amor en el cumplimiento de la justicia. Esta respuesta nos consuela y nos convoca. Nos permite esperar la llegada del Conquistador crucificado. Él enjugará las lágrimas de todos los rostros, y lo hará pronto.[26]

Así que aunque el cristianismo nunca afirma ser capaz de ofrecer una *explicación completa* de todas las razones por las que Dios permite cada acto de maldad y sufrimiento, sí tiene una *respuesta final*. Esa respuesta se dará al final de la historia, y todos los que la escuchen y vean su cumplimiento la encontrarán completamente satisfactoria, infinitamente suficiente. Dostoyevski expresó esto mejor que nadie cuando escribió:

> Creo como un niño que el sufrimiento será sanado y compensado, que todo lo absurdo y humillante de las contradicciones humanas se desvanecerá como un espejismo, como la despreciable fabricación de la mente euclidiana del hombre, impotente e infinitamente pequeña; que al final del mundo, cuando reine la armonía eterna, algo tan precioso sucederá que será suficiente para todos los corazones, para la consolación de todos los resentimientos, para la expiación de todos los crímenes de la humanidad, de toda la sangre que han derramado; que no solo hará que sea posible perdonar, sino que también nos mostrará que hay una justificación para todo lo que ha sucedido.[27]

NO MÁS LÁGRIMAS

Henri Blocher tiene razón al apuntar hacia el pasado y hacia el futuro. La cruz aseguró la derrota del mal en el pasado, pero también garantiza una experiencia final de esa derrota en el futuro, en la renovación de todas las cosas, cuando toda lágrima sea enjugada. En la visión de Juan, antes de la apertura de los sellos, se dice:

> *Ya no sufrirán hambre ni sed.*
> *No los abatirá el sol ni ningún calor abrasador.*
> *Porque el Cordero que está en el trono los pastoreará*
> *y los guiará a fuentes de agua viva;*
> *y Dios les enjugará toda lágrima de sus ojos* (Ap 7:16-17).

El clímax del libro de Apocalipsis representa el "cielo nuevo y [la] tierra nueva" (Ap 21:1). "Y no habrá más maldición" (Ap 22:3) —la maldición que cayó sobre la creación en la Caída será retirada. Y como resultado, "Él les enjugará toda lágrima de los ojos. Ya no habrá muerte, ni llanto, ni lamento ni dolor, porque las primeras cosas han dejado de existir" (Ap 21:4). Este es un lenguaje poético, por supuesto, pero el mensaje es claro. No habrá más maldad, sufrimiento, pecado ni dolor. El sufrimiento de Jesús acabará con el sufrimiento.

Como hemos observado antes, la Biblia enseña que el futuro no es un "paraíso" inmaterial, sino un cielo nuevo y una tierra nueva. Mateo 19:28 y Hechos 3:21 hablan de la "renovación" o "restauración de todas las cosas". Pedro dice que anhelamos el día en que tendremos un cielo nuevo y una tierra nueva (2P 3:13), y Pablo enseña que la creación será gloriosamente liberada de su esclavitud a la decadencia y la muerte (Ro 8:19-22).

Este es el nuevo mundo que Juan vio en su visión en Apocalipsis 21 y 22. En última instancia, el cristianismo ofrece una esperanza como ninguna otra. La visión secular no contempla nada bueno en el futuro, y otras religiones creen en una eternidad que sirve de consuelo por las pérdidas y el dolor que sufrimos en esta vida, y por todas las alegrías que pudieron haber sido. Pero como hemos dicho, el cristianismo no solo ofrece consuelo; también promete una restauración —no solo de la vida que tuvimos, sino de la vida que siempre quisimos y nunca pudimos lograr. Y ya que la alegría será aún mayor por todo ese mal, esta es la derrota final de todas las fuerzas que habrían destruido el propósito de Dios en la creación, que era y es vivir con Su pueblo en gloria y gozo para siempre.

HISTORIA DE VIDA: **EL ANILLO**

por Andi

Caí de rodillas cuando llegué al lado de mi cama. Era hora de terminar el día, pero aún no podía. Debía quitarme el anillo. Era hora.

Esa tarde un juez había oficializado mi divorcio. Aunque el final de nuestro matrimonio había parecido inevitable por un tiempo, no había dejado de usar mi anillo de bodas, un símbolo de mi confianza en que, sin importar qué tan mal estuviéramos, Dios podría cambiar las cosas en un instante. Pero aquí estaba, treinta años después, arrodillada al lado de mi cama. Sollocé, pero no era de dolor. Me derrumbé cuando el recuerdo de la tarde fue eclipsado por una abrumadora consciencia de la fidelidad de Dios a través de todo. Nunca me sentí abandonada por Él. ¿Confundida por el hecho de que Él haya permitido que la vida fuera extremadamente dura por tanto tiempo sabiendo que Él podía restaurarla? Sí. ¿Al borde del colapso mental, emocional y físico en ocasiones? Sí. ¿Como si hubiera perdido mi rumbo espiritual? Sí.

De hecho, una noche llegué a un punto crítico y experimenté una verdadera crisis espiritual. ¿Dónde estaba este Dios con quien yo contaba? ¿Era real? Si lo era, ¿le importaba? No estaba en condiciones de articular una oración. Hubo muchos sollozos y gemidos. Cuando pude formular palabras, grité: "¡Nunca podría ver a alguien que amo sufrir así y no detener el sufrimiento! Dices que me amas, pero no puedo entender eso al ver lo que sucede. Esto es cruel. Tengo que saber que eres quien dices ser o no puedo continuar". No necesitaba saber Sus razones… Lo necesitaba a Él.

A la mañana siguiente, un amiga cercana me impartió sabiduría con sus palabras: "Andi, necesitas alimentarte de las Escrituras. A través de ellas, el Espíritu Santo puede hablar a tu corazón y penetrar hasta donde las palabras humanas simplemente no pueden llegar".

Necesitaba ser tocada profundamente, así que a la mañana siguiente abrí mi Biblia. Mis ojos vieron estas palabras en los Salmos: "Tú, oh Dios, eres fuerte, y Tú, oh Señor, eres amoroso". Llegaron a mi débil corazón como sales aromáticas, silenciando el miedo y la duda. Mi corazón fue infundido con una profunda seguridad de que Él me amaba y estaba muy cerca. Estas palabras me estabilizaron de inmediato. Ya no importaba que no pudiera encajar esta verdad con lo que estuviera sucediendo en mi vida.

Arrodillándome al lado de mi cama esa noche, mi corazón se quebrantó, incapaz de contener mi gratitud por el amor persistente de Dios a través de un problema que debería haberlo alejado... En cambio, se acercó más que nunca.

Cuando me quité el anillo, una oración brotó de mi corazón. "Ahora quiero darte la devoción que pensé que le daría a un marido terrenal. Solo Tú eres digno de la confianza de mi corazón, y es Tuyo por el resto de mi vida".

¿Cómo pudo un voto tan profundo y genuino surgir de un corazón que acababa de perder tanto... y ser hecho a Aquel que había sido mi única esperanza? La única explicación es que con la muerte de tantas cosas, algo estaba volviendo a la vida.

Fui transformada por la experiencia de este amor inagotable que se derramaba constantemente sobre mí cuando yo acudía a Él sin nada que ofrecer, excepto debilidad, confusión y necesidad. No puedo explicar adecuadamente lo que sucedió. Solo sé que, al final, no podía responder de otra manera.

Cuando me levanté y me acosté en la cama, pensé: *Debería conseguirme un anillo nuevo para recordar este voto que le acabo de hacer al Señor.*

A la mañana siguiente me encontré con un grupo de mujeres con quienes me había estado reuniendo semanalmente para orar. Nunca hablábamos mucho sobre los motivos por los que íbamos a orar, simplemente orábamos.

Durante el tiempo de silencio con el que siempre comenzábamos, noté que una de ellas se acercaba y se arrodillaba frente a mi silla. Ella tomó un anillo de su dedo, me lo pasó y dijo: “Siento que el Señor quiere que tengas este anillo. Él quiere que sepas que eres Su amada, y Él se está comprometiendo contigo por el resto de tu vida. Él será tu protector y proveedor. Él nunca te abandonará ni te desamparará. Él estará contigo siempre”. El anillo que me dio fue mucho más hermoso y valioso que cualquier anillo que hubiera comprado yo. No había mencionado nada sobre conseguir un nuevo anillo.

Durante los años que han transcurrido desde ese entonces, no puedo decirte cuántas veces una simple mirada a ese anillo calmó mi miedo, llenó mi soledad y me consoló en mi dolor.

Quería un anillo para recordar mi compromiso con el Señor. En lugar de esto, terminé con uno que siempre me recordará Su compromiso conmigo.

OCHO

LA RAZÓN DEL SUFRIMIENTO

¡Señor, con qué cuidado nos has rodeado!…
Púlpitos y domingos, pecados atroces,
aflicciones específicas, angustias de todo tipo,
Redes finas y estratagemas para rescatarnos.

— George Herbert, "El pecado"

Peter Berger dice que todas las personas y culturas anhelan "darle sentido a la experiencia del sufrimiento y el mal". He estado argumentando que ninguna cultura o cosmovisión ha hecho esto con la minuciosidad con que lo ha hecho el cristianismo. Según la teología cristiana, todo sufrimiento tiene un propósito, pues Dios se propuso derrotar al mal de una manera tan exhaustiva en la cruz que todos los estragos del mal algún día serán deshechos y nosotros, a pesar de haber participado tan profundamente en él, seremos salvos. Dios no está logrando esto *a pesar* del sufrimiento, la agonía y la pérdida, sino *por medio* de estas cosas; es por medio del sufrimiento de Dios que el sufrimiento de la humanidad finalmente será superado y destruido. Aunque es imposible no preguntarse si Dios pudo haber hecho todo esto de otra manera —sin permitir toda la miseria y el dolor— la cruz nos asegura que, cualesquiera que sean los consejos y propósitos insondables detrás del curso de la historia, todos surgen de Su amor por nosotros y Su compromiso absoluto con nuestro gozo y nuestra gloria.

Así que el sufrimiento se encuentra en el centro de la fe cristiana. No solo es la forma en que Cristo se hizo uno de nosotros y nos redimió, sino que es una de las principales formas en que nos asemejamos a Él y experimentamos Su redención. Y eso significa que nuestro sufrimiento, a pesar del dolor que conlleva, también está lleno de propósito y utilidad.

NO DESPERDICIES TU SUFRIMIENTO

Vivimos en un tiempo en el que se rechaza esta idea antigua de la "utilidad" del sufrimiento. El psicólogo Jonathan Haidt explica que las personas que enfrentan la muerte inminente y luego sobreviven suelen desarrollar un trastorno de estrés postraumático que puede debilitarlas permanentemente. La condición puede dejarlos "ansiosos e hiperreactivos", susceptibles a "entrar en pánico o desmoronarse más fácilmente cuando enfrenten otras adversidades". Investigaciones sobre el estrés muestran que generalmente es malo para la salud de las personas. Dentro de los factores que generan estrés están la muerte de un cónyuge (o, para un joven, la muerte de un padre o hermano), la separación y el divorcio, las lesiones o enfermedades personales, la pérdida de un trabajo y las dificultades financieras. Los estudios demuestran que estos pueden conducir a la depresión, a trastornos de ansiedad y a enfermedades físicas, particularmente enfermedades del corazón.[1]

Sin embargo, Haidt sostiene que hay evidencias empíricas que apoyan la visión antigua de que "la gente necesita adversidades, reveses y quizás hasta traumas para alcanzar los niveles más altos de fortaleza, plenitud y desarrollo personal".[2] Relata la historia real de un amigo a quien llama "Greg". Greg era un joven profesor universitario cuya esposa lo dejó por otro hombre, llevándose consigo a sus dos hijos pequeños. Greg enfrentó años de gastos legales y peleas por la custodia de los niños. Finalmente ganó la custodia, pero pasó a ser un padre soltero con un trabajo a tiempo completo y que además era mal remunerado. Casi no tenía esperanzas de terminar el libro del que dependía su carrera académica, y le preocupaba la salud mental de sus hijos.[3]

Pero varios meses después, Haidt visitó a Greg y descubrió que muchas personas se habían acercado para ayudarlo. Vio cómo su iglesia lo ayudó con las comidas y el cuidado de los niños, proveyendo además un fuerte apoyo emocional y espiritual. Sus padres habían vendido su casa en el oeste y se mudaron cerca para ayudarlo a criar a los niños. Y luego, después de relatar todo esto, Haidt escribió que Greg "dijo algo tan poderoso que se me hizo un nudo en la garganta". Le explicaba cómo en medio de muchas óperas había un aria crucial, un "solo triste y conmovedor" en el que el personaje principal convertía el dolor en algo hermoso. Y Greg dijo:

> Este es mi momento para cantar el aria. No es lo que quiero, no quiero estar en esta situación, pero ahora estoy aquí; ¿qué voy a hacer al respecto? ¿Aprovecharé esta oportunidad?[4]

El psicólogo escuchó y supo que "al percibir las cosas de esa manera demostraba que [Greg] ya la estaba aprovechando". Haidt relata lo que él llama el "crecimiento postraumático" de su amigo después de eso. "Con la ayuda de familiares, amigos y una profunda fe religiosa… [él] reconstruyó su vida, terminó su libro, y dos años más tarde encontró un mejor trabajo… Ahora el gozo de cada día que pasa con sus hijos es mayor al que experimentaba antes de la crisis". Greg dijo que la experiencia había "cambiado radicalmente su perspectiva sobre lo que importaba en la vida". Ahora su carrera no era tan importante para él como lo había sido antes, y esto lo liberó para ser un mejor padre. Ahora se encontraba "reaccionando con mayor simpatía, amor y perdón. Simplemente ya no podía enojarse con la gente por cosas pequeñas".[5]

Haidt señala que es común que esos tres beneficios del sufrimiento que se observan en la vida de Greg aparezcan en las vidas de otros que también han sufrido. En primer lugar, al haber sufrido y superado el sufrimiento, estas personas se vuelven más resistentes. Una vez que han aprendido a enfrentarlo, saben que pueden volver a hacerlo y viven con menos ansiedad. Romanos 5:3-4 lo resume así: "El sufrimiento produce perseverancia; la perseverancia, entereza de carácter; la entereza de carácter, esperanza". Segundo, fortalece las relaciones, generalmente creando vínculos permanentes entre el que sufre y sus amistades y familiares.

Pero el tercer beneficio es tal vez el más significativo: el sufrimiento "cambia las prioridades y las filosofías".[6] El psicólogo Robert Emmons clasificó los objetivos de la vida de las personas en cuatro categorías básicas: logros y felicidad personales, relaciones e intimidad, religión y espiritualidad, y "generatividad" (la contribución de algo duradero a la sociedad). Las personas que invierten gran parte o la mayor parte de su energía en la categoría de los logros y la felicidad personales son los más vulnerables ante las circunstancias adversas de la vida.[7] En ocasiones, el sufrimiento nos ayuda a buscar más a Dios, a profundizar nuestras relaciones y a procurar el bien de la sociedad, y trunca nuestros sueños de independencia y comodidad. Por eso es que los problemas y las pruebas tienden a forzarnos a dejar ciertos planes de vida y a empezar otros.

Haidt lo explica de otra manera. Todo el mundo opera sobre la base de una historia de vida que va colocando cada uno de los eventos de la vida dentro de una narrativa "coherente y vitalizadora". Es probable que las personas que nunca han sufrido sean algo ingenuas en cuanto a su idea del significado de la vida. Él da el ejemplo de una mujer que se veía a sí misma como una artista brillante pero insatisfecha cuyos padres la habían obligado a escoger un trabajo monótono. Su historia de vida la llevó a tener perspectivas poco realistas acerca de sus propias habilidades, y a sentir mucha autocompasión y resentimiento hacia la vida en general. También contribuyó a su fracaso en encontrar a un cónyuge "calificado", el cual (entendía ella) tenía que ser extremadamente creativo y perfectamente compatible con ella. Haidt llegó a la conclusión de que la adversidad le ofrecía una oportunidad. "Se trata de alguien que tiene la cabeza llena de motivaciones e historias incoherentes, y puede que la adversidad sea lo único que logre producir en ella esos cambios radicales que la llevarían a pensar con coherencia".[8] Luego escribió: "El trauma... destruye los sistemas de creencias y roba a las personas su sentido de propósito. Al hacerlo, obliga a las personas a volver a armar las piezas, y a menudo lo hacen recurriendo a Dios o a algún otro principio superior como principio unificador".[9]

Haidt hace una aclaración crucial cuando señala: "No quiero celebrar el sufrimiento, prescribirlo para todos ni minimizar el imperativo moral de reducirlo donde podamos. No quiero ignorar el dolor que surge de cada diagnóstico de cáncer".[10] Él tiene razón y, como hemos visto, la Biblia está de acuerdo con su punto de vista. Dios está afligido por nuestro dolor. La Biblia está llena de gritos de lamento y clamores de "¿por qué?" que Dios no censura. Sin embargo, Dios está tan comprometido con derrotar al mal que Su intención es ayudarnos a usarlo para bien, incluso en las situaciones que estemos atravesando en el día de hoy. Haidt, James Davies y otros psicólogos sostienen que existe un sentido común, así como una base empírica, para la idea de que el sufrimiento produce resistencia, carácter y esperanza.

La Biblia, por supuesto, asume esto y nos enseña mucho más sobre los diversos significados y beneficios del sufrimiento, y sobre los diversos propósitos que puede lograr en nuestras vidas. ¿Cuáles son esos propósitos?

GLORIFICAR A DIOS

Según todas las ramas de la teología cristiana, el propósito principal de la vida es glorificar a Dios. Eso significa que de todos los propósitos que pudiera tener nuestro sufrimiento, el primero, aunque quizá el más difícil de captar, es la gloria de Dios. Hay una cantidad sorprendente de pasajes bíblicos que conectan las palabras *sufrimiento* y *gloria*.

Pablo dice repetidamente que nuestros sufrimientos preparan para nosotros una gloria eterna (Ro 8:17-18, 2Co 4:17). Pedro agrega que nuestros sufrimientos aumentarán nuestro gozo en nuestra gloria futura (1P 4:13). Luego, en Efesios 3:13, Pablo dice a sus lectores que su encarcelamiento y sus sufrimientos son para la gloria de *ellos*. Finalmente, en 1 Pedro 1:6-7, el apóstol explica por qué sus lectores "han tenido que sufrir diversas pruebas". Explica que "así también la fe de ustedes, que vale mucho más que el oro, al ser acrisolada por las pruebas demostrará que es digna de aprobación, gloria y honor cuando Jesucristo se revele". Nuestros sufrimientos, si se manejan correctamente, le dan gloria al Señor.

Muchas de las iglesias más populares de hoy en día enseñan que Dios te hará feliz, te dará salud y te prosperará, que está allí para tu beneficio personal. Si aceptamos esa perspectiva, podemos considerar ofensivo escuchar a alguien decir que las tragedias y el mal pueden honrar y glorificar a Dios. Y, de hecho, decírselo a alguien que está viendo a su madre o su hijo morir de cáncer sería confuso y cruel.

En su libro *Reflexiones sobre los Salmos,* C. S. Lewis confiesa que a pesar de que ya era cristiano, por muchos años estuvo confundido y avergonzado por los llamados de Dios a glorificarle y alabarle, a contarle a otros sobre Su grandeza y a regocijarse en Sus excelencias. Lewis señaló que, entre los humanos, ese deseo de ser alabado era considerado algo completamente repudiable. "Todos repudiamos al hombre que exige que se le reconozca continuamente su propia virtud, inteligencia o encanto".[11]

Sin embargo, Lewis comenzó a pensar cómo la alabanza y la gloria funcionaban de otra manera. Notó que cuando decimos que una obra de arte es admirable, no queremos decir que "merece" elogios en la forma en que un buen estudiante merece una buena nota. Más bien, nos referimos a que la obra de arte exige admiración porque es la única "respuesta adecuada o apropiada", y que si no le damos ese elogio "seremos estúpidos, insensibles y grandes *fracasados*, pues nos habremos perdido de algo". Y, por supuesto, concluyó entonces que "Dios sería, por Su propia naturaleza, el único 'Objeto digno por Su belleza suprema y porque satisface plenamente'".[12]

A partir de ahí, Lewis razona que Dios nos ordena que le glorifiquemos porque es la única forma de encontrar el descanso, la satisfacción y el gozo para los cuales fuimos creados. Él nos llama a hacerlo no solo porque es lo correcto, sino también porque lo necesitamos. El salmista nos dice que "agradable y apropiada es la alabanza" (Sal 147:1). Glorificar a Dios es *apropiado*; no solo se ajusta a la realidad, debido a que Dios es infinita y supremamente digno de alabanza, sino que es apropiado para *nosotros* como ninguna otra cosa lo es. Toda la belleza que hemos buscado en el arte, en los rostros o en diferentes lugares —y todo el amor que hemos buscado en los brazos de otras personas— solo está plenamente presente en Dios mismo. Así que toda acción en la que reconozcamos Su gloria, ya sea a través de la oración, el canto, la confianza, la obediencia o la esperanza, le estamos dando a Dios lo que le corresponde y cumpliendo nuestro propósito.

EL DIOS DE GLORIA

Gran parte de la fe y la práctica cristiana depende del concepto de la gloria de Dios. Pero ¿a qué se refiere? Es algo que los libros de teología tratan de definir pero no lo logran del todo. Creo que es porque la gloria de Dios es en realidad la magnitud combinada de todos los atributos y cualidades de Dios. La gloria de Dios se refiere a lo que podríamos llamar su *infinita trascendencia*. Él no es un Dios "domesticado", uno que puedas controlar. Él no es alguien que siempre se pueda comprender o esperar comprender. Dios va más allá de nuestra comprensión, y es uno de los aspectos del Dios bíblico que más le desagrada a la gente moderna. Siempre estamos diciendo: "No puedo creer en un Dios que haga esto", o: "No puedo creer en un Dios que juzgue a las personas". Una de las cosas que esto podría estar indicando es que no deseamos a un Dios glorioso, a uno que esté más allá de nuestra comprensión.

La gloria de Dios también habla de Su *suprema importancia*. La palabra hebrea para "gloria" es *kabod*, que significa "peso" —literalmente el peso de Dios. Afortunadamente, tenemos una palabra en castellano que tiene el mismo rango léxico y que funciona de la misma manera —la palabra *materia*. La materia significa "lo opuesto a lo inmaterial, algo sólido, algo sustancial", pero también puede indicar "importancia". Y, por lo tanto, cuando la Biblia dice que Dios es glorioso, significa que debe importar, y realmente importa, más que nada más o cualquier otra persona. Y si algo te importa más que Dios, no estás reconociendo su gloria. Estás dándole gloria a otra cosa.

Cuando se publicó la trilogía de El señor de los anillos de J. R. R. Tolkien en la década de 1950, una mujer llamada Rhona Beare escribió a Tolkien y le preguntó sobre el capítulo en el que el anillo del poder se destruye en los incendios del monte maldito. Cuando el anillo se derrite, todo el poder del Señor Oscuro se derrumba y se derrite con él. Ella consideraba inexplicable que este poder irrebatible y abrumador fuera aniquilado por la destrucción de un objeto tan pequeño. Tolkien respondió que en el centro de la trama estaba el esfuerzo del Señor Oscuro para magnificar y maximizar su poder colocando gran parte de él en el anillo. Él escribió: "El anillo de Sauron es solo uno de los varios míticos ejemplos de colocar la vida, o el poder, en algún objeto externo, quedando así expuesto a la captura o destrucción con resultados desastrosos para uno mismo".[13]

Tolkien se refiere a algo como esto: una cosa es amar a alguien y obtener mucha alegría de la relación, pero si esa persona termina su relación contigo y quieres suicidarte, significa que le has dado a esa persona demasiada gloria, demasiado peso en tu vida. Quizás hayas pensado: "Si esa persona me ama, entonces sé que soy alguien". Pero si esa persona te abandona, colapsas porque le has atribuido más gloria y honor que a Dios. Si algo te importa más que Dios, te estás colocando a ti mismo, y colocando tu corazón, en algo externo. Solo tendrás una vida segura cuando Dios sea lo que más te importe, es decir, cuando le des la gloria.

Hay una cosa más que decir sobre la gloria de Dios: es Su *esplendor y belleza*. La palabra para "gloria" en el Antiguo Testamento significa importancia, y la palabra para "gloria" en el Nuevo Testamento (la palabra griega *doxa*) significa "alabanza y asombro; luminosidad, brillantez o belleza". Jonathan Edwards dijo una vez: "Dios no solo es glorificado cuando vemos Su gloria, sino también cuando nos regocijamos en ella".[14] No es suficiente decir: "Supongo que Él es Dios, así que me tengo que sujetar". Tienes que ver Su belleza. Glorificar a Dios no significa obedecerlo solo porque tienes que hacerlo. Significa obedecerlo porque *quieres* hacerlo, porque te sientes atraído por Él, porque te deleitas en Él. Esto es lo que C. S. Lewis entendió y explicó tan bien en su capítulo sobre la alabanza. Necesitamos belleza. Hacemos todo lo posible para ponernos frente a lugares hermosos, o rodearnos de música hermosa, o pasar el rato con gente hermosa. Pero esto nos dejará vacíos si no aprendemos a ver todas estas cosas como afluentes, y a Dios mismo como la fuente de todo.

Así que reconocer a Dios como glorioso no es solo admitir Su infinita incomprensibilidad y convertirlo en lo que más importa, sino que también implica trabajar con tu corazón para que puedas verlo como lo más agradable y hermoso que existe.

NO TE HARÁS IMÁGENES

¿Cómo, entonces, podemos glorificar a Dios en nuestro sufrimiento, y cómo puede el sufrimiento ayudarnos a glorificar a Dios?

En 1966, Elisabeth Elliot, quien había sido misionera a los Aucas (Waorani) de la selva amazónica de América del Sur, escribió una novela titulada *No te harás imágenes*.[15] Es la historia de una joven soltera llamada Margaret Sparhawk que dedicó su vida a traducir la Biblia para tribus remotas cuyos idiomas aún no tenían escritura. Empezó a trabajar en la traducción de la Biblia entre los quechuas de las montañas de Ecuador. La clave de su trabajo fue el descubrimiento de un hombre, Pedro, quien conocía el dialecto no escrito que Margaret necesitaba aprender para traducir la Biblia a ese idioma en particular. Él comenzó a enseñarle el idioma, y su minucioso trabajo de registrarlo y documentarlo sistemáticamente avanzó.

Un día, mientras va camino a la casa de Pedro, Margaret empieza a darle gracias a Dios. Recuerda el versículo bíblico: "Espera al Señor; esfuérzate y aliéntese tu corazón. Sí, espera al Señor". Y le ora a Dios: "He estado esperando, Señor. Esperando y esperando… Sabes que esperé mucho tiempo para ser misionera a los indios de las montañas… Creo que me has estado guiando a servir en el área médica y en traducción. Y me diste a Pedro… El solo hecho de estar aquí hoy es una respuesta a mis oraciones".[16] Pensó en todo lo que se requirió para llevarla hasta donde estaba ese día: el apoyo de amigos, la ayuda financiera de muchas personas en los Estados Unidos, años de capacitación, años construyendo relaciones y, por supuesto, la provisión del único hombre que sabía tanto español como el dialecto que ella necesitaba. Parecía que Dios ya estaba acomodando las cosas. Margaret imaginaba la posibilidad de llevar la Biblia a un millón de personas en regiones remotas de las montañas.

Finalmente llegó a la casa de Pedro y lo encontró adolorido con una herida infectada en la pierna. Como parte de su responsabilidad ministerial era proveer atención médica básica, Margaret llevaba consigo una jeringa y un poco de penicilina. Pedro le pidió una inyección y ella decidió dársela. Pero en cuestión de segundos, Pedro comenzó a experimentar anafilaxia, una reacción alérgica severa a la penicilina en todo el cuerpo. Toda la familia estaba allí llorando mientras él yacía convulsionando.

"¿No ves que se está muriendo?", le gritó Rosa, su esposa. "¡Tú lo mataste!".

Margaret se había quedado perpleja ante la situación, y oró: "Señor Dios, Padre nuestro, si nunca me has escuchado orar antes, escúchame ahora... Sálvalo, Señor, sálvalo".[17] Pero Pedro empeoró y comenzó a vomitar, encorvándose por los terribles espasmos. Rosa se lleva ambas manos a la cabeza y comienza el lamento de la muerte que practicaban las mujeres de su comunidad. Pero Margaret continuó orando en su interior: "Oh Señor, ¿qué será de Rosa? ... ¿Qué será de *Tu obra*? Comenzaste todo esto, Señor. No fui yo. Tú me guiaste hasta aquí. Respondiste oraciones y me diste a Pedro —él es el único... Oh Señor, recuerda eso. No hay nadie más".[18]

Pero Pedro murió y, ciertamente, su trabajo allí había terminado. Todos sus años de trabajo se disolvieron. "En cuanto a la traducción de la Biblia, por supuesto, no puedo seguir adelante sin un traductor. Dios lo sabía cuando Pedro murió. Ya no escribo peticiones de oración [a los que apoyan mi ministerio] porque no tengo nada que decir sobre mi trabajo. La noche en que Pedro murió, en mi mente me pareció ver una lista de todo lo que había hecho, y al final decía *Finis* (terminado)".[19]

El libro termina con una joven misionera profundamente confundida. No hay una reversión de último minuto, ni un "lado positivo". Se para frente a la tumba de Pedro y piensa: "¿Y Dios? ¿Dónde está Él?

'Estoy contigo', me había dicho. ¿Conmigo en *esto*? Había permitido que Pedro muriera, o… tal vez Él había causado que yo lo matara. ¿Y ahora Él, me preguntaba allí en la tumba, me pide que lo adore?".[20]

La respuesta era: "Sí" —como descubrimos mi esposa Kathy y yo unos años más tarde al escuchar las conferencias de Elisabeth Elliot en el seminario teológico donde estudiábamos. Fue a la última página del libro, donde, decía ella, se encontraba la clave.

"Si Dios era meramente mi cómplice, me había traicionado. Pero si Él era Dios, me había liberado".[21]

Ella nos explicó que la imagen tallada, el ídolo del título, se refiere a un Dios que siempre actúa conforme a nuestras expectativas —un Dios que siempre apoya *nuestros* planes y *nuestras* perspectivas en cuanto al desarrollo del mundo y de la historia. Ese "Dios" es nuestra propia creación, un dios falso. En realidad, ese dios es solo una proyección de nuestra propia sabiduría, de nuestro propio yo. Cuando operamos de esa manera, Dios es nuestro "cómplice", alguien con quien nos relacionamos siempre y cuando Él esté haciendo lo que deseamos. Si hace cualquier otra cosa, queremos "despedirlo" o eliminarlo de nuestra lista de "amigos", como lo haríamos con cualquier asistente personal o conocido que fuera insubordinado o incompetente.

Pero al final, Margaret se da cuenta de que la desaparición de sus planes había hecho añicos a su dios falso, así que ahora ella era libre, por primera vez, para adorar al Dios verdadero. Al servir al "dios de mis planes", ella había estado extraordinariamente ansiosa. Ella nunca había estado segura de que Dios iba a ayudarla y a "hacer las cosas bien". Ella siempre estaba tratando de buscar la forma de lograr que Dios hiciera lo que ella había planeado. Pero realmente no lo había tratado como el Dios infinitamente sabio, bueno y poderoso que es. Ahora ella había sido liberada para poner su esperanza no en sus planes y propósitos, sino en Dios mismo. Si ella lograba hacer *este* cambio, disfrutaría de un descanso y una seguridad que nunca había tenido. En resumen, el sufrimiento le había mostrado a un Dios glorioso y le había enseñado a tratarlo como tal. Y cuando lo hizo, la liberó del desesperado, condenado y agotador esfuerzo de tratar de controlar todas las circunstancias de su vida y las de sus seres queridos.

La novela de Elliot fue extraordinariamente audaz, y ofendió las susceptibilidades tanto de los que son tradicionalmente religiosos como las de los seculares. A pesar de que esperamos que los niños confíen en adultos a quienes ellos no pueden comprender, la mayoría de las personas modernas se horrorizan cuando se les pide que confíen en un Dios a quien no pueden entender. Pero la novela fue escandalosa incluso para muchos en el mundo evangélico. Muchos lectores escribieron a Elliot y protestaron diciendo firmemente que Dios nunca permitiría que algo así le sucediera a una mujer de oración que haya dedicado su vida a Su causa. Un pastor evangélico le dijo con gran satisfacción que él personalmente había mantenido el libro fuera de la lista del "libro [cristiano] del año".

Sin embargo, Elisabeth nos dijo que su propia experiencia había sido similar a esta novela —de hecho, había sido peor. En *Estas cenizas extrañas*, un relato de sus primeros años como misionera traductora de la Biblia en América del Sur, habla de un hombre llamado Macario, quien había sido "la respuesta de Dios a nuestras oraciones... la clave de todo el trabajo en cuanto al idioma; él era (Dios sabía) el único hombre en la tierra que hablaba tanto español como colorado con la misma facilidad". Pero fue asesinado de una forma insensata, muerto a tiros. Su trabajo de traducción "se detuvo por completo".[22]

Más tarde, una inundación y luego un ladrón despojaron a los traductores de sus archivos, en los cuales ya habían invertido años de trabajo.[23] Después de todo esto, Elisabeth se casó con Jim Elliot, uno de los cinco jóvenes misioneros que trataban de llegar a la entonces aislada y hostil tribu de los Waorani en la selva amazónica. Una noche cantaron el himno llamado "Descanso en Ti", y al día siguiente viajaron al bosque, conocieron a un grupo de Waoranis y todos fueron alanceados hasta morir, dejando atrás a muchas viudas y huérfanos.[24] Todos aquellos cristianos que habían estado indignados y que le dijeron a la autora que Dios nunca permitiría que tales cosas sucedieran a creyentes fieles simplemente no sabían de lo que estaban hablando.

En su epílogo de 1996 de *Portales de esplendor*, el libro que contiene el relato de las muertes de los misioneros, dijo que las perspectivas seculares y tradicionales de Dios y del sufrimiento eran simplistas e ingenuas. Advirtió a los lectores sobre tratar de "encontrar un lado positivo" que justificara lo sucedido. Ella escribió:

> Sabemos que una y otra vez en la historia de la iglesia cristiana, la sangre de los mártires ha sido su semilla. Somos tentados a asumir una ecuación simple en este caso. Murieron cinco hombres. Esto producirá una cantidad *x* de cristianos Waorani. Tal vez. Tal vez no... Dios es Dios. Si le exijo que actúe de manera que satisfaga mi idea de justicia, estoy quitándolo de Su trono en mi corazón. Es el mismo espíritu del que se burló diciendo: "¡Si eres el Hijo de Dios, baja de la cruz!". Hay incredulidad, incluso rebelión, en la actitud que señala: "Dios no tiene derecho de hacerle esto a cinco hombres a menos que...".[25]

El tema central de la obra de Elliot es que confiar en Dios cuando no lo entendemos es reconocer que Él es Dios y no otro ser humano. Es reconocer que Él es glorioso, infinitamente superior a nosotros en bondad y sabiduría. Pero, como dice Jesús, fue en la cruz donde la gloria de Dios fue revelada con mayor claridad (Jn 12:23, 32). Ahí vemos que Dios es tan infinita e inflexiblemente justo que Jesús tuvo que morir por el pecado, pero también que Dios es tan amoroso que Jesús estuvo dispuesto a hacerlo. Esto es sabiduría infinita: que el amor y la justicia de Dios, aparentemente en desacuerdo, pudieran efectuarse a la vez. Por tanto, confiar en la sabiduría de Dios en medio de nuestro sufrimiento, aun cuando no lo entendemos, es recordar la gloria y el significado de la cruz. Elliot razona de esta manera: "Las manos que sostienen el universo fueron clavadas inmóviles en una cruz —por nosotros... ¿Puedes confiar en Él?".[26]

Hemos visto, entonces, que uno de los propósitos del sufrimiento es glorificar a Dios al reconocerlo como el Dios infinito, soberano, omnisapiente y, al mismo tiempo, encarnado y sufriente que es. Esto glorifica a Dios, y hacerlo es lo más apropiado para nosotros. Y si hacemos aquello que es apropiado para Dios y para nuestras almas, encontraremos, como argumenta Elisabeth Elliot, un descanso que no se basa en las circunstancias.

GLORIFICANDO A DIOS ANTE LOS DEMÁS

Confiar en Dios en medio del sufrimiento también lo glorifica ante los demás. Cuando los creyentes manejan el sufrimiento correctamente, no solo están glorificando a Dios ante Dios. Están mostrando al mundo algo de la grandeza de Dios, y puede que no exista nada más que pueda revelarlo a las personas de la misma manera. "Porque es digno de elogio que, por sentido de responsabilidad delante de Dios, se soporten las penalidades, aun sufriendo injustamente", escribe Pedro (1P 2:19). La paciencia en medio del sufrimiento, cuando los espectadores saben que los que sufren son cristianos, puede revelar el poder de Dios. Pablo lo expresa aún más vívidamente: "Dondequiera que vamos, siempre llevamos en nuestro cuerpo la muerte de Jesús, para que también Su vida se manifieste en nuestro cuerpo" (2C 4:10).

En la iglesia primitiva, el primer mártir fue Esteban, quien fue apedreado hasta la muerte por su predicación pública del evangelio. El relato de su muerte se narra en Hechos 6:8 – 8:1. Cuando fue juzgado, se nos dice que no tenía temor, sino que "su rostro se parecía al de un ángel" (Hch 6:15). Y mientras moría bajo la lluvia de piedras, oró en voz alta: "¡Señor, no les tomes en cuenta este pecado!" (Hch 7:60). El joven erudito Saulo de Tarso estaba presente y vio toda la escena (Hch 7:58, 8:1). Más tarde, Saulo se dirige a encarcelar a los cristianos y a destruir la iglesia de Damasco, hasta que se encuentra con el Cristo resucitado. Jesús le dice: "Saulo, Saulo, ¿por qué me persigues? ¿Qué sacas con darte cabezazos contra la pared?" (Hch 26:14). Otra traducción lo dice así:

"Saulo, Saulo, ¿por qué me persigues? Dura cosa te es dar coces contra el aguijón" (NBL). Los aguijones eran palos afilados que se usaban para mover a los animales en la dirección correcta, y Jesús está indicando que aunque Saulo se oponía airadamente al cristianismo, había algo muy profundo que lo empujaba involuntariamente a reconocer la verdad. Muchos creen que uno de esos "aguijones" fue el gozo, la paz y la falta de amargura aparentemente inexplicables que mostró Esteban al morir. ¿Cómo pudo Esteban haber estado tan tranquilo? ¿Cómo pudo haber estado tan seguro de que estaba bien con Dios? ¿Cómo pudo ser capaz de perdonar a las personas que lo estaban matando? No tiene sentido. La forma en que Esteban aguantó el sufrimiento fue más que simplemente "admirable", se quedó grabado en el alma de Saulo.

Este fue quizás el primer ejemplo de lo que escritores cristianos como Ambrosio, Cipriano, Ignacio y Policarpo señalaron una y otra vez. Los cristianos morían tan bien que dejaban a los espectadores preguntándose de dónde sacaban su poder. "Los cristianos usaron el sufrimiento para defender la superioridad de su credo... [porque] sufrían mejor que los paganos".[27] Pablo nunca olvidó ese principio después de su conversión. Es por eso que más tarde pudo escribirle a los creyentes que no se desanimaran por su encarcelamiento (Ef 3:13), pues su sufrimiento era una manera de mostrarle a las personas el carácter de su Salvador. Dijo a los filipenses: "Hermanos, quiero que sepan que, en realidad, lo que me ha pasado ha contribuido al avance del evangelio. Es más, se ha hecho evidente a toda la guardia del palacio y a todos los demás que estoy encadenado por causa de Cristo" (Fil 1:12-13).

En octubre de 2006, un hombre armado tomó rehenes en una escuela pequeña de una comunidad amish en el condado de Lancaster, Pensilvania. Después de disparar a diez víctimas, cinco de las cuales murieron, todas entre siete y trece años de edad, se suicidó. Unas horas después de los asesinatos, algunos miembros de la comunidad amish visitaron a los padres del asesino para expresarles sus condolencias por su pérdida y ofrecerles apoyo durante los días difíciles que se avecinaban. Cuando el pistolero fue enterrado unos días más tarde, su joven viuda y sus tres hijos se sorprendieron al descubrir que la mitad de los asistentes al funeral eran amish, quienes no mostraron más que apoyo y preocupación por la familia del asesino. Toda una comunidad cristiana se enfrentó a su sufrimiento con la misma paz que tuvo Esteban en Hechos 7. Todo el país estaba hablando acerca del perdón y el amor mostrado por la comunidad amish hacia el asesino y su familia. La forma en que manejaron su sufrimiento fue un testimonio poderoso de la autenticidad de su fe y de la gracia y la gloria de su Dios.

Cabe destacar que el testimonio de los amish fue tan poderoso que muchos observadores sintieron la necesidad de silenciarlo. Una película sobre el incidente creó un personaje ficticio llamado Ida Graber, una madre amish de uno de los niños asesinados. En la película, ella está tan llena de dudas y enojo contra Dios, y era tan incapaz de perdonar al asesino, que casi abandona su fe. Aquellos que estuvieron realmente involucrados con los amish después de los disparos respondieron que, a pesar de la profunda pena y el dolor, simplemente no había nadie en la comunidad que no estuviera dispuesto a perdonar.[28] La película mostró, sin pretenderlo, que los cineastas seculares que vivían dentro del "marco inmanente" no podían comprender que alguien tuviera una actitud hacia Dios que le permitiera a aceptar Su misteriosa providencia y perdonar sin amargura hacia Dios o hacia el asesino.

Cuatro años después del incidente, un grupo de sociólogos publicó un libro sobre el mismo.[29] Una de sus principales conclusiones fue que no es probable que nuestra cultura secular produzca personas que puedan manejar el sufrimiento de la forma en que lo hicieron los amish. Muchos expertos y comentaristas en todo el país decían que el sorprendente amor de los amish era lo que sucedía cuando sacábamos "lo mejor de 'nosotros'", ignorando las raíces profundas y distintivamente cristianas de lo que hicieron. Los autores de *Amish Grace* dijeron claramente que pensar de esa manera era ser ingenuo. Argumentaron que esa capacidad de perdonar que mostraron los amish se basaba en dos cosas. En primer lugar, se basaba en una profunda meditación y reflexión sobre la forma en que Cristo perdonó a Sus verdugos y asesinos.[30] En el corazón de su fe había un hombre que moría por Sus enemigos, y cuando uno es miembro de una comunidad que habla, canta y celebra esto constantemente, entonces la práctica de perdonar incluso a los asesinos de nuestros hijos no nos parece imposible.

Pero, en segundo lugar, los autores señalaron que el perdón es una forma de "renunciar a uno mismo", es decir, de renunciar al derecho de vengarte. Como sociólogos, sabían que los cristianos creen que son llamados a renunciar a los intereses individuales por amor a Dios y a los demás, a renunciar a su libertad para vivir de acuerdo a la voluntad de Dios y para el beneficio del prójimo. Pero esto se opone directamente a la forma en que se enseña a los estadounidenses a vivir.

Vivimos en una sociedad individualista y consumista, una sociedad en la que no se nos enseña a renunciar sino a creer que nuestra libertad, intereses y necesidades siempre deben ser lo más importante.[31] Una cultura que promueve la autoexaltación usualmente produce venganza como respuesta al sufrimiento, mientras que una contracultura que promueve la abnegación, como lo hace la amish, tendrá más probabilidades de producir el perdón como respuesta. "La mayoría de nosotros [por tanto] hemos sido formados por una cultura que alimenta la venganza y se burla de la gracia", concluyen los autores, y tienen razón.[32]

Y es por eso que la paz y el amor ante el mal y el sufrimiento, ya sea que lo muestren los amish en Lancaster, o Esteban en Jerusalén, o el mismo Jesús en la cruz, es uno de los testimonios más poderosos para el mundo de la realidad de Dios, de Su gloria y Su gracia.

GLORIFICANDO A DIOS CUANDO NADIE NOS VE

El martirio de Jim Elliot tuvo un impacto visible en una generación de líderes cristianos jóvenes. ¿Pero qué hay del sufrimiento que prácticamente nadie ve? ¿Puede eso glorificar a Dios? Sí.

Joni Eareckson Tada es una mujer que ha estado en silla de ruedas la mayor parte de su vida. Cuando tenía diecisiete años, tuvo un accidente y sufrió una lesión que la dejó tetrapléjica, paralizada de los hombros hacia abajo. Durante los primeros dos años después de la lesión, Joni experimentó depresión, amargura, pensamientos suicidas y dudas sobre su fe cristiana. Cuando estuvo en un hospital de rehabilitación en el área de Baltimore, tuvo que compartir una habitación con otras jóvenes que también tenían algún tipo de condición debilitante. Una de ellas era una niña llamada Denise Walters.[33]

Denise había sido una estudiante de secundaria de diecisiete años en Baltimore, Maryland, y era muy feliz y popular. Un día, cuando iba subiendo por los escalones de la escuela, tropezó porque sintió debilidad en sus rodillas. Al final del día, apenas podía caminar. Ella se fue a casa y se acostó en la cama. Cuando despertó para cenar, descubrió que estaba paralizada de la cintura hacia abajo. No mucho después, quedó paralizada del cuello hacia abajo, y luego quedó ciega. Era una forma rara de esclerosis múltiple de progresión rápida.

Yacía inmóvil en el Hospital de Rehabilitación de Greenoaks, incapaz de moverse o de ver, y apenas podía hablar. Era difícil conversar con ella. Sus compañeras de cuarto podían tener conversaciones breves y fragmentadas con ella, pero eso era todo. No pasó mucho tiempo antes de que no tuviera más visitantes que su madre. Pero Denise y su madre eran cristianas, y todas las noches su madre entraba, le leía la Biblia y oraba con su hija moribunda. Denise sabía que estaba muriendo, pero la muerte tardó mucho en llegar. Estuvo postrada en una cama de hospital durante ocho largos años.

Y después murió.

Joni comparte cuan impactante fue la vida de Denise para ella. Tal como explica en su libro, primero tuvo que enfrentarse a su propia pérdida y a su propio sufrimiento. Ella relata todas las preguntas que la agobiaban cada día. "¿Por qué me ha ocurrido esto a mí? Soy una cristiana comprometida con Jesús, así que ¿por qué voy a pasar el resto de mi vida en una silla de ruedas? ¿Cómo puede Dios sacar algo bueno de esto? ¿Por qué debería confiar en un Dios que permitiera que esto me sucediera?". Sin embargo, poco a poco, comenzó a progresar. Ella comenzó a descubrir algunas de las razones por las cuales el sufrimiento puede ser significativo. Muchas de ellas tenían que ver con un entendimiento más profundo de la gloria de Dios. Ella llegó a percatarse de que el sufrimiento es una manera de testificar a otros sobre la gloria de Dios. Si los demás te ven siendo paciente en medio del sufrimiento, puede mostrarles que Dios es real.

Pero cuando Denise murió, Joni luchó al ver a una persona que había amado a Cristo y que nunca se había quejado, pero cuyo sufrimiento parecía ser completamente inútil. Nadie la vio. "Nadie le dijo 'Anhelo el tipo de vida que tienes. ¿Cómo la consigo?'. Parecía que su sufrimiento había sido en vano".[34]

Cuando Joni escuchó que Denise finalmente había muerto, compartió su lucha con algunas de sus amigas. Una de ellas abrió una Biblia y se dirigió primero a Lucas 15:10, que habla de los ángeles que se regocijan en el cielo por un pecador arrepentido. Luego se volvió a Efesios 3:10, donde dice que los ángeles están mirando lo que sucede dentro de la iglesia. También podrían haber ido al libro de Job. Allí el sufrimiento de Job es observado por un gran concilio de ángeles y también por Satanás. Y de repente Joni lo entendió.

La cosmovisión secular dice que solo existe *este* mundo. El universo material, aquí y ahora, es la única realidad. Solo lo natural es real, no hay nada sobrenatural. Solo lo inmanente es real, no hay nada trascendente —ni ángeles ni demonios, ni espíritus ni almas, ni Dios ni Satanás. Si vives dentro del "marco inmanente" secular, como dice Charles Taylor, estás completamente desconectado de la esperanza que tenía Joni. "'¡Lo entiendo!'... Entonces su vida no fue un desperdicio... *Sí* la estaban mirando en esa habitación solitaria del hospital —muchísimos seres".[35]

Para entender la idea de Joni, haz este experimento mental. ¿Y si te dijera que mañana, durante todo el día, habrá una cámara especial que transmitirá por televisión todo lo que digas, todo lo que hagas y todo lo que *pienses*? Lo transmitiría alrededor del mundo y probablemente lo verían miles de millones de personas. ¿Haría eso alguna diferencia en cómo vivirías mañana? Creo que sí. Le daría un significado y una importancia enormes incluso a los pensamientos más fugaces y a las acciones más simples. Sería algo aterrador, por supuesto, porque necesitarías mostrar tu mejor comportamiento. Pero también sería emocionante. Podrías decir: "Hay un par de cosas que siempre quise decir al mundo. Ahora puedo hacerlo". Haría una gran diferencia. Haría que el día fuera increíblemente significativo.

Pero si el cristianismo es cierto, esto ya está sucediendo. Existe un mundo espiritual que es inimaginable, pero es real. Ya estás en el aire. Todo lo que haces es frente a miles de millones de seres. Y Dios lo ve. Tal como escribió Joni sobre su amiga Denise: "Los ángeles y los demonios se quedaron asombrados al ver que su espíritu paciente y sin quejas se elevaba como olor fragante ante Dios".[36]

Ningún sufrimiento es en vano.

SUFRIMIENTO Y GLORIA

Pablo dijo a sus lectores de Éfeso, quienes estaban desanimados por su encarcelamiento: "Mi sufrimiento es para su gloria". ¿Por qué? Porque así es como funciona. El sufrimiento y la gloria están estrechamente relacionados. El sufrimiento glorifica a Dios ante el universo y también produce gloria para nosotros. ¿Y sabes por qué el sufrimiento y la gloria están tan conectados? Es por causa de Jesús. Filipenses 2 nos dice que Jesús dejó a un lado Su gloria. ¿Por qué? El famoso villancico de Charles Wesley nos lo dice.

Has Tu majestad dejado, a buscarnos te has dignado;
para darnos el vivir, en la cruz fuiste a morir.

Jesús dejó toda Su gloria para que pudiéramos vestirnos de ella. Él fue excluido para que pudiéramos tener acceso. Él fue atado y clavado para que pudiéramos ser libres. Fue expulsado para que pudiéramos acercarnos.

Y Jesús ya te libró del único tipo de sufrimiento que realmente puede destruirte: la separación de Dios. Él sufrió eso para que ahora seas fortalecido por todo el sufrimiento que llegue a tu vida. Después de soportar cierta presión, un trozo de carbón se convierte en un diamante. Si estamos en Cristo, el sufrimiento solo sirve para pulirnos y hacernos hermosos.

Jesucristo no sufrió para que nunca sufriéramos, sino para que cuando suframos, seamos como Él. Su sufrimiento condujo a la gloria. Y puedes verlo en Pablo. Pablo estuvo gozoso al estar en prisión, pues él mismo dice a sus hermanos que "[sus] sufrimientos son para su gloria". Él siguió el ejemplo de Jesús. Y cuando somos conscientes de la gloria que nos espera, también podemos enfrentar el sufrimiento con gozo.

HISTORIA DE VIDA: **EL LIENZO DEL SUFRIMIENTO**

por Gigi

Al crecer en el centro de la ciudad de Oakland, California, en una comunidad predominantemente negra, me identifiqué como morena, aunque era brasileña y amish. Con el tiempo me volví muy apasionada sobre cómo el evangelio aborda cuestiones sociales como la pobreza, la raza y los asuntos socioeconómicos, y dediqué mi vida a servir en áreas de bajos recursos, aunque contemplando estos problemas a través de la lente de una persona de color.

Luego, en el 2009, me mudé a Sudáfrica. De la noche a la mañana, me volví blanca.

Sabía muy bien que Sudáfrica sigue siendo uno de los países más divididos racialmente en todo el mundo. En el 2010 me casé con un maravilloso sudafricano negro, así que pasamos a ser una de las pocas parejas interraciales en este país. Inmediatamente nos convertimos en una amenaza para esta sociedad, la cual, incluso después del *apartheid*, estaba basada en la jerarquía racial y la separación. En todas partes sentíamos las miradas penetrantes de las masas.

Justo antes de que nos conociéramos, mi esposo había plantado una iglesia en el municipio más grande de Sudáfrica:

Soweto. Por definición, los municipios en Sudáfrica son comunidades exclusivamente negras que comenzaron durante el sistema opresivo del *apartheid*. Hoy en día son comunidades vibrantes llenas de vida, cultura y gente hermosa, pero también de pobreza, crimen y mucho sufrimiento.

En resumen, de la noche a la mañana me convertí en una mujer "blanca" que vivía en la zona residencial negra más grande de todo el país; un país que todavía sufría debido a su largo legado de desconfianza racial, odio e ira. No imaginé lo que me esperaba en este país, entre toda esta gente hermosa y quebrantada. Anhelaba ser un instrumento de sanación entre tanta devastación, y oraba continuamente al Señor para que me hiciera más como Él para servir aquí. No tenía ni idea de cómo Él iba a responder esa oración. Parece que hay fruto que solo se produce con el sufrimiento.

Un mes antes de nuestra boda descubrimos que el amigo más cercano de mi esposo, quien también era su líder más confiable en la iglesia, había caído en pecado con varias mujeres jóvenes y vulnerables de nuestra iglesia. Resultó que había estado viviendo una doble vida durante bastante tiempo y nos la había ocultado a todos. Como era uno de los ancianos de la iglesia, fue removido del liderazgo para pasar por un proceso de restauración. Aunque parecía estar arrepentido, pronto se hizo evidente que estaba buscando venganza.

En nuestra noche de bodas, mientras dormíamos, hubo un incendio en nuestra habitación, que rápidamente se llenó de humo. Me desperté sintiéndome como si me estuviera ahogando. Fuimos llevados al hospital y los médicos nos dijeron que no deberíamos haber sobrevivido, que ambos deberíamos haber muerto esa noche.

Como resultado de la inhalación de humo, las radiografías de tórax mostraron que tenía una neumonía muy grave. Apenas estuve consciente esas dos semanas de nuestra luna de miel y ni siquiera recuerdo la mayor parte. Regresamos a casa después de dos semanas a una iglesia dividida en donde circulaban muchos rumores. El anciano que había estado viviendo una doble vida había concertado citas con cada uno de nuestros líderes alegando que lo habíamos maltratado groseramente después de que su pecado fue expuesto. Dijo a muchos de nuestros líderes y miembros de confianza que yo, en particular, me había negado a perdonarlo y ni siquiera le dirigía la palabra. Dada la gran desconfianza hacia los blancos en esa comunidad, y viendo que ahora me consideraban blanca, la gente rápidamente aceptó su historia como verdad. Dentro de seis meses, perdimos el setenta y cinco por ciento de nuestra iglesia como resultado de estas mentiras. Perdimos a la mayoría de nuestros amigos más cercanos en esta red de engaños, y muchos de ellos salieron de nuestras vidas con gran odio hacia nosotros.

Mi salud siguió empeorando. Descubrí que había contraído una enfermedad tropical incurable que causaba gran agotamiento y debilidad la mayor parte del tiempo.

Para el 2011, esa iglesia que antes había sido grande, fuerte y vibrante había disminuido a treinta personas, muchas de las cuales aún dudaban de nosotros. Como resultado de los rumores, algunos dejaron de confiar en nosotros y nuestro salario se redujo casi a la mitad. Tuvimos dificultades para pagar el alquiler, para comprar alimentos y gasolina, y para vivir el día a día.

Me sentía completamente perdida, sola, odiada y aislada entre las mismas personas por las que había dejado todo con tal de amarles y servirles. También me sentía abandonada por Dios.

En octubre de 2011 estaba tan enferma que me costaba vivir el día a día. Vivir en una comunidad pobre de Sudáfrica también significaba que los niveles de contaminación eran muy altos. Mi médico nos dijo que si continuaba viviendo en Soweto probablemente moriría dentro de dos años.

Esto nos sacudió por completo. Sin embargo, después de mucha oración, sentimos que el Señor estaba diciéndonos lo contrario: que debíamos quedarnos y que sería restaurada.

A medida que nos acercábamos a finales de 2011 comenzó a surgir un nuevo impulso en la iglesia. Estábamos desanimados por todas las pruebas y aún estábamos tratando de recuperarnos, pero ya había comenzado el proceso de restauración. Pensamos que lo peor había pasado... solo para descubrir que aún estaba por llegar.

Durante estos dos años llenos de rechazo, odio y calumnias violentas, solo hubo una persona que permaneció conmigo durante todo el proceso. Una persona que se negó a escuchar los rumores, que no tenía miedo de decir la verdad a quienes mintieron; la única que abiertamente se mostró amiga en un momento en el que estar asociada a mí no era bien visto, y la única que realmente había sido como una hermana para mí.

El 30 de diciembre de 2011, el día en que cumplí mis treinta y cinco años, esa persona, mi mejor amiga en Sudáfrica, se ahogó. Y otro amigo nuestro también se ahogó tratando de salvarla. Las palabras no pueden describir lo intenso de ese dolor y esa pérdida. Perderla fue como perder a diez personas. En ese momento, ella era la suma total de la verdadera comunidad para mí. Pasamos cerca de tres días completos manejando por la ciudad anunciando las horribles noticias a su familia y a sus amigos más cercanos.

Una semana después de eso, mi esposo y yo fuimos atacados a punta de pistola por siete policías sin ningún motivo identificable. Fue una terrible experiencia de veinte minutos. Me quedé pensando, ¿a qué tipo de tierra salvaje he llegado cuando los que amenazan mi vida son los mismos en quienes se supone que debo confiar?

Esto es simplemente una "lista" de eventos que hemos sufrido, pero la agitación interna y el sufrimiento son incalculables, indescriptibles. En uno de los momentos más oscuros, el Señor se acercó. Después de meses de estar clamando a Él y preguntándome por qué se sentía tan lejos en los momentos más oscuros, se acercó de una manera que pude sentirlo. Estaba leyendo Isaías 53: "Despreciado y rechazado por los hombres, varón de dolores, hecho para el sufrimiento. Todos evitaban mirarlo; fue despreciado y no lo estimaron... Se le asignó un sepulcro con los malvados, y murió entre los malhechores".

En cierto sentido, mi Dios "dejó" la comodidad y la gloria del cielo para venir a la tierra en la debilidad de la carne humana. Eso, en sí mismo, es increíble. Pero eso no fue todo. Vino a la tierra, dejando a un lado Sus privilegios divinos (Fil 2) para salvar a la humanidad caída, el acto más desinteresado en la historia de la humanidad... solo para ser "despreciado y rechazado por los hombres", convirtiéndose en "varón de dolores, hecho para el sufrimiento" y siendo contado entre los malhechores. Mi Dios santo, justo, omnipresente y omnipotente, quien produjo toda la creación con el sonido de Su voz, fue considerado un transgresor. Aunque era perfecto e inocente, fue considerado un malhechor. Por primera vez en tres años, sentí profundamente Su cercanía. Yo también lo había dejado todo al venir a Sudáfrica como una niña morena deseosa de amar y servir. Yo también sería considerada con odio como algo que no soy, como una opresora blanca que perpetró injusticias. Aunque soy demasiado falible para ser comparada con nuestro glorioso Salvador, vi Su historia en la mía. De alguna manera sentí por primera vez en mucho tiempo un propósito redentor en medio de ese sufrimiento indescriptible.

Vi que este era el mensaje del evangelio. Aunque es cierto que hay temporadas en las que el Señor nos disciplina, vi que el sufrimiento es central en el evangelio; ese hilo que provee el color base en el lienzo del evangelio. Es el lienzo sobre el cual se ha pintado la salvación. Por alguna razón, los cristianos de hoy en día tendemos a ver la fidelidad de Dios como algo que nos salva del sufrimiento. Y sí, a veces, en Su gran misericordia, Él nos salva del sufrimiento. Pero esa no es la marca de Su fidelidad. Vemos en las Escrituras que muchos de aquellos a quienes Él amó profundamente sufrieron mucho.

Este gran momento de cercanía con mi Padre no eliminó el dolor ni la indescriptible tristeza, pero los llenó de propósito y redención. Para finales de 2012 ya mi salud había mejorado bastante y mi relación con el Señor se estaba restaurando. Tardé meses en acercarme a Él, pero ahora estoy en pie nuevamente. Con heridas que aún no han cicatrizado, pero definitivamente en pie. Veo el fruto del sufrimiento. Y veo Su historia en la mía.

NUEVE

APRENDIENDO A CAMINAR

No recibimos sabiduría, debemos descubrirla por nosotros mismos, después de un viaje por el desierto que nadie puede hacer por nosotros y del que nadie nos puede librar.

— Marcel Proust[1]

¿QUÉ HAY DE NUESTRA GLORIA?

No debemos desperdiciar nuestras aflicciones y, según la Biblia, hay un conjunto de propósitos y usos del sufrimiento que tienen que ver con la gloria de Dios. El sufrimiento tiene un potencial único para revelar, comunicar e impartir la gloria de Dios. Por supuesto, la gloria de Dios es perfecta y, por lo tanto, no se puede aumentar. Pero puede, como dicen los salmistas, ser "magnificada". Si Dios es percibido como Dios durante el sufrimiento, entonces el sufrimiento puede revelarlo y presentarlo en toda Su grandeza.

Pero Pablo dice que el sufrimiento también nos prepara una gloria. "Pues los sufrimientos ligeros y efímeros que ahora padecemos producen una gloria eterna que vale muchísimo más que todo sufrimiento" (2Co 4:17). Y entonces preguntamos: ¿Cómo nos beneficia el sufrimiento? Antes de que podamos responder a esa pregunta, debemos considerar lo que la Biblia nos enseña sobre lo que hoy se llama superación personal. Hay un principio central en la vida cristiana que se expresa en dos dichos famosos de Jesucristo:

> "Dichosos los que tienen hambre y sed de justicia, porque serán saciados" (Mt 5:6).

> "El que se aferre a su propia vida, la perderá, y el que renuncie a su propia vida por Mi causa, la encontrará" (Mt 10:39).

En el primero, Jesús está diciendo: "Feliz es aquel que no busca la felicidad, sino la justicia". La felicidad es un subproducto de querer algo más que la felicidad: estar en una relación correcta con Dios y con nuestro prójimo. Si buscas a Dios como el bien no negociable de tu vida, serás feliz. Sin embargo, si tu meta principal es la felicidad personal, no serás feliz. Vemos el mismo principio en el segundo texto. Si estás dispuesto a perder tu vida por Él, si estás dispuesto a dejar a un lado la seguridad, la comodidad y la satisfacción personales para obedecer y seguir a Jesús, entonces al final te encontrarás a ti mismo. Descubrirás quién eres realmente en Cristo y finalmente llegarás a estar en paz. Si, por el contrario, tratas de alcanzar la comodidad personal y la satisfacción sin centrar tu vida en Dios a través de Cristo, no lograrás comprenderte a ti mismo y permanecerás vacío en tu interior.

Esto no podría ser más contrario al individualismo expresivo de nuestra cultura occidental. Y se aplica directamente a la forma en que los cristianos han de enfrentar el sufrimiento. Como hemos visto, debemos confiar en Dios porque Él es Dios y no nuestro asistente ni nuestro entrenador personal. Debemos confiar en Él porque es digno de nuestra confianza, no porque recibamos algo a cambio. Si amamos y obedecemos a Dios por amor a Él y no para beneficio propio, eso comenzará a hacernos más fuertes y más sabios. Si nos enfocamos en buscar a Dios en lugar de "encontrarnos a nosotros mismos", con el tiempo Dios nos dará ese conocimiento de Él y también de nosotros mismos. "Apunta al cielo y obtendrás la tierra; apunta [solo] a la tierra y no obtendrás nada".[2]

¿Cómo funciona el principio de Jesús? Contemplar a Dios y entender la verdad acerca de Su identidad nos hace sabios porque nos pone en contacto con la realidad. Así como encender las luces en una habitación oscura te permite caminar sin tropezar, ver la justicia, la grandeza, la soberanía, la sabiduría y el amor de Dios te impide tropezar con la amargura, el orgullo, la ansiedad y el desaliento en la vida. Por tanto, si buscamos la gloria de Dios en lugar de nuestro propio beneficio, paradójicamente conducirá a nuestra propia gloria, es decir, al desarrollo de nuestro carácter, humildad, esperanza, amor, alegría y paz.

El sufrimiento, como veremos, puede conducir al crecimiento, la capacitación y la transformación personales, pero nunca debemos verlo primariamente como una forma de crecimiento personal. Esa perspectiva podría conducirnos a una especie de masoquismo, es decir, a disfrutar el dolor porque solo nos sentimos virtuosos cuando experimentamos dolor. Aun sin esa perspectiva, el sufrimiento tiende a hacer que uno se centre en uno mismo. Si lo vemos como algo que trata principalmente sobre nosotros y nuestro propio crecimiento, nos abrumará. En cambio, debemos ver el sufrimiento, cualesquiera que sean las causas inmediatas, primordialmente como una forma de conocer mejor a Dios, como una oportunidad para servirle, imitarle y acercarnos a Él como nunca antes.

Nuestro sufrimiento solo servirá para nuestra gloria cuando la gloria de Dios sea primordial en medio de nuestro dolor. Y eso es precisamente lo que pueden hacer las aflicciones y las dificultades. Somos llamados a no desperdiciar nuestras aflicciones sino a crecer a través de ellas en gracia y gloria.

SUFRIMIENTO PRODUCTIVO

Desde la perspectiva secular de Occidente, el sufrimiento es percibido como una interrupción de la libertad para vivir de la forma que te haga más feliz. Las circunstancias que causan sufrimiento y las emociones negativas que lo acompañan deben eliminarse o minimizarse. El psicólogo James Davies sabe que enfrentará resistencia al utilizar el término "sufrimiento productivo". Al igual que Richard Shweder, señala los muchos estudios antropológicos que muestran cómo las culturas no occidentales creen que "el sufrimiento nos ayuda a comprender nuevas porciones de la realidad".[3] En su libro *La importancia del sufrimiento*, critica lo que él entiende es la posición más aceptada entre los terapeutas occidentales, es decir, que el sufrimiento debe tratarse ayudando al paciente a eliminar o manejar los sentimientos negativos que producen adversidad. Sin embargo, escribe: "Es un error clínico interpretar que un paciente que muestra una 'baja autoestima', una 'sensación de incompetencia' o 'sentimientos de inutilidad' simplemente sufre de... 'patrones de pensamiento distorsionados' o de 'errores en su manera de pensar'".[4]

Entonces, ¿cómo debería abordarse el sufrimiento? Davies presenta una sugerencia radical. ¿Qué pasa si tus pensamientos negativos acerca de ti mismo realmente son correctos? "Puede que la sensación de ser 'cobarde'", escribe, "no sea un síntoma de 'pensamientos distorsionados', sino una evaluación precisa de una parte de nosotros que *es cobarde*. Esto hace que la angustia que acompaña nuestra autoevaluación no solo sea una respuesta perfectamente natural al encuentro con nuestra cobardía, sino también un prerrequisito necesario para que eso pueda cambiar".[5] Así que el sufrimiento puede llevarnos a ser conscientes de nuestra gran falta de valentía.

O también puede mostrarnos nuestro egoísmo. Davies hace referencia a estudios que muestran que la "baja autoestima" está lejos de ser un problema universal. Dice que los psicólogos han hecho investigaciones que demuestran que muchas personas, en lugar de tener baja autoestima, "están tan llenas de amor propio que no pueden amar a los demás... [y] no pueden ver más allá de sus propias necesidades e inquietudes. Esto hace que no sientan empatía hacia las necesidades y los sufrimientos de los demás; su realidad es la mejor, así que todos deberían adaptarse a ella".[6]

Con un impulso aún más contracultural, Davies afirma que las personas que han pasado por una depresión pueden volverse más sabias y más realistas que aquellas que no lo han hecho. Presenta una serie de estudios que muestran que las personas que nunca han estado deprimidas tienden a sobreestimar la cantidad de control que tienen sobre sus vidas.

Aunque las personas sufren cierto debilitamiento después de haber estado severamente deprimidas, la experiencia de la depresión generalmente te permite hacer una evaluación más precisa de tus propias limitaciones y de cuánta influencia puedes tener sobre tus circunstancias. Uno de los investigadores, el Dr. Paul Keedwell, escribe:

> La opinión predominante es… que la persona deprimida tiende a distorsionar la realidad de una manera negativa… [Pero las investigaciones recientes] han desmentido esta idea, proporcionando evidencia de que no es la persona deprimida quien distorsiona la realidad, sino la población "saludable"… Aunque la depresión pudiera distorsionar la realidad de una manera negativa… el hecho es que *elimina esa tendencia a pensar lo mejor de uno mismo que se observa en los no deprimidos*… Con la recuperación [de la depresión]… podría surgir una nueva percepción de la realidad.[7]

Davies, Jonathan Haidt y otros que defienden los beneficios de la adversidad, rápidamente señalan que el sufrimiento no mejora tu vida de forma automática. Haidt habla de dos formas básicas de enfrentarlo: lo que él llama "afrontamiento activo y revaluación" y "afrontamiento evasivo y negación".[8] La última estrategia puede llevar al desastre, ya que incluye "trabajar para aplacar las reacciones emocionales por medio de la negación o la evasión de ciertos eventos, y por medio del uso de alcohol, drogas u otras distracciones". La primera estrategia puede conducir a ganancias reales, pues combina el arduo trabajo interno de aprender y crecer con el intento de cambiar las circunstancias externas que nos causan dolor. Dicho de otra manera, Haidt y Davies explican claramente que atravesar el sufrimiento *no* es paralizarse, resignarse ni huir del mismo.

Hay mucho en juego aquí. O el sufrimiento te hace una mejor persona, o una mucho peor de lo que eras antes. Haidt explica que aquellos que se enfocan en manejar su dolor más que en afrontar su sufrimiento y aprender de él pueden llenarse de amargura y desesperanza. Al llegar a la conclusión de que el mundo es completamente injusto, que la vida es totalmente incontrolable y que las cosas generalmente funcionan en su contra, "añaden esta lección a la historia de su vida, contaminando la narrativa".[9] Así que la estrategia incorrecta generalmente conduce a que nuestro carácter sea cada vez más débil y menos íntegro, mientras que una perspectiva adecuada del sufrimiento puede conducir a un crecimiento notable. Las pruebas y los problemas en la vida son inevitables, y ellos te edificarán o te destruirán. Sea una cosa o la otra, el punto es que no permanecerás igual.

CÓMO DIOS UTILIZA EL SUFRIMIENTO

La Biblia explica y confirma los hallazgos de psicólogos como Haidt y Davies. En una gran cantidad de pasajes del Nuevo Testamento (Heb 12:1-17; Ro 8:18-30; 2Co 1:3-12; 4:7 – 5:5; 11:24 – 12:10, y en casi toda la primera carta de Pedro) la Biblia nos enseña que Dios utiliza el sufrimiento para eliminar nuestras debilidades y edificarnos.

Primero, el sufrimiento transforma nuestra actitud hacia nosotros mismos. Nos humilla y elimina nuestro orgullo. Nos muestra cuán frágiles somos. Como señala Davies, la gente promedio en la sociedad occidental tiene ideas poco realistas sobre cuánto control tienen sobre sus vidas. El sufrimiento quita las vendas que cubren nuestros ojos. No nos hace impotentes, solo nos muestra que *siempre* hemos sido vulnerables y dependientes de Dios. El sufrimiento simplemente nos ayuda a despertar a esa realidad y a vivir de acuerdo a ella.

El sufrimiento también nos lleva a examinarnos a nosotros mismos y a ver nuestras debilidades, porque saca lo peor de nosotros. Es en tiempos difíciles que sale a relucir nuestra poca fe, la dureza de nuestras palabras, nuestra pereza, nuestra insensibilidad hacia las personas, nuestra preocupación, la amargura de nuestro espíritu y otras debilidades de carácter. Algunos de nosotros somos demasiado agresivos, críticos y poco generosos. Algunos son impulsivos e impacientes. Otros son discutidores, obstinados y malos oyentes. Muchas personas tienen una gran necesidad de controlar cada situación. Algunas son demasiado frágiles y autocompasivas cuando se sienten desconcertadas por algo. El sufrimiento hará que estos defectos internos sean evidentes en momentos de estrés, y eso nos lleva a despojarnos de la negación y a comenzar a trabajar con ellos.

En segundo lugar, el sufrimiento cambiará profundamente nuestra relación con las cosas buenas de nuestra vida. Veremos que algunas cosas son demasiado importantes para nosotros. Cuando pasamos por un fracaso en nuestra carrera, la pérdida y la tristeza son reales. Pero puede que también lleguemos a ver que la magnitud de nuestro sufrimiento se debe al peso excesivo que asignamos a nuestro trabajo y a nuestros logros para nuestra propia valía. Ese fracaso puede ser una oportunidad única para invertir más de nuestra esperanza y significado en Dios, en nuestra familia y nuestros prójimos. Esto nos fortalece para que no seamos amedrentados por futuros fracasos. También nos muestra fuentes de gozo que antes desconocíamos.

En tercer lugar, y sobre todo, el sufrimiento puede fortalecer nuestra relación con Dios más que cualquier otra cosa. El famoso dicho de C. S. Lewis es cierto, de que Dios nos susurra en la prosperidad, pero nos grita en la adversidad. El sufrimiento es una prueba de nuestra conexión con Dios. Ciertamente puede tentarnos a estar tan enojados con Dios y con la vida que no deseamos orar. Sin embargo, también tiene los recursos para profundizar en gran medida nuestra amistad con Él. Comienza con el análisis. Cuando los tiempos son buenos, ¿cómo sabes si amas a Dios o simplemente amas las cosas que Él te está dando o lo que está haciendo por ti? Realmente no lo sabes. En tiempos de salud y prosperidad es fácil pensar que tienes una relación amorosa con Dios. Oras y haces tus deberes religiosos, pues es reconfortante y parece estar dando frutos. Pero es solo en el sufrimiento que podemos escuchar a Dios "gritándonos" una serie de preguntas: "¿Las cosas estaban bien entre nosotros mientras Yo te daba todo lo que deseabas? ¿Te involucraste en esta relación para que *Yo* te sirviera a *ti* o para que *tú* me sirvieras a

Mí? ¿Me amabas o solo amabas las cosas que te estaba dando?". El sufrimiento revela las impurezas o tal vez la falsedad de nuestra fe en Dios. En cierto sentido, es solo en el sufrimiento que podemos saber si nuestra fe y confianza están *en Dios*, y por lo tanto, es solo en el sufrimiento que nuestra relación de amor con Dios puede volverse más y más genuina.

El sufrimiento nos impulsa hacia Dios y a orar como nunca lo haríamos de otra forma. Al principio, esta experiencia de oración suele ser seca y dolorosa. Pero si no nos intimidamos y nos aferramos a Él, a menudo experimentamos una comunión más profunda con Él, y más amor y gozo divinos de lo que creímos posible. Como escribió el pastor John Newton a una mujer afligida: "Sobre todo, mantente cerca del trono de la gracia [en oración]. Si parece que no obtenemos ningún bien tratando de acercarnos a Él, podemos estar seguros de que no conseguiremos nada alejándonos de Él".[10]

Finalmente, el sufrimiento es casi un prerrequisito para poder servir a otras personas, especialmente cuando estén atravesando sus propias pruebas. La adversidad nos hace mucho más compasivos de lo que hubiéramos sido de otra manera. Antes, cuando veíamos a otros en su dolor, quizás nos preguntábamos secretamente de qué se trataba todo el lloriqueo, por qué no podían simplemente aceptarlo y seguir hacia adelante. Luego lo experimentamos nosotros y, al fin, lo entendemos. Cuando hemos sufrido, nos volvemos más tiernos y capaces de ayudar a otros en su sufrimiento. Cuando no somos endurecidos por el sufrimiento y lo manejamos bíblicamente, nos hace más sabios. Nos da una variedad de ideas que son útiles para muchas otras personas que conocemos. En 2 Corintios, Pablo escribe:

> Alabado sea el Dios y Padre de nuestro Señor Jesucristo, Padre misericordioso y Dios de toda consolación, quien nos consuela en todas nuestras tribulaciones para que, con el mismo consuelo que de Dios hemos recibido, también nosotros podamos consolar a todos los que sufren. Pues, así como participamos abundantemente en los sufrimientos de Cristo, así también por

> medio de Él tenemos abundante consuelo. Si sufrimos, es para que ustedes tengan consuelo y salvación; y, si somos consolados, es para que ustedes tengan el consuelo que los ayude a soportar con paciencia los mismos sufrimientos que nosotros padecemos. Firme es la esperanza que tenemos en cuanto a ustedes, porque sabemos que, así como participan de nuestros sufrimientos, así también participan de nuestro consuelo (2Co 1:3-7).

Observa la dinámica aquí. Los sufrimientos de Pablo lo conducen a Dios y a Sus insondables consuelos. Hemos estado viendo varios de ellos en este volumen: una perspectiva más profunda de la gloria de Dios, una apreciación del sufrimiento de Cristo que transforma el corazón, nuevas experiencias de amor y gozo, un mayor crecimiento y conocimiento de uno mismo, un mejor entendimiento de la vida y la naturaleza humana. ¿Qué hace Pablo con todo este entendimiento? Lo comparte con otros que también están sufriendo, y así ellos serán consolados profundamente a través de su propio sufrimiento. La implicación es que estas personas que sufren a su vez se convierten en consoladores para otros, y así sucesivamente. La iglesia se convierte en una comunidad de profundo consuelo, un lugar donde se obtiene un enorme apoyo para el sufrimiento y donde la gente está creciendo, por medio de sus aflicciones, hasta llegar a ser lo que Dios quiere que sean.

El autor cristiano George MacDonald lo expresó así:

> El Hijo de Dios sufrió hasta la muerte, no para que los hombres no sufrieran, sino para que sus sufrimientos pudieran ser como los Suyos.[11]

EL GIMNASIO DE DIOS

Ya hemos mencionado la metáfora bíblica del sufrimiento como un horno que purifica, y volveremos a esa imagen más adelante. Una imagen bíblica menos conocida pero similar es la del sufrimiento como un "gimnasio".[12] Al igual que 1 Pedro, el libro de Hebreos fue escrito para un grupo de cristianos que enfrentaban muchas pruebas y aflicciones. En Hebreos 12, el autor dice que tal experiencia es "penosa; sin embargo, después produce una cosecha de justicia y paz para quienes han sido entrenados por ella". Y la palabra griega para "entrenar" es *gymnazdo*, de donde obtenemos nuestra palabra *gimnasio*. La palabra significaba literalmente "desnudarse —ejercitarse desnudo, entrenar". Significaba someterse a un régimen de ejercicios diseñados específicamente para fortalecer las partes débiles del cuerpo y mejorar aún más las partes fuertes.

Piensa en lo que sucede en un gimnasio. Primero, debes despojarte de tu ropa ordinaria. ¿Por qué? La ropa ordinaria nos impediría hacer los movimientos físicos más extenuantes. Pero hay otra razón. El gimnasio expone deficiencias en la fuerza y la resistencia de nuestro cuerpo —y en nuestra apariencia. Puedes usar todo tipo de ropa que oculte o minimice aspectos de tu cuerpo que te gustaría fueran menos visibles, pero en el gimnasio no puedes esconderlos. Allí, tú y tu entrenador (y desafortunadamente todos a tu alrededor) pueden ver dónde se acumula la grasa en tu cuerpo. Es un incentivo para ir a ejercitarte.

Así que esta metáfora nos dice que cuando la vida va bien, los defectos de nuestro carácter pueden enmascararse y ocultarse de los demás y de nosotros mismos. Pero cuando surgen problemas y dificultades, de repente estamos en el "gimnasio de Dios" —estamos expuestos. Nuestras ansiedades, nuestra impaciencia, nuestra percepción falsa de nuestros talentos, nuestra tendencia a mentir o enmascarar la verdad, nuestra falta de autodisciplina —todas estas cosas salen a la luz. Tal vez el problema fue provocado por la presencia de estas cualidades negativas. O tal vez la nueva situación exige una respuesta determinada y revela la ausencia de las cualidades positivas que necesitamos. De cualquier manera, el gimnasio ineludiblemente te muestra quién eres en realidad.

Si vas al gimnasio porque decides que quieres estar en forma, es probable que te muestren la rutina de ejercicios que necesitas hacer. Los ejercicios son formas de causar estrés o ejercer presión sobre diversas partes de tu cuerpo. Las flexiones de bíceps con pesas ejercen presión sobre los bíceps. Las extensiones de tríceps hacen lo mismo. Correr fortalece el sistema respiratorio y el circulatorio, entre muchos otros beneficios. Un buen entrenador no ejercerá demasiada presión sobre tu cuerpo. Levantar demasiado peso o correr demasiado causaría que tu cuerpo se lastime. Pero si, por otro lado, haces muy poco ejercicio —si no ejerces presión sobre tu cuerpo y simplemente vas por la vida haciendo tus tareas cotidianas— tu cuerpo también se lastimará y envejecerá más rápido. Necesitas un nivel adecuado de presión —ni mucha, ni muy poca— para causar cierta incomodidad y dolor, y así fortalecer tu cuerpo.

El autor bíblico tiene razón cuando dice que el sufrimiento es doloroso "en el momento", pero luego produce fruto. Así es como funciona el ejercicio. Cuando haces tus flexiones de bíceps, tus brazos se sienten como si se volvieran cada vez más débiles. Pero con el tiempo vas notando que tus fuerzas van aumentando. En el gimnasio, *sientes* que te estás volviendo más débil y apenas puedes subir los escalones. Sin embargo, la experiencia de la debilidad, si tu entrenador hizo un buen trabajo, te hará más fuerte.

Obviamente, un entrenador inexperto nos puede hacer mucho daño, pero nuestras almas tienen al entrenador perfecto: el Gran Entrenador. "Ustedes no han sufrido ninguna tentación que no sea común al género humano. Pero Dios es fiel, y no permitirá que ustedes sean tentados más allá de lo que puedan aguantar. Más bien, cuando llegue la tentación, Él les dará también una salida a fin de que puedan resistir" (1Co 10:13). Esto significa que todo lo que nos sucede en la vida tiene un límite y un propósito. Existe un límite. Cuando nos sobrevienen las dificultades, no debemos pensar: "¡Está tratando de aplastarme!". Recuerda cuán débil y agotado uno se siente en el gimnasio. Pero también hay un propósito. "Dios dispone todas las cosas para el bien de quienes lo aman" (Ro 8:28). No debemos decir: "Si pudiera dirigir mi vida lo haría mucho mejor que Él".

Con todo esto no estamos presentando el sufrimiento como un juego, como si Dios estuviera en el cielo divirtiéndose con nosotros. Debemos poner esta enseñanza junto con todo lo demás que hemos visto sobre el mal como una interrupción, como el enemigo de Dios. Él es el Dios que se entristece cuando estamos afligidos.

Así se convirtió en el Salvador

de todas sus angustias.
Él mismo los salvó;
no envió un emisario ni un ángel.
En Su amor y misericordia los rescató;
los levantó y los llevó en Sus brazos
como en los tiempos de antaño (Is 63:8-9).

Como nuestro entrenador divino nos está guiando por la vida con este equilibrio, debemos responder cuidadosamente con la misma moderación. El escritor de Hebreos señala en el mismo capítulo que no debemos "[tomar] a la ligera" la disciplina del Señor ni desanimarnos por ella (Heb 12:5). Esto significa que no deberíamos ser estoicos que solo rechinan los dientes y se niegan a ver el sufrimiento como el entrenamiento de Dios, ni tampoco "desanimarnos" —rindiéndonos, desesperándonos y alejándonos de Dios. No debemos resignarnos ni huir, sino que debemos perseverar en medio del entrenamiento. Y debemos recordar el sufrimiento de Dios. De hecho, Hebreos 12 comienza con un llamado: "Fijemos la mirada en Jesús… quien… soportó la cruz… perseveró frente a tanta oposición… para que no se cansen ni pierdan el ánimo" (Heb 12:2-3).

Contemplar a Jesús es lo que te permite avanzar en el gimnasio de Dios. Nos despoja de la autocompasión cuando consideramos lo que soportó por nosotros sin quejarse. Si Él soportó pérdidas y sufrimientos infinitos por nosotros, deberíamos poder soportar pérdidas y sufrimientos finitos, sabiendo que Dios está obrando detrás del mal para producir algo bueno en nuestras vidas. Si "[fijamos] la mirada en Jesús", el resultado de nuestra experiencia dolorosa será una profunda paz.

Es sorprendente ver los temas que las metáforas del horno y del gimnasio tienen en común. Ambos son lugares de peligro. Las respuestas incorrectas pueden provocar un desastre. Pero las respuestas correctas pueden traer belleza y fortaleza. No deben (y realmente no pueden) evitarse, ni debemos entrar en pánico cuando nos encontremos dentro de sus límites. Lo que deberíamos hacer es mirar a Aquel que ya pasó por el horno más caliente y por el gimnasio más duro cuando fue a la cruz; ese que venció la muerte y ahora camina junto con nosotros en nuestro sufrimiento.

MENTALIZÁNDONOS PARA EL SUFRIMIENTO

Así que el sufrimiento no conduce automática ni naturalmente al crecimiento y a buenos resultados. Para eso debe enfrentarse con paciencia y fidelidad. Pero ¿qué significa eso? Es hora de comenzar a exponer exactamente *cómo* debemos caminar en medio del dolor y del sufrimiento. Tenemos que preparar nuestras mentes y corazones antes de que llegue el sufrimiento. Y cuando llegue, debemos tener cuidado de no aplicar las mismas estrategias para todos los tipos de sufrimiento, pues varían según el caso.

¿Cómo nos preparamos?

La preparación, para que sea efectiva, debe ocurrir antes de que realmente experimentemos el sufrimiento. Como ya hemos visto en este libro, la mayoría de las verdades y los temas centrales de la teología bíblica pueden servir como recursos muy poderosos en medio del sufrimiento. Pero mientras mejor conozcas y entiendas esas enseñanzas antes de que llegue la adversidad, mayor será su consuelo. Una vez que estás en una crisis, no hay tiempo para sentarte a estudiar y prestar atención cuidadosa a ciertas partes de la Biblia. Al haber sido un pastor activo durante casi cuatro décadas, muchas veces me encontraba sentado junto a personas que estaban pasando por situaciones terribles y deseando en mi interior que se hubieran tomado el tiempo para aprender más sobre su fe antes de que llegaran esas olas de aflicción. Como hemos visto, las principales "razones del corazón" que nos ayudan a soportar el sufrimiento son las doctrinas fundamentales de la fe (la Creación y la Caída, la expiación y la resurrección). Estas son verdades profundas que debemos comprender *antes* de sufrir, o no estaremos preparados para ello. Y muchas de estas lecciones son muy difíciles de aprender cuando estamos en medio de la adversidad.

Una gran parte de la preparación para el sufrimiento es simple pero crucial. Implica desarrollar un conocimiento lo suficientemente profundo de la Biblia y una vida de oración lo suficientemente fuerte y vital para que no te sorprendas ni seas derrotado por la aflicción. El teólogo Michael Horton escribe:

> Comprender quién es Dios, quiénes somos nosotros y cuáles son los caminos de Dios para la creación, la providencia y la redención, al menos tanto como las Escrituras nos revelan, es para las pruebas de la vida lo que la preparación para el LSAT (examen de admisión para la facultad de leyes) es para la práctica de la abogacía. La teología es sumamente importante. Prepararse para este examen no es un mero ejercicio intelectual… Es un asunto de vida o muerte… Se trata de vivir, y morir, bien.[13]

Con el término *teología*, Horton se refiere a más que mera información. La Biblia dice que la Palabra de Dios está viva y es poderosa (Ro 1:16; Heb 4:12); que es como una semilla sobrenatural que produce una transformación lenta pero constante (1P 1:23); que se revela y nos ilumina a medida que la creemos, la digerimos, la practicamos y la guardamos en nuestros corazones (Sal 119:11, 130); y que debe habitar abundantemente en nosotros (Col 3:16).

Muchas veces se pasa por alto una de las verdades teológicas más simples. El apóstol Pedro escribe: "Queridos hermanos, no se extrañen del fuego de la prueba que están soportando, como si fuera algo insólito. Al contrario, alégrense de tener parte en los sufrimientos de Cristo, para que también sea inmensa su alegría cuando se revele la gloria de Cristo" (1P 4:12-13). Algunas personas tienen la idea ingenua de que, debido a que son bastante inteligentes, disciplinadas, moralmente decentes o piadosas, realmente no puede sucederles nada *malo*. Eso no es más que mala teología. Y la miseria y la angustia de tantas personas en medio del sufrimiento se duplican y triplican por causa de su asombro de que sean *ellos* quienes estén sufriendo.

Si hiciéramos una reflexión teológica no nos sorprenderíamos tanto. Es posible que pensemos inconscientemente que Dios no permitiría que cosas realmente malas le sucedan a personas buenas. Pero Jesucristo mismo refuta eso. Si Dios permitió que un hombre perfecto sufriera terriblemente (para un bien supremo), ¿por qué deberíamos pensar que algo así nunca podría sucedernos? No vamos a sufrir tanto como Jesús, porque ninguno de nosotros será usado para expiar los pecados de nadie. Pero sí podríamos sufrir en una escala mucho menor. Y, como hemos visto, Romanos 8:19-23 y Génesis 3:16-18 nos muestran que el mundo está lleno de enfermedades, muerte y desastres naturales debido al pecado en general. Es la maldición que cayó sobre la raza humana. Todos estamos sujetos a eso porque todos somos seres humanos.

Hay otros puntos teológicos que también nos pueden ayudar aquí. Debido a la infinita majestad y sabiduría de Dios, *sabemos* que *no* somos capaces de entender todos Sus caminos. No tendría sentido que todo lo que hiciera tuviera sentido para nosotros. ¿Cómo podría un ser infinito gobernar nuestras vidas de una manera que tuviera sentido para nosotros? Ni siquiera entendemos completamente a los demás seres humanos, así que ¿cómo podríamos comprender todo lo que Dios hace? Debido a nuestro pecado y a Su santidad, la vida que tenemos —con todas sus adversidades— es mejor de lo que merecemos. Si le pidiéramos a Dios que solo nos diera lo que merecemos y Él consintiera, todos seríamos destruidos al instante.

El crecimiento en el conocimiento bíblico y la madurez en la reflexión teológica es una preparación irremplazable para enfrentar las aflicciones.

PREPARANDO NUESTRO CORAZÓN PARA EL SUFRIMIENTO

Pero, como hemos demostrado, el sufrimiento no es solo un problema intelectual —"¿Por qué hay tanto mal y sufrimiento en la vida?"— sino un problema personal —"¿Cómo voy a superar esto?". Son preguntas totalmente diferentes. Y, por lo tanto, para enfrentar el sufrimiento no solo debemos preparar nuestra mente sino también nuestro corazón, y eso implica cultivar una vida de oración constante, vibrante, teológicamente profunda y existencialmente rica.

La filósofa Simone Weil escribe que a un alma afligida le resulta difícil amar cualquier cosa. Por lo tanto, debe obligarse a seguir amando a Dios y a los demás, "o al menos a querer amar, aunque sea solo con una parte infinitesimal de sí mismo". Si en medio de la aflicción "el alma deja de amar, cae —aun en esta vida— en un estado que es casi equivalente al infierno".[14] Así que cuando llega el sufrimiento, Dios, el amor y la esperanza parecen irreales. Pero si ya eran abstractos e irreales, entonces prácticamente no hay forma de hacer lo que Weil insta a hacer. El sufrimiento será como un río que nos arrastra hacia la desesperación. Sin embargo, si nuestro entendimiento y experiencia del amor de Dios fue fuerte desde el inicio, estos pueden servir como anclas que impiden que seamos arrastrados.

Si tu mente está bien preparada, no estarás completamente perplejo ante la llegada de la adversidad. Pero lo más probable es que al principio ese sufrimiento evidencie la enorme brecha entre lo que hay en tu mente y lo que hay en tu corazón. Cuando lleguen los problemas debes clamar a Dios para que te ayude a encontrar las perspectivas particulares, los pensamientos consoladores y la sabiduría que necesitarás para superarlo. Es posible que algunos de ellos ya los conozcas intelectualmente, pero Dios tendrá que hacerlos reales y relevantes para ti. Habrá otros que no conozcas y tendrás que aprenderlos. Pero así es como sobrevives. Solo podrás enfrentarlo y superarlo si Dios está contigo y te ayuda a aprender, abrazar y valorar muchas ideas y verdades que se volverán poderosas y consoladoras para ti.

La siguiente es una historia de alguien que se sorprendió por la brecha que había entre su mente y su corazón. Alvin Plantinga escribió:

> Ante su propio sufrimiento o el de alguien cercano a él, [al creyente en Dios] puede resultarle difícil mantener lo que

> considera la actitud apropiada hacia Dios. Al enfrentarse a grandes sufrimientos o desgracias personales, puede verse tentado a rebelarse contra Dios, a levantar su puño contra Dios o incluso a abandonar por completo la fe en Dios. Pero este problema... no requiere de una iluminación filosófica, sino de un cuidado pastoral.[15]

John S. Feinberg era un estudiante de teología cuando leyó por primera vez la declaración de Plantinga, pero no la entendió del todo. Feinberg escribió: "Pensaba que una persona que estuviera sufriendo se sentiría satisfecha siempre y cuando uno tuviera respuestas intelectuales que explicaran por qué Dios permitió el mal en el mundo".[16] A veces veía a cristianos que luchaban en su relación con Dios después de alguna tragedia, y admite que perdía la paciencia con ellos. Pero más tarde, después de convertirse en profesor de teología a nivel de posgrado, se enteró de que su esposa sufría de la enfermedad de Huntington, un trastorno neurodegenerativo progresivo que conduce no solo a la pérdida de todos los movimientos corporales voluntarios, sino a la pérdida de memoria, a la depresión y a formas de demencia que incluyen alucinaciones y paranoia. También se le dijo que, dado que la enfermedad se transmite genéticamente, cada uno de sus hijos tenía una probabilidad del 50 % de contraer la enfermedad, aunque los síntomas no aparecen antes de los treinta años.[17]

Después de un tiempo de negación, lo asimiló. "De un solo golpe, supimos que toda mi familia estaba bajo esta nube de fatalidad".[18] Su mente sabía la respuesta teológica a esta situación:

> De todos modos, ¿quién era yo, la criatura, para cuestionar al Creador? Como dice Pablo (Ro 9:19-21), la criatura no tiene derecho a arrastrar al Creador al tribunal de los juicios morales humanos como si hubiera hecho algo malo. Dios tiene poder y autoridad totales sobre mí. Sentí que Dios de alguna manera me había fallado, que incluso me había engañado.[19]

Llama la atención la forma en que la última oración sigue inmediatamente después de la oración anterior, sin un *sin embargo*. Feinberg conocía la respuesta bíblica y teológicamente sólida a su situación: que Dios tiene el derecho de hacer lo que quiere. Él lo recitó, pero luego admite que aunque sabía que Dios no podía hacer nada malo, en su corazón sentía que Dios lo había agraviado profundamente. Irónicamente, había escrito su tesis de maestría sobre el libro de Job, y su disertación doctoral en la Universidad de Chicago se centró en el problema del mal. "Tenía todas estas respuestas intelectuales, pero ninguna de ellas hizo ninguna diferencia en cómo me sentía".[20]

Aquí estaba un hombre que con su intelecto había dado respuestas bíblicas y racionales al problema del sufrimiento, y lo había hecho a un alto nivel académico. Sin embargo, cuando el sufrimiento realmente llegó a su vida, experimentó tal desesperanza que no fue capaz de funcionar. Sabía todo tipo de verdades bíblicas sobre el mal y el sufrimiento, pero ahora que estaba en el horno real, no lo ayudaron. No sabía cómo acceder a ellos. Estaba lleno de ira. Y junto con esto vino una sensación de abandono, de que Dios estaba ausente.

¿Significaba esto que dichos temas y razonamientos bíblicos eran incorrectos, o simplemente inútiles? No. Feinberg relata cómo, con el tiempo, fue capaz de recuperar su equilibrio repasando muchas de las verdades que había conocido intelectualmente, pero que nunca había conectado a sus experiencias, ni a los afectos y funciones de su corazón. En otras palabras, descubrió que el razonamiento bíblico y teológico es importante para el que sufre, pero solo después de haber hecho un arduo trabajo interno. Pero concluyó diciendo: "Muchas de esas respuestas [bíblicas] no ayudarán con un problema en particular y… otras que sí lo hacen no ayudarán en todas las etapas de la experiencia del que sufre".[21] El teólogo Donald Carson explica bien esta importante idea:

> Hay millones de cristianos ordinarios que… no creen que *haya* un problema [de sufrimiento]. Tienen respuestas teológicas que los satisfacen: el sufrimiento es el resultado del pecado; el libre

> albedrío significa que Dios tiene que dejar que la gente cometa sus propios errores; el cielo y el infierno aclararán las cosas… Y luego ocurre algo en su propia vida que los sacude en lo más profundo de su ser… Sin embargo, eso no quiere decir que ese conjunto de creencias sea irrelevante. Lo que sí quiere decir es que… para que el cristiano pueda hallar consuelo en ellas, debe aprender a *utilizarlas*.[22]

La Biblia dice mucho sobre el sufrimiento, pero una cosa es tener estas cosas guardadas en el "almacén de la mente"[23] y otra cosa es saber cómo aplicarlas a nuestro corazón, nuestra vida y nuestra experiencia de tal forma que produzcan sabiduría, resistencia, gozo, conocimiento de uno mismo, valentía y humildad. Una cosa es *creer* en Dios, y otra cosa es *confiar* en Dios. Una cosa es tener una explicación intelectual de por qué Dios permite el sufrimiento; otra muy diferente es encontrar un camino para atravesar el sufrimiento de tal modo que, en lugar de amargarnos, volvernos cínicos, desalentarnos y desesperarnos, lleguemos a ser más sabios, firmes, humildes, fuertes e incluso agradecidos.

Así que no debemos ignorar nuestra mente ni nuestro corazón. El razonamiento intelectual no será suficiente para afrontar la vida en este mundo, y es cruel atiborrar a alguien que sufre con argumentos teológicos, explicándole por qué Dios no es responsable del mal y por qué Su sabiduría va más allá de nuestro alcance. Como dice uno de los proverbios bíblicos: "Dedicarle canciones al corazón afligido es como echarle vinagre a una herida o como andar desabrigado en un día de frío" (Pro 25:20).

Sin embargo, lo teórico y lo práctico están entrelazados. La experiencia del sufrimiento automáticamente genera más preguntas filosóficas. "¿Por qué? ¿Qué clase de Dios permitiría esto?". Así que es importante usar el intelecto para tratar de entender el sufrimiento, pero esto debe ir acompañado no solo de un conocimiento de Dios, sino de una *relación con Dios*.

HISTORIA DE VIDA: **LA DULZURA DE LA VIDA CON DIOS**

por Mark y Martha

MARTHA: Mi esposo Mark ahora está en su silla de ruedas, incapaz de mover nada más que sus ojos. Dentro de poco hará ya diez años desde que empezó esta parte de nuestro caminar juntos, y la realidad es que esto se hace cada vez más difícil.

Comenzó con un pequeño tirón muscular cuando Mark tenía cuarenta y ocho años. Al mes nuestro doctor determinó que la causa era una enfermedad terminal llamada ELA o enfermedad de Lou Gehrig. Ya teníamos veinticinco años de casados y cuatro hijos. Siempre habíamos sido una familia activa, así que ese rápido deterioro físico de Mark fue devastador para nosotros.

Cuando Mark se enfermó, caí en un agujero negro de desesperación. No sabía cómo iba a soportar el dolor de los días que vendrían. Pedí a todos mis amigos que oraran para que el miedo al futuro no me privara del gozo del presente, pues me estaba costando. Me preguntaba: "¿Quién soy si no soy la esposa de Mark?".

Hoy puedo ver la idolatría que hay detrás de esa declaración, y entiendo por qué mi desesperación era tan profunda. Me había identificado profundamente con Mark como mi esposo y proveedor. Lo había puesto antes que a Dios. Cómo salí de la desesperación es un misterio. No fui consciente de un "llamado", sin embargo, experimenté una especie de resurrección. Durante esos primeros días, Mark y yo citamos todos los versículos que recordábamos sobre el cuidado de Dios. Buscamos diferentes formas de grabar el amor y la fidelidad de Dios en nuestros corazones. Plantamos nuestros pies sobre la verdad que entendíamos, aunque todo en nuestras vidas parecía afirmar lo contrario.

MARK (escribiendo en una computadora que captura movimientos oculares): Cuando era joven participaba en varios deportes, y odiaba quedarme sentado en el banquillo. El día después de mi diagnóstico, le clamé a Dios diciéndole que creía que me estaba retirando del juego cuando aún tenía algo que ofrecer. Su respuesta fue: "Ya tienes tiempo en el banquillo; ahora vas a entrar al juego". Me aferré a la verdad de que Dios está haciendo muchas cosas que no puedo ver y de que en Su Reino el sufrimiento vale la pena, pero también es un ejercicio diario de fe.

El cuerpo de Cristo, la iglesia, se acercó a nuestras vidas de maneras muy tangibles. Nuestros amigos nos ayudaron con las comidas, nos dieron tarjetas de regalo, hicieron trabajos de jardinería, planearon fiestas de cumpleaños para nuestros hijos, vinieron y estuvieron presentes. Llevamos casi diez años en este camino y todavía tenemos muchas personas que se acercan a nosotros para darnos apoyo, fuerzas y amor.

MARTHA: Tuve que enfrentar tantas cosas al principio que no pensé que iba sobrevivir emocionalmente. Una de ellas es que me encontré eligiendo un lugar para enterrar a Mark. Mis hijas y yo fuimos un día a buscar un lugar. Hubo ternura entre nosotras e incluso risas. Sentí que Dios me decía: "Estoy aquí. En medio de todas esas cosas que piensas no podrás enfrentar, allí estaré". Fue un día en el que realmente sentí Su presencia conmigo, y eso me ayudó a enfrentar lo que nos esperaba.

MARK: Algo que me ha ayudado ha sido cantar himnos y cantos espirituales afroamericanos —en mi mente, pues no he podido hablar durante los últimos ocho años. Muchos himnos hablan del sufrimiento y de mi profunda necesidad de percibir Su presencia en medio de mi dolor. Estos himnos son tesoros que la música cristiana moderna ni siquiera contempla, y son de los mejores recordatorios de que este mundo y sus aflicciones no son nuestro verdadero hogar. Recientemente me diagnosticaron una enfermedad hepática terminal. A veces digo que estoy sufriendo injustamente, pero el único que sufrió injustamente fue Jesús. Su separación del Padre en la cruz es infinitamente peor que cualquier cosa que yo pudiera experimentar. ¿Cómo puedo quejarme cuando sufrió ese dolor cósmico por mí? Recuerdo a Tim Keller relatando la historia de un hombre con una enfermedad terminal que le había dicho que no cambiaría por más años la dulzura de su vida con Dios como resultado de su enfermedad. Yo diría lo mismo.

MARTHA: Hemos encontrado significado, propósito, gozo, crecimiento y plenitud en nuestra pérdida. Cuánto me habría perdido si hubiera optado por salir de esta experiencia. Dios me ha dado tanto en medio de todo esto. Entiendo la conexión que hay entre una profunda tristeza y una profunda dulzura. El sufrimiento le ha dado profundidad y riqueza a nuestras vidas. Cuánto he aprendido y cuánto más dulce es Jesús para mí ahora.

DIEZ

LOS DIFERENTES TIPOS DE SUFRIMIENTO

La vida es dolor, Alteza.
Todo el que diga lo contrario está vendiendo algo.
— *La princesa prometida* (1987)

El sufrimiento es una forma importante de crecer. Las personas que no han sufrido mucho suelen ser superficiales, poco conscientes de sus debilidades y fortalezas, ingenuos sobre la naturaleza y la vida humanas, y casi siempre frágiles y sin resiliencia. Pero sabemos que el sufrimiento no nos fortalece ni nos enriquece de forma automática. Tanto la imagen del horno como la del gimnasio revelan esto. El fuego de un horno puede ser mortal, y los gimnasios pueden lesionar severamente. Hay un viejo refrán que dice: "El mismo sol que derrite la cera endurece la arcilla", por lo que la misma experiencia traumática puede arruinar a una persona o hacerla más fuerte y más feliz. ¿Cómo podemos estar preparados para manejar el sufrimiento de tal manera que conduzca al crecimiento?

LA DIVERSIDAD DEL SUFRIMIENTO

Entre las otras medidas que ya hemos abordado, es fundamental reconocer la inmensa variedad de aflicciones y adversidades que se mencionan en la Biblia. Un hombre sufre de drogadicción en prisión porque atacó y mutiló a alguien en un arrebato de ira. La vida de otro hombre cambia por completo cuando mata accidentalmente a un niño de siete años que salió corriendo inesperadamente y se atravesó en su camino mientras conducía. Una madre joven con tres niños pequeños se está muriendo a causa de un tumor cerebral. Una familia con hijos adolescentes está devastada por el suicidio del padre. Por último, están los padres jóvenes que acaban de dar a luz a un niño gravemente discapacitado. Todas estas personas están sufriendo, pero las causas y formas de su dolor y angustia son muy diferentes.

La Biblia nos muestra los muchos tipos de sufrimiento que existen y nos muestra un rango de posibles respuestas que es igual de amplio. Una receta única para el manejo del sufrimiento está destinada a fallar porque el sufrimiento viene en muchas formas diferentes, y además los afectados tienen una gran variedad de temperamentos y condiciones espirituales. La Biblia nos prohíbe usar un solo remedio para manejar el dolor y el sufrimiento, pero las personas modernas tienden a ser más reduccionistas. Vivimos en una sociedad tecnológica y queremos formulaciones breves que simplemente nos muestren cómo hacer las cosas. Sin embargo, no hay nada menos práctico para quienes sufren que pensar que hay un solo conjunto de pasos prácticos para "arreglar" su situación.

En los primeros días de mi ministerio pastoral visité a una mujer que estaba atravesando un proceso de divorcio. Le presté un libro de sermones escrito por un pastor que le dio un impulso emocional enorme. "¡Ese libro me salvó la vida!", me dijo. Confiando en que tenía una gran herramienta para el cuidado pastoral, un año después le di el mismo libro a otra mujer que también se estaba divorciando, pues entendía que eran las mismas circunstancias. Su respuesta fue completamente diferente: una parte del libro la confundió y otra parte la molestó. Aprendí a no asumir que todo el que sufre necesita la misma medicina.

Poco después de haberme sometido a una cirugía y a un tratamiento para el cáncer de tiroides, conocí a una mujer que tenía cáncer de mama. Me dijo: "Yo también soy una sobreviviente de cáncer", y procedió a relatarme cómo lo había superado. Me sentí incómodo durante toda la conversación. Ella me veía como alguien que también había sufrido, y es cierto que ambos fuimos grandemente sorprendidos al escuchar a un médico decir: "Tienes un tumor maligno". Pero mi cirugía no había sido tan radical como la suya, no tenía los mismos cambios permanentes en mi cuerpo y tampoco enfrentaba la misma probabilidad de recurrencia. Al relatar su experiencia, me sorprendió no solo cuán diferentes habían sido nuestros sufrimientos, sino que habíamos sido consolados y fortalecidos por diferentes tipos de ideas y pensamientos. Me di cuenta de que muchas de las cosas que me habían ayudado a superar mi cáncer no habrían sido tan relevantes para ella, y muchas de las ideas y ayudas que la fortalecieron no eran efectivas para mí.

Así que no podremos enfrentar bien nuestro sufrimiento ni ayudar a otros a enfrentarlo a menos que reconozcamos su diversidad. Veamos cuatro tipos de sufrimiento que encontramos en la Biblia, cada uno con su propia causa y su propio conjunto de desafíos peculiares.

JONÁS, DAVID Y EL SUFRIMIENTO QUE NOSOTROS MISMOS NOS PROVOCAMOS

Hay un tipo de sufrimiento que es causado directamente por nuestros propios fracasos. Una mujer busca tener éxito en los negocios siendo implacable y cruel a lo largo de su carrera. Pero a medida que pasa el tiempo tiene cada vez menos amigos y aliados. Cuando toma una decisión que conduce a algunas pérdidas para su empresa, descubre que no cuenta con el apoyo de su equipo. Como resultado, es despedida y su reputación sufre un gran daño debido a que muchos de sus enemigos se dedicaron a exagerar sus errores. Después de que su carrera es destruida, poco a poco se percata de que se debió a su propio comportamiento necio y cruel. Otro ejemplo: un hombre casado tiene una breve aventura de una noche durante un viaje de negocios y luego es descubierto. Su matrimonio se desmorona rápidamente y es alejado permanentemente de sus hijos. El sufrimiento que va acompañado de vergüenza y culpa trae consigo un tormento interior que es único.

Este primer tipo de sufrimiento se ve en las vidas de Jonás y David. Dentro del breve libro de Jonás, el profeta soportó dos experiencias muy diferentes, pero ambas traumáticas. Primero, Dios envió una fuerte tormenta mientras él estuvo en altamar. Más adelante, cuando Jonás estaba disfrutando de la sombra y belleza de una planta, Dios envió un "gusano" y un "viento oriental abrasador" para destruir la planta, lo que lo desanimó profundamente. ¿Por qué? Jonás había rechazado el llamado original de Dios de ir a predicar a los asirios de Nínive. Más tarde se enfureció porque Dios no los destruyó. Jonás estaba lleno de un odio racista hacia estas personas, y Dios estaba usando circunstancias adversas para mostrarle el mal de su propio corazón. Fue por esto que todo le salió mal. Una tormenta casi lo ahoga. Sus enemigos mortales escaparon de la condenación. Un viento oriental le quitó su sombra y su comodidad. Pero Dios estaba tratando de revelarle algo a Jonás —estaba tratando de hacerle reaccionar.

De manera similar, cuando la vida del rey David se vino abajo, también hubo un pecado específico que lo causó. Dios estaba enviando un mensaje específico a través del sufrimiento. David había violado la ley de Dios al tener una aventura con Betsabé, la esposa de otro hombre, y ordenar que mataran a su marido. Después el nuevo hijo de David y Betsabé se enfermó y murió. David se percató de que Dios le estaba diciendo que tenía que arrepentirse o perdería su reinado y su vida.

¿Estaba Dios "castigando" a David y a Jonás por sus pecados? No exactamente. Romanos 8:1 dice que no hay "condenación" para un creyente. Eso significa que si Jesús recibió nuestro castigo y pagó por nuestros pecados, entonces Dios no puede recibir un segundo pago de nuestra parte. Gracias a la obra de Jesús, Dios no exige una "retribución" al creyente; además, si Él realmente nos castigara por nuestros pecados, todos hubiéramos muerto hace mucho tiempo.[1] Pero Dios suele usar ciertos aspectos de este mundo caído (causados por el pecado en general: Gn 3, Ro 8:18-21) para sacudirnos y volvernos hacia Él. La gravedad de esto depende de la necesidad de nuestro corazón.

Es muy importante distinguir entre una experiencia de sufrimiento tipo "David" y una experiencia tipo "Job", es decir, un sufrimiento que no haya sido provocado directamente por algo que hayas hecho. Un cristiano que desarrolla un linfoma no debería pensar que está siendo castigado por un pecado aunque, por otro lado, no debe desaprovechar esta oportunidad de anclarse a Dios y descubrir un crecimiento espiritual y una sabiduría que nunca hubiera experimentado de otro modo.

Ahora piensa en esta ilustración. Imagina que un hombre se compromete cinco veces seguidas, y que es él quien rompe cada uno de esos compromisos. Debido a que cada prometida muestra algún defecto personal, él dice que esos defectos fueron las causas de esas rupturas. Pero, en realidad, las causas principales de los fracasos de esas relaciones fueron su propio perfeccionismo y su actitud de superioridad moral. Es un gran punto ciego para él. Puede ser, entonces, que una ruptura particularmente brutal sirva para sacudirlo y finalmente mostrarle lo que ha contribuido a toda esta miseria. Su sufrimiento y angustia es una llamada de atención para cambiar algo muy particular en su vida. El sufrimiento podría ser la única forma en que un hombre así sea humillado y se dé cuenta de sus propios defectos. El salmista dice en el Salmo 19: "Líbrame de los [pecados] que me son ocultos". En general, los problemas y las dificultades suelen ser los únicos medios que nos revelan estas cosas.

PABLO, JEREMÍAS Y EL SUFRIMIENTO DE LA TRAICIÓN

Así que hay un sufrimiento que es causado por un mal comportamiento. Pero, por otro lado, tenemos el sufrimiento que resulta de un comportamiento bueno y valiente. Tal comportamiento puede conducir a traiciones o ataques de otros. En la Biblia, la mayor parte del sufrimiento del apóstol Pablo fue causado por esto, al igual que el sufrimiento del profeta Jeremías. Pablo fue golpeado, encarcelado y atacado constantemente tanto por su propia gente como por los gentiles. En una de sus cartas, Pablo nos da una lista, que no es exhaustiva, de lo que experimentó como mensajero de Dios:

> ¿Son servidores de Cristo? ¡Qué locura! Yo lo soy más que ellos. He trabajado más arduamente, he sido encarcelado más

> veces, he recibido los azotes más severos, he estado en peligro de muerte repetidas veces. Cinco veces recibí de los judíos los treinta y nueve azotes. Tres veces me golpearon con varas, una vez me apedrearon, tres veces naufragué, y pasé un día y una noche como náufrago en alta mar. Mi vida ha sido un continuo ir y venir de un sitio a otro; en peligros de ríos, peligros de bandidos, peligros de parte de mis compatriotas, peligros a manos de los gentiles, peligros en la ciudad, peligros en el campo, peligros en el mar y peligros de parte de falsos hermanos. He pasado muchos trabajos y fatigas, y muchas veces me he quedado sin dormir; he sufrido hambre y sed, y muchas veces me he quedado en ayunas; he sufrido frío y desnudez. Y, como si fuera poco, cada día pesa sobre mí la preocupación por todas las iglesias. ¿Cuando alguien se siente débil, no comparto yo su debilidad? ¿Y, cuando a alguien se le hace tropezar, no ardo yo de indignación? (2Co 11:23-29).

Jeremías también fue puesto en cepos y encarcelado simplemente por "profetizar" (Jer 20:1-6). En muchas partes del mundo de hoy, las críticas públicas al gobierno o a las principales instituciones religiosas o culturales pueden hacer que te golpeen, encarcelen o maten. En nuestra cultura, es muy posible convertirse en objeto de un ataque político dentro de tu empresa o vecindario si muestras abiertamente tu compromiso a una causa impopular. Pero es aún más probable que este tipo de traición ocurra simplemente por una relación personal que se haya echado a perder. Cuando alguien percibe que ha sido perjudicado por ti, puede tratar de lastimarte o dañar tu reputación. A menudo, alguien que creíste conocer bien puede atacarte con tal de promover sus propios intereses. Las traiciones personales son particularmente dolorosas, y este tipo de prueba puede tentarte a ceder a la ira y la amargura.

Si bien el primer tipo de sufrimiento requiere que aprendas a arrepentirte, este tipo de sufrimiento usualmente implica una dificultad para perdonar. Serás tentado a llenarte de amargura y a ocultar tu creciente dureza y crueldad mientras te esfuerzas por dar la impresión de que eres una noble víctima. Es cierto que a menudo es necesario que haya una confrontación y que se procure la justicia, pero esto debe hacerse sin el deseo de venganza que conduce a que la experiencia te convierta en una peor persona en lugar de en una mejor.

MARÍA, MARTA Y EL SUFRIMIENTO DE LA PÉRDIDA

Hay tipos de sufrimiento que pueden llenarte de enojo y resentimiento, pero hay otro tipo que puede llegar a destrozarte del dolor. Algunos han llamado a este tipo de sufrimiento "universal" porque tarde o temprano nos llegará a todos, independientemente de nuestro comportamiento. Se trata del dolor y la pérdida que experimentamos ante la mortalidad, la decadencia y la muerte. Esto lo vemos en la Biblia cuando Jesús consuela a María y a Marta, quienes acababan de perder a su hermano y estaban lamentándose por su muerte.

Todo el mundo llega a experimentar este tipo de sufrimiento, pero dentro de esta categoría hay variaciones casi infinitas. Una cosa es enfrentar la muerte de un cónyuge después de cincuenta años de matrimonio, y otra hacerlo cuando los hijos pequeños quedan sin padre o madre. Una cosa es enfrentar tu propia muerte inminente a causa de una enfermedad cuando ya tienes ochenta años, y otra cuando tienes treinta. Una cosa es la tristeza de perder a un pariente con quien tenías una buena relación, y otra la tristeza de saber que tenías asuntos no resueltos con ese pariente, pues esta última viene acompañada de culpa y resentimiento. Y luego hay diferentes tipos de decadencia y muerte. Está la decadencia lenta pero segura del envejecimiento, y las muertes rápidas provocadas por accidentes automovilísticos, inundaciones y deslizamientos de tierra.

La decadencia y la muerte —la pérdida del hogar y de seres queridos— son inevitables para todos, así que se podría decir que constituyen una especie de sufrimiento universal. Puede que haya algunos problemas en torno a estas pérdidas que requieran de un autoexamen y de arrepentimiento, o de una confrontación y de perdón. Pero cuando los cristianos nos enfrentamos al dolor y a la tristeza, lo principal es que aprendamos a dirigir nuestras mentes y corazones a las diversas formas de consuelo y esperanza que nos ofrece nuestra fe. Pablo instruye a un grupo de creyentes que estaban de luto a que "no se entristezcan como esos otros que no tienen esperanza" (1Ts 4:13) y les llama a no desanimarse, "pues los sufrimientos ligeros y efímeros que ahora padecemos producen una gloria eterna que vale muchísimo más que todo sufrimiento. Así que no nos fijamos en lo visible, sino en lo invisible, ya que lo que se ve es pasajero, mientras que lo que no se ve es eterno" (2Co 4:16-18).

JOB Y EL SUFRIMIENTO MISTERIOSO

Por último, hay un tipo de sufrimiento que no se debe a las razones anteriores, aunque pudiera traslaparse con uno o más de los otros tipos. Este es el sufrimiento misterioso, inesperado y horrendo que la gente suele llamar "sin sentido". Se podría argumentar que este es el tipo de sufrimiento al que la Biblia presta especial atención. En el Salmo 44, los autores, "los hijos de Coré", miran a un país devastado y preguntan a Dios:

> Todo esto nos ha sucedido, a pesar de que nunca te olvidamos ni faltamos jamás a Tu pacto. No te hemos sido infieles, ni nos hemos apartado de Tu senda. Pero Tú nos arrojaste a una cueva de chacales; ¡nos envolviste en la más densa oscuridad! (...) ¿Por qué escondes Tu rostro y te olvidas de nuestro sufrimiento y opresión? (Sal 44:17-19, 24).

Ese tipo de clamor llena las páginas de los Salmos y las de profetas como Habacuc y Jeremías. Y luego está Job. La Biblia relata las historias de David, Pablo, María y Marta— quienes sufrieron profundamente—, pero la Biblia le da más atención al sufrimiento de Job que a todos los demás. Los otros tipos de aflicción tienen causas que son fáciles de identificar: fracaso moral, persecución y traición, y la inevitabilidad de la muerte. Y en cada caso vemos emociones como la culpa, la ira y el dolor, las cuales son difíciles de manejar pero se pueden ver claramente. Pero luego está el sufrimiento "tipo Job". Los sufrimientos de Job fueron extraordinarios. Todos sus hijos fueron asesinados a la vez. Toda su riqueza fue consumida en un instante. Estas aflicciones no son las más comunes en la vida humana, ni tampoco fueron causadas por deslices morales, persecución o traición. Cuando una persona experimenta un sufrimiento horrendo e inusualmente severo, no se llena de tristeza, culpa o resentimiento hacia los demás, sino con ira hacia la vida y hacia Dios mismo.

Cuando la vida de Job se derrumbó, al principio buscó un pecado específico por el cual pudiera estar siendo castigado. Después trató de identificar alguna lección que Dios pudiera estar tratando de enseñarle. En resumen, quería saber qué había provocado todo eso. Los amigos de Job también trataron de identificar pecados y áreas en las que Job debía mejorar. Pero Dios no le estaba pidiendo que rectificara nada. De hecho, *ese* era el punto del sufrimiento de Job. Dios lo estaba llevando a un punto donde él le obedeciera simplemente porque Él es Dios, no para recibir algo a cambio ni para lograr algo.

El sufrimiento de Job, entonces, no fue un castigo ni una lección destinada a cambiar un defecto particular en la vida de Job. Pero eso no quiere decir que no haya sido un vehículo poderoso tanto para el crecimiento personal de Job como para la gloria de Dios. Job había buscado en vano una "lección" específica, pero la lección fue realmente una revelación sobre el significado de su vida, y de su necesidad de basarla completamente, con todo su corazón, en Dios. Sin embargo, no fue sino hasta el final del libro de Job que él empezó a entender esto. Y cuando este tipo de sufrimiento misterioso e inexplicable llegue a nuestras vidas, nuestro camino también será largo como el de Job. Ciertamente podría implicar que nos arrepintamos, que perdonemos y que pongamos la mirada en nuestra verdadera esperanza. Pero el sufrimiento tipo Job requiere de un proceso de oración y quebrantamiento genuinos, del arduo trabajo de confiar completamente en Dios, y de lo que San Agustín llamó un reordenamiento de nuestros afectos.

DIFERENTES TIPOS DE TEMPERAMENTOS

Sin embargo, la diversidad del sufrimiento no solo consiste en factores externos, sino también en los internos —las diferentes personalidades y temperamentos de quienes experimentan la adversidad.

Uno de los mejores esfuerzos por dividir la experiencia del sufrimiento en sus diferentes facetas es el ensayo clásico de Simone Weil "El amor de Dios y la aflicción".[2] La filósofa y activista francesa llama *malheur* al dolor interno causado por el sufrimiento. No hay un sinónimo exacto en español para esta palabra francesa. Incluye un sentido de fatalidad y desesperanza. La palabra más cercana en español es quizás *aflicción*. Weil escribe que la aflicción "es un desarraigo de la vida, un equivalente más o menos atenuado de la muerte… Una especie de horror que sumerge toda el alma".[3] Weil distingue entre el sufrimiento, las circunstancias externas en el mundo y la aflicción, que es la experiencia interna del dolor y la tristeza. Weil luego trata de bosquejar lo que ella considera son los diversos aspectos de esta experiencia.

Weil observa que una de las marcas de la aflicción es el *aislamiento*.[4] Levantamos una barrera que nos separa de los demás, incluso de nuestros amigos más cercanos. Una de las razones es que de repente sentimos un nuevo abismo entre nosotros y prácticamente cualquier persona que no haya experimentado lo que estemos pasando. Antes creíamos que algunas personas tenían ciertas experiencias en común con nosotros, pero ya no. Andrew Solomon, en su estudio de padres con hijos sordos, autistas, esquizofrénicos o discapacitados, argumenta que estos padres experimentan un cambio de identidad.[5] En cierta manera, esto también es cierto para cualquier persona que esté pasando por una adversidad grave. El sufrimiento severo te convierte en una persona diferente, y a algunas de las personas con las que una vez sentiste afinidad ya no las ves igual. Pero el aislamiento también es causado por amigos que simplemente se mantienen alejados. ¿Por qué tendemos a evitar a las personas afligidas?[6] Puede que sea simplemente por una sensación de incompetencia —no sabemos qué decir ni qué hacer. También puede ser por miedo a ser arrastrados y consumidos por el dolor del que sufre. A veces nos mantenemos alejados porque, al igual que los amigos de Job, necesitamos creer que la persona afligida de alguna manera provocó esto o que no fue lo suficientemente sabia como para evitarlo. De esa forma podemos asegurarnos de que nunca nos pasaría a *nosotros*. La persona afligida nos desafía a admitir lo que preferiríamos negar —que una dificultad tan grave podría llegarle a cualquiera, en cualquier momento.

Hay un segundo aspecto de la aflicción al que podríamos llamar *implosión*. El dolor físico intenso te convierte inevitablemente en alguien ensimismado. No se puede pensar en nadie ni en nada más; aquí solo existe el dolor y la necesidad de que se detenga. De la misma manera, el dolor interno puede absorbernos dentro de nosotros mismos, de modo que apenas podemos notar lo que está sucediendo a nuestro alrededor. En *El señor de los anillos*, el efecto del Anillo Único era magnificar el ego. Así que cuando Samwise se pone el anillo, "lo que le rodeaba no se veía oscuro, sino borroso; mientras que él mismo estaba allí en un mundo gris y nebuloso —solo, como una pequeña roca negra".[7] El sufrimiento puede hacer eso mismo; puede hacerte creer que tú y tus necesidades son lo único sólido y real, y que todas las demás preocupaciones parezcan vagas, nebulosas y sin importancia. Este egoísmo puede hacerte incapaz de dar, recibir o sentir amor. Hay un entumecimiento, una obsesión con lo que te está sucediendo. Es posible que no puedas "salir de ti mismo" para considerar, servir o amar a los demás, o hasta para sentirte amado por los demás. Detrás de todo esto, dice Weil, está la percepción de que Dios se ha ido. "La aflicción hace que Dios parezca estar ausente por un tiempo, más ausente que un hombre muerto, más ausente que la luz en la completa oscuridad de una celda… Durante esta ausencia no hay nada que amar".[8] Puede que sepamos intelectualmente que alguien nos ama, o incluso que creamos que Dios nos ama, pero nuestros corazones no lo ven como algo real.

Un tercer aspecto de la aflicción es una sensación de fatalidad, de desesperanza y de *condenación*. Esto viene en parte por una vergüenza que es casi inconsciente, y que es difícil de explicar. "La aflicción nos endurece y desanima, pues es como un hierro candente que marca el alma profundamente con el desprecio, el disgusto, el odio hacia uno mismo y el sentimiento de culpa y contaminación que deberían producirse al cometer un crimen, aunque sabemos que no sucede así".[9] En otras palabras, deberíamos sentirnos culpables cuando hacemos algo malo, pero generalmente no es así. No es sino hasta que un gran sufrimiento cae sobre nosotros que sentimos que tal vez estamos siendo castigados, así que miramos a nuestro alrededor y comenzamos a reconocer nuestro pecado. Y no es difícil de encontrar. Es posible que nuestro pecado no esté conectado directamente con la aflicción, pero esa aflicción nos hace muy conscientes de nuestros defectos y de nuestra fragilidad. Esta sensación de condenación es común incluso en las culturas occidentales, donde se hace todo lo posible por ver a los que sufren como víctimas que no tienen responsabilidad alguna en cuanto a sus padecimientos.

El cuarto aspecto de la aflicción suele ser la *ira*. Los objetos de esa ira y la intensidad de la misma dependerán de las causas y del contexto. Puede haber ira hacia uno mismo, una profunda amargura hacia las personas que te han hecho daño o te han decepcionado, un enojo específico hacia Dios, o una ira generalizada por la injusticia y la vaciedad de la vida.

Weil agrega un último efecto tóxico de la aflicción que ocurre con frecuencia: la *tentación* —la tentación a la complicidad. El sufrimiento puede "convertir poco a poco al alma en su cómplice, inyectando un veneno de inercia en ella". Llegamos a ser cómplices de nuestra aflicción, a sentirnos cómodos con nuestra incomodidad y contentos con nuestro descontento. "Esta complicidad estorba todo esfuerzo por mejorar sus circunstancias; llega incluso a prevenir que busque su liberación, y a veces hasta... le impide desear esa liberación".[10] Puede hacerte sentir noble, y la autocompasión puede ser dulce y adictiva. La aflicción también puede convertirse en una gran excusa para todo tipo de comportamiento o patrones de vida que de otro modo no podrías justificar. O tal vez, en algún nivel subconsciente, sientes que tienes que pagar por tus pecados y que el sufrimiento es la forma de hacerlo.

Como pastor y como alguien que ha sufrido, pienso que el análisis de Simone Weil es bastante agudo. También explica lo infinitamente complejas y variadas que pueden ser las aflicciones. Estos factores —el aislamiento, la implosión, la ira, la condenación, la vergüenza y la tentación a disfrutar el sufrimiento— son como elementos en un compuesto químico. Podría argumentarse que casi todos están presentes en algún grado en cualquier aflicción, dependiendo no solo de las circunstancias causales, sino también de nuestros temperamentos individuales. Personas que difieran en personalidad, género y cultura procesarán sus emociones de maneras diferentes. Cada persona tiene sus propios valores y compromisos internos. Un padre, por ejemplo, puede amar a sus hijos profundamente pero tal vez se identifique más con su carrera. Es posible que su esposa sea muy dedicada en su vocación, pero que su sentido de valor y propósito esté más ligado al cuidado de sus hijos. Si ambos fracasan en su carrera, probablemente sea el esposo quien sufra una crisis; mientras que si uno de sus hijos se lastima seriamente, seguramente la madre estaría más desconsolada que el padre. El mismo problema produce respuestas diferentes porque cada corazón tiene su propia estructura de identidad.

Así que los elementos que enumera Weil pueden existir en proporciones muy diferentes y mantener interrelaciones diferentes y complejas dentro de cada caso.

DIFERENTES TIPOS DE CAMINOS

Por tanto, cada aflicción es única, y eso significa que cada persona que sufre tendrá que encontrar un camino para atravesar la suya. Cuando John Feinberg descubrió la terrible condición física de su familia, quedó sumido en la oscuridad por un tiempo. Recuerda que algunos amigos vinieron a verlo y trataron de ofrecerle pensamientos e ideas que lo ayudaran a superar el momento difícil. La mayoría eran reflexiones sobre verdades teológicas. Para relatar su experiencia, nos da dos listas.

Una lista estaba compuesta por aquellas cosas que se habían dicho y que él reconocía como ciertas —pero que en ese momento le resultaban irritantes o simplemente desalentadoras. Los amigos de Job dijeron muchas cosas sobre Dios que son verdaderas. Señalaron: "Al final todo mal será juzgado", "Dios está complacido con los justos", "Dios no es injusto" y "No podemos entender los caminos de Dios; van más allá de nuestras mentes insignificantes". Sí, todas las declaraciones son verdaderas. Y, sin embargo, Job los llama "consejeros miserables" (Job 16:2, NTV), y al final, Dios condena a los amigos por cómo respondieron a Job. ¿Por qué? Sus declaraciones eran ciertas, pero aplicaron estas verdades de una manera inapropiada. El erudito bíblico Donald Carson escribe sobre los amigos de Job:

> Existe una forma de utilizar la teología y los argumentos teológicos que hiere en lugar de sanar. Esto no es culpa de la teología ni de los argumentos teológicos; es culpa de los "consejeros miserables" que se aferran a un fragmento inadecuado de la verdad, que escogen el tiempo inapropiado, que tienen actitudes condescendientes, que aplican la verdad de una forma insensible y cuya verdadera teología se expresa en *clichés* cargados de cultura que provocan fricción en lugar de consuelo.[11]

Feinberg menciona algunos de los "consejos miserables" que recibió de sus amigos. Algunos le dijeron que Dios a menudo usa un problema para evitarnos otros problemas que nunca veremos. Sabía que eso podía ser cierto, pero solo lo hacía sentir peor. ¿Qué problema podría ser peor que ver a su esposa morir poco a poco a lo largo de los años? Otra persona le dijo: "Bueno, todos vamos a morir por algo. En el caso de tu esposa, la única diferencia es que sabes de qué morirá". Feinberg respondió, con mucha sensatez, que si bien esto es cierto, la mayoría de la gente *no* querría saber esta información. Otras personas hablaron sobre cosas terribles que les sucedieron para luego decir: "Entiendo cómo te sientes". Feinberg respondió: "¡Lo que ayuda no es saber que has sentido lo mismo que yo, sino saber que te importa!".[12]

Tal vez la "ayuda" más típica e inútil que recibió fue una serie de declaraciones afirmativas del tipo "sabemos que todo es para bien y tenemos que confiar en Dios". John Feinberg era profesor de teología sistemática en una escuela de posgrado. Él ya creía eso. Él había escrito tratados completos sobre eso. Pero mientras más lo escuchaba, más culpable se sentía. No se le permitía lamentarse, clamar ni gritar como Job o como David en los Salmos. Se le estaba diciendo implícitamente que si no estaba experimentando paz en su corazón por su conocimiento de la sabiduría y la bondad de Dios, era un hombre inmaduro espiritualmente.[13]

Es importante ver que la lista de "cosas que no ayudaron" estaba compuesta de verdades, solo que mal aplicadas. Habían sido expresadas con poca sabiduría u ofrecidas en el momento equivocado. Cuando recurrió a la lista de "cosas que ayudaron" comenzó a sanar, pues se trataba de un conjunto de verdades aplicadas en el orden correcto, de la manera correcta. Un día uno de sus amigos estaba hablando con Feinberg sobre una idea que antes lo hacía sentir muy culpable —sobre "gozarse en sus sufrimientos". El amigo señaló que eso no significaba que se regocijara *por* los sufrimientos, pues eso sería masoquista. "Tienes que aprender a vivir con esto, pero no es necesario que te guste", dijo. El punto era que Feinberg tendría que aprender a regocijarse más en Dios y en Su amor, pero el mal era malo y siempre sería doloroso.[14] Algo hizo clic en su cabeza durante esa conversación. También recibió ayuda de su padre, quien lo consoló al señalar que Dios no le daría *hoy* la gracia y la fuerza que necesitaría para enfrentar la terrible experiencia que se avecinaba. Le aterraba pensar que tendría que enfrentar la muerte de uno o más de sus familiares más cercanos, y que sería más de lo que podría soportar. Pero, dijo su padre, como no lo estaba enfrentando *ahora*, no se supone que se sintiera lo suficientemente fuerte como para enfrentar algo que aún no había sucedido. "Dios nunca prometió darte hoy la gracia para mañana. Él solo prometió la gracia de hoy para hoy, y eso es todo lo que necesitas" (ver Mt 6:34). Otro clic.

Después de haber asimilado algunos de estos pequeños pero importantes descubrimientos, Feinberg comenzó a sentir nuevamente el amor y la presencia de Dios de forma creciente. Y empezó a volver a las cosas que ya sabía: de dónde provenían el mal y el sufrimiento, la sabiduría y la soberanía de Dios, y el sufrimiento sacrificial de Jesús en la cruz por él. Poco a poco se apropió nuevamente de cada verdad, reflexionando sobre ellas desde su nueva perspectiva y aplicándolas a su corazón y al mundo. Eso hizo toda la diferencia.

La historia de Feinberg es útil para todos. Pero para mí, como pastor, las dos listas fueron bastante sorprendentes. Reconocí algunas cosas en su lista "desalentadora" que, en mi experiencia, habían sido de gran ayuda para las personas que sufrían, y en su lista "alentadora" vi algunas cosas que sabía de primera mano que irritaban a los que estaban sufriendo. Esto revela la gran diversidad del sufrimiento.

Con el paso de los años me percaté de que la mayoría de los libros sobre el sufrimiento, a pesar de que solían hablar en términos universales (por ejemplo: "Cuando estés sufriendo, deberías pensar esto"), en realidad apuntaban a un tipo de aflicción o de persona en particular. Algunas personas son tentadas a sentir autocompasión y orgullo, a sentirse como mártires nobles. Necesitan ser confrontadas en amor. Otras son tentadas a sentirse avergonzadas y a odiarse a sí mismas. Estas necesitan ser afirmadas en la verdad.

Algunos libros sobre el sufrimiento te dicen simple y directamente que "aproveches" tu aflicción, que aprendas de ella. Y, de hecho, algunos tenemos que usar esos tiempos para hacer cambios evidentes y necesarios en nuestras vidas. Por ejemplo, un hombre que ha puesto demasiado énfasis en tener y gastar mucho dinero, cuando se enfrenta al trauma de un gran fracaso laboral, necesita confrontarse a sí mismo por su avaricia y su confianza en los bienes materiales. También es correcto hablar sobre el plan soberano de Dios para nuestras vidas, de cómo utiliza el dolor y la dificultad para llamar nuestra atención, y de cómo Él usa las circunstancias adversas para producir algo bueno. ¿Pero qué hay de los padres jóvenes que acaban de perder a su hija de cinco años, quien fue atropellada por un automóvil? ¿Deberías empezar diciéndoles: "Dios está tratando de llamar tu atención. ¡Asegúrate de aprender de esto! ¿Qué cambios deberían estar haciendo?"? Los padres probablemente dirían: "¿¡Qué clase de Dios sacrificaría a una niña inocente para darnos 'lecciones espirituales'!?".[15]

No debemos pasar por alto la importancia de comprender las verdades en el orden correcto. Es importante saber que nada de lo que sucede, ni siquiera los eventos más horrendos, escapan los propósitos, el control y la sabiduría de Dios, y que Él ha prometido usar incluso las peores circunstancias en Su plan para nuestro bien. Esta enseñanza podría ser importante para llamar la atención de una persona que ha tenido un fracaso comercial por su propia avaricia, pero no debe ser lo primero que digamos a padres que están en duelo por la muerte de su hijo, independientemente de que tengan que aceptar esto y grabarlo en sus corazones para poder ser sanados.

Hemos visto que, cuando se trata del sufrimiento, hay una gran variedad de formas, temperamentos y caminos. La Biblia enseña múltiples verdades sobre el sufrimiento, y estas diferentes verdades deben aplicarse en un orden diferente según las circunstancias, las etapas y los temperamentos. Pero también hay muchas formas de expresar esas verdades e ideas. En medio de sus períodos más oscuros, mi esposa Kathy ha descubierto que, aparte de la Biblia, nada puede hablarle mejor a su corazón que las cartas pastorales del ex vendedor de esclavos y escritor de himnos del siglo XVIII, John Newton. Su prosa es solemne y algo arcaica, y muchas de las personas que sufren no podrían leer cientos de páginas de sus cartas y experimentar la profunda satisfacción que produce en Kathy. Por ejemplo, el principio "Dios tiene el control" puede sonar frío y hasta amenazante. Pero cuando Kathy o yo leemos que "Él envía todo lo necesario; nada puede ser necesario si Él lo retiene", nos sentimos desafiados y confortados. Muchas veces lo que nos ayuda durante los tiempos oscuros es un poema, una historia, una cita, un versículo de la Biblia, una canción, un argumento o un himno. Una o dos líneas se vuelven "radioactivas"; meditamos en ellas, y descubrimos que nos dan luz, consuelo, seguridad y sanidad, reduciendo así los tumores de nuestra ira y nuestra desesperación.

"Aun si voy por valles tenebrosos, no temo peligro alguno porque Tú estás a mi lado" (Sal 23:4). Hay más de un camino en ese valle. Y el Señor, el Guía perfecto, te mostrará el mejor y te acompañará.

HISTORIA DE VIDA: **RENDICIÓN NO SIGNIFICA DERROTA**

por Gloria

La mayor parte de mi vida ha sido bastante tranquila. Al crecer en una familia cristiana, aprendí mi primera oración de mi abuela materna. Por la gracia de Dios, Cristo me llamó a los dieciséis años de edad, y fui bautizada el mismo año. He sido bendecida con una buena educación, un trabajo estable, oportunidades para viajar por el mundo y una buena salud.

A la edad de sesenta y siete años, planifiqué retirarme en agosto de 2013. Mi objetivo era disfrutar de muchas actividades espirituales, algo que no podía hacer mientras trabajaba. Sin embargo, mis planes de jubilación no incluían el cáncer de pulmón que encontraron en una tomografía. Pruebas adicionales confirmaron tumores en ambos pulmones, y metástasis en el cerebro y en los ganglios linfáticos. Resultó ser un cáncer de pulmón que afecta a los no fumadores. Estaba programada para recibir quimioterapia sin expectativa de curación o de erradicación.

¿Dónde ha estado Dios durante este episodio oscuro? Primero, estuvo conmigo en la detección casual del cáncer, ya que no tenía síntomas. Segundo, ha fortalecido mi fe en Sus planes para mí. El cáncer de pulmón es un invasor silencioso. Ataca sin previo aviso a través del daño físico, pero también con el temor de un acortamiento inesperado de la vida. Pero Jesús, el Pastor que sana, me ha concedido paz a través de Su amor misericordioso.

A lo largo de este proceso, me he aferrado a la oración que me enseñó mi abuela: "Gracias, Padre celestial, por la comida y la bebida, por la paz y la alegría. Hágase Tu voluntad". No tuve necesidad de preguntar: "¿Por qué yo?", ni: "¿Por qué ahora?". No oré por el milagro de la sanidad, sino para que pudiera mantener mi fe en Jesús como Señor soberano. Me sometí a Su poder, sabiendo que Él no solo es capaz de sanar milagrosamente, sino que al ser el Hijo de Dios también es capaz de dar vida eterna. Sabía que Jesús me guiaría a través de los valles que me esperaban.

Dado que la quimioterapia inicial produjo una reducción total y casi inmediata de los tumores cerebrales, comencé a anhelar el mismo resultado en mis pulmones. Pero después de nueve meses de tratamiento adicional, esos tumores no presentaron cambios. Ahora la estrategia es la contención. Esperar los resultados de una tomografía computarizada cada tres meses se convertirá en mi nueva normalidad.

Sin embargo, en lugar de ver la estabilidad del tumor como una buena noticia, comencé a sentirme derrotada y me culpé a mí misma por no solicitar un tratamiento más agresivo. Me desanimé y no pude sentir la paz de Jesús. Lo que experimenté no fue dolor físico, sino miseria en el alma, una que yo misma había provocado. Pero, una vez más, Dios se acercó a mí con una invitación de Proverbios 3:5: "Confía en el Señor de todo corazón, y no en tu propia inteligencia". Esa confianza en Jesús requería de una mayor rendición a Su voluntad —una rendición absoluta y continua. Gracias a la profunda misericordia de Dios, comencé a ver mi sumisión en términos de una mayor participación con Cristo en Su sufrimiento en la cruz y en Su sumisión absoluta al Altísimo. Sigo orando para que Dios me dé la gracia para aceptar mi porción y para que sea Él quien guíe mi rendición.

Ahora he encontrado libertad en anclar mis días y noches al Espíritu de Jesús. Vivir un día a la vez sin preocuparme por el mañana me libera y alivia mi sufrimiento. Cuando renuevo mi confianza en Jesús, mi amor, esperanza y fe también son renovados. Mi enfoque ha pasado de mi dolor a Su amor. He descubierto un nuevo tesoro: el regalo del dolor es Dios mismo. Al final, solo Él es mi deleite y mi consuelo. He aprendido el significado del Salmo 119:71: "Me hizo bien haber sido afligido, porque así llegué a conocer Tus decretos".

El Salmo 27:4 ahora guiará mi viaje hasta el final. "Una sola cosa le pido al Señor, y es lo único que persigo: habitar en la casa del Señor todos los días de mi vida, para contemplar la hermosura del Señor y recrearme en Su templo".

PARTE TRES

CAMINANDO CON DIOS EN EL HORNO

ONCE

CAMINANDO

La llama no puede dañarte jamás
si en medio del fuego te ordeno pasar;
el oro de tu alma más puro será,
pues solo la escoria se habrá de quemar.

— John Rippon, "Cuán firme cimiento"

Hemos visto cómo prepararnos para el sufrimiento. Es hora de preguntar: ¿Cómo podemos, en la práctica, enfrentar y superar el sufrimiento que nos ha sobrevenido?

La mayoría de los libros y recursos actuales para personas que sufren ya no hablan sobre soportar una aflicción, sino que utilizan un vocabulario sacado de los negocios y de la psicología para enseñar a las personas a manejar, reducir y enfrentar el estrés, la tensión o el trauma. Se les aconseja evitar pensamientos negativos, procurar tiempos de esparcimiento, ejercicio y relaciones de apoyo. También deben resolver sus problemas y "aprender a aceptar las cosas que no podemos cambiar". Pero todo el enfoque está en controlar sus respuestas emocionales inmediatas y su entorno. Sin embargo, por siglos el cristianismo ha ido más allá a fin de proporcionar a los creyentes los recursos para hacer frente a la tribulación.

CAMINANDO CON DIOS EN EL SUFRIMIENTO

Hay un himno famoso que dice que Jesús pasó por las mismas penas por las que pasamos hoy. Esta es la traducción literal de una de sus estrofas:

Coronad al que es Hijo de Dios
desde antes de la fundación del mundo,
Y ustedes, quienes andan por donde Él anduvo,
coronad al Hijo de Hombre;
Aquel que ha conocido todas las aflicciones
que oprimen a la humanidad,
Y las ha tomado para llevarlas sobre Sí,
para que todos puedan descansar en Él.[1]

Como hemos observado, una de las principales formas en que la Biblia describe la manera en que debemos enfrentar el sufrimiento es presentándolo como un *andar* —andar o pasar por un camino difícil, peligroso y potencialmente fatal. En ocasiones dice que es como andar en la oscuridad. "Aunque ande en valle de sombra de muerte, no temeré mal alguno, porque Tú estarás conmigo..." (Sal 23:4, RV60; ver Is 50:10, 59:9; Lam 3:2). Otra imagen es la de atravesar aguas profundas. "Me estoy hundiendo en una ciénaga profunda, y no tengo dónde apoyar el pie. Estoy en medio de profundas aguas, y me arrastra la corriente" (Sal 69:2; ver Sal 69:15; 88:17; 124:4; Job 22:11; Éx 15:19). También está la idea de caminar cuidadosamente por senderos montañosos que son resbaladizos y peligrosos (Sal 73:2). Lo que une a todas estas metáforas es la insistencia en que el sufrimiento es algo que se debe atravesar.

La idea de andar o caminar indica que hay un progreso. Muchos antiguos consideraban que la adversidad era simplemente algo que uno debía soportar sin acobardarse, incluso sin sentir, hasta que desapareciera. Los occidentales modernos ven el sufrimiento como algo similar a un clima adverso, algo que evitas o de lo cual te proteges hasta que pase. El inusual equilibrio de la fe cristiana puede verse en la metáfora de caminar a través de la oscuridad, de remolinos de agua o de fuego. No debemos perder nuestro equilibrio y así dejar que el sufrimiento se salga con la suya. Pero tampoco debemos pensar que podemos evitarlo de alguna manera o ser completamente inmunes a él. Debemos avanzar a través del sufrimiento sin sobresaltos y sorpresas, sin negar nuestra tristeza y debilidad, sin resentimiento, sin un miedo paralizador; pero también sin conformarnos, sin darnos por vencidos y sin desesperarnos.

Consideremos particularmente la metáfora de caminar a través del fuego. El fuego, por supuesto, destruye y puede causar una muerte agonizante. Era una imagen muy común para la adversidad y el juicio en la literatura judía, griega y romana.[2] También hay muchos pasajes bíblicos donde se compara la aflicción con el fuego (Sal 66:10; Pro 17:3; 27:21; Zac 13:9; Mal 3:3). No es de extrañar, entonces, que la adversidad y la tristeza en general se comparen con ser consumidos por el fuego (Job 18:14-16, Sal 66:12). El más famoso de todos los pasajes bíblicos que usan este símbolo es Isaías 43, en el que Dios mismo habla a Su pueblo, diciendo:

> Cuando cruces las aguas, Yo estaré contigo; cuando cruces los ríos, no te cubrirán sus aguas; cuando camines por el fuego, no te quemarás ni te abrasarán las llamas. Yo soy el Señor, tu Dios, el Santo de Israel, tu Salvador… No temas, porque Yo estoy contigo; desde el oriente traeré a tu descendencia, desde el occidente te reuniré (Is 43:2-3, 5).

Las inundaciones y el fuego son "términos de dificultad extrema".[3] Y nota que, al igual que en el famoso Salmo 23, no hay ninguna promesa que diga que los creyentes están exentos de problemas. Dios no dice: "*Si pasas* por el fuego" y por inundaciones y valles oscuros, sino *cuando pases*. La promesa no es que Él nos sacará de la experiencia del sufrimiento. No, la promesa es que Dios estará con nosotros, caminando junto a nosotros en medio de nuestro sufrimiento. Isaías lleva la metáfora un paso más allá y dice que, aunque el pueblo de Dios experimentará el calor de las llamas, no serán quemados por ellas. Eso parece indicar que aunque ellos estarán en el fuego, el fuego no estará *en ellos*. Es decir, no penetrará para envenenar sus almas, endurecer sus corazones ni desesperarlos.

1 Pedro habla del sufrimiento, proporcionalmente, más que cualquier otro libro de la Biblia.[4] El apóstol Pedro está pensando en Isaías 43 cuando dice a sus lectores que el sufrimiento es como el fuego de un refinador, como una fragua o un horno. Pedro está hablando con personas que están sufriendo. Él les dice que ahora están en un período en el que están sufriendo "diversas pruebas" (1:6). La palabra griega para "pruebas" es una palabra que significa "un intento de aprender la naturaleza o el carácter de algo. Un examen".[5] "Su... fe estaba siendo difamada. Su estatus social, sus relaciones familiares y posiblemente hasta su sustento estaban en juego".[6] Este es el fuego del que habla Pedro, pero él amplía la metáfora y describe el sufrimiento no solo como un fuego, sino como una fragua o un horno que puede destrozar o mejorar dependiendo del objeto que se coloque en el fuego y de la manera en que se trate. Luego Pedro agrega:

> El oro, aunque perecedero, se acrisola al fuego. Así también la fe de ustedes, que vale mucho más que el oro, al ser acrisolada por las pruebas demostrará que es digna de aprobación, gloria y honor cuando Jesucristo se revele (1:7).

Consideramos esta imagen brevemente en la introducción: la adversidad es como un fuego que, en lugar de destruir, puede refinar, fortalecer y embellecer, como lo hace una fragua con el metal. ¿Cómo lo hace? ¿Cómo puede hacerlo?

El oro es un metal precioso, y si lo pones en el fuego puede ablandarse o derretirse, pero no se encenderá ni se convertirá en cenizas.[7] Sin embargo, el oro puede estar lleno de impurezas que sí pueden ser destruidas. Cuando se colocan en el fuego, se queman o suben a la superficie para ser eliminadas por el orfebre. En cierto sentido, el fuego "intenta" destruir el metal pero solo logra hacerlo más puro y hermoso.

Ahora Pedro compara a los cristianos que tienen fe salvadora en Jesucristo con el oro lleno de impurezas. De la misma manera, nuestra fe en Dios está mezclada con todo tipo de deseos impuros que buscan alejarnos de Él: la comodidad, el poder, el orgullo, el placer y el ego. Muchas veces nuestra fe es bastante abstracta e intelectual, y no muy sincera. Podemos creer cognitivamente que somos pecadores salvados por la gracia de Dios, pero nuestros corazones en realidad funcionan bajo la premisa de que estamos bien porque somos más decentes, más comprensivos, más trabajadores, más cariñosos o más sofisticados que los demás. Tenemos muchas imperfecciones. Somos demasiado frágiles cuando somos criticados y demasiado duros al criticar a otros. Puede que seamos malos oyentes, poco generosos con las personas que consideramos tontas, demasiado impulsivos, demasiado tímidos y cobardes, demasiado controladores o poco confiables. Pero usualmente no somos capaces de ver estas cosas con facilidad, a pesar de que oscurecen nuestras propias vidas y perjudican a otras personas.

Luego llega el sufrimiento. Timidez y cobardía, egoísmo y autocompasión, tendencias hacia la amargura y la deshonestidad —todas estas "impurezas" del alma son reveladas por las pruebas y el sufrimiento del mismo modo en que un horno extrae las impurezas del metal sin refinar. Finalmente podemos ver quiénes somos. Así como el fuego purifica el oro, el sufrimiento puede destruir ciertas tendencias en nosotros, purificándonos y fortaleciéndonos.

Pero puede que no. Depende de nuestra respuesta. Pedro insta a sus lectores de diversas maneras a no sorprenderse cuando llegue el sufrimiento (1P 4:12), a no perder la esperanza. Les dice que mientras estén sufriendo deben "[entregarse] a su fiel Creador y [seguir] practicando el bien (1P 4:19), y les promete que "después de que… hayan sufrido un poco de tiempo, Dios mismo, el Dios de toda gracia que los llamó a Su gloria eterna en Cristo, los restaurará y los hará fuertes, firmes y estables" (1P 5:10). Pedro está diciendo que el horno ardiente no nos hace mejores de forma automática. Mientras estemos en el fuego, debemos reconocer a Dios, depender de Él, hablar con Él y creer en Él. Dios mismo dice en Isaías 43 que estará *con* nosotros, caminando junto a nosotros en el fuego. La clave para ser fortalecidos por ese fuego en lugar de ser debilitados por él es conocer íntimamente a Dios.

TRES EN EL HORNO

Esta promesa de Isaías 43:2-3 se cumplió literalmente en la historia de tres exiliados judíos en Babilonia bajo el gobierno del rey Nabucodonosor, relatada en el tercer capítulo del libro de Daniel.[8] El relato cuenta cómo el rey había hecho una enorme estatua de oro para colocarla en un lugar público. La identidad de la estatua nunca se especifica, pero es posible que eso haya sido intencional. Así podría interpretarse como una representación del rey, o del dios del rey, o del propio imperio, o de los tres a la vez. Babilonia, al igual que la mayoría de las sociedades del Oriente Cercano, era pluralista en cuanto a la religión. Cada ciudad y región tenía su propio dios, y todos eran libres de rendir homenaje a dioses adicionales si lo deseaban. Pero Nabucodonosor exigió que cada vez que sus músicos tocaran sus instrumentos, toda persona debía inclinarse ante la imagen, y "todo el que no se incline ante ella ni la adore será arrojado de inmediato a un horno en llamas" (Dn 3:6). El propósito del rey era claro. Las personas eran libres de servir a los dioses que quisieran, pero el único objeto al que todos *debían* rendir homenaje era al poder del estado.

La historia nos dice que la gran mayoría de la gente obedeció voluntariamente, a excepción de tres hombres judíos que trabajaban en el servicio civil. Sus nombres babilónicos eran Sadrac, Mesac y Abednego. Sabían que obedecer al rey sería una violación de su fe en el Dios de Israel, que se reveló a Sí mismo no como *un* dios, sino como *el* Dios de todo el mundo. Se negaron a inclinarse a la hora señalada, y la noticia llegó al rey. Fueron convocados a su presencia y amenazados con una muerte rápida y dolorosa si no obedecían.

> Nabucodonosor les dijo: "Ustedes tres, ¿es verdad que no honran a mis dioses ni adoran a la estatua de oro que he mandado erigir? En cuanto escuchen la música de los instrumentos musicales, más les vale que se inclinen ante la estatua que he mandado hacer y que la adoren. De lo contrario, serán lanzados de inmediato a un horno en llamas, ¡y no habrá dios capaz de librarlos de mis manos!" (Dn 3:14-15).

Estos tres hombres se encontraron en la misma situación que millones de personas del pasado y del presente que se negaron a conformar su fe y sus prácticas religiosas a las exigencias de un régimen totalitario. Y hay muchas maneras en las que estos tres jóvenes también representan a todas las personas que de repente se encuentran ante una dolorosa aflicción que cae sobre ellos inesperadamente, sin que hayan hecho nada para merecerla. En respuesta a su orden, Nabucodonosor recibió una denegación rotunda e incondicional. Los tres le dijeron al rey:

> Si se nos arroja al horno en llamas, el Dios al que servimos puede librarnos del horno y de las manos de Su Majestad. Pero, aun si nuestro Dios no lo hace así, sepa usted que no honraremos a sus dioses ni adoraremos a su estatua (Dn 3:17-18).

Hay un equilibrio casi paradójico de confianza y humildad en esta respuesta. Su declaración combina elementos que consideraríamos contradictorios. Por un lado, expresan una fuerte convicción de que Dios no solo puede rescatarlos sino que realmente los rescatará (v 17). Pero luego somos desconcertados por su siguiente oración: "*Pero, aun si nuestro Dios no lo hace así…*". Si confían en Dios, ¿por qué admitirían la posibilidad de no ser librados?

La respuesta es que su confianza realmente estaba en Dios, no en su comprensión limitada de lo que pensaban que haría. Estaban seguros de que Dios los rescataría. Sin embargo, no eran tan arrogantes como para pensar que podrían saber exactamente lo que Dios haría. Sabían que Dios no estaba obligado a operar de acuerdo a su sabiduría limitada. En otras palabras, su confianza estaba en Dios mismo, no en un propósito que deseaban que Dios promoviera. Confiaban en Dios, y eso incluía la confianza de que Él sabía mejor que ellos lo que debería suceder. Así que básicamente dijeron esto: "Incluso si nuestro Dios no nos rescata, lo cual no está obligado a hacer, le serviremos a Él y no a ti. No te desafiamos porque estemos seguros de que vamos a sobrevivir; te desafiamos porque nuestro Dios *es* Dios".

A menudo escucho a la gente decir: "Si Dios ha de bendecirnos, debemos creer fervientemente y sin duda alguna que Él nos *va* a bendecir. Debemos reclamar nuestra bendición con plena seguridad de que la recibiremos". Pero no vemos eso aquí, ni vemos esa actitud en otros lugares de la Biblia. Piensa en los mejores siervos, desde Abraham hasta José, David y el mismo Jesús, que a menudo oraban y *no* obtenían la respuesta que buscaban. Si decimos: "Dios, *sé* que responderás a esta oración. *No puedes no contestarla*", entonces nuestra confianza no está realmente en la sabiduría de Dios, sino en la nuestra. Como pastor, he escuchado a innumerables personas decir: "Confié en Dios y oré tanto por X, pero nunca me lo dio. ¡Él me defraudó!". Pero, para ser más precisos, su fe y esperanza más profundas en realidad estaban en un propósito que habían ideado para sus vidas, y Dios era solo un medio que estaban utilizando para llegar a ese fin. En el mejor de los casos, confiaban en "Dios + mi plan para mi vida". Pero estos tres hombres confiaron en Dios y *punto*.

Las personas que dicen cosas como: "Simplemente sé que Él nos rescatará", pueden parecer muy convencidas, pero en el fondo están llenas de ansiedad e inseguridad. Tenemos miedo de que tal vez Él *no* responda la oración de liberación. Pero Sadrac, Mesac y Abednego confiaban en Dios, sin importar cuál fuera Su respuesta. No estaban para nada nerviosos. Ya eran a prueba de fuego espiritualmente hablando. Estaban listos para la liberación y para la muerte —de cualquier manera, sabían que Dios sería glorificado y que estarían con Él. Sabían que Dios los libraría *de* la muerte o *a través* de la muerte.

Su mayor alegría fue honrar a Dios, no usar a Dios para obtener lo que querían en la vida. Por eso eran hombres intrépidos. Nada podía derrocarlos.

CUATRO EN EL HORNO

Cuando recibió esta respuesta desafiante, Nabucodonosor se llenó de una furia aún mayor. Hizo calentar el fuego del horno siete veces más de lo normal. Mandó que ataran a los tres y los arrojó al horno. Las llamas estaban tan calientes que el calor mató a los soldados que los arrojaron (v 22). Pero cuando el rey miró al fuego, lo que vio lo sacudió completamente.

> En ese momento Nabucodonosor se puso de pie, y sorprendido les preguntó a sus consejeros:
>
> —¿Acaso no eran tres los hombres que atamos y arrojamos al fuego?
>
> —Así es, Su Majestad —le respondieron.
>
> —¡Pues miren! —exclamó—. Allí en el fuego veo a cuatro hombres, sin ataduras y sin daño alguno, ¡y el cuarto tiene la apariencia de un dios! (Dn 3:24-25).

En lugar de escuchar gritos de agonía y de ver tres cuerpos retorciéndose del dolor, el rey observó a *cuatro* figuras caminando tranquilamente en el fuego, sin ataduras e ilesas. Pero fue el cuarto hombre quien llamó su atención. "El cuarto tiene apariencia de un dios". Evidentemente, aun a través del humo y las llamas, esta figura parecía tener un poder enorme. De alguna manera parecía ser sobrehumano, divino. Es obvio que la razón por la cual los tres hombres caminaron en el fuego sin quemarse fue que esta cuarta persona caminaba junto a ellos. Y notamos que Él no sale del horno con los otros tres.

¿Quién era? En el Antiguo Testamento hay una figura misteriosa llamada simplemente "el ángel del Señor" —no *un* ángel sino *el* ángel— y más adelante Nabucodonosor dice que el Señor "envió a Su ángel y los salvó" (v 28). ¿Quién era? No es como otros ángeles que aparecen en otras partes de la Biblia. Cuando aparece y le habla a Moisés en la zarza ardiente, se dice que sus palabras son las palabras de Dios; su palabra es Dios hablando (Éx 3:2-6). Cuando el ángel aparece, se le rinde adoración (Jos 5:15) de una manera que otros ángeles se niegan a recibir (Ap 19:10). Ver a este ángel era ver a Dios (Jue 13:16-22). El ángel es misterioso porque parece ser Dios en una forma visual. Y, de hecho, los cristianos han entendido durante siglos quién era Él. El erudito del Antiguo Testamento Alec Motyer lo resume bien:

> El Ángel se revela como una misericordiosa "acomodación" o "condescendencia" de Dios, mediante quien el Señor puede estar presente en medio de un pueblo pecador, pues si Él se acercara a ellos, Su santa presencia los consumiría... Solo hay otro en la Biblia que es idéntico y, sin embargo, distinto del Señor. Uno que, sin abandonar la esencia y las prerrogativas de la deidad... es capaz de rodearse de la compañía de pecadores... Jesucristo.[9]

Así que este texto mira hacia el pasado y hacia el futuro de formas muy poderosas. El amigo valiente y divino es una representación de Isaías 43:2, 5: "Cuando camines por el fuego, no te quemarás ni te abrasarán las llamas... No temas, porque Yo estoy contigo". ¿Quién hubiera pensado que Dios estaba hablando literalmente cuando dijo: "Yo estaré contigo *en* el fuego?". ¿Ves las infinitas distancias que tuvo que atravesar para estar con nosotros? Cuando recordamos que Jesús estaba viviendo en gloria y dicha inimaginables por toda la eternidad, nos damos cuenta de que toda Su vida fue, para Él, como caminar en un horno.

En Su nacimiento, Jesucristo vino a estar con nosotros en nuestra finita y débil humanidad. Toda Su vida estuvo bajo estrés, a menudo era atacado por personas que buscaban matarlo (Lc 4:29), y fue incomprendido y rechazado constantemente. Pero fue al final de Su vida, en la cruz, cuando realmente entró en nuestro horno. Al igual que Sadrac, Mesac y Abednego, fue condenado injustamente a una muerte dolorosa por un régimen totalitario.

Sin embargo, cuando llegó el momento de que Jesús entrara en el horno de la aflicción, no había nadie que caminara junto a Él. Él sufrió todo por Sí mismo. Ningún personaje divino estuvo a Su lado, pues por ello clamó en la cruz: "Dios mío, Dios mío, ¿por qué me has desamparado?". "Cuando el fuego de la ira de Dios lo consumió y ardió sin control sobre Él, estaba completamente solo".[10] ¿Por qué? ¿Por qué estaría Dios con estos tres exiliados judíos pero no con Su Hijo unigénito? La respuesta es que en la cruz Jesús no solo sufrió *con* nosotros sino también *por* nosotros. Sadrac, Mesac y Abednego eran hombres fieles, pero también eran seres humanos pecadores. David dijo que si alguien guardara un registro de nuestros pecados, nadie podría estar delante de Dios (Sal 130:3). Estos tres no merecían la liberación del Señor debido a la pureza de sus vidas. Dios pudo acompañarles en ese fuego terrenal porque siglos después Su Hijo pasaría por el fuego del castigo de Dios que ellos merecían. Dios ya los veía como justos por la obra futura de Cristo en la cruz. Solo por eso Él puede perdonar y aceptar a aquellos que confían en Su misericordia. Y es por eso que Él puede estar con nosotros, personas pecadoras e indignas, en el fuego.

LECCIONES DEL HORNO

¿Qué aprendemos? Si crees en Jesús y descansas en Él, entonces el sufrimiento será para tu carácter lo que el fuego es para el oro. Piensa en cuatro cosas que deseamos. ¿Quieres saber quién eres, tus fortalezas y debilidades? ¿Quieres ser una persona compasiva que hábilmente ayuda a las personas que están sufriendo? ¿Quieres tener una profunda confianza en Dios que te permita mantenerte firme ante las desilusiones de la vida? ¿Quieres simplemente ser sabio en toda tu manera de vivir? Esas son cuatro cosas cruciales que debemos poseer, pero ninguna de ellas se puede lograr fácilmente sin sufrir. No hay forma de saber quién eres en realidad hasta que seas probado. No sentirás empatía ni compasión genuinas hacia las personas que sufren a menos que hayas sufrido. No hay forma de realmente aprender a confiar en Dios hasta que te estés ahogando.

Pero esta historia también nos enseña que Dios está con nosotros en el fuego. Esa es una metáfora que significa que Él sabe lo que significa atravesar las miserias de este mundo —Él comprende. Significa que está cerca, disponible para ser conocido y para que dependamos de Él en medio de las dificultades. Él camina con nosotros, pero la verdadera pregunta es: ¿caminaremos *con Él*? Si hemos creado un Dios falso que se ajusta a nuestros propósitos, cuando llegue una crisis simplemente asumiremos que nos ha abandonado y no le buscaremos.

Esto es importante de considerar, porque todos sabemos que el sufrimiento no solo refina, sino que también puede endurecer y consumir. Mucha gente ha sido quebrantada por el sufrimiento, terriblemente afectada. Entonces, ¿qué tienes que hacer para crecer en lugar de ser destruido por tu sufrimiento? La respuesta es que debes caminar con Dios. ¿Y qué significa eso?

Significa que debemos reconocer que Dios *es* Dios y que *está presente*. Por supuesto, eso implica hablar con Él y derramar tu corazón en oración. Implica confiar en Él. Pero sobre todo implica ver con los ojos de tu corazón cómo Jesús se sumergió en el fuego por ti cuando fue a la cruz. Esto es lo que necesitas saber para poder confiar en Él, permanecer con Él y así ser purificado por el fuego. Si recuerdas con gratitud y asombro que Jesús fue arrojado al peor horno *por* ti, podrás comenzar a percibir que Él está *contigo* en tus hornos más pequeños.

Esto significa recordar el evangelio. Cristo fue arrojado al peor fuego, al fuego que *nosotros* merecemos. Y así es como somos salvos: si creemos en Él, esa ira nunca será derramada sobre nosotros. ¿Qué pasa si crees que Dios solo salva a aquellos que son muy buenos? Si eso es lo que crees cuando llegue el sufrimiento, entonces vas a odiar a Dios o te odiarás a ti mismo. Dirás: "He hecho mucho bien en mi vida. Merezco algo mejor. Dios me ha tratado injustamente". O dirás: "Parece que Dios no estaba satisfecho con mi manera de vivir. Soy un fracasado". De cualquier manera, caes en la desesperación. Un corazón que olvida el evangelio estará dividido entre la ira y la culpa.

Si entras al horno sin el evangelio, no será posible encontrar a Dios allí. Estarás seguro de que Él te ha traicionado o de que tú lo has traicionado a Él, y te sentirás solo. Entrar al fuego sin el evangelio es lo más peligroso que alguien puede hacer. Estarás enojado con Dios, o enojado contigo mismo, o ambas cosas.

Pero encuentras a Dios en el horno si cuando eres arrojado a él te dices: "Este es mi horno. No estoy siendo castigado por mis pecados, porque Jesús fue arrojado a ese fuego por mí. Así que si Él atravesó ese gran fuego por mí, yo puedo pasar por este pequeño horno por Él. Y también sé que si confío en Él, este horno solo podrá purificarme".

El escritor de himnos John Rippon lo expresó de esta manera:

No habrán de anegarte las ondas del mar
cuando aguas profundas te ordeno cruzar;
pues siempre contigo seré en tu dolor,
y todas tus penas podré mitigar.

La llama no puede dañarte jamás
si en medio del fuego te ordeno pasar;
el oro de tu alma más puro será,
pues solo la escoria se habrá de quemar.

Mi amor siempre tierno, invariable, eternal,
constante a Mi pueblo mostrarle podré;
si nívea corona ya ciñe su sien,
cual tiernos corderos aun cuidaré.

FORMAS DE CAMINAR CON DIOS

Caminar con Dios a través del sufrimiento significa reconocer que Dios *es* Dios y que *está presente*. Caminar no es algo dramático, sino algo rítmico; consiste en acciones constantes y repetidas que puedes mantener de manera sostenida durante mucho tiempo. Dios no le dijo a Abraham en Génesis 17:1 que hiciera un salto mortal delante de Él, ni que corriera delante de Él, pues nadie puede hacer tales cosas todo el tiempo. Hay muchas personas que piensan en el crecimiento espiritual como algo parecido al paracaidismo. Dicen: "¡Voy a dar mi vida al Señor! Voy a cambiar todos estos hábitos terribles, ¡y realmente me voy a transformar! ¡Dame otros seis meses y seré un hombre nuevo!". Eso no es caminar. Una caminata es orar día tras día; leer la Biblia día tras día; obedecer día tras día, hablar con amigos cristianos e ir a adorar, comprometiéndote con la iglesia y participando activamente en la vida de la misma. Es algo rítmico que sigue y sigue y sigue. Caminar con Dios es una metáfora que simboliza un progreso lento y constante.

Así que caminar con Dios a través del sufrimiento significa que, en general, no experimentarás una liberación instantánea de tus preguntas, de tu dolor ni de tus miedos. Puede haber, como veremos, momentos en los que recibes una "paz que sobrepasa todo entendimiento", algo sorprendente e inexplicable. Habrá días en que una nueva percepción llegará a ti como un rayo de luz en una habitación oscura. Sin duda habrá progreso, eso es parte de la metáfora de caminar, pero en general será un progreso lento y constante que solo se logra si te apegas a las actividades cotidianas de la caminata. "La senda de los justos se asemeja a los primeros albores de la aurora: su esplendor va en aumento hasta que el día alcanza su plenitud" (Pro 4:18).

Entonces, ¿cuáles son esas actividades cotidianas y regulares? ¿Qué medios específicos usamos para mantener la comunión con Dios y ser fortalecidos en lugar de ser debilitados durante nuestros tiempos difíciles? A lo largo de la Biblia vemos una gran variedad de acciones y formas en las que aquellos que sufrían enfrentaban su sufrimiento. Somos llamados a caminar, a llorar y clamar, a confiar y orar, a pensar y agradecer, a amar y esperar. En el resto de este libro exploraremos cada uno de estos puntos en su propio capítulo.

Estas actividades son estrategias complementarias, ninguna puede omitirse, pero algunas pueden ser más importantes dependiendo del tipo de sufrimiento que se esté enfrentando, así como del temperamento de la persona y de las circunstancias particulares. Por tanto, las diversas estrategias o formas de lidiar con el sufrimiento que ahora discutiremos no deben verse como un conjunto de pasos, ni deberíamos pensar en ellos como igualmente importantes para cada persona. Como dijimos, no hay dos caminos idénticos para atravesar el sufrimiento. Y, sin embargo, ninguna de las cosas que la Biblia prescribe para los que sufren puede ser ignorada.

HISTORIA DE VIDA: **ORO**

por Mary Jane

Tengo sesenta y dos años, y cuatro años siendo cristiana.

Hace dos semanas, estaba escuchando el testimonio de una mujer de AA (Alcohólicos Anónimos) cuyo sufrimiento era más que aterrador. Sentí esa sensación de agobio, y de repente estaba reviviendo lo que sentí cuando fui violada a los diez años de edad. Terror, peligro enfermizo, parálisis. Pero la mujer dijo algo que sacudió mi corazón y corrí a escribirlo porque era mi verdad. Era la respuesta.

Ella dijo: "Nuestro sufrimiento es nuestro oro", y con eso entendí lo que Jesús estaba haciendo con mi sufrimiento.

Algo poderoso estaba sosteniéndome mientras revivía ese terror del pasado. Como si quisiera que me quedara allí y no me distrajera. Yo no soy el Cordero. Él lo es, y siempre lo ha sido para mí. Aunque me duela escuchar ese testimonio, Él me mantiene segura, incluso fortalecida. Su propio sufrimiento se mezcla con Su infinito amor.

Esa violación había estado enterrada en lo más profundo de mi ser. Esto era lo que había aprendido: no pidas ayuda, que no llegará. Guarda silencio. No mereces ser rescatada. Mantente alerta —la vida no es segura.

Cuando estudiaba en la universidad estuve en una relación abusiva. El hombre me castigó porque era "culpable" de una gran "traición": no era virgen. Intenté suicidarme. Por la gracia de Dios, me encontraron y pasé dos semanas en el hospital. Cuando salí, dos hombres me violaron el mismo día: el ex novio abusivo y el estudiante de medicina de la sala psiquiátrica donde había estado.

De nuevo, la lección: no esperes ayuda. No llegará. No mereces ser rescatada.

De los veinticinco a los cincuenta y nueve años de edad, los capítulos de mi vida podrían titularse: "Diversión", "Diversión con problemas" y "Solo problemas".

"Diversión" fue casarme, vivir en cuatro capitales europeas, tener hijos lindos y muchas aventuras, la búsqueda de una carrera, codearme con gente importante y aprender todos esos idiomas.

"Diversión con problemas": como no había encontrado esa carrera que me definiera, ¿quién era yo? Necesitaba un yo perfecto y una vida perfecta. En cambio, hubo depresión, soledad y necesidad. ¡La gente simplemente no se comportaba! Amigos que no fueron perfectos, un suegro inapropiado, una suegra iracunda, administradores escolares "difíciles" que no entendían.

"Solo problemas": Regresamos a los Estados Unidos. Durante los doce años siguientes, nuestros hijos adolescentes y jóvenes adultos lidiaron con *bullying*, adicciones, trastornos alimenticios, roces con la ley y, finalmente, roces con la muerte. Esto a pesar de que habíamos intentado ayudarnos con terapias, yoga, Zen y Al-Anon. Era abrumador enfrentarme a este hecho: no solo no los había ayudado, sino que también había sido parte de sus mayores problemas. Aprendí algo de Al-Anon, pero me pareció humillante: "No puedo ayudarlos; Dios puede; y dejaré que lo haga".

De hecho, Dios sí ayudó. Mi hijo ateo, como un rayo en un cielo azul, se convirtió en cristiano. Este hijo, a quien amaba tanto, parecía ser una persona nueva; mientras se desplazaba a Afganistán con su unidad especial de rescate nos preguntaba cómo podía orar por nosotros. Sin embargo, aún sufríamos. Habíamos visto su vida colgando de un hilo. Había un dolor en nuestros corazones que desafiaba las palabras.

La misión de salvación de Dios es la cosa más grande y estruendosa. Él se ha apropiado de mí. Veo cómo la ferocidad del sufrimiento te hace ver la ferocidad del amor de Dios. Es como si dijera: "Eres mía ahora. Ahora eres libre de amarme tan profundamente como solías temer. Ahora realmente sabes cuál es el punto: amarme y servirme en Mi misión de salvación, con la fortaleza que ahora te he dado". Sé en mi propio corazón que el poder de Jesús está conmigo donde sea que esté. Todo lo que tenía que hacer era volverme a Él, confiar en Él todo el tiempo, y Él hará el resto. Nuestro sufrimiento se convierte en Su oro. "Nada les podrá hacer daño" (Lc 10:19).

Él siempre estuvo allí conmigo.

Dios se está moviendo poderosamente para despojarme de mi egocentrismo. Es el fuego del Refinador del que habla Isaías. Si tan solo recuerdo que debo recurrir a Él cada día y confiarle toda mi vida, Él hará el resto.

DOCE

LLORANDO

Vivo para mostrar Su poder, que una vez convirtió mis alegrías en llanto y ahora mis penas en canto.

— George Herbert, "La túnica de José"

Si ya comprendemos los principios generales, ahora podemos abordar cada una de las formas o estrategias individuales que establece la Biblia para caminar a través del sufrimiento. Ninguna de ellas es suficiente en sí misma, ni debemos interpretarlas como una serie de "pasos" que se pueden seguir como una receta. Se cruzan entre sí. Y, según las causas, los temperamentos y otros factores, se seguirán de diferentes maneras.

LA DESAPARICIÓN DEL LAMENTO

El libro magistral de Ronald Rittgers, *La reforma del sufrimiento*, explica cómo Lutero y los reformadores alemanes trataron de recuperar un enfoque más bíblico del sufrimiento. Creían que la iglesia medieval, con su suposición de que la paciencia en medio del sufrimiento podía hacerte merecer la salvación, había caído en una nueva forma de estoicismo. Los luteranos argumentaron enérgicamente que Jesús cargó con todo nuestro castigo por el pecado. Por lo tanto, no tenemos que ganarnos la ayuda ni la atención de Cristo, sino que podemos estar seguros de que Él está presente con nosotros en la aflicción.

Sin embargo, Rittgers argumenta que la iglesia luterana parecía seguir a la iglesia medieval en un aspecto: en que ignoraba todo lo que dice la Biblia acerca del "lamento" como una respuesta válida a los problemas y a la miseria. Una gran cantidad de los Salmos se llaman "Salmos de lamento". Son llantos de angustia y aflicción que son conmovedores. A menudo vemos al salmista quejándose de las acciones de los demás o preocupado por sus propios pensamientos y acciones. Pero algunos de los Salmos son expresiones de frustración con Dios mismo.[1] El Salmo 44:23 exclama: "¡Despierta, Señor! ¿Por qué duermes?". Y el Salmo 89:49 pregunta: "¿Dónde está, Señor, Tu amor de antaño, que en Tu fidelidad juraste a David?". Por supuesto, el libro de Job está lleno de llantos de lamentación, y también algunas de las declaraciones proféticas de Jeremías. Jeremías incluso compara a Dios con un torrente de agua que parece permanente pero se seca. "¿Por qué no cesa mi dolor? ¿Por qué es incurable mi herida? ¿Por qué se resiste a sanar? ¿Serás para mí un torrente engañoso de aguas no confiables?" (Jer 15:18).

Rittgers dice que los luteranos, preocupados por que los cristianos no dudaran del amor de Cristo, minimizaron la legitimidad del lamento. Él argumenta que los primeros reformadores crearon una cultura en la cual la expresión de dudas o quejas era mal vista. A los cristianos se les enseñó a no llorar ni a lamentarse, sino a mostrarle a Dios su fe a través de la aceptación inmediata y gozosa de Su voluntad. Rittgers cita a los primeros autores luteranos que se avergonzaron de que el libro de Job siquiera estuviera en la Biblia, ya que cuestionar a Dios, como lo hizo Job, era un pecado terrible. Un teólogo explicó la inclusión del libro diciendo que Dios quería mostrarnos que aún podía perdonar y tener piedad de alguien con una fe tan débil como la de Job.[2]

En parte, esto es cierto. Job no ejerció su fe como debió haberlo hecho, y en el capítulo final él lo admite, diciéndole a Dios: "De oídas había oído hablar de Ti, pero ahora te veo con mis propios ojos. Por tanto, me retracto de lo que he dicho, y me arrepiento en polvo y ceniza" (Job 42:5-6). Sin embargo, la afirmación de que los estallidos, llantos y lamentos de Job fueron completamente ilegítimos no encaja con el texto bíblico.

En el capítulo 1, por ejemplo, cuando Job recibe por primera vez todas las malas noticias sobre la muerte de sus hijos y la pérdida de su patrimonio, se nos dice que "se levantó, se rasgó las vestiduras, se rasuró la cabeza, y luego se dejó caer al suelo en actitud de adoración" (Job 1:20), pero luego el autor agrega: "A pesar de todo esto, Job no pecó" (Job 1:22). Aquí hay un hombre que ya se está comportando de una manera que muchos cristianos piadosos considerarían irreverente, o dirían que muestra falta de fe. Se rasga la ropa, cae al suelo, clama. Eso no es paciencia estoica. Pero el texto bíblico dice: "A pesar de todo esto, Job no pecó". A la mitad del libro, Job está maldiciendo el día en que nació y está muy cerca de acusar a Dios de injusticia con sus preguntas airadas. Pero el veredicto final de Dios sobre Job es sorprendentemente positivo. Al final del libro, Dios se dirige a Elifaz, el primero de los amigos de Job, y le dice:

> "Estoy muy irritado contigo y con tus dos amigos porque, a diferencia de mi siervo Job, lo que ustedes han dicho de Mí no es verdad. Tomen ahora siete toros y siete carneros, y vayan con Mi siervo Job y ofrezcan un holocausto por ustedes mismos. Mi siervo Job orará por ustedes, y Yo atenderé a su oración y no los haré quedar en vergüenza. Y conste que, a diferencia de Mi siervo Job, lo que ustedes han dicho de Mí no es verdad". Elifaz de Temán, Bildad de Súah y Zofar de Namat fueron y cumplieron con lo que el Señor les había ordenado, y el Señor atendió a la oración de Job (Job 42:7-9).

El dolor de Job se expresó con una emoción poderosa y una retórica impresionante. Él no se esforzó por congraciarse con Dios, orando cortésmente. Él fue brutalmente honesto acerca de sus sentimientos. Y aunque Dios sí fue severo al ordenarle a Job que reconociera Su insondable sabiduría y majestuosidad, Dios en última instancia lo vindicó.

UNA CAÑA QUEBRADA QUE ÉL NO ACABARÁ DE ROMPER

No es correcto, por lo tanto, que simplemente le digamos a una persona afligida que necesita ponerse las pilas. Deberíamos ser más amables y pacientes con ellos. Y eso significa que también debemos ser amables y pacientes con nosotros mismos. No debemos asumir que nuestra confianza en Dios elimina la posibilidad de que lloremos, sintamos enojo o nos sintamos sin esperanza.

Isaías 42 describe al misterioso Siervo Sufriente que, según nos revela Isaías 53, cargará la culpa de nuestras transgresiones para que, por medio de Su sufrimiento, nuestra condenación sea quitada. Isaías 42:3 dice que ese Siervo "no acabará de romper la caña quebrada, ni apagará la mecha que apenas arde. Con fidelidad hará justicia". La palabra hebrea traducida como "quebrada" no significa una lesión menor. Denota una contusión profunda que destruye un órgano interno vital; en otras palabras, un golpe mortal. Cuando se aplica a una persona se refiere a una lesión que no se muestra en la superficie pero que, no obstante, es fatal. La caña quebrada se refiere a una caña de trigo que se ha roto en un ángulo, no en dos pedazos. Pero debido a que se ha roto así, nunca va a producir trigo. Sin embargo, este Siervo hace lo que nadie más puede hacer. Él puede sanarlo para que produzca trigo nuevamente.

¿Quién es este Siervo? Desde el principio, la iglesia cristiana entendió que se trataba de Jesucristo (Hch 8:32-33), y en Mateo 12:20 dice que Jesús no acabará de romper la caña quebrada ni apagará la mecha que apenas arde. Significa que Jesucristo, el Siervo, se siente atraído por casos sin esperanza. Él se preocupa por lo frágil. Él ama a las personas que han sido golpeadas, quebrantadas y magulladas. Puede que no lo muestren por fuera, pero por dentro están muriendo. Jesús conoce los corazones y sabe qué hacer. El Señor restaura a los quebrantados de corazón y sana nuestras heridas (Sal 147:3; Is 61:1).

Déjame darte un ejemplo. En 1 Reyes 18-19 leemos sobre el ministerio de Elías. Elías era un profeta poderoso, un gran hombre de Dios, pero ya no aguanta la presión de su ministerio. La gente se había vuelto contra él y contra su mensaje. Aunque hablaba en el nombre del Señor, ellos no escuchaban. Elías era un gran profeta, pero un ser humano no es capaz de soportar tanta desilusión, oposición y dificultad sin ser afectado. Él estaba abatido, pensando incluso en el suicidio. Viajó al desierto y le dijo a Dios: "Quítame la vida, pues no soy mejor que mis antepasados" (1R 19:4). Luego se acostó debajo de un arbusto y se quedó dormido.

Aquí tenemos a un hombre abatido, un hombre quebrantado. Una mecha que está humeando, casi a punto de apagarse. No está manejando muy bien su sufrimiento ni su estrés. No está diciendo: "¡Me regocijo en el Señor!". No, él quiere morir. Entonces Dios le envía un ángel. ¿Y sabes qué es lo primero que hace el ángel? Le prepara una comida.

> De repente, un ángel lo tocó y le dijo: "Levántate y come". Elías miró a su alrededor y vio a su cabecera un panecillo cocido sobre carbones calientes y un jarro de agua. Comió y bebió, y volvió a acostarse. El ángel del Señor regresó y, tocándolo, le dijo: "Levántate y come, porque te espera un largo viaje". Elías se levantó, y comió y bebió. Una vez fortalecido por aquella comida, viajó cuarenta días y cuarenta noches hasta que llegó a Horeb, el monte de Dios (1R 19:4-8).

Dios envía un ángel a este hombre que sufre. ¿Le dice el ángel: "¡Arrepiéntete! ¿Cómo te atreves a perder la esperanza en Mí?"? No. ¿Le dice: "¡Alégrate! ¡Traigo buenas nuevas!"? No. ¿El ángel le hace preguntas indagatorias? No. El ángel lo toca. No lo sacude; lo toca en la forma en que tocas a alguien cuando lo saludas, con ternura. Y luego le cocina algo y le dice: "Necesitas más fuerza para el viaje". Después de dejar que Elías durmiera un poco más, vuelve a cocinarle algo.

Si lees la narrativa, sabes que esto no es todo lo que Elías necesitaba. Después Dios viene a él y lo desafía por su desesperación. Dios le hace preguntas, lo pone a hablar y desafía su interpretación de las cosas, mostrándole que no es un panorama tan complicado como él piensa. Y Dios revela que todavía tiene un plan para Israel (1R 19:9-17).

Pero lo primero que hace Dios *no* es razonar con Elías ni explicarle nada. Él sabe que el profeta también es un ser físico —está exhausto, agotado. Necesita descanso y comida. Necesita cercanía y gentileza. Más tarde, Él habla con Elías. El equilibrio es sorprendente. Algunos hoy en día conciben la depresión como algo *completamente* físico, simplemente una cuestión de química cerebral, por lo que solo necesitan medicina y descanso. Otros, a menudo cristianos, pueden encontrar a una persona deprimida y decirle simplemente que se arrepienta y se ponga a cuentas con Dios —que se ponga las pilas y haga lo correcto. Pero aquí Dios nos muestra que somos criaturas complejas, con cuerpos y almas. Simplificar demasiado el tratamiento sería romper la caña quebrada o apagar la mecha humeante. Dios no hace eso. En el momento adecuado, una persona abatida podría necesitar una confrontación, ser desafiada. Pero es posible que también necesite una caminata a orillas del mar y una buena comida.

Isaías 42 indica que Jesús es amable con los quebrantados y nunca los maltrata. Richard Sibbes, el gran ministro puritano británico del siglo XVII, escribió una obra clásica llamada *La caña quebrada y la mecha humeante*, y en ella señaló:

> Pero para ver la misericordia de Cristo hacia las cañas quebradas, considera los nombres que se le otorgan en otros textos, tomados de las criaturas más delicadas, como Cordero o Gallina (Lc 13:34). Considera que Jesús sanará a los quebrantados de corazón (Is 61:1), y que en Su bautismo el Espíritu Santo se posó sobre Él en forma de paloma, para mostrar que Él debería ser un mediador gentil, como una paloma. Escucha Su invitación: "Vengan a Mí todos ustedes que están cansados y agobiados" (Mt 11:28). Él es un buen médico, capaz de tratar todas las enfermedades. Murió para poder sanar nuestras almas con la medicina de Su propia sangre. Nunca temas ir a Dios, pues tenemos a un mediador que no solo es nuestro amigo, sino también nuestro hermano y esposo. Que esto nos preserve cuando nos sintamos heridos. Piensa… "si Cristo es tan misericordioso como para no romperme, no dejaré que mi desesperación me rompa…".[3]

El punto es este: las personas que sufren pueden y deben llorar y derramar sus corazones sin que alguien venga inmediatamente a frenarlos y decirles lo que deben hacer. Y tampoco deberíamos hacernos esto a nosotros mismos si estamos afligidos. Un hombre que perdió a tres hijos en diferentes etapas de su vida escribió sobre el dolor en *La vista desde la carroza fúnebre*:

> Estaba sentado, desgarrado por el dolor. Alguien vino y me habló de los tratos de Dios, de por qué sucedió, de la esperanza más allá de la tumba. Hablaba constantemente, decía cosas que yo sabía que eran ciertas.
>
> No fui conmovido, solo deseaba que se fuera. Al fin lo hizo.
>
> Luego vino otro y se sentó a mi lado. No habló. No hizo preguntas. Se limitó a sentarse a mi lado durante una hora o más, escuchó cuando dije algo, contestó brevemente, oró de una forma sencilla y se fue.
>
> Fui conmovido; consolado. Lamenté que se tuviera que ir.[4]

Mi hermano menor, Billy, era un hombre gay que tenía SIDA. Mis padres eran cristianos que se aferraban a la enseñanza histórica de la iglesia de que la homosexualidad es un pecado. Cuando Billy empeoró y fue trasladado a un hospicio, mis padres, que en ese entonces tenían setenta años, se trasladaron casi mil seiscientos kilómetros, durmieron todas las noches en un sofá-cama en el sótano de un pariente, y durante siete meses se quedaron junto a Billy, cuidando de él catorce horas al día. No lo confrontaron, ni siquiera mencionaron sus diferencias. Le dieron sorbos de jugo y cucharadas de yogur. Le ayudaron en sus necesidades más básicas. Después de un tiempo, él mismo mencionó los problemas que habían dividido a la familia por muchos años. Pudo hacerlo porque mis padres, a través de su amor y cuidado, crearon un ambiente en el cual él se sentía lo suficientemente seguro como para tener una conversación tan honesta. Pudimos hablar todas esas cosas con la verdad y con lágrimas, y se resolvieron muchos problemas espirituales y relacionales.

LLORANDO EN LA OSCURIDAD

Rara vez hay lugar para el lamento en la iglesia y, hasta el día de hoy, muchos no dan a los que sufren la libertad de llorar y exclamar: "¿Dónde estás, Señor? ¿Por qué no me estás ayudando?". John Feinberg sentía las punzadas cuando le decían, directa e indirectamente, que no debía llorar *demasiado*, que necesitaba pasar rápidamente a "regocijarse en las tribulaciones". Pero Feinberg se sentía completamente muerto en su interior; quería hacerlo pero no podía. Leer y orar los Salmos de lamentos a Dios habría sido un buen consejo, pero nadie se lo ofreció.

El Salmo 88 es un Salmo de lamentación, pero es uno que llama la atención a pesar de estar en la categoría de "canciones tristes" del Salterio. La mayoría de los Salmos de lamento terminan con una nota de alabanza, o al menos con alguna expectativa positiva. Pero este y otro, el Salmo 39, son famosos por terminar sin ninguna nota de esperanza. El erudito del Antiguo Testamento Derek Kidner señala sobre el Salmo 88: "No hay oración más triste en el Salterio".[5] Este Salmo fue compuesto, según el título, por Hemán el ezraíta. Al final del Salmo, Hemán dice que solo tiene amistad con las tinieblas. En otras palabras, que la oscuridad es *su amiga más cercana*. Es una forma de decirle a Dios: "*¡Tú no lo eres!*". Sin embargo, cuando se lee a la luz de toda la Biblia, el texto es un gran recurso e incluso un gran estímulo. Hemán escribe:

> Señor, Dios de mi salvación,
> día y noche clamo en presencia Tuya.
> Que llegue ante Ti mi oración;
> dígnate escuchar mi súplica.
> Tan colmado estoy de calamidades
> que mi vida está al borde del sepulcro.
> Ya me cuentan entre los que bajan a la fosa;
> parezco un guerrero desvalido.
> Me han puesto aparte, entre los muertos;
> parezco un cadáver que yace en el sepulcro,
> de esos que Tú ya no recuerdas,

porque fueron arrebatados de Tu mano.
Me has echado en el foso más profundo,
en el más tenebroso de los abismos. (…)
¿Acaso entre los muertos realizas maravillas?
¿Pueden los muertos levantarse a darte gracias?
¿Acaso en el sepulcro se habla de Tu amor,
y de Tu fidelidad en el abismo destructor?
¿Acaso en las tinieblas se conocen Tus maravillas,
o Tu justicia en la tierra del olvido?
Yo, Señor, te ruego que me ayudes;
por la mañana busco Tu presencia en oración.
¿Por qué me rechazas, Señor?
¿Por qué escondes de mí Tu rostro?
Yo he sufrido desde mi juventud;
muy cerca he estado de la muerte.
Me has enviado terribles sufrimientos y ya no puedo más.
Tu ira se ha descargado sobre mí;
Tus violentos ataques han acabado conmigo.
Todo el día me rodean como un océano;
me han cercado por completo.
Me has quitado amigos y seres queridos;
ahora solo tengo amistad con las tinieblas
(Sal 88:1-6; 10-18).

Al leer esto aprendemos, en primer lugar, que los creyentes pueden permanecer en tinieblas por mucho tiempo. La palabra *tinieblas* aparece tres veces en el Salmo (vv 6, 12, 18). Lo que implica que es posible orar, orar y soportar, y que las cosas realmente no mejoren. El Salmo termina sin una nota de esperanza, por lo que su enseñanza es que un creyente puede vivir bien y permanecer en la oscuridad. Las tinieblas podrían simbolizar circunstancias difíciles o un estado interno de dolor espiritual. Ese es el mensaje realista y cruel de este Salmo. Las cosas no tienen que resolverse rápidamente, ni siempre queda claro por qué sucedió esto o aquello. Un comentarista escribió: "Quienquiera que elabore a partir de las Escrituras una filosofía en la que todo salga bien, tiene que comenzar arrancando esta página del libro".[6]

En segundo lugar, aprendemos que los tiempos de oscuridad pueden revelarnos mayores profundidades de la gracia de Dios. Hemán está enojado. Le está diciendo a Dios: "*Quiero* alabarte. *Quiero* declarar Tu amor y Tu fidelidad a los demás". No dice: "Dios, estoy seguro de que sacarás algo bueno de esto". Finalmente, Hemán prácticamente dice: "La realidad es que nunca has estado a mi lado". No mantiene su temperamento bajo control ni le habla reverentemente a Dios. A pesar de esto, Derek Kidner dice: "La sola presencia de tales oraciones en las Escrituras es un testimonio de Su comprensión. Él sabe cómo hablan los hombres cuando están desesperados".[7] El punto de Kidner es este: si creemos que Dios por medio del Espíritu Santo inspiró las Escrituras para nosotros, entonces vemos que Dios no ha "censurado" oraciones como esta. Dios no dice: "¡Los verdaderos creyentes no hablan así! No quiero nada de *eso* en mi Biblia". Al igual que en el caso de Job, esto no significa que la actitud de Hemán sea intachable, pero no vemos a Dios diciendo que todos sus gritos de agonía son ilegítimos. Dios entiende. O, dicho de otra manera, Dios sigue siendo el Dios de este hombre, no porque se ponga feliz y controle todas sus emociones, sino por gracia. Dios es paciente y misericordioso con nosotros —está presente con nosotros en todas nuestras emociones. La salvación es por gracia.

Hemán no alaba a Dios —es débil y se está desmoronando— pero su oración está en el Salterio. Es un estímulo a ser sinceros sobre nuestra confusión interna, a derramarla y expresarla honestamente.

En tercer lugar, aprendemos que es quizás cuando todavía estamos en una oscuridad implacable que tenemos la mayor oportunidad de vencer a las fuerzas del mal. En la oscuridad, tenemos una opción que realmente no existe en tiempos mejores. Podemos elegir servir a Dios solo porque Él es Dios. En los momentos más oscuros sentimos que no estamos obteniendo absolutamente nada de Dios ni de nuestra relación con Él. ¿Pero qué pasa cuando a pesar de eso continúas obedeciéndole, orándole y buscándole, y también continúas mostrando amor hacia los demás? Si hacemos estas cosas, finalmente estamos aprendiendo a amar a Dios porque es Dios y no por lo que nos da.

Y cuando la oscuridad se disipe o disminuya, encontraremos que nuestra dependencia de otras cosas para ser felices habrá reducido, y Dios habrá renovado nuestra fortaleza y satisfacción en Él. Experimentaremos firmeza, imperturbabilidad, aplomo y paz ante la dificultad. El carbón se estará convirtiendo en diamante. J. R. R. Tolkien describe a uno de sus personajes en *El señor de los anillos*, Sam Gamgee, quien tiene una prueba de fe similar y la supera.

> Pero incluso cuando la esperanza murió en Sam, o pareció morir, se convirtió en una nueva fortaleza… y sintió a través de todos sus miembros una emoción, como si se estuviera convirtiendo en una criatura de piedra y acero que ni la desesperación, ni el cansancio, ni kilómetros inhóspitos podrían vencer.[8]

Eso es lo que nos puede pasar a nosotros. Sabemos poco sobre Hemán, pero tenemos un indicio de lo que sucedió en su vida. Kidner dice:

> Sin embargo, aunque no parece haber ni una chispa de esperanza en todo el Salmo, el título lo proporciona, ya que este autor supuestamente abandonado por Dios parece haber sido uno de los pioneros de los gremios de cantores establecidos por David, a quienes debemos los Salmos de los hijos de Coré, una de las ramas más ricas del Salterio. Sí, estuvo cargado y abatido, pero su [vida] estuvo lejos de ser inútil. Aun si fue una muerte en vida, en manos de Dios dio mucho fruto.[9]

LA OSCURIDAD DE JESÚS

Lo último que este Salmo nos señala es que nuestra oscuridad puede ser relativizada por la oscuridad de Jesús. La oscuridad de Hemán fue utilizada por Dios —su oscuridad evidentemente lo convirtió en un gran artista. Así que el rechazo no fue total, como pensaba Hemán en ese momento. Nunca lo es. Podemos sentir que nos ha abandonado, pero si hemos puesto nuestra fe en Cristo, "no hay ninguna condenación" (Ro 8:1) y, por tanto, estamos equivocados. Podemos sentir que no tiene ningún plan para lo que está sucediendo, pero se nos dice que Él "dispone todas las cosas para el bien de quienes lo aman" (Ro 8:28) y, por tanto, estamos equivocados.

Pero, podrías preguntar, ¿cómo puedo estar seguro de que esto es cierto para mí? ¿Cómo puedo estar seguro de que está presente y lleno de buena voluntad hacia mí, incluso cuando no percibo nada más que oscuridad? Ahora lo veremos.

El Salmo 39, el otro "Salmo sin esperanza", termina con el salmista diciendo: "Aparta de mí Tu mirada..." (Sal 39:13, NBL). Pero la única persona que buscó a Dios y *no encontró* Su mirada fue Jesús. Él fue abandonado realmente por Dios. En el momento en que murió, todos lo habían traicionado, negado, rechazado o abandonado, incluyendo Su Padre. Ciertamente la oscuridad total fue la única amiga de Jesús.

> Desde el mediodía y hasta la media tarde toda la tierra quedó en oscuridad. Como a las tres de la tarde, Jesús gritó con fuerza: "*Elí, Elí, ¿lama sabactani?*" (que significa: "Dios mío, Dios mío, ¿por qué me has desamparado?") (Mt 27:45-46).

Fue Jesús quien realmente experimentó la oscuridad suprema, el rechazo cósmico que merecíamos, para que podamos saber que el Señor nunca nos abandonará (Heb 13:5). Debido a que Dios realmente lo abandonó, solo *sentimos* que Él nos abandona. Pero, a pesar de nuestros fracasos, no lo ha hecho. Amy Carmichael, misionera irlandesa que sirvió en la India a principios del siglo XX y autora de muchos libros, escribió el poema "Estas cenizas extrañas" como un diálogo entre un alma y Dios.

"Pero, Señor, ¿estas cenizas extrañas, esta nada,
esta desconcertante sensación de pérdida?".
Hijo, ¿fue menor la angustia de Mi desnudez
sobre la cruenta cruz?[10]

Jesús pudo haber abortado la misión cuando estuvo sufriendo en Getsemaní. Podría haber dicho: "¿Por qué debería descender al infierno por estos discípulos Míos que no me entienden, que no me apoyarán y que ni siquiera pueden permanecer despiertos conmigo en Mi hora de mayor necesidad?". Pero no lo hizo. Él sufrió por nosotros. Él no nos abandonó a pesar de todo Su sufrimiento. ¿Crees que te abandonará ahora en medio del tuyo? El comentarista bíblico Michael Wilcock imagina que Jesús nos está hablando a través del Salmo 88:

> Es cierto que Cristo mismo descendió [a la oscuridad] de esta forma, y fue levantado de nuevo. Pero aquí Él está preocupado por rescatar, a través de Su Palabra y por medio de los siervos que conocen Su Palabra, al alma que está atrapada en las profundidades. Le dice: "Esto le puede pasar a un creyente. No significa que estás perdido. Esto le puede pasar a alguien que no se lo merece [después de todo, ¡me pasó a Mí!]. No significa que te has desviado. Puede suceder en cualquier momento, mientras vivas en este mundo; solo en el próximo serás libre de ellas. Y puede suceder sin que sepas por qué. Hay respuestas, hay un propósito, y un día lo sabrás".[11]

Gracias a Jesús, siempre hay esperanza, incluso en los momentos más oscuros de tu vida.

AFLICCIÓN Y REGOCIJO

Debo terminar con una nota sobre el significado de "regocijarse en el sufrimiento". Esta no es la última vez que trataremos este tema, pero ahora debería quedar claro que no podemos concebir esta exhortación bíblica en términos puramente subjetivos y emocionales. Regocijarse no significa "tener emociones felices". Tampoco significa que los cristianos deben simplemente fingir una sonrisa y decir: "¡No dejaré que esto me derrote!". Esa es una respuesta egocéntrica y autosuficiente, pues estás actuando como si tuvieras la fortaleza que necesitas cuando esta solo se encuentra en Dios. No es realista, y además es peligrosa. El sufrimiento crea una tristeza interna, te debilita. Negar su dolor —decirte a ti mismo que estás "muy bien, gracias"— significa que probablemente pagues un precio más adelante. Es probable que explotes o te derrumbes de repente. Entonces te darás cuenta de que te estabas autoengañando. Estás más afectado de lo que pensabas.

En 1 Pedro 1:6-7 (NBL) Pedro dice que sus lectores "se regocijan grandemente" en la salvación de Dios en Cristo, pero luego agrega "aunque ahora, por un poco de tiempo si es necesario, sean afligidos con diversas pruebas ". Es destacable que ambas declaraciones se hagan en tiempo presente. *Se regocijan* en su salvación mientras *son afligidos* o sufren por diversas pruebas. Aquí la palabra griega para "sufrir" es una forma de *lupeo*, que significa "angustia mental o emocional severa", y fue la misma que se usó para describir a Jesús en el huerto de Getsemaní: "… comenzó a sentirse triste [*lupeo*] y angustiado". Luego dijo: "Es tal la angustia que me invade, que me siento morir" (Mt 26:37-38). Así que Pedro señala que muchos de sus lectores tienen profundas tristezas y aflicciones, pero al mismo tiempo se regocijan. Dos verbos en tiempo presente.

Notemos que Pedro *no* dice: "Antes ustedes se regocijaban en Cristo, pero ahora están en un tiempo de dolor y sufrimiento. Pero no se preocupen, se regocijarán nuevamente". Tampoco dice: "Es bueno ver que durante estas pruebas y tribulaciones no están tristes ni llenos de dolor, sino que se regocijan en Jesús". Pedro no presenta estas cosas como contrarias o incompatibles. *No* dice que tenemos que escoger entre regocijarnos en Cristo y llorar de dolor, que no podemos hacer ambas cosas. No solo podemos hacer las dos cosas, sino que *debemos* hacer ambas cosas si queremos crecer a través de nuestro sufrimiento en lugar de ser destrozados por él.[12]

Este es un concepto difícil para nosotros como occidentales modernos, pues creemos que nuestros sentimientos son casi sagrados y soberanos. Creemos que no podemos forzarnos a nosotros mismos a sentirnos felices o de ninguna otra manera. Y eso es correcto; no debemos negar o tratar de crear sentimientos. Pero debemos recordar que en la Biblia, el "corazón" no se refiere a las emociones. El corazón se entiende como el lugar de tus más profundos compromisos, donde reside tu confianza y tu esperanza. De esos compromisos fluyen nuestras emociones, pensamientos y acciones. "Regocijarse" en Dios significa meditar continuamente en quién es Dios, quiénes somos nosotros y qué ha hecho por nosotros. Algunas veces nuestras emociones responden a estas verdades, y otras veces no. Por lo tanto, no debemos definir el *regocijo* como algo que excluye los sentimientos de dolor, duda, debilidad y sufrimiento. El regocijo en el sufrimiento ocurre *en medio* de la tristeza.

Así es como funciona. La pena y el dolor te acercan a Dios. Es igual que cuando hace más frío afuera, usamos el termostato para subir la temperatura del calefactor. De manera similar, la tristeza y el dolor te conducen a Dios y te muestran los recursos que nunca tuviste. Pero tenemos una tendencia a decir: "Tengo miedo al dolor, tengo miedo al sufrimiento. No quiero sentirme así. Quiero regocijarme en el Señor". Sin embargo, mira a Jesús. Él es perfecto, ¿verdad? Aún así, lo vemos llorando a cada rato. Fue varón de dolores. ¿Sabes por qué? Porque Él es *perfecto*. Porque cuando no estás completamente absorto en ti mismo, puedes sentir la tristeza del mundo. Y lo que sucede es que el gozo del Señor se presenta en medio del dolor. No viene después del dolor. No viene después del llanto incontrolable. El llanto te conduce al gozo, aumenta tu gozo, y luego ese gozo te permite sentir tu dolor sin que te hunda. En otras palabras, finalmente tienes emociones balanceadas.

D. M. Lloyd-Jones, en un sermón sobre estos versículos en 1 Pedro, hace el mismo comentario. Él dice que no debemos esperar que Dios exima a los cristianos del sufrimiento y la oscuridad, ni que simplemente nos levante de la oscuridad tan pronto oremos. En lugar de esperar que Dios elimine el dolor y lo reemplace con felicidad, debemos buscar una "gloria" —una degustación, una convicción, un sentido cada vez mayor de la presencia de Dios— que nos ayude a elevarnos por encima de la oscuridad. Él dice:

> Lo que realmente estamos diciendo... es que el cristiano no es alguien que se ha vuelto inmune a lo que está sucediendo a su alrededor. Necesitamos enfatizar esta verdad porque hay ciertas personas cuyo entendimiento de la vida cristiana es bastante antinatural. El dolor y el sufrimiento son algo a lo que el cristiano está sujeto... y la ausencia de un sentimiento de dolor... es antinatural, va más allá del Nuevo Testamento; se asemeja más a los estados estoicos o psicológicos que producen las sectas... [El cristiano] tiene algo que le permite elevarse por encima de estas cosas, pero la gloria de la vida cristiana es que te eleves por encima de ellas aunque las sientas. No es una ausencia de sentimiento. Esta línea divisoria es importante.[13]

TRECE

CONFIANDO

"Si Dios fuera lo suficientemente pequeño como para ser entendido, no sería lo suficientemente grande como para ser adorado".

— Evelyn Underhill[1]

Después de haber visto la importancia del duelo sincero y del "lamento" realista al manejar el sufrimiento, consideremos ahora el llamado a confiar en Dios. Algunos escritores cristianos señalan enfáticamente las quejas de Job, las críticas de Jeremías y los Salmos de lamentación como la forma correcta de procesar el dolor. Otros escritores con temperamentos más conservadores y tradicionales utilizan otros pasajes de la Biblia para argumentar que siempre debemos confiar en la sabiduría y soberanía de Dios. El hecho es que ambos conjuntos de textos están en la Biblia y ambos son importantes. No debemos interpretar un grupo de tal manera que contradiga o debilite las afirmaciones del otro.

Confiar en el Señor para todas las cosas es una tarea difícil. Afortunadamente, la Biblia no nos ayuda a hacer eso solo con órdenes y directrices. También nos da historias. Cuando se trata de este tema, no hay ninguna mejor que la historia de José y sus hermanos en los últimos capítulos de Génesis.

LA HISTORIA DE JOSÉ

José fue el undécimo de los doce hijos de Jacob. Pero como era el hijo mayor de la esposa favorita de Jacob, la fallecida Raquel, él era el favorito de su padre —por mucho. Jacob le hizo una túnica extremadamente cara y adornada a José (Gn 37:3), y cuando los hermanos vieron "que su padre amaba más a José que a ellos, comenzaron a odiarlo y ni siquiera lo saludaban" (Gn 37:4). Cuando comienza el relato bíblico ya José es un adolescente, y los efectos tóxicos del favoritismo de Jacob habían empezado a manifestarse.

José tuvo dos sueños vívidos, y ambos obviamente significaban que todos sus hermanos con el tiempo se inclinarían ante él y le servirían. Ahora, a menudo los sueños muestran un deseo concreto que hemos estado albergando en secreto o subconscientemente. La forma en que José anunció el contenido de sus sueños mostró que él realmente se sentía superior a los demás hermanos. Se estaba convirtiendo rápidamente en un joven muy arrogante, un narcisista con visiones poco realistas de sí mismo que luego le impedirían amar a los demás y ser empático. Iba camino a cosechar lo que generalmente caracteriza a este tipo de personas: matrimonios infelices, relaciones rotas y una vida miserable.

Además, José tampoco se percataba de los problemas en la dinámica familiar. Sus sueños solo hicieron que sus hermanos sintieran aún más ira hacia él (Gn 37:11), envenenando sus corazones con más amargura. Ansiaban el amor de su padre pero no lo recibían. Odiaban a José y competían entre ellos. El interludio del capítulo 38, la historia de Judá y Tamar, muestra el efecto que tuvo todo esto sobre los hijos de Jacob. Ellos se estaban convirtiendo en personas insensibles, egoístas y capaces de cometer horribles crueldades. El futuro no era nada prometedor para esta familia. Les esperaba toda una vida llena de miedo, celos, desilusión, violencia y destrucción.

Pero luego le sucedió algo terrible a José. De hecho, fue una larga cadena de cosas terribles. Sus hermanos estaban cuidando las manadas de su padre en un lugar remoto, y Jacob envió a José para que viera cómo estaban y le trajera información sobre ellos. Cuando José llegó al lugar, descubrió que sus hermanos se habían ido, pero un extraño que estaba allí le dijo dónde estaban. Al estar en Dotán, un lugar aún más aislado, sus hermanos aprovecharon la oportunidad de deshacerse de

José sin que los descubrieran. Cuando llegó, lo agarraron y lo arrojaron a una cisterna vacía, y allí lo mantuvieron mientras debatían qué hacer con él. Algunos querían matarlo, otros sugirieron venderlo a traficantes de esclavos. Y eso hicieron. Luego le dijeron a su padre que José había sido atacado y devorado por un animal.

José fue llevado a Egipto, donde se convirtió en esclavo de una casa. Allí trabajó diligentemente con la esperanza de complacer a su amo y mejorar su suerte, pero fue acusado falsamente por una amante frustrada, la esposa de su amo. Como resultado, fue encarcelado sin esperanza de salir.

Estos capítulos no dicen mucho sobre la vida espiritual de José. Sabemos que mientras estuvo en la cisterna clamó a sus hermanos por su vida (Gn 42:21), y seguramente clamó al Dios de sus padres Abraham, Isaac y Jacob. Seguramente pidió a Dios que lo liberara, pero solo hubo silencio. Más adelante, en Egipto, posiblemente oró para ser librado de su esclavitud, o para que al menos se le permitiera trabajar por su libertad. No solo no fue liberado, sino que terminó como prisionero en los calabozos de Faraón. Así que José quizás oró a Dios durante años y años pidiendo ayuda —y nunca recibió una sola respuesta.

Pero luego las cosas dieron un giro. Mientras estuvo en la cárcel, José se encontró con un hombre de la corte de Faraón que había sido enviado allí porque cayó en desgracia con el rey. El hombre, quien era el copero de Faraón, tuvo un sueño que José interpretó correctamente con la ayuda del Espíritu de Dios. El hombre fue reintegrado a la corte de Faraón, pero se olvidó de José hasta el día en que Faraón tuvo dos sueños desconcertantes. Entonces el copero llevó a José al palacio y allí Dios lo volvió a ayudar. José le mostró el significado de los sueños a Faraón. Eran advertencias de Dios sobre los próximos siete años de hambre que azotarían con una severidad sin precedentes. Además, José describió un plan de políticas públicas que no solo prepararía y salvaría a Egipto de una hambruna, sino que también aumentaría el poder y la influencia de Egipto en esa parte del mundo.

Faraón inmediatamente reconoció la brillantez de José y el Espíritu divino que estaba con él. Promovió a José a un alto cargo en el gobierno, dándole la autoridad para llevar a cabo el programa que él había descrito. José usó su nuevo poder para establecer un programa gubernamental masivo y efectivo que mantuvo vivos a todos en el país durante los años de hambruna. Pronto la gente de esa región del mundo comenzó a viajar a Egipto en busca de alimento. Y fue por esto que diez hombres hebreos llegaron un día a la puerta de José —cansados, polvorientos y ansiosos por comprar trigo para mantener a sus familias con vida.

Por supuesto, eran los hermanos de José. Pero cuando lo vieron, no lo reconocieron, pues había crecido y vestía ropas de la realeza egipcia. José, sin embargo, sí los reconoció, y fue profundamente conmovido. Sin embargo, ocultó sus emociones y decidió también ocultar su identidad a sus hermanos. Luego, en el transcurso de varias reuniones con ellos, los puso a prueba. Primero los invitó a cenar, y luego los amenazó y asustó. Derek Kidner, en su comentario sobre Génesis, escribe: "La efectividad de la táctica [de José] puede verse en el surgimiento de actitudes completamente nuevas en los hermanos, pues la alternancia entre el buen trato y el mal trato quebrantó sus corazones ante Dios".[2]

Este comentario de Kidner resume la estrategia de José. Por un lado, hubo un "mal trato", pequeñas "dosis de retribución". Los acusa de ser espías —lo cual ellos niegan— y decide dejar a uno de ellos, Simeón, bajo custodia como garantía hasta que demostraran su sinceridad. Todo esto conmueve a los hermanos al recordarles sus antiguos pecados. José planifica cada detalle de tal manera que se vieran obligados a revivir su pasado.

Luego llega el momento en que José decide hacer su última jugada. Él les dice que si quieren recibir más alimento tienen que traer a su hermano menor, Benjamín, a Egipto. Benjamín era el favorito de su padre, el último hijo de su esposa Raquel. Jacob quedó destrozado al escuchar la noticia, pero no tenían otra opción si no querían morir de hambre. Regresaron a Egipto con Benjamín, pero José hizo arreglos para que pareciera que Benjamín se había robado una copa valiosa. Y da un ultimátum a los hermanos. Les dice que pueden irse a casa si dejan a Benjamín para que cumpla su castigo.

En pocas palabras, arregla todo para que los hermanos tuvieran la oportunidad de hacerle a Benjamín lo que le hicieron a él. Les da la oportunidad, una vez más, de deshacerse del favorito de su padre y sacrificarlo para asegurar sus propias vidas y libertad (Gn 44:17). Kidner escribe:

> La estrategia de José... ahora produce su golpe maestro. Al igual que el juicio de Salomón, la amenaza inesperada hacia Benjamín les atravesó el corazón... se dieron todas las condiciones para otra traición... La respuesta, por su unanimidad (v 13), franqueza (v 16) y constancia (pues la oferta se repitió, v 17), mostró cómo la disciplina había logrado su propósito.[3]

Pero uno de los hermanos, Judá, sale al frente. Este era el que había propuesto vender a José, pero ahora no solo suplica por misericordia, sino que presenta una oferta de sufrimiento sustitutivo (Gn 44:33-34). Pide al gobernante egipcio que lo tome a él en lugar de a Benjamín. Él ofrece su vida para pagar el castigo del robo, para que Benjamín pueda tener libertad. Le dice al hombre que aún no reconoce:

> Por eso, permita usted que yo me quede como esclavo suyo en lugar de mi hermano menor, y que él regrese con sus hermanos. ¿Cómo podré volver junto a mi padre si mi hermano menor no está conmigo? ¡No soy capaz de ver la desgracia que le sobrevendrá a mi padre! (Gn 44:33-34).

Cuando José escuchó esto, ya no pudo controlarse más. Estallando en llanto, les dice: "Yo soy José... Yo soy José, el hermano de ustedes, a quien vendieron a Egipto. Pero ahora, por favor no se aflijan más ni se reprochen el haberme vendido, pues en realidad fue Dios quien me mandó delante de ustedes para salvar vidas" (Gn 45:3-5). Poco tiempo después, José se reúne con toda su familia, incluyendo a su padre, y juntos disfrutan de la paz y la prosperidad del reino de Egipto hasta que ambos, Jacob y José, mueren en buena vejez, luego de haber vivido muchos años.

EL DIOS OCULTO

¿Qué tiene esto que ver con la forma en que enfrentamos la desilusión, el dolor y el sufrimiento? Todo.

Ahora podemos mirar hacia atrás y preguntar si Dios realmente estuvo ausente todos esos años en la vida de José. Cuando José oró por su vida en esa cisterna, ¿podríamos decir que Dios no lo escuchó? Y todos esos años en que todo parecía ir mal en la vida de José, ¿no estaba Dios allí? Él estaba allí y estaba obrando. Estaba oculto, pero tenía el control de todo.

Al contar todo lo que tenía que ocurrir para que José llegara a ser un esclavo en Egipto, algunas personas lo presentan como una serie de "accidentes" y "coincidencias". Jacob tenía que decidir enviar a José para ver cómo estaban sus hijos mientras cuidaban a las ovejas (Gn 37:13). Jacob tenía que pensar que estaban en Siquén (Gn 37:12). Si hubiera sabido que estaban en Dotán (v 17b), un lugar más lejano y mucho menos poblado, probablemente no lo habría enviado. Al José llegar a Siquén, tenía que encontrarse "accidentalmente" con un extraño que supiera dónde habían ido sus hermanos y que fuera lo suficientemente amistoso como para iniciar una conversación (v 15). El extraño dijo saber sobre el paradero de los hermanos solo porque acababa de escuchar una conversación entre unos hombres del campo (v 17a). Si José no hubiera conocido al extraño, o el extraño no hubiera escuchado la conversación, José nunca habría ido a Egipto. La única razón por la que pudieron "eliminar" a José, y por la que la historia de un ataque animal fue creíble (v 19-20), era que estaban en un lugar tan remoto. El hermano mayor, Rubén, estaba en contra de que maltrataran a José, pero casualmente estuvo ausente (v 29) cuando pasaron los comerciantes, lo cual permitió que Judá y los demás vendieran a José como esclavo (v 26-28).

Luego hubo otra serie de coincidencias que llevaron a José a la corte de Faraón. José tenía que ser enviado a la propiedad de un hombre que tuviera una esposa que se enamorara de él. Si José no hubiera sido acusado falsamente, no habría terminado en la cárcel. Si Faraón no se hubiera enojado con su copero, tal vez este no hubiera terminado en la cárcel ni conocido a José (Gn 40:1-3).

¿Cuántas "coincidencias" fueron? Comenzamos a perder la cuenta. Pero esto es lo que sabemos: a menos que cada uno de estos pequeños eventos sucedieran tal como fueron descritos (y muchos de ellos fueron cosas malas y terribles) José nunca habría sido enviado a Egipto. Pero piensa qué hubiera sucedido si no hubiera llegado a Egipto. Enormes cantidades de personas habrían muerto. Su propia familia habría muerto de hambre. Y, espiritualmente hablando, su familia hubiera sido un desastre. José habría sido corrompido por su orgullo, los hermanos por su ira y Jacob por su amor adictivo e idólatra por sus hijos menores.

Ya hemos visto la teología de esto. Según la Biblia, Dios es soberano y tiene el control; al mismo tiempo, los seres humanos tienen libre albedrío y son responsables de sus elecciones. Esa es la propuesta teológica, pero cuando la vemos en una historia real se vuelve mucho más vívida y poderosa para nosotros. Si los hermanos no hubieran traicionado a José ni lo hubieran vendido como esclavo, la familia (y José) no se habrían salvado del desastre y la muerte. Obviamente, era parte del plan de Dios. Dios estuvo presente en todo momento, y estuvo obrando incluso en los detalles más pequeños de la vida cotidiana, los horarios y las elecciones de todos. Esto muestra que "hace todas las cosas conforme al designio de Su voluntad" (Ef 1:10-11; Ro 8:28).

Entonces, ¿estuvo bien que hicieran lo que hicieron? De ningún modo. Lo que hicieron estuvo mal, nadie los obligó a hacerlo. Y fueron abrumados por la vergüenza y la culpa. Necesitaban pasar por un proceso doloroso para recordar su mal comportamiento. Esto les permitiría arrepentirse para así recibir libertad y perdón.

¿Cómo sucedió todo esto? A través del sufrimiento —del sufrimiento de los hermanos y de Jacob, y del terrible sufrimiento de José. Esos terribles años en los que José sufrió como esclavo, esos terribles años de culpabilidad para los hermanos, y esos terribles años de dolor y depresión para Jacob, todos eran parte del plan de Dios. Sin embargo, ¿de qué otra forma podrían haberse salvado física y espiritualmente? Él nos disciplina "para nuestro bien". Después del dolor, viene una "cosecha de justicia y paz" (Heb 12:10-11).

Los pastores británicos a menudo toman ovejas y carneros, uno por uno, y los arrojan a un abrevadero lleno de un líquido antiséptico. El pastor debe sumergir completamente a cada animal, manteniendo sus orejas, ojos y nariz debajo de la superficie. Por supuesto, es horriblemente aterrador para las ovejas. Y si alguna de las ovejas intenta escaparse demasiado pronto, los perros ovejeros les ladran y las obligan a volver a entrar. Pero por más aterrador que sea para las ovejas, sin ese tratamiento periódico se convertirían en víctimas de parásitos y enfermedades. Es por su bien. Una escritora cristiana que presenció este proceso no pudo evitar recordar que Jesús es nuestro buen Pastor y nosotros somos Sus ovejas. Ella escribió:

> He tenido algunas experiencias en mi vida que me han hecho sentir una gran simpatía por esos pobres carneros. No podía encontrar ninguna razón que explicara el tratamiento que estaba recibiendo del Pastor en quien confiaba. Y Él no me dio ninguna explicación. Mientras miraba a las ovejas que luchaban por librarse, pensaba: "¡Si hubiera alguna forma de explicarles! Pero tal conocimiento es demasiado maravilloso para ellos; es tan sublime, no pueden entenderlo" (ver Sal 139:6).[4]

Tenemos a un buen Pastor que está comprometido con Sus ovejas, aunque a menudo hace cosas que nos asustan y que, por el momento, no podemos entender.

CONFIANDO EN EL DIOS OCULTO

Tal vez lo más sorprendente de todo es darse cuenta de que si Dios le hubiera dado a José las cosas que probablemente estaba pidiendo en oración, hubiera sido terrible para él. Y debemos darnos cuenta de que es probable que Dios le haya dicho "no" una y otra vez a casi todas las peticiones específicas de José durante unos veinte años. La mayoría de las personas que conozco se hubieran dado por vencidas y hubieran dicho: "Si Dios me cierra la puerta en la cara cada vez que oro, año tras año, me doy por vencido". Pero si José se hubiera rendido, todo habría desaparecido. En la cárcel, José recurre a Dios en busca de ayuda para interpretar el sueño. A pesar de todos los años de oración sin respuesta, José todavía confiaba en Dios.

El punto es este: Dios *sí* estaba escuchando y respondiendo a las oraciones de José por su liberación, rescate y salvación, pero no de la forma en que José se lo pedía. No obstante, durante todo este tiempo en el que Dios parecía estar oculto, José confió en Él. Como vimos, en el calabozo José recurrió inmediatamente a Dios pidiéndole ayuda para interpretar el sueño. Su relación con el Señor estaba intacta, no se había alejado de Él.

Debemos hacer lo mismo. Ahora, es probable que nos identifiquemos más con Job que con José. Al final José pudo ver cuál era el plan de Dios. Las cosas funcionaron y pudo mirar hacia atrás y ver a Dios obrando todo el tiempo. Sin embargo, muchos de nosotros nunca llegamos a ver tantos aspectos del plan de Dios para nuestras vidas. A menudo nos pasa como a Job, a quien ni siquiera al final de la prueba se le dice lo que el lector sabe: su prueba fue presenciada por la corte celestial y se convirtió en el tema de una de las grandes obras literarias de todas las épocas. La mayoría de nosotros no tendremos la oportunidad que tuvo José de ver muchas de las razones de Dios detrás de su sufrimiento, pero tampoco podemos decir que no sabemos ninguna, como en el caso de Job. Es probable que veamos algunas, y quizás algunas más a medida que pasen los años. Pero independientemente de cuánto podamos discernir, al igual que José debemos confiar en Dios a pesar de todo.

Es interesante contrastarlo con otro evento que sucedió en Dotán muchos años después, cuando ya no era un lugar remoto, sino una ciudad. El profeta Eliseo y su siervo fueron atrapados en la ciudad, asediados por las tropas sirias. El siervo de Eliseo tenía mucho miedo, pero el profeta oró a Dios para que le abriera los ojos, y luego vio "carros de fuego" —las huestes angélicas de Dios— rodeando la ciudad, protegiéndolos a todos. La ciudad fue librada más tarde cuando Dios dejó ciego a todo el ejército sirio (2R 6:8-23).

Ahora piensa en estos dos actos divinos de liberación en Dotán. En el primer incidente, José clama a Dios por su liberación y rescate, pero Dios parece no hacer nada en absoluto. En el segundo incidente en Dotán, Dios responde a la oración de Eliseo con un milagro inmediato. En la superficie, parece que Dios ignora a José y responde a Eliseo. Pero no es así. "Dios había estado tan atento como lo está cuando hace cualquier otro milagro. Los dos extremos de Sus métodos coinciden en Dotán, porque fue allí donde José lloró en vano (Gn 42:21) y donde Eliseo pudo ver que había sido rodeado por los carros de Dios".[5]

Dios estuvo tan presente y activo en Sus respuestas lentas a José como lo estuvo en Su respuesta rápida a Eliseo. Estuvo tan amorosamente involucrado en el silencio de esa cisterna como lo estuvo en la respuesta ruidosa y espectacular a la oración de Eliseo. De hecho, podría argumentarse que la salvación de José, aunque menos sobrenatural y dramática, fue mayor en profundidad, amplitud y efecto. La historia de José nos dice que muy a menudo Dios no nos da exactamente lo que pedimos. En cambio, nos da lo que hubiéramos pedido si hubiéramos sabido todo lo que Él sabe.

Nunca debemos asumir que sabemos lo suficiente como para desconfiar de los caminos de Dios o amargarnos por lo que ha permitido. No hemos arruinado ni nuestras vidas ni los buenos propósitos de Dios para nosotros; no debemos pensar así. Seguramente hubo momentos en los que los hermanos pensaron que habían arruinado permanentemente su relación con Dios, la vida de su padre y el futuro de su familia. Pero Dios lo resolvió. Esto no es un incentivo para el pecado. El dolor y la miseria que resultaron en sus vidas a partir de esta acción fueron muy grandes. Sin embargo, Dios lo usó de manera redentora. No podemos destruir Sus buenos propósitos para con nosotros. Él es demasiado grande y convertirá incluso grandes pecados en algo útil y valioso.

En definitiva, debemos confiar en el amor de Dios. Después de que Jacob muere, los hermanos temen que José aún albergue cierto resentimiento hacia ellos y ahora quiera vengarse. José, sin embargo, los reunió y les dijo:

> "No tengan miedo. ¿Puedo acaso tomar el lugar de Dios? Es verdad que ustedes pensaron hacerme mal, pero Dios transformó ese mal en bien para lograr lo que hoy estamos viendo: salvar la vida de mucha gente. Así que ¡no tengan miedo! Yo cuidaré de ustedes y de sus hijos". Y así, con el corazón en la mano, José los reconfortó (Gn 50:19-21).

Este pequeño discurso contiene recursos enormes para cualquier persona que esté enfrentando tiempos oscuros y la traición de otros. Primero, José asume que detrás de todo lo que sucedió estaban la bondad y el amor de Dios. Aunque lo que hicieron sus hermanos fue malvado e incorrecto, Dios se propuso utilizarlo para bien. Esta es la versión del Antiguo Testamento de Romanos 8:28: "Dios dispone todas las cosas para el bien de quienes lo aman". Después Pablo agrega una serie de preguntas, declaraciones y oraciones poderosas y contundentes que concluyen que nada "en toda la creación" puede "apartarnos del amor que Dios nos ha manifestado en Cristo Jesús nuestro Señor" (Ro 8:31-39).

Pablo y José indican que, sin importar cuán mal estén las cosas, los creyentes pueden estar seguros de que Dios los ama. En los versículos 38-39, Pablo dice que él está *absolutamente* seguro de esto. Rompe los límites del lenguaje para decir que ni la muerte ni la vida, ni el cielo ni el infierno, nada puede separarte del amor de Dios que es en Cristo Jesús nuestro Señor. Nada. Ni los poderes del mal que hay en tu interior ni los poderes del mal que te rodean pueden separarte del amor de Dios. Una vez que te entregas a Dios a través de Cristo, Él es tuyo y tú eres de Él. Nada puede cambiar eso.

TODO ES PARTE DE SU PLAN

La historia de José nos muestra que todo lo que sucede es parte del plan de Dios, incluso las cosas pequeñas y las cosas malas. Déjame darte un solo ejemplo personal de esto.

A veces pregunto a la gente en mi iglesia, Redeemer Presbyterian (Nueva York), si están contentos de que la iglesia exista. Lo están (¡afortunadamente!). Luego señalo una cadena interesante de "coincidencias" parecidas a las de José que hicieron esto posible. Redeemer existe en gran medida porque mi esposa Kathy y yo fuimos enviados a la ciudad de Nueva York para comenzar una nueva iglesia. ¿Por qué fuimos enviados? Porque nos unimos a una denominación presbiteriana que promovía la plantación de iglesias y nos envió. Pero ¿por qué nos unimos a una denominación presbiteriana? Nos unimos porque en el último semestre de mi último año en el seminario tuve dos cursos a cargo de un profesor que me convenció de adoptar las doctrinas y creencias del presbiterianismo. Pero ¿por qué estaba ese profesor en el seminario en ese momento? Estuvo allí solo porque, después de un largo período de espera, finalmente pudo obtener su visa como ciudadano de Gran Bretaña para venir a enseñar en los Estados Unidos.

Este profesor había sido contratado por el seminario al que yo asistía en los Estados Unidos, pero había tenido muchos problemas para obtener una visa. Por varias razones el proceso se complicó y hubo un enorme retraso en las solicitudes. ¿Qué fue lo que terminó con toda la burocracia para él poder obtener su visa y llegar a tiempo para darme clases durante mi último semestre? Me dijeron que su proceso de visado se vio facilitado porque uno de los estudiantes de nuestro seminario pudo darle una ayuda muy inusual y exclusiva a la administración de la escuela. El estudiante era hijo del que era presidente de los Estados Unidos en ese momento. ¿Por qué era presidente? Porque el expresidente, Richard Nixon, tuvo que renunciar como resultado del escándalo de Watergate. Pero ¿por qué ocurrió el escándalo de Watergate? Entiendo que fue porque un guardia nocturno notó que había una puerta abierta.

¿Qué hubiera pasado si el guardia de seguridad no hubiera notado esa puerta? ¿Qué hubiera pasado si simplemente hubiera mirado en la otra dirección? En ese caso, no hubiera ocurrido esa larga cadena de "coincidencias". Y no existiría Redeemer Presbyterian en la ciudad. ¿Crees que todo eso sucedió por accidente? Yo no. Si eso no sucedió por casualidad, nada sucede por casualidad. Me gusta decirle a la gente de Redeemer: "Si te alegras por esta iglesia, entonces hasta Watergate sucedió para tu beneficio".

Raramente llegamos a ver siquiera una millonésima parte de las formas en que Dios está haciendo que todas las cosas obren para el bien de quienes lo aman. Pero Él está obrando y, por lo tanto, puedes estar seguro de que no te abandonará. Es en el contexto de la historia de José que tiene sentido esta poderosa carta pastoral del pastor y ministro anglicano del siglo XVIII, John Newton, para una hermana afligida:

> Tengo muy presente a tu hermana. Su enfermedad me aflige. Si estuviera en mi poder, la eliminaría rápidamente. El Señor puede hacerlo, y espero que lo haga cuando haya mostrado el propósito por el cual la envió... Mi oración es que puedas estar tranquila sabiendo que ella, tu y todas tus preocupaciones están en Sus manos. Él tiene el derecho soberano de hacer con nosotros lo que quiera; y si consideramos lo que somos, seguramente confesaremos que no tenemos motivos para quejarnos; y para quienes le buscan, Su soberanía se ejerce en forma de gracia. Todo obrará para bien; todo lo que Él envía es necesario; nada que Él retenga puede ser necesario...
>
> Necesitas paciencia, y si la pides, el Señor te la dará. Pero no podemos tener paz hasta que nuestra voluntad se someta a Él. Refúgiate bajo la sombra de Sus alas; confía en Su cuidado y poder; míralo como un médico que se ha comprometido a sanar tu alma de la peor de las enfermedades: el pecado. Ríndete ante Sus prescripciones y lucha contra todo pensamiento que represente tu propia voluntad como algo deseable.
>
> Cuando no puedas ver Su camino, conténtate con saber que Él es tu líder. Cuando tu espíritu está abrumado, recuerda que Él conoce tu camino y no permitirá que te hundas. Él ha establecido tiempos de refrigerio, no se olvidará de ti. Sobre todo, mantente cerca del trono de la gracia. Aunque nos parezca que

> no obtenemos ningún bien al acercarnos a Él, podemos estar seguros de que no conseguiremos nada bueno alejándonos de Él.[6]

La declaración de Newton ("todo lo que Él envía es necesario; nada que Él retenga puede ser necesario") coloca un océano de teología bíblica en un dedal. Si la historia de José y de toda la Biblia es verdadera, entonces cualquier cosa que llegue a tu vida es algo que, por doloroso que sea, necesitas de alguna manera. Y todo lo que pides en oración y se te niega, aunque estés seguro de que no puedes vivir sin ello, realmente no es necesario.

UN MEJOR JOSÉ

José básicamente dice a sus hermanos: "Trataron de destruirme, pero Dios usó esta copa del mal y el sufrimiento para salvar muchas vidas, incluyendo las suyas. Y como veo el amor redentor de Dios detrás de todo, ahora Dios me ha promovido a la diestra del trono del poder; los perdono y voy a usar mi poder para restaurarlos y protegerlos". La capacidad de José de ver la mano de Dios en las cosas malas de su vida le permitió perdonar. Pero José, por más grande que fuera, fue solo un precursor. Kidner escribe:

> Este realismo bíblico, ver claramente los dos aspectos de cada evento (por un lado, el mal manejo humano y el trabajo ciego de la naturaleza; por el otro, la perfecta voluntad de Dios)… iba a ser ejemplificado supremamente en Getsemaní, donde Jesús aceptó la traición como "la copa que el Padre me ha dado".[7]

Siglos después de José, vino Uno que también fue rechazado por los Suyos (Jn 1:11) y vendido por monedas de plata (Mt 26:14-16). Fue negado y traicionado por Sus hermanos y fue injustamente encadenado y sentenciado a muerte. Él también oró fervientemente, pidiéndole al Padre si la copa del sufrimiento y la muerte que estaba a punto de experimentar podría pasar de Él. Pero cuando miramos la oración de Jesús, vemos que Él, como José, dice que esta es "la copa *del Padre*" (Jn 18:11). El sufrimiento es parte del buen plan de Dios. Tal como le dice a Pilato: "No tendrías ningún poder sobre Mí si no se te hubiera dado de arriba" (Jn 19:11). Jesús finalmente le dice al Padre: "Hágase Tu voluntad" (Mt 27:42). Él muere por Sus enemigos, perdonándolos porque sabe que los propósitos amorosos y redentores del Padre están detrás de todo. Sus enemigos lo hicieron por maldad, pero Dios lo usó para salvar muchas vidas. Ahora, sentado a la diestra de Dios, gobierna la historia para nuestro bien, cuidándonos y protegiéndonos.

Imagina que has sido un fiel seguidor de Jesús. Has visto Su poder para sanar y hacer milagros. Has escuchado la sabiduría insuperable de Sus palabras y visto la pureza de Su carácter. Te emociona pensar en Su futuro liderazgo. Cada vez más personas se congregan para escucharlo. No hay nadie como Él. Piensas en toda la prosperidad que llegaría a tener Israel si todos le escucharan y siguieran Su ejemplo.

Pero entonces, allí estás en la cruz con los pocos discípulos que soportan mirar. Y escuchas a la gente decir: "Ya no quiero saber de este Dios. ¿Cómo podría abandonar al mejor hombre que hemos visto? *No veo cómo podría sacar algo bueno de esto*". ¿Qué dirías? Probablemente estarías de acuerdo. Sin embargo, estás parado allí mirando la cosa más grandiosa y brillante que Dios pudo haber hecho por la raza humana. En la cruz, tanto la justicia como el amor están siendo satisfechos: el mal, el pecado y la muerte son derrotados. Estás contemplando una belleza absoluta, pero como no puedes entenderlo con tu mente limitada, corres el peligro de alejarte de Dios.

No lo hagas. Haz lo que hizo Jesús: confía en Dios. Haz lo que hizo José: confía en Dios aunque estés en el calabozo. Se necesita toda la Biblia para ayudarnos a comprender todas las razones por las cuales la muerte de Jesús en la cruz no fue una tragedia, sino la consumación de la sabiduría. Se necesita una gran parte de Génesis para ayudarnos a comprender los propósitos de Dios en las tribulaciones de José. En ocasiones quisiéramos que Dios nos envíe el libro de *nuestra* historia personal, ¡la explicación completa! Pero aunque no podamos conocer todas las razones particulares de nuestros sufrimientos, podemos mirar a la *cruz* y saber que Dios está llevando a cabo Sus propósitos. Y así podremos cantar a los demás:

Cristianos temerosos, renueven su valor;
las nubes que tanto temen
están llenas de misericordia y caerán
en bendiciones sobre su cabeza.

Dios nos muestra una y otra vez en la Biblia que logrará Su salvación por medio de la debilidad, no por medio de la fuerza, pues Jesús triunfará a través de la derrota, ganará al perder, bajará para subir. De la misma manera, solo podremos recibir el poder salvador de Dios en nuestra vida a través de la debilidad del arrepentimiento y la confianza. Y, muy a menudo, la gracia de Dios se manifiesta más a través de nuestras dificultades que a través de nuestros triunfos.

CATORCE

ORANDO

Aunque mi camino sea oscuro, mientras Él sea mi Guía,
lo mío es obedecer, lo Suyo es proveer…
Mediante la oración lucharé, y Él hará.
Con Cristo en el barco, sonrío a la tormenta.

— John Newton, "Venciendo la incredulidad", Himnos de Olney

LA PARTICULARIDAD DE JOB

Nadie puede entender lo que la Biblia nos dice sobre el sufrimiento sin enfrentarse al libro de Job. Allí vemos a qué se refería el rabino Abraham Heschel cuando dijo: "Dios no es lindo. Dios no es un tío. Dios es un terremoto".[1] El filósofo Peter Kreeft dice: "Job es un misterio. Un misterio satisface algo en nosotros, pero no a nuestra razón. Al racionalista le repugna Job, y lo vemos en la forma en que lo trataron sus tres amigos racionalistas. Pero hay algo más profundo en nosotros que queda satisfecho por Job, y se nutre de él… Algo que le infunde hierro a nuestra sangre".[2]

Ningún otro libro en la Biblia ni, en mi opinión, en toda la literatura antigua enfrenta las preguntas sobre el mal y el sufrimiento con un realismo tan emocional y dramático, con tal destreza intelectual y filosófica.[3] Obviamente, el tema principal es el del sufrimiento de los inocentes. ¿Por qué tantas personas buenas sufren una cantidad desproporcionada de aflicciones y tragedias, mientras que muchas personas deshonestas, egoístas y codiciosas tienen una vida cómoda? El libro de Job tiene un equilibrio único al tratar este tema. No lo aborda de forma abstracta ni visceral. El problema del mal se examina a través de la agonía de un hombre. Sus clamores son conmovedores y provocadores. No obstante, los largos discursos de Job están llenos de profunda reflexión. Esto transmite perfectamente que el problema del sufrimiento es un gran problema filosófico, pero *también* es un gran problema personal. No debemos verlo como una cosa o la otra.

Otra forma en la que el libro de Job es único es en su crítica implícita de casi todas las respuestas comunes al problema del mal. Cuando nos llega el sufrimiento, nos preguntamos por qué nos está sucediendo a nosotros. La respuesta religiosa tradicional a esta pregunta es: *Seguro hiciste algo malo*. La respuesta secular a la pregunta es: *No hay una buena razón. Un buen Dios no permitiría esto —así que o Él no existe o, si existe, es cruel*. Uno de los mensajes principales del libro de Job es que las respuestas religiosas e irreligiosas, moralistas y nihilistas, son erróneas. Ambas son respuestas fáciles que se pueden expresar en una oración o dos. Pero ni el autor de Job ni el propio Job creyeron que hubiera soluciones tan fáciles. Ambas respuestas clásicas reciben críticas fulminantes en el libro, y eso es gran parte de lo que crea esa tensión dramática en la historia y lo que la hace tan intrigante. Se revela que la respuesta religiosa de los amigos de Job es difamatoriamente errónea: las dificultades de Job no le llegan *a pesar* de su bondad sino *por causa* de ella. Pero la visión nihilista, a la cual Job se inclina en ocasiones, también es un grave error.

MI SIERVO JOB

Los dos primeros capítulos de Job están en prosa, no en verso, y nos preparan para el enfrentamiento entre Job, sus amigos y Dios mismo.

Job era un hombre bueno y piadoso, "recto e intachable" (Job 1:1), lo que significa que era irreprochable. Nadie podía acusarlo en ninguna área de su vida. Era un padre y un esposo afectuoso, profundamente devoto a Dios, justo y compasivo en todos sus tratos, y encima era exitoso y rico. Se dice que fue el hombre "de mayor renombre" en Oriente (Job 1:3). Cada uno de sus hijos tenía su propia casa, lo que era muy poco común, y organizaban banquetes constantemente. Era una muestra de la prosperidad de su familia.

Pero de repente, este buen hombre es inexplicablemente abrumado por una serie de desastres en los que pierde su riqueza, su familia y su salud. ¿Por qué? Ni Job ni sus amigos tenían la perspectiva que tiene el lector. En Job 1:6-8 se nos muestra un gran concilio celestial donde estaban Dios, los ángeles y Satanás. La primera respuesta de los lectores modernos a esto es la confusión. ¿Qué está haciendo Satanás en la corte celestial? ¿No fue expulsado del cielo? Pero los autores bíblicos son muy selectivos en cuanto a lo que nos dicen. Vemos un diálogo similar en la parábola de Jesús sobre el hombre rico y Lázaro (Lc 16). En esa historia, un hombre que está en el infierno tiene un diálogo con Abraham, quien está en el cielo. ¿Por qué estaría la gente en el cielo hablando con personas que están en el infierno?

La mejor respuesta a esta pregunta es aceptar las restricciones del narrador. El propósito del autor es darnos suficientes detalles para que comprendamos las acciones dentro de la historia. La Biblia nos da muy pocos detalles sobre el cielo, los ángeles y el mundo sobrenatural, así que no nos enfoquemos en los detalles. Sin embargo, es interesante que en la historia nunca vemos a Satanás mostrando deferencia hacia Dios — nunca lo vemos diciéndole "Señor", ni inclinándose, ni mostrando algún tipo de respeto. Eso encaja con lo que vemos en el resto de las Escrituras. Pero si el propósito del autor hubiera sido informarnos sobre esas cosas, nos habría dado más detalles. En lugar de especular sobre asuntos que no están a la vista, deberíamos leer la historia y ver cómo este diálogo enseña claramente la relación "asimétrica" de Dios con el sufrimiento y el mal.

Dios señala a Job como su mejor siervo. "No hay en la tierra nadie como él; es un hombre recto e intachable, que me honra y vive apartado del mal" (Job 1:8). Satanás —cuyo nombre significa "acusador"— inmediatamente acusa a Job de una especie de hipocresía. Parece enojarse cuando Dios llama a Job Su siervo. Dice: "¿Y acaso Job te honra sin recibir nada a cambio? ¿Acaso no están bajo Tu protección él y su familia y todas sus posesiones? De tal modo has bendecido la obra de sus manos que sus rebaños y ganados llenan toda la tierra. Pero extiende la mano y quítale todo lo que posee, ¡a ver si no te maldice en Tu propia cara!" (Job 1:9-11). En pocas palabras, Satanás está diciendo que Job tiene una relación con Dios solo por los beneficios que recibe. Básicamente está diciendo: "Él no te sirve ni te ama, solo se ama a sí mismo, se sirve a sí mismo y te usa para hacerlo. Eres solo un instrumento, un medio para un fin. Te lo demostraré a Ti y a este concilio. Haz que las cosas no le favorezcan, deja de bendecirlo —y verás. Te abandonará al instante".

Satanás cree que Job obedece a Dios porque le conviene —porque se ama a sí mismo y quiere su propio bien. Si los beneficios terrenales de servir a Dios fueran eliminados, se revelaría lo que hay realmente en el corazón de Job. Pero esto es un ataque contra Dios. Job es el mejor siervo de Dios. Si él es un farsante, entonces Dios no ha logrado convertir a ningún hombre ni mujer para que sean siervos que le amen verdaderamente. Satanás odia lo bueno, y odia a Dios. Todas sus motivaciones son completamente malvadas. Le gusta infligir dolor y quiere ver a la gente sufrir. Y él sabe cuánto Dios ama a la raza humana, por lo que quiere impedir el propósito de Dios de convertirlos en adoradores llenos de alegría y bondad. Él quiere frustrar el gran deseo del corazón de Dios.

"AMANTES LIBRES" DE DIOS

Dios permite que Satanás pruebe a Job. ¿Por qué? Creo que era una muestra de que Dios sabía que Job lo amaba. Sin embargo, todavía era necesario que el amor de Job se refinara —de una manera que haría un bien enorme a través de las épocas. Dios permitió ese sufrimiento para elevar a Job a un nivel de grandeza.

Pero eso significa que Satanás tuvo razón en algo. Hay una diferencia entre la religiosidad externa y la verdadera devoción a Dios. Es algo con lo que todos luchamos en cierta medida, y es una de las razones por las que no tenemos la paz, el gozo ni la intimidad con Dios que deberíamos tener en Él. ¿Qué significa ser un verdadero siervo de Dios? Bueno, piensa en cualquier relación de amor. ¿Qué pasaría si te enamoraras de alguien que pareciera que también te ama, pero después de tener una crisis financiera, él o ella terminara la relación? ¿No te sentirías usado? ¿No pensarías que la persona amaba las cosas que podías darle en lugar de amarte a ti? Es lo mismo con Dios. Debemos amar a Dios porque es Dios, no por los beneficios que nos da.

¿Cómo desarrollas un amor así? Digamos que inicialmente te enamoras de una persona y, si eres honesto, fue en parte debido a algunos de los "beneficios" que venían con esa persona —su apariencia o sus conexiones, por ejemplo. Pero a medida que la relación progresa, comienzas a amar a la persona por lo que es, y cuando desaparecen algunos de los beneficios, ya no le das importancia. Eso se llama crecer en amor y en carácter. Ahora, ¿qué pasaría si crecieras en tu amor por Dios de esa manera? ¿Qué pasaría si pudieras crecer en tu amor por Él de tal manera que se volviera cada vez más satisfactorio para ti? Eso significaría que las circunstancias no te conmocionarían tanto, ya que tendrías a Dios y Su amor estaría fortaleciéndote y cuidándote a pesar de las circunstancias de la vida.

¿Cómo se logra esto? ¿Cómo puedes pasar de amar a Dios de manera mercenaria a amarle por quien es? Me temo que la forma principal es teniendo dificultades en tu vida. El sufrimiento primero te ayuda a evaluarte a ti mismo y a ver la naturaleza mercenaria de tu amor por Dios. Si te despojan de las cosas que más atesoras, puedes verte tentado a rechazarlo con ira. Pero el sufrimiento también provee una oportunidad. En lugar de dejar de confiar en Dios y alejarte de Él, podrías verle como nunca antes. En su obra satírica *Cartas del diablo a su sobrino*, C. S. Lewis retrata a un demonio mayor que le escribía consejos a un demonio joven que todavía estaba aprendiendo a tentar a las personas. Él le dice que Jesús, a quien llama el Enemigo, usa dificultades y pruebas para que los creyentes pasen de ser empleados mercenarios a ser personas que le sirven por amor:

> El Enemigo deja que esta desilusión se produzca al comienzo de todos los esfuerzos humanos: ocurre cuando el muchacho

que se deleitó en la escuela primaria con la lectura de las *Historias de la Odisea* se pone a aprender griego en serio; cuando los enamorados ya se han casado y acometen la empresa efectiva de aprender a vivir juntos. En cada actividad de la vida, esta decepción marca el paso de algo con lo que se sueña y a lo que se aspira a un laborioso quehacer. El Enemigo acepta este riesgo porque tiene la curiosa ilusión de hacer de esos asquerosos gusanillos humanos lo que Él llama Sus amantes y siervos "libres" ("hijos" es la palabra que Él emplea, en Su incorregible afán de degradar el mundo espiritual entero a través de relaciones "contra natura" con los animales bípedos). Al desear su libertad, el Enemigo renuncia, consecuentemente, a la posibilidad de guiarles, por medio de sus aficiones y costumbres propias, a cualquiera de los objetivos que Él les propone: les deja que lo hagan "por sí solos".

Ahí está nuestra oportunidad; pero también, tenlo presente, nuestro peligro: una vez que superan con éxito esta aridez inicial, se hacen mucho menos dependientes de las emociones y, en consecuencia, resulta mucho más difícil tentarles.

Dios sabía que Satanás estaba equivocado en cuanto a Job. Pero también sabía que Satanás tenía cierta razón. Job aún no era el siervo que debía y podía ser, y Dios le iba a permitir alcanzar ese tipo de grandeza de la única manera en que puede alcanzarse: a través de la adversidad y el dolor. Job se convertiría en alguien que sirve a Dios a cambio de nada y que ama a Dios porque es Dios. Él quiso mostrar a las huestes del cielo, así como a los cientos de millones de lectores del libro de Job, que Él *puede* convertir a los seres humanos en siervos que le amen.

DIOS Y EL MAL

Así que Dios le da permiso a Satanás para traer dolor y sufrimiento a la vida de Job. En el primer capítulo le dice a Satanás que puede despojar a Job de sus cosas materiales pero sin tocar su cuerpo (Job 1:12), y en el segundo capítulo le permite afligir a Job con enfermedades dolorosas, pero sin quitarle la vida (Job 2:6). Los lectores modernos se estremecen al ver que Dios le concede esto a Satanás, pero, de nuevo, no debemos olvidar el punto principal de esta narrativa. Transmite vívidamente la relación asimétrica de Dios con el mal. Aquí hay una filosofía profunda. En el libro de Job no hay una perspectiva dualista del mundo, no hay dos fuerzas equivalentes y opuestas del bien y el mal. Desde esa perspectiva, la vida es realmente un campo de batalla y algo impredecible porque no hay una sola fuerza a cargo. La historia es simplemente una lucha entre las fuerzas equivalentes del bien y el mal. No hay un ser que sea suficientemente poderoso como para llevar a cabo un plan coherente para la historia. Pero la Biblia no nos habla de un mundo así. Dios está completamente a cargo. Él tiene control total sobre Satanás. Satanás puede ir tan lejos como Él lo permita, y no más allá. Dios es claramente soberano.

Pero, por otro lado, el libro de Job no muestra a Dios mismo infligiendo a Job. Esta es una forma brillante de transmitir la verdad de que, aunque nada sucede fuera del plan de Dios, Dios no desea cosas malvadas como desea lo bueno. Dios controla la historia, sin embargo, no disfruta ver a las personas sufrir. El mal y el sufrimiento no son la intención original de Dios para el mundo y, por lo tanto, son solo una condición temporal hasta su renovación.

Los primeros desastres que Job enfrenta son las pérdidas de su riqueza y de sus hijos. La respuesta de Job fue expresar gran dolor, pero también se postró y adoró, diciendo: "El Señor ha dado; el Señor ha quitado. ¡Bendito sea el nombre del Señor!" (Job 1:21). La respuesta de Job es emocionalmente auténtica. Job se levantó y se rasgó las vestiduras… cayó al suelo —no fue estoico. Él muestra una gratitud apropiada ("el Señor ha dado") y una deferencia apropiada ("el Señor ha quitado"). Así que podríamos decir que Job gana la primera ronda. Satanás pierde.

Pero cuando Job pierde su salud, no puede mantener la misma entereza. Ahora Job empieza a flaquear. En Job 3:23, él culpa a Dios por sus problemas, pero no "maldice a Dios y muere" como le aconseja su esposa en Job 2:9. Él no se aparta de Dios ni contempla el suicidio, sino que lucha con lo que percibe como una grave injusticia. Cuando alguien vive una vida de obediencia se le hace más difícil aceptar las aflicciones, pues todo le parece totalmente irracional e injusto.

LOS DISCURSOS DE JOB Y DE SUS AMIGOS

Al seguir leyendo el libro de Job nos encontramos con tres largos ciclos de discursos de los amigos de Job (Elifaz, Bildad y Zofar) que acuden a "consolarlo". Pero sus consejos lo hieren profundamente. El capítulo 4, un discurso de Elifaz, es una muestra del planteamiento básico de estos amigos. Él dice: "Ponte a pensar: ¿Quién que sea inocente ha perecido? ¿Cuándo se ha destruido a la gente íntegra? La experiencia me ha enseñado que los que siembran maldad cosechan desventura. El soplo de Dios los destruye, el aliento de Su enojo los consume" (Job 4:7-9). El mensaje de los amigos de Job es claro. La única razón por la que Job estaba sufriendo de esa manera es que no ha estado orando, obedeciendo ni confiando en Dios como debería. Dios nunca sería tan injusto como para permitir que todo esto suceda a menos que Job haya hecho algo para merecerlo. Entonces, si Job quiere ser restaurado, simplemente tiene que confesar todos sus pecados y poner su vida en orden.

El discurso de Elifaz se asemeja bastante a la piedad evangélica convencional. Señala muchas cosas que son, en lo abstracto, proposiciones bíblicas verdaderas. *Es cierto* que hay un orden moral en el universo. *Es cierto* que el mal comportamiento, tarde o temprano, puede conducir a consecuencias dolorosas. *Debemos* confiar en Dios y no siempre asumir que estamos en lo correcto. Y si atravesamos tiempos difíciles, ciertamente debemos humillarnos ante Dios y examinarnos. Como hemos observado antes, podríamos estar en la posición de David o de Jonás. Tal vez Dios está tratando de despertarnos. Elifaz le dice a Job en 5:17: "¡Cuán dichoso es el hombre a quien Dios corrige! No menosprecies la disciplina del Todopoderoso". Eso también es verdad. Pero, como señala Frances I. Anderson, comentarista del Antiguo Testamento, sobre estos discursos de los amigos de Job: "La verdad puede ser una medicina insuficiente para un hombre que está sumido en el abismo".[4]

Aunque los amigos de Job son capaces de formular declaraciones que técnicamente son verdaderas, sus errores pastorales provienen de una comprensión inadecuada de la gracia de Dios. Ellos tienen una teología moralista. Elifaz declara: "… las penas no brotan del suelo, ni los sufrimientos provienen de la tierra…" (Job 5:6). Quiere decir que el sufrimiento no ocurre naturalmente; solo sucede si vives mal y lo provocas. Pero aquí él muestra una ignorancia de la enseñanza de Génesis 3:18, donde Dios dice que, por causa del pecado, la tierra *produciría* cardos y espinas —para todos. En otras palabras, el mundo está corrompido por causa del pecado, y a las personas les suceden cosas malas independientemente de lo bien que vivan. Eso implica que los amigos de Job tienen una imagen muy domesticada de Dios. Nunca hay un misterio. Si la vida va bien, es porque estás viviendo correctamente. Si la vida no va bien, debe ser tu culpa.

Pero Anderson muestra que esto es como ponerle una correa a Dios, por así decirlo. "Obligar a Dios a someterse a una moralidad [humana]… es una amenaza contra Su soberanía".[5] En otras palabras, una persona moralista como Elifaz cree que Dios puede ser manejado con la moralidad. Su consejo para Job es: confiesa todos tus pecados, pon tu vida en orden y todo volverá a estar bien. Garantizado.

Job no acepta la crueldad de sus amigos. Su respuesta en el capítulo 6 es escalofriante y emocionalmente realista. Él sabe que la imagen domesticada que sus amigos tienen de Dios es errónea, pero tampoco maldecirá ni rechazará a Dios acusándole de ser injusto. Lo más fácil habría sido optar por una de las perspectiva tradicionales, la religiosa o la irreligiosa, pero él no acepta ninguna de ellas. Como resultado, su agonía es enorme.

> ¡Cómo quisiera que mi angustia se pesara
>   y se pusiera en la balanza, junto con mi desgracia!
> ¡De seguro pesarían más que la arena de los mares!
>   ¡Por algo mis palabras son tan impetuosas!

Las saetas del Todopoderoso me han herido,
y mi espíritu absorbe su veneno.
¡Dios ha enviado Sus terrores contra mí! (Job 6:2-4).

Teme tanto hablar indignamente de su Dios que cree que es mejor morir antes de poder hacerlo.

¡Ah, si Dios me concediera lo que pido!
¡Si Dios me otorgara lo que anhelo!
¡Ah, si Dios se decidiera a destrozarme por completo,
a descargar Su mano sobre mí, y aniquilarme!
Aun así me quedaría este consuelo,
esta alegría en medio de mi implacable dolor:
¡el no haber negado las palabras del Dios Santo!
(Job 6:8-10).

Pero también es brutalmente honesto con sus amigos sobre lo que piensa de sus consejos.

Aunque uno se aparte del temor al Todopoderoso,
el amigo no le niega su lealtad.
Pero mis hermanos son arroyos inconstantes;
son corrientes desbordadas.

Instrúyanme, y me quedaré callado;
muéstrenme en qué estoy equivocado.
Las palabras justas no ofenden,
¡pero los argumentos de ustedes no prueban nada!
¿Me van a juzgar por mis palabras,
sin ver que provienen de un desesperado?

Tengan la bondad de mirarme a los ojos.
¿Creen que les mentiría en su propia cara?

> Reflexionen, no sean injustos;
> reflexionen, que en esto radica mi integridad
> (Job 6:14-15, 24-26, 28-29).

Las respuestas sarcásticas de Job a sus amigos son clásicas. Él dice: "… ¡qué consejeros tan miserables son ustedes!" (Job 16:2, NTV), y: "¡No hay duda de que ustedes son el pueblo! ¡Muertos ustedes, morirá la sabiduría!" (Job 12:2).

Y así, durante muchos capítulos, Job y sus tres amigos participan en un acalorado y extenso diálogo y debate sobre el significado del sufrimiento de Job. En los discursos de Job, él no solo debate con sus amigos, sino que también clama a Dios, formulando las preguntas comunes de quienes sufren: "¿Por qué?" y "¿Por qué yo?". Después aparece otra figura, un hombre más joven llamado Eliú, que critica tanto a Job como a los otros amigos (Job 32 – 38). Se vuelve cada vez más interesante y dramático a medida que se hace evidente que ni Job ni sus amigos parecen estar "ganando" ni viendo claramente los caminos de Dios. Muchos de los discursos de los amigos son extremadamente elocuentes, pero Job suele repetir lo mismo en los suyos. ¿Quién tiene la razón? ¿Quién ganará? ¿Y qué piensa Dios?

A estas alturas del libro de Job, el lector ya sabe que los sufrimientos de Job no son punitivos. No son una retribución por el pecado personal de Job. Pero tampoco son correctivos. No están diseñados para apartar a Job de algún camino equivocado, ni para regresarlo a la fe. Francis Anderson dice que poco a poco se va revelando que el propósito del sufrimiento de Job es que él disfrute de "una vida más plena con Dios". Esta es la única razón posible, una vez que la vida devota de Job elimina las otras posibilidades. Anderson escribe:

> Si hay algo de verdad en las enseñanzas de Elifaz sobre "la disciplina del Todopoderoso" (5:17), no es en el sentido negativo de entrenar a una persona para que no peque. Job ya había logrado eso… Los lectores saben lo que Job no sabe, es decir, que

> *la mayor sabiduría de Job era amar a Dios únicamente por quien es Él*. Por tanto, las palabras de Elifaz, lejos de ser un consuelo, son una trampa. La violencia con la que Job las rechaza muestra que reconoce el peligro detrás de ellas.[6]

Anderson quiere decir que si Job hubiera estado de acuerdo con sus amigos en que esto era un castigo o una corrección por algún pecado específico, no habría visto el verdadero propósito y el beneficio de lo que estaba sucediendo. Él estaba siendo llamado a vivir en otro plano. Job demuestra que tiene una ligera sospecha de que esto era así. A lo largo de todos sus discursos y oraciones, Job declara repetidamente su deseo de encontrarse con Dios y de escucharle. Al final del libro, su deseo se cumple, pero no de la manera en que él esperaba. Cuando Dios finalmente aparece para hablarle a Job en los últimos capítulos del libro, hay cuatro grandes sorpresas.

EL SEÑOR APARECE... Y JOB VIVE.

La primera sorpresa es que Dios sí aparece, adoptando una forma terrible —y, sin embargo, no destruye a Job. Al principio, las duras palabras nos llevan a pensar que Dios está a punto de juzgar severamente a Job. Dios estalla:

> ¿Quién es este, que oscurece Mi consejo
> con palabras carentes de sentido?
> Prepárate a hacerme frente;
> Yo voy a interrogarte, y tú me responderás.
> ¿Dónde estabas cuando puse las bases de la tierra?
> ¡Dímelo, si de veras sabes tanto!
> ¡Seguramente sabes quién estableció sus dimensiones
> y quién tendió sobre ella la cinta de medir!
> ¿Sobre qué están puestos sus cimientos,
> o quién puso su piedra angular

mientras cantaban a coro las estrellas matutinas
y todos los ángeles gritaban de alegría? (Job 38:2-7).

Pero a pesar de este lenguaje fuerte y desafiante, Dios no se manifiesta para juzgar o aplastar a Job, sino para acercarse a él con gracia. El primer indicio de esto es la aparición repentina del nombre hebreo Yahvé (traducido al español como "el Señor"), que hasta ahora ha estado casi completamente ausente en el libro de Job. Yahvé es el nombre que Dios le revela a Moisés en la zarza ardiente cuando lo llama. Es la revelación íntima y personal de Su nombre que le da a aquellos que están en una relación de pacto y amor con Él. Ahora es *Yahvé* quien le habla a Job.

Además, se nos dice que Yahvé le *respondió* a Job desde la tormenta.[7] Esta palabra, por más genérica que nos suene en español, es significativa. Muchos lectores, como George Bernard Shaw, han entendido ese discurso de Dios como una "burla".[8] Pero en el idioma hebreo, "hablar" con alguien indica una comunicación unidireccional de una autoridad a un inferior, mientras que "responder" expresa un diálogo entre dos partes. Es sorprendente, entonces, que cuando Dios aparece, entra en un diálogo —no viene simplemente a acusar. En otras palabras, Dios está invitando a Job a una relación. ¡Incluso le da la última palabra! (Job 42:1-6). Un comentarista escribe:

> Esta evidencia de condescendencia por parte de Dios le da a la interacción entre Dios y Job un carácter diferente al que comúnmente se asume. Dios no es una deidad agresiva y cruel que viene a reprender y a ridiculizar a Job… En lugar de esto, Dios viene en Su plenitud para que Job pueda tener una experiencia abrumadora de la realidad de Dios… Por tanto, Job (y el lector) es puesto en su lugar, no mediante una reprimenda ni por una advertencia contra el cuestionar a Dios, sino porque Dios en Su gracia se revela para que Job le vea hasta donde le sea humanamente posible. Como resultado, esa [aparición de Dios], por abrumadora que fuera, solo puede entenderse como un acto de gracia.[9]

Sin embargo, a pesar de la intimidad del nombre Yahvé y del modo en que se dirige a Job, Dios se le aparece en una *tormenta* —literalmente, un "viento huracanado". Los antiguos no conocían nada más aterrador o destructivo que un huracán. Los hijos de Job habían sido destruidos por uno (Job 1:19). Job temía que, si Dios realmente se le aparecía, lo "despedazaría con una tormenta" (Job 9:17). Y, de hecho, cuando Dios aparece lo hace en la forma más feroz, abrumadora y majestuosa posible, como el Rey de las tormentas. Job y los lectores del Antiguo Testamento esperarían que Dios entonces lo destruyera inmediatamente. Pero no lo hace. Cuando Dios se reveló en el monte Sinaí, nadie podía acercarse ni tocar la montaña, de lo contrario morían. Pero aquí vemos que Job está en la misma presencia de Dios, y él vive.

La paradoja, entonces, no debe pasarse por alto. Dios viene como un Dios misericordioso y personal, y como una fuerza infinita y abrumadora a la vez. ¿Cómo puede ser esto? Solo en Jesucristo vemos cómo el Dios indomable e infinito puede convertirse en un bebé y en un Salvador amoroso. En la cruz vemos cómo el amor y la santidad de Dios se manifiestan a la vez. Dios es tan santo y tan justo que Jesús tuvo que morir por nuestros pecados, o no habríamos podido ser perdonados. Pero estaba tan lleno de amor por nosotros que dio Su vida voluntariamente. El evangelio, entonces, explica cómo Dios puede ser el Dios amoroso y furioso al que Job se enfrenta en ese día oscuro y tormentoso.

EL SEÑOR NO RESPONDE... PERO SÍ LO HACE

La segunda sorpresa es que, a primera vista, los largos discursos de Dios no abordan ninguna de las preocupaciones de Job ni las de sus amigos, a pesar de que el texto dice que Dios "responde" a Job. Job esperaba una *explicación* de Dios. Los amigos de Job esperaban la *condenación* de Job. Ambos están equivocados. En cambio, Dios nos ofrece largos discursos poéticos sobre las maravillas del mundo natural.

Antes de ver estos discursos, debemos detenernos y evaluar el significado de que Dios no le haya dado explicaciones a Job respecto a todo lo que le había ocurrido. Él no dice nada sobre Satanás ni sobre el concilio celestial. Él no habla de ninguna de las razones por las que permitió que Satanás trajera sufrimiento a Job. No habría sido difícil para Dios hacer esto. Pudo haber dicho algo así: "Job, sé que ha sido doloroso. Pero debes percatarte de que, debido a todo esto, serás grandioso y algún día serás una inspiración para cientos de millones de personas que sufren. Nadie, excepto mi propio Hijo, será mejor conocido por su paciencia bajo la aflicción". Si hubiera dicho eso, Job podría haber contestado: "Oh, eso es diferente. Supongo que si ese es el resultado, puedo verlo desde una perspectiva diferente". Pero no. Dios no dice nada. ¿Por qué no? Nuevamente, Francis Anderson nos ofrece un comentario muy perspicaz.

> Una de las muchas excelencias del libro es que Job queda satisfecho sin conocer todas las razones de su sufrimiento... La prueba solo podía funcionar si Job *no* sabía para qué era. Dios conduce a Job a una experiencia de aparente abandono para que él pudiera experimentar una fe mucho más profunda, para que pudiera aprender a amar a Dios solamente por quien es Él. Dios no parece otorgarle este privilegio a mucha gente, ya que pagan un precio terrible de sufrimiento para llegar a esos descubrimientos. Pero parte del descubrimiento es ver el sufrimiento como uno de los dones más preciados de Dios. Impedir que Job comprenda toda la historia, incluso después de terminada la prueba, lo mantiene caminando por fe, no por vista. Al final, él no dice: "Ahora lo veo todo". Nunca lo ve todo. Él ve a Dios (Job 42:5). Tal vez lo mejor sea que Dios nunca nos cuente la totalidad de nuestra historia.[10]

La acusación de Satanás era que Job en realidad no amaba ni servía a Dios —se amaba y se servía a sí mismo mediante el cumplimiento de la voluntad de Dios. Y hemos dicho que esto siempre es cierto en parte, incluso de los mejores seguidores de Dios. Pero es debido a que no amamos a Dios solo por quien es Él que estamos sujetos a grandes altibajos dependiendo de cómo vayan las cosas en nuestras vidas. Nuestros corazones no están completamente satisfechos en Dios a menos que otras cosas también estén yendo bien, así que no tenemos un fundamento sólido y somos golpeados por los vientos de las circunstancias cambiantes. Pero para uno convertirse en un verdadero "amante libre" de Dios, ese que posee un gozo que el observador religioso y mercenario no conoce, usualmente tenemos que pasar por una pérdida. Debemos sentir que obedecer a Dios no nos traerá ningún beneficio. Es en *ese* punto que buscar, orar y obedecer a Dios comienza a transformarnos.

Así que la vida plena con Dios que Job disfruta más adelante solo fue posible porque Dios *no* le dijo por qué sufrió. Si Dios le hubiera dado esas razones, habría cooperado con el impulso de Job de justificarse a sí mismo. En cambio, la experiencia del sufrimiento lleva a Job al lugar donde lo ama y confía en Él simplemente porque es Dios. Job se convierte en una persona llena de fuerza y alegría que no necesita circunstancias favorables para mantenerse firme espiritualmente. Esto hace que el sufrimiento, o más bien el resultado del sufrimiento, sea un gran regalo, y es poco probable que este nivel de confianza en la gracia de Dios pueda obtenerse de otra manera. Como dice Anderson, Job nunca ve la imagen completa, solo ve a Dios. Pero eso es lo que realmente necesitamos, para toda la eternidad.

Existe otra razón crucial para que Dios no le dé a Job ninguna explicación de su sufrimiento. Satanás había acusado a Job de ser falso, de que vivía moralmente y obedecía a Dios solo por los beneficios que recibía. Satanás no solo quería afligir a Job, sino también desacreditarlo, exponerlo como un fraude. Pero Dios solo le permite hacer aquello que lograría lo contrario de lo que Satanás había deseado. Los lectores modernos pueden molestarse al ver que Dios le da permiso a Satanás para atacar a Job, pero debemos tener en cuenta que el ataque de Satanás le dio a Job un nombre que vivirá para siempre, lo hizo uno de los hombres más famosos de la historia. Si te dicen que tres mil años después millones de personas estarán leyendo y discutiendo tus palabras y hechos, podrías considerarte exitoso. Y al afligir a Job con el sufrimiento, Dios creó uno de los recursos más importantes en la historia del mundo, uno que ha inspirado a un sinnúmero de personas que sufren a enfrentar su adversidad con resistencia y paciencia.

Dios permite la cantidad de mal necesario para que se derrote a sí mismo. La historia de Job es una versión más pequeña de lo que Dios está haciendo en tu vida y en la historia del mundo. Dios ha trazado un plan para la historia que incluye el mal como parte de él. Esto nos confunde y nos enoja, pero luego un libro como Job nos quita el velo por un instante y nos muestra que Dios permitirá el mal solo en la medida en que produzca todo lo contrario de lo que pretende.

EL SEÑOR ES DIOS... Y TÚ NO LO ERES

En estos discursos finales, el Señor llama a Job a considerar la creación del mundo (Job 38:4-7) para señalar que los seres humanos tienen un conocimiento diminuto de todo lo que Dios ha creado. "¡Seguramente sabes…!", dice Dios irónicamente (Job 38:5). Describe los grandes océanos del mundo como si fueran un bebé indefenso para Él, envueltos en las nubes por Dios como una partera envuelve a un recién nacido en pañales (v 8-9). Luego, Dios sale a los confines del mundo —al amanecer y al atardecer (v 12-15); a las profundidades de la tierra, a los cimientos más profundos de piedra y mar (v 16-18); y a las alturas, a los depósitos de nieve, granizo, lluvia y rayos (v 19-30), y aun a las constelaciones y las estrellas (v 31-38). Dios los ha creado y sabe todo sobre ellos. ¿Lo sabe Job?

Después de considerar el mundo físico, ahora Dios llama a Job a pensar en el león (v 39-40), el cuervo (v 41), las cabras de montaña, el nacimiento de las gacelas (39:1-4), el asno salvaje (v 5-8), el buey (v 9-12), el avestruz (v 13-18), el caballo (v 19-25), el halcón y el águila (v 26-30). Dios usa a los animales para darnos lecciones morales, y así lo han hecho muchos autores religiosos a lo largo de los años. Los animales son obras de arte de Dios, y deben ser amados y disfrutados por lo que son y por lo que nos enseñan acerca de la sabiduría, la alegría, el poder y la belleza del más grande Artista.

El catálogo de maravillas naturales es asombroso. El punto es sencillo: no somos Dios. Su conocimiento y poder están infinitamente más allá de los nuestros. Este primer discurso termina en Job 40:2 con la pregunta del Señor: "¿Corregirá al Todopoderoso quien contra Él contiende? ¡Que le responda a Dios quien se atreve a acusarlo!". Un niño de siete años no puede cuestionar los cálculos matemáticos de un físico de clase mundial. Sin embargo, cuestionamos la forma en que Dios gobierna al mundo. ¿Tiene eso sentido?

En el segundo discurso de Dios (Job 40:6 – 41:34), Dios presenta este argumento de manera directa. En la sociedad israelita, el juez no solo emitía un veredicto sino que también lo hacía cumplir. Cuando un rey se sentaba como adjudicador y encontraba que el querellante era inocente, procedía a restaurar el lugar del hombre en la sociedad. Después de decirle a Job en Job 40:8 que básicamente se ha colocado en el asiento del Juez del mundo, para justificarse a sí mismo, presenta el siguiente argumento en los versículos 9-14:

> ¿Tienes acaso un brazo como el Mío?
> ¿Puede tu voz tronar como la Mía? Si es así…
> Da rienda suelta a la furia de tu ira…
> aplasta a los malvados donde se hallen.
> Entiérralos a todos en el polvo;
> amortaja sus rostros en la fosa.
> Yo, por Mi parte, reconoceré
> que en tu mano derecha está la salvación.

Ahora vemos hacia dónde Dios se estaba dirigiendo al señalar las maravillas del orden creado. Como Job no tiene el poder para ser juez, tampoco tiene el derecho. Job dice que puede manejar el universo mejor que Dios, pero eso es simplemente ficción. A Job se le dice que deje de pensar que puede hacerlo. Anderson dice que Job está siendo llamado a "entregar todo a Dios con más confianza, y menos impaciencia. Y a hacerlo sin insistir en que Dios primero responda todas sus preguntas".[11]

Este es el camino de la sabiduría: admitir de buena gana, no a regañadientes, que solo Dios es Dios. La alternativa es sucumbir ante la maldad. Anderson señala:

> Aquí, si hemos entendido correctamente el corazón de la teología de todo el libro, vemos que esto es algo sumamente profundo. Aquí hay una amonestación para todo el que, quejándose de eventos particulares en su vida, implica que podría proponer a Dios mejores formas de dirigir el universo. Los hombres están deseosos de usar la fuerza para combatir el mal, y en su impaciencia desean que Dios hiciera lo mismo más a menudo. Pero mediante tales actos destructivos, los hombres hacen el mal y se vuelven malvados. [Si Job hiciera lo que se describe en 40:8-14, él] no solo usurparía el papel de Dios, sino que se convertiría en otro Satanás. Solo Dios puede destruir creativamente. Solo Dios puede transformar el mal en bien.[12]

Pocas personas han expresado esta idea mejor que Elisabeth Elliot, quien, reflexionando sobre su propia vida, la muerte de dos de sus maridos e innumerables tragedias y problemas inexplicables, reflexionó sobre el final del libro de Job y escribió esto:

> Dios es Dios. Si Él es Dios, Él es digno de mi adoración y mi servicio. No encontraré descanso en ningún otro lugar que no sea en Su voluntad, y esa voluntad es infinita, inmensurable, y va indescriptiblemente más allá de mis ideas más grandiosas de lo que Él pudiera estar haciendo.[13]

JOB ESTÁ EN LO CORRECTO... Y TÚ EN LO INCORRECTO

Finalmente, está la cuarta sorpresa. Dijimos que Job esperaba una *explicación* de Dios, pero sus amigos esperaban la *condenación* de Job como pecador. En cambio, cuando Dios ha terminado con Sus discursos, se dirige a Elifaz, Bildad y Zofar, diciéndoles que ellos y su teología de retribución legalista están equivocados, y que Job (¡"Mi siervo"!) ha tenido razón en su insistencia de que sufre inocentemente (Job 42:7-9). Dios luego dice que Job debe orar por ellos para que puedan escapar del castigo divino.

Esta parte de la historia lleva a muchos lectores modernos a preguntarse en voz alta: "¿Por qué Dios respalda tanto a Job? Job maldijo el día en que nació, desafió la sabiduría de Dios, gritó y se quejó amargamente, expresó dudas profundas. No parece que Job haya tenido fe en todo momento. ¿Por qué Dios lo vindica de esa manera?".

La primera razón es que Dios es clemente y misericordioso. Pero lo más importante que hay que notar es esto: a pesar de todo, Job nunca dejó de orar. Sí, se quejó, pero se quejó *ante Dios*. Él dudó, pero presentó sus dudas *a Dios*. Él gritó y clamó, pero lo hizo en presencia *de Dios*. No importaba cuánta fuera su agonía, continuó dirigiéndose a Dios. Siguió buscándolo. Y al final, Dios dijo que Job triunfó. Qué maravilloso es que nuestro Dios vea el dolor, la ira y el cuestionamiento, y todavía esté dispuesto a decir "triunfaste", no porque todo estuviera bien, no porque el corazón y los motivos de Job siempre fueran correctos, sino porque la obstinación de Job al buscar el rostro y la presencia de Dios significaba que *el sufrimiento no lo alejaba de Dios, sino que lo acercaba a Él*. Y eso hizo toda la diferencia. Como dijo John Newton, aunque nos parezca que no obtenemos ningún bien al acercarnos a Él, podemos estar seguros de que no conseguiremos nada bueno alejándonos de Él.

Ahora, esta es quizás la cosa más concreta y práctica que aquellos que sufren pueden aprender del libro de Job. La Biblia dice que Dios está "cerca de los quebrantados de corazón" (Sal 34:18). "El Señor levanta a los caídos y sostiene a los agobiados" (Sal 145:14). Esas son verdades universales: Dios está cerca y se preocupa por todos los que sufren. Además, promete ayudar por medio de Su Espíritu a los cristianos que gimen (Ro 8:26). Y dice a los creyentes en Cristo: "Nunca te dejaré; jamás te abandonaré" (Heb 13:5). Jesús dice que somos Sus ovejas y que "nadie podrá arrebatármelas de la mano" (Jn 10:28).

Todo esto significa que, aunque no podamos sentir a Dios en nuestros momentos más oscuros, Él está allí. Así que no hay una manera más básica de enfrentar el sufrimiento que esta: como Job, debes buscarle, acudir a Él. Ora aunque estés desanimado. Lee las Escrituras aunque sea una agonía. Con el tiempo volverás a sentir Su presencia, la oscuridad no durará para siempre. La fortaleza que necesitas para enfrentar el sufrimiento proviene del cumplimiento de las responsabilidades y los deberes que Dios nos exige. No eludas los mandamientos de Dios. Lee, ora, estudia, ten comunión, sirve, testifica, obedece. Realiza todos los deberes que puedas, siempre y cuando tu condición física te lo permita, y el Dios de paz estará contigo.

Hay otros ejemplos de esto en la Biblia. Uno de los más famosos es el Salmo 42, donde el salmista habla consigo mismo.

> Me acuerdo de estas cosas y derramo mi alma dentro de mí;
> de cómo iba yo con la multitud
> y la guiaba hasta la casa de Dios,
> con voz de alegría y de acción de gracias,
> con la muchedumbre en fiesta.
> ¿Por qué te desesperas, alma mía,
> y por qué te turbas dentro de mí?
> Espera en Dios, pues he de alabarlo otra vez
> por la salvación de Su presencia.
> Dios mío, mi alma está en mí deprimida;
> por eso me acuerdo de Ti… (Sal 42:4-6 NBL).

El Salmo 42 es una oración intensa, continua y elocuente. Él está "derramando su alma" a Dios. ¿Qué significa eso? Primero, "derramar el alma" significa entrar en nuestro propio corazón. Es una versión antigua y más saludable de lo que a veces se le llama ponernos en contacto con nuestros sentimientos. Significa examinar honestamente tus dudas, deseos, miedos y esperanzas. Pero notemos que esto no es un autoexamen abstracto, sino algo que él hace ante Dios. Este hombre no está en un rincón mirándose a sí mismo, está exponiendo su ser interior a Dios. Eso implica llorar, anhelar, reflexionar, recordar —todo ante Dios. "Derramar el alma" también significa clamar a Dios. Al leer todo el Salmo vemos muchas declaraciones honestas y directas de confusión y frustración. Sin embargo, él sigue orando y permanece enfocado en Dios.

Lo otro que debemos notar es que el salmista no solo está escuchando su corazón; también le está hablando. Se dirige a sí mismo cuando dice: "…alma mía…". Esto es algo que todas las personas deben recordar en medio del sufrimiento y las pruebas. Sí, debemos escuchar a nuestros corazones. Debemos aprender lo que podamos sobre nosotros mismos mediante un análisis honesto de nuestros sentimientos. Pero no solo debemos escuchar a nuestros corazones, también debemos hablarles. Debemos escuchar las premisas del razonamiento del corazón, pero debemos desafiar esas premisas cuando están equivocadas, y a menudo lo están.

Es posible que escuchemos a nuestro corazón decir: "¡No tiene remedio!", y deberíamos replicar: "Bueno, eso depende de *dónde* hayas puesto tu esperanza. ¿Pusiste tu esperanza en el lugar correcto?". Observa cómo el salmista analiza sus propias esperanzas: "¿*Por qué* te desesperas, alma mía?". Nota que se amonesta a sí mismo. "Espera en Dios, pues he de alabarlo otra vez". El salmista le está hablando a su corazón, diciéndole que acuda a Dios, que fije sus ojos en Él. D. M. Lloyd-Jones, en un sermón sobre este texto, dice que el salmista está abatido, pero adopta una estrategia importante que debemos de usar cuando nos desanimemos.

> Lo primero que tenemos que aprender es lo que aprendió el salmista: a dirigirnos a nosotros mismos… Él está hablando consigo mismo… [Es importante ver que esto no es lo mismo que] morbosidad e introspección… En la depresión espiritual, dejamos que sea nuestro corazón el que nos hable en lugar de nosotros hablarle a nuestro corazón. ¿Estoy siendo paradójico? En absoluto. Esta es la verdadera esencia de la sabiduría en este asunto. ¿Te has percatado de que gran parte de la infelicidad en

> tu vida se debe al hecho de que te estás escuchando en lugar de hablarte a ti mismo?... Entonces este hombre se detiene y dice: "Yo, escucha por un momento...". Debes continuar recordándote a ti mismo quién es Dios, qué ha hecho Dios y qué se ha comprometido a hacer... Entonces termina con esta gran nota: desafíate a ti mismo, desafía a otras personas, desafía al diablo y al mundo entero, y di con el salmista: "He de alabarlo *otra vez*... ¡Él es mi Salvador y mi Dios!".[14]

Lloyd-Jones aclara que esto no es forzar tus emociones. Es lo opuesto. Significa pasar tiempo en oración y lectura de la Biblia, incluso cuando estés desanimado. John White, que era un psiquiatra cristiano, escribió un libro llamado *Las máscaras de la melancolía*. Él dijo:

> Hace años, cuando estaba seriamente deprimido, lo que salvó mi cordura fue aferrarme a la profecía de Oseas. Pasé semanas, mañana tras mañana, tomando notas meticulosas, revisando alusiones históricas en el texto, y lentamente comencé a sentir que el suelo bajo mis pies se hacía cada vez más firme. Sabía sin duda alguna que mi sanación surgía de mi lucha por captar el significado del pasaje. Si las personas que sufren tienen la habilidad para concentrarse, deben hacer un estudio bíblico sólido e inductivo en lugar de una lectura devocional, porque en la mayoría de las personas deprimidas, la lectura devocional se detiene o se degenera en algo insalubre e inútil. [15]

White sabía que cuando se sentía abatido, un esfuerzo por leer la Biblia "devocionalmente", es decir, buscando inspiración, no era la respuesta. En cambio, aconseja que estudiemos la Biblia por su contenido. Que saquemos la verdad del texto. Recuérdate a ti mismo quién es Dios, quién eres en Cristo y qué ha hecho por ti. Simone Weil dice que es importante al menos desear amar a Dios. Haz lo que puedas para orar y meditar en la verdad. Y espera. Espera como esperó Job.

Muchas personas que han hecho este trabajo —meditar y orar aunque no tengan las ganas de hacerlo— han usado los Salmos de manera especial y han sido grandemente beneficiadas. Los Salmos están llenos de enseñanzas sobre Dios, por supuesto, pero por lo general son oraciones. Y son oraciones que cubren casi todas las experiencias humanas. Nos muestran a las personas procesando su condición ante Dios —están orando por su situación en lugar de simplemente pensar en ella. Vemos a los salmistas expresando sus lágrimas, sus dudas, sus miedos, sus penas, su desesperanza, así como sus alegrías y bendiciones. No hay mejor lugar para esperar en Dios que en el interior del Salterio.

"MI SIERVO JOB"... OTRA VEZ

Job da su respuesta final a Dios en Job 42:2-6. La gramática y las palabras indican claramente que se trata de un acto de adoración, no de rencor, pues Job llama a Dios "maravilloso" (v 3). Sus primeras líneas son en realidad una exclamación, casi un arrebato: "Yo sé bien que Tú lo puedes todo, que no es posible frustrar ninguno de Tus planes". Job admite que sus demandas no tomaron en cuenta la maravilla de quién es Dios (v 2-3). También admite que Dios tiene planes para todo lo que sucede, incluso si esos planes permanecen ocultos.

¿A qué debemos este cambio de tono, este nuevo sentido de descubrimiento? Job dice que originalmente había oído hablar de Dios, pero que ahora "te veo con mis propios ojos". Esto significa que los conceptos abstractos del poder, la majestad y el poder de Dios en realidad no se habían apoderado de su corazón. La presencia y los discursos de Dios habían puesto esto en perspectiva y lo despojaron de su deseo de justificarse a sí mismo, de su insistencia en que hubiera una explicación y una reivindicación pública, y de su creencia de que sabía mejor que Dios lo que debía suceder. Así que el cambio en Job tiene que ver tanto con su experiencia espiritual como con una teología más profunda.

Finalmente Job dice: "Por tanto me aborrezco, y me arrepiento en polvo y ceniza" (v 6 RV60). Esta afirmación no es exactamente lo que aparenta ser. La primera frase no está en el hebreo, es una adaptación interpretativa de los traductores, y muchos comentaristas no creen que sea lo más adecuado. La palabra "arrepiento" también puede significar "retracto", y como esta ha sido la intención de los discursos de Dios, parece ser la mejor manera de interpretarlo. Job no está expresando un arrepentimiento general por su depravación. Eso arruinaría el propósito del libro, porque eso es lo que los amigos de Job han intentado que haga. En cambio, él está haciendo lo que no estaba dispuesto a hacer en Job 40:3-5. Él abandona sus intentos de justificarse a sí mismo. Se retracta de su exigencia de que Dios, debido a la justicia de Job, le dé una explicación y una reivindicación pública. Él renuncia a tratar de controlar a Dios (es decir, deja de desconfiar en Dios). Se inclina ante Dios y le permite ser quien es. Ahora sirve a Dios solo porque es Dios.

EL OTRO QUE SUFRIÓ INOCENTEMENTE

Pero debemos notar algo que es fácil de pasar por alto. Aunque los largos discursos de Dios están llenos de fuertes declaraciones que le recuerdan a Job su humanidad finita, no contienen ninguna declaración sobre los pecados de Job. Dios nunca dice nada sobre ningún pecado que haya provocado el sufrimiento de Job. Y así, aunque Job nunca conoce las razones de la tragedia, también aprende algo crucial para su tranquilidad. "El hecho de que Dios no se presentó (como lo hicieron los amigos) con una lista de los pecados de Job, fue en sí mismo una prueba de que esto no era necesario", escribe Anderson.[16] La aparición de Dios a Job en una tormenta terrorífica, pero como *Yahvé*, sin acusaciones, significa que Dios lo ama y lo acepta, que su sufrimiento inusual no es un castigo por un pecado específico. La ausencia de condenación significa que Job está bien con Dios. En efecto, Dios está diciendo: "Esto debería ser suficiente para ti, Job". Y lo es.

El gran silencio de Dios sobre el pecado de Job es una tremenda muestra de amor. ¿Cómo podemos *nosotros* obtener esta seguridad en medio de nuestro sufrimiento? ¿Cómo podemos estar seguros de que no importa cómo se vea el mundo, somos amados y aceptados por el Único que cuenta? ¿Cómo podemos *nosotros* confiar en la gracia de Dios, y no en nuestra propia justicia, para poder abstenernos de ser jueces del mundo incluso cuando las cosas sean tan confusas?

No necesitamos escuchar una voz saliendo de una tormenta. Más bien, necesitamos saber que Jesucristo se sometió voluntariamente a la tormenta más grande —la tormenta de la justicia divina— por nosotros, para que podamos escuchar la voz amorosa del Dios santo. Él soportó la condena que nosotros merecemos para que Dios nos aceptara. Jesús es el Job por excelencia, el único que verdaderamente sufrió siendo inocente. Jesús "estuvo dispuesto a vivir la vida de Job… Estuvo dispuesto a morir mientras Sus amigos y enemigos lo veían como un tonto, un blasfemo, incluso como un delincuente que no podía salvarse a Sí mismo".[17] Así como Job estuvo "desnudo", sin dinero y con dolor físico (Job 1:21), Jesús no tuvo hogar, y fue desnudado y torturado en la cruz. Job era relativamente inocente, pero Jesús era absoluta y perfectamente inocente; y aunque Job sentía que Dios lo había abandonado, Jesús realmente experimentó la ausencia de Dios, así como la traición de Sus amigos y la pérdida de Su familia. En Getsemaní, Jesús vio que si obedecía a Dios plenamente sería completamente abandonado por Él y, básicamente, destruido en el infierno. Nadie más se ha enfrentado a tal situación. Solo Jesús verdaderamente "sirvió a Dios porque es Dios".

Jesús fue atacado por Satanás, y mucho más que Job. Pero en la mayor reversión de todas, Satanás solo logró la salvación de Dios, la manifestación de Su gracia. Francis Anderson dice: "Esta es la respuesta final a Job y a todos los Jobs de la humanidad. Como víctima inocente, Job es el compañero de Dios".[18] En otras palabras, cuando sufres sin alivio, cuando te sientes absolutamente solo, puedes saber que, debido a que Él cargó con tu pecado, Él estará contigo. Puedes estar seguro de que estás caminando por el mismo camino que caminó Jesús, así que *no* estás solo —y ese camino solo te conduce a Él.

QUINCE

PENSANDO, AGRADECIENDO, AMANDO

El Hijo de Dios sufrió hasta la muerte, no para que los hombres no sufrieran, sino para que sus sufrimientos fueran como los de Él.

— George Macdonald, *Sermones tácitos*, primera serie.[1]

Si tuviéramos que hacer una lista de los personajes bíblicos que más sufrieron, Pablo tendría que estar entre ellos. Cuando Pablo fue llamado al ministerio, Dios dijo de él: "Ese hombre es Mi instrumento escogido para dar a conocer Mi nombre… Yo le mostraré cuánto tendrá que padecer por Mi nombre" (Hch 9:15-16). No mucho tiempo después, escuchamos a Pablo predicando que "es necesario pasar por muchas dificultades para entrar en el Reino de Dios" (Hch 14:22). Seis veces en sus cartas, Pablo nos da catálogos de sus aflicciones (Ro 8:35; 1Co 4:9-3; 2Co 4:8-9; 6:4-5; 11:23-39; 12:10). Juntos cubren una enorme variedad de dificultades físicas, emocionales y espirituales, incluyendo hambre, encarcelamiento y traiciones. Cinco veces recibió el castigo brutal de la flagelación, los "cuarenta azotes menos uno" (2Co 12:24). Luego continúa con una lista:

> Tres veces me golpearon con varas, una vez me apedrearon, tres veces naufragué, y pasé un día y una noche como náufrago en alta mar. Mi vida ha sido un continuo ir y venir de un sitio a otro; en peligros de ríos, peligros de bandidos, peligros de parte de mis compatriotas, peligros a manos de los gentiles, peligros

en la ciudad, peligros en el campo, peligros en el mar y peligros de parte de falsos hermanos. He pasado muchos trabajos y fatigas, y muchas veces me he quedado sin dormir; he sufrido hambre y sed, y muchas veces me he quedado en ayunas; he sufrido frío y desnudez. Y, como si fuera poco, cada día pesa sobre mí la preocupación por todas las iglesias. ¿Cuando alguien se siente débil, no comparto yo su debilidad? ¿Y, cuando a alguien se le hace tropezar, no ardo yo de indignación? (2Co 11:25-29).

LA PAZ QUE SOBREPASA TODO ENTENDIMIENTO

¿Cómo manejó Pablo todo esto? En 2 Corintios 1, Pablo escribe sobre una reciente prueba severa. Hablando de "las aflicciones que sufrimos", dice que estaban "tan agobiados bajo tanta presión que hasta perdimos la esperanza de salir con vida: nos sentíamos como sentenciados a muerte. Pero eso sucedió para que no confiáramos en nosotros mismos, sino en Dios, que resucita a los muertos" (2Co 1:8-9). En el mismo capítulo observamos que Dios "nos consuela en todas nuestras tribulaciones para que, con el mismo consuelo que de Dios hemos recibido, también nosotros podamos consolar a todos los que sufren" (2Co 1:4). Eso significa que si queremos descubrir cómo Pablo enfrentó su adversidad, solo necesitamos ver en sus cartas cómo él consoló a otros que también enfrentaban pruebas y aflicciones. Uno de los pasajes donde Pablo transmite el consuelo que él recibió de Dios está en Filipenses 4.

Alégrense siempre en el Señor. Insisto: ¡Alégrense! Que su amabilidad sea evidente a todos. El Señor está cerca. No se inquieten por nada; más bien, en toda ocasión, con oración y ruego, presenten sus peticiones a Dios y denle gracias. Y la paz de Dios, que sobrepasa todo entendimiento, cuidará sus corazones y sus pensamientos en Cristo Jesús. Por último, hermanos, consideren bien todo lo verdadero, todo lo respetable, todo lo justo, todo lo puro, todo lo amable, todo lo digno de admiración, en fin, todo lo que sea excelente o merezca elogio. Pongan en práctica lo que de mí han aprendido, recibido y oído, y lo que han visto en mí, y el Dios de paz estará con ustedes. Me alegro muchísimo en el Señor de que al fin hayan vuelto a interesarse en mí. Claro está que tenían interés, solo que no habían tenido la oportunidad de demostrarlo. No digo esto porque esté necesitado, pues he aprendido a estar satisfecho en cualquier situación en que me encuentre. Sé lo que es vivir en la pobreza, y lo que es vivir en la abundancia. He aprendido a vivir en todas y cada una de las circunstancias, tanto a quedar saciado como a pasar hambre, a tener de sobra como a sufrir escasez (Fil 4:4-12).

¿Qué es esta "paz de Dios"? Pablo nos dice dos cosas respecto a ella. Primero, es una calma y un equilibrio interior. En los versículos 11-12 dice: "... he aprendido a estar satisfecho en cualquier situación en que me encuentre... He aprendido a vivir en todas y cada una de las circunstancias...", lo que equivale a decir que es el mismo en toda situación. ¡Es una declaración muy impresionante! Recuerda las circunstancias de Pablo. Todos queremos paz interior, pero ¿por qué queremos tú y yo esa paz interior? ¿Para enfrentar cuáles circunstancias? Nuestras cuentas, la competencia en el trabajo, un jefe difícil, una gran cita romántica o la falta de la misma. Pero Pablo enfrentaba tortura y muerte. Está en prisión incluso mientras escribe y, sin embargo, dice: "He aprendido el secreto para poder sonreír ante eso".

Observa con cuidado. ¿Dice Pablo: "Puedo sonreír ante la tortura y la muerte porque soy ese tipo de persona, soy fuerte"? No. Esa sería una paz que proviene de un temperamento de acero. Sería un talento, y el talento es algo con lo que naces o no. Es como el talento artístico o atlético: o lo tienes o no. Pero Pablo no dice eso, sino que dice: "He *aprendido* esto". Significa que no es natural para él. Y el tipo particular de paz interior del que habla tampoco es natural para ninguno de nosotros. Él está diciendo: "Lo he aprendido, de modo que tengo este contentamiento en cualquier situación".

Lo segundo que Pablo nos dice es que esta paz no es meramente una ausencia: es una presencia. No es solo una ausencia de miedo. Es una sensación de estar protegido. Eso no se refleja bien en la traducción al español. Dice en el versículo 7: "... la paz de Dios... *guardará* sus corazones y sus mentes en Cristo Jesús" (NBL). La palabra griega traducida como "guardará" significa rodear completamente y fortificar un edificio o una ciudad para protegerla de una invasión. Si tienes un ejército a tu alrededor que te protege, entonces puedes dormir tranquilo —esa es la idea. Y esto nos conduce a algo muy importante. Hoy, si lees libros o páginas web sobre la superación de la ansiedad y del manejo del miedo, por lo general hablan de *eliminar* pensamientos. Dicen: *No pienses en eso; no tengas esos pensamientos negativos. Controla tus pensamientos, expulsa los que son negativos*. Pero aquí vemos que la paz de Dios no es la ausencia de pensamientos negativos, sino la presencia de Dios mismo. "El Dios de paz estará con ustedes" (Fil 4:9).

La paz cristiana no comienza con la expulsión de los pensamientos negativos. Si haces eso, es posible que simplemente te niegues a enfrentar lo malo de las cosas. Esa es una forma de tener calma, negarse a admitir los hechos. ¡Pero será una paz efímera! La paz cristiana no comienza de esa manera. No es que dejas de enfrentar los hechos, sino que hay un poder vivo que llega a tu vida y te permite enfrentar esas realidades, te sostiene a través de ellas.

Muchos creyentes han experimentado esta paz de Dios. No se trata simplemente de pensar en cosas positivas o de tener más fuerza de voluntad. Es una sensación de que pase lo que pase, todo estará bien en última instancia, aunque no esté *para nada* bien en este momento. En mi experiencia, las personas generalmente solo llegan a este tipo de paz cuando pasan por situaciones trágicas, por el valle de sombra de muerte. Aquí tienes una metáfora para esto. Si alguna vez has estado en una costa durante una tormenta y has visto a las olas entrar y estrellarse contra las rocas, a veces las olas son tan grandes que cubren una roca en particular y piensas: "Esa roca llegó a su fin". Pero cuando las olas retroceden, allí está. No se ha movido ni un centímetro. Una persona que siente la "paz que sobrepasa todo entendimiento" es así. No importa lo que te golpee, sabes que no te hará perder el equilibrio. Pablo, por supuesto, es el ejemplo clásico. Él fue golpeado, apedreado, azotado, sufrió naufragio, fue traicionado y sus enemigos trataron de matarlo. Recibe una ola tras otra y, sin embargo, permanece firme. Dijo: "… he aprendido a estar satisfecho en cualquier situación en que me encuentre". Todas las olas de la vida no pudieron acabar con él. Y aclara que no es un talento natural suyo —tú y yo podemos aprender esto.

Ese es el carácter de la paz cristiana. Es una calma y un equilibrio interiores, pero también una percepción de la presencia de Dios, y una percepción de Su protección que parece ir más allá de la razón.

Si no es natural —si es algo que uno aprende— entonces ¿cómo uno lo aprende? ¿Cuáles son las disciplinas mediante las cuales uno puede desarrollar esta paz? Pablo da muchos consejos en este pasaje sobre cómo esto se puede aprender. Eso no significa que nos está dando "cuatro pasos que garantizan la paz interior". La paz de Dios no puede ser manipulada por medio de una técnica. Sin embargo, Pablo habla de tres tipos de disciplinas que son necesarias. Aquellos que practican estas cosas a menudo encuentran la paz de Dios en el proceso. Llamaré a estas disciplinas: una forma de pensar, de agradecer y de amar.

LA DISCIPLINA DEL PENSAMIENTO

En Filipenses 4:8-9, Pablo dice: "… hermanos, piensen en todo lo que es verdadero, en todo lo honesto, en todo lo justo, en todo lo puro… si hay algo que admirar, *piensen* en ello… y el Dios de paz estará con ustedes" (RVC). Ahora, al escuchar términos como "honesto" y "justo", podríamos pensar que Pablo simplemente está recomendando pensamientos inspiradores en general. Pero los estudiosos de la literatura paulina nos dicen que ese no es el caso. No se está refiriendo a la superioridad general de la mente, sino a la enseñanza específica de la Biblia sobre Dios, el pecado, Cristo, la salvación, el mundo, la naturaleza humana y los planes de Dios para el mundo: el plan de salvación. Y Pablo también usa la palabra *logizdomai* para describir cómo debemos pensar sobre estas cosas. Esa es una palabra de contabilidad, a veces traducida como "considerar" o "contar".[2] Pablo está diciendo que si quieres paz, debes pensar seriamente y por largos períodos de tiempo en las doctrinas centrales de la Biblia.

Esto es completamente diferente a lo que encontrarás si entras a una librería y pasas a la sección de ansiedad, preocupación y manejo del estrés. Ninguno de los libros dirá: "¿Estás estresado, infeliz o ansioso? Comencemos a tratar con esas cosas haciendo algunas preguntas importantes: ¿Cuál es el significado de la vida? ¿Para qué estás aquí? ¿De qué se trata la vida? ¿De dónde vienes, y hacia dónde vas? ¿En qué deberían invertir el tiempo los seres humanos?". ¡Nunca! Los libros contemporáneos van directamente a las técnicas de relajación y al equilibrio entre el trabajo y el descanso. Por ejemplo, dirán que de vez en cuando deberías sentarte en una playa, mirar las olas y simplemente dejar de preocuparte y de pensar en las cosas. O te darán técnicas de control para lidiar con pensamientos y emociones negativas, pensamientos de culpabilidad, etc.

¿Por qué los libros contemporáneos sobre el estrés y la ansiedad no te dicen que respondas reflexionando profundamente sobre la vida? Es porque nuestra cultura occidental secular es quizás la primera sociedad que opera sin ninguna respuesta a las grandes preguntas. Si no hay Dios, estamos aquí esencialmente por accidente, y cuando morimos, solo somos recordados por un tiempo. Según esta perspectiva, llegará el momento en el que el sol morirá, y todo lo que haya sido hecho por los seres humanos quedará en nada. Si esa es la naturaleza de las cosas, entonces no es de extrañar que los libros seculares para personas estresadas nunca les pidan que piensen en preguntas como: "¿Para qué estamos aquí?".[3] En lugar de esto, te aconsejan que no pienses tanto, sino que te relajes y busques experiencias que te den placer.

Pablo dice que la paz cristiana opera de manera casi exactamente opuesta. La paz cristiana no proviene de pensar menos, sino de pensar más, y más intensamente, sobre los grandes asuntos de la vida. Pablo da un ejemplo específico de esto en Romanos 8:18, donde usa la misma palabra, *logizdomai*, y habla directamente a quienes sufren. Él dice: "… *considero* que en nada se comparan los sufrimientos actuales con la gloria que habrá de revelarse en nosotros". "Considerar" es contar con precisión. No es buscar la "paz" que viene de practicar algún deporte o de salir de compras. Significa: "¡Piensa! Piensa en la gloria venidera hasta que empieces a sentir gozo".

Alguien que lea esto podría decir: "Estás hablando de doctrina, pero lo que realmente necesito es consuelo". ¡Pero piensa! ¿Es Jesús realmente el Hijo de Dios? ¿Realmente vino a la tierra, murió por ti, resucitó y ascendió a los cielos a la diestra de Dios? ¿Soportó un sufrimiento infinito por ti, para algún día poder llevarte a Su presencia y secar toda lágrima de tus ojos? Si es así, entonces tenemos todo el consuelo del mundo. Si no, si ninguna de estas cosas es cierta, entonces estamos atrapados aquí por setenta u ochenta años hasta que perezcamos, y la única felicidad que podremos conocer será la de esta vida. Y si algún problema o sufrimiento nos despoja de esa felicidad, la habremos perdido para siempre. O Jesús está en el trono gobernando todas las cosas para tu bien, o esto es lo mejor que conocerás.

¿Ves lo que Pablo está haciendo? Él está diciendo que si eres cristiano hoy y tienes poca o ninguna paz, puede ser porque no estás pensando. La paz proviene de pensar con disciplina en las implicaciones de lo que crees. Proviene de la adopción intencional de un punto de vista. No hay nada más emocionante que subir a un punto alto en una montaña y luego darse la vuelta y ver desde allí todo el terreno que acabas de atravesar. De repente, ves el panorama: ves el arroyo que cruzaste, las colinas, la ciudad desde la que has viajado. Su altura le da perspectiva, claridad y un sentido de belleza. Esto es lo que Pablo nos está llamando a hacer. Piensa en grande y desde esa perspectiva. Medita en quién es Dios, qué ha hecho, quién eres tú en Cristo, hacia dónde va la historia. Pon tus problemas en perspectiva al recordar lo que Cristo sufrió por ti, todas Sus promesas para ti, y lo que está llevando a cabo.

Déjame ponerlo de otra manera. Hay una "paz estúpida" y una "paz inteligente". La paz estúpida proviene de negarse a pensar en tu situación general. Si vas por ese camino, puedes hacer abrir una botella, sentarte bajo un árbol o en la playa y tratar de no pensar en el gran panorama de las cosas. Pero Pablo dice que si eres cristiano, puedes pensar en el panorama general y, a medida que lo haces, vas a encontrar la paz. Y si eres cristiano, y no tienes paz en absoluto, es posible que simplemente no estés pensando.

El primer teólogo estadounidense, Jonathan Edwards, fue un predicador congregacionalista. El manuscrito más antiguo que tenemos de él, de un sermón que compuso a los dieciocho años, se titula "Felicidad cristiana". A pesar de la juventud del autor, su bosquejo básico es sorprendente. Su punto era que un cristiano debería ser feliz, "cualesquiera que sean sus circunstancias externas".[4] Luego expone su caso en tres proposiciones, las cuales he parafraseado. Para los cristianos:

> Todo lo "malo" en sus vidas obrará para su bien (Ro 8:28).
>
> Nada de lo "bueno" —su adopción en la familia de Dios, su justificación, su unión con Él— le puede ser quitado (Ro 8:1).
>
> Lo mejor —la resurrección, los nuevos cielos y la nueva tierra, la vida eterna— aún está por venir (Ap 22:1-7).

Este sermón es simplemente un ejemplo de un joven que hace lo que Pablo está diciendo. Él está "considerando", contando, sumando todo y dejando que la gloria de la salvación del evangelio se arraigue. Todo lo malo servirá para nuestro bien, nada de lo bueno nos puede ser quitado, y lo mejor está por venir. "... piensen en ello" (Fil 4:8, RVC).

LA DISCIPLINA DEL AGRADECIMIENTO

Primero tenemos que aprender la disciplina del pensamiento, y luego viene la disciplina del agradecimiento. En Filipenses 4:6, Pablo dice: "No se *inquieten* por nada; más bien, en toda ocasión, con oración y ruego, presenten sus peticiones a Dios y denle *gracias*". El agradecimiento es lo contrario a la ansiedad. Pero observa con cuidado —suena un poco ilógico, ¿no? Uno esperaría que Pablo diga que primero presentemos nuestras peticiones a Dios y luego, si obtenemos respuesta, le agradezcamos. Pero eso no es lo que dice Pablo. Él dice que le agradezcamos a medida que pidamos, antes de conocer la respuesta a nuestras peticiones.

¿Por qué deberíamos agradecer a Dios por adelantado, por así decirlo? Al principio no tiene sentido. Pero si lo pensamos bien, podemos ver hacia donde se dirige Pablo. Básicamente nos está llamando a confiar en Dios, en Su soberanía sobre la historia y sobre nuestras vidas. Nos está diciendo que nunca estaremos contentos a menos que, al derramar nuestras peticiones ante Él, también reconozcamos que nuestras vidas están en Sus manos y que Él es más sabio que nosotros. Eso es lo que estás haciendo cuando le agradeces por *lo que sea* que vaya a hacer con tu petición. Esa es la esencia de estos dos versículos: "Dios transformó ese mal en bien para lograr lo que hoy estamos viendo" (Gn 50:20) y "Dios dispone todas las cosas para el bien de quienes lo aman" (Ro 8:28). Romanos 8 no debe leerse en forma romántica. No dice que todo lo malo tiene un "lado positivo" ni que cada cosa terrible que pueda suceder de alguna manera es "realmente buena si aprendes a verla correctamente". No, Pablo dice en Romanos 8:28 que todas las cosas, incluso las cosas malas, serán anuladas por Dios de tal manera que el mal intencionado, al final, solo logrará lo opuesto: un bien y una gloria superiores a los que habríamos recibido de otro modo. Solo Dios tiene esa perspectiva eterna desde donde puede ver todas las cosas obrando para nuestro bien y para Su gloria, pero llegará el día en que nosotros también podremos ver.

Ahora, ya hemos abordado esta enseñanza bíblica en un capítulo anterior. Debido a que Dios es soberano, debemos confiar en Él. Pero aquí Pablo va un paso más allá. Debido a que Dios es soberano, debemos agradecerle; tenemos que vivir agradecidos porque sabemos que Él es soberano. Debemos agradecerle incluso mientras hacemos nuestras peticiones. Debemos agradecerle por lo que sea que nos envíe, aunque no lo entendamos.

Un vívido ejemplo de esto para mí fue cuando, a los veinte años de edad, oré durante un año entero por una chica con quien estaba saliendo y quería casarme, pero ella quería terminar la relación. Todo el año oré: "Señor, no permitas que ella termine la relación". Por supuesto, en retrospectiva, era la mujer equivocada. De hecho, hice lo que pude para ayudar a Dios con mi petición porque un verano, casi al final de la relación, me mudé a un lugar donde sería más fácil verla. Estaba diciendo: "Señor, estoy haciendo que esto sea lo más fácil posible para Ti. Te he pedido esto, y hasta resolví el tema de la distancia geográfica". Pero cuando miro hacia atrás, veo que Dios me estaba diciendo: "Hijo, cuando uno de Mis hijos me hace una petición, siempre le doy a esa persona lo que él o ella hubiera pedido si supiera todo lo que Yo sé".

¿Crees eso? En la medida en que creas eso, vas a tener paz. Y si no lo crees, no tendrás la paz que de otra manera podrías tener. Presenta tus peticiones con acción de gracias.

LA DISCIPLINA DE REORDENAR NUESTROS AMORES

Hay que pensar, hay que agradecer y, en tercer lugar, hay que amar. En Filipenses 4:8 (RVC), Pablo dice a sus lectores que piensen primero en "todo lo que es verdadero, en todo lo honesto, en todo lo justo, en todo lo puro". Estas son virtudes teológicas más tradicionales que tienen que ver con la mente y la voluntad. Pero luego sigue y les pide que mediten en "todo lo amable, en todo lo que es digno de alabanza; si hay en ello alguna virtud, si hay algo que admirar, piensen en ello". Por definición, todo lo que es "amable" es algo que no solo es verdad, sino que también es atractivo.[5] Creo que aquí Pablo está instando a sus lectores no solo a ordenar sus pensamientos sino también a involucrar los afectos del corazón. Pablo está explicando cómo uno se mantiene a flote en mares agitados, cómo se mantiene el equilibrio en medio de los problemas y las dificultades. Y dice que en esos tiempos no basta con *pensar* correctamente; también es importante *amar* correctamente.

Aquí debemos dirigirnos a San Agustín, el gran pensador cristiano que vivió en los siglos tercero y cuarto. Él era profundamente consciente del problema de la filosofía griega. De hecho, Pablo se está refiriendo a eso. El gran problema es: ¿cómo puedes vivir una vida de satisfacción?

La palabra griega para eso era *autarkeia*, y esa es la misma palabra que Pablo usa en el versículo 11. Él dice: "Lo he aprendido, tengo la *autarkeia*". Se refería a ser independiente de las circunstancias. Significaba tener siempre aplomo y poder para no estar molesto, devastado ni destrozado por nada.

Los filósofos que trabajaron arduamente en esto, como hemos visto en capítulos anteriores, fueron los estoicos. Ellos enseñaron que la razón por la que la mayoría de la gente no puede vivir una vida feliz y equilibrada es porque aman demasiado las cosas. No debes amar demasiado el éxito, porque incluso si lo obtienes, siempre estarás ansioso. Nunca tendrás paz porque tendrás miedo de perderlo. Tampoco debes amar demasiado a tu familia, porque aunque tengas una buena familia, siempre te preocuparás; estarás ansioso de que algo malo les suceda. Y si algo sale mal, estarás devastado.

Los filósofos dijeron que el problema proviene de amar cosas que no controlas. Si amas una cosa y le sucede algo, estás perdido. Así que, según ellos, no debes amar nada más que tu propia virtud. ¿Por qué? Porque tu persona es algo que puedes controlar. No puedes mantenerte exitoso. No puedes mantener viva a tu familia para siempre. No puedes controlar nada fuera de tu propio corazón. Así que tu corazón solo debe estar enfocado en tu propia virtud —puedes decidir que serás valiente, íntegro y honesto. Lo único que debes y puedes hacer para estar contento es saber que eres la persona que eliges y deseas ser. Es lo único que puedes controlar. Así que la única forma en que tendrás tranquilidad es si basas tu felicidad en tus propias decisiones y en tu propio carácter.

Pero los estoicos estaban muy equivocados, particularmente en su premisa fundamental. Es incorrecto pensar que tu virtud está bajo tu control. Sí, si te enfocas en el éxito de tu carrera profesional, es posible que te decepciones, pero si en cambio decides que serás una persona noble y justa, que siempre vivirás de acuerdo a tus principios, eso es igual de incierto. No tienes el control sobre eso. Eres un ser humano. Eres frágil. Eres un ser complejo —una combinación de mente, voluntad, corazón, alma y cuerpo. Tu virtud puede defraudarte tanto como cualquier otra cosa. Y si fallas, entonces —de nuevo— no tienes nada. Estarás devastado.

Agustín rechazó el enfoque estoico diciendo que era insostenible. Señaló en cambio que "solo el amor a lo inmutable puede dar tranquilidad".[6] Lo *inmutable* es aquello que no puede cambiar. Tu virtud puede cambiar y cambiará, al igual que tu carrera, tu familia y tu fortuna. La razón por la que no tenemos paz es porque amamos cosas que *cambian*, cosas que las circunstancias nos pueden quitar.

Pero hay alguien que sí es inmutable. Es Dios, Su presencia y Su amor. El único amor que no te decepcionará es uno que no puede cambiar, que no puedes perder, que no se basa en los altibajos de la vida ni en lo bien que vivas. Es algo que ni siquiera la muerte puede arrebatarte. Dios es el único que no cambia, y eso quiere decir que Su amor no cambia. No es solo que no puede ser bloqueado cuando tu desempeño sea pobre, sino que incluso las peores circunstancias posibles en esta vida —como una muerte repentina— ¡solo pueden darte más de él! ¿Qué es tan cierto y sólido que no puede ser cambiado ni por la muerte? El amor y la presencia de Dios. La belleza de Dios. El rostro de Dios.

Es por eso que Agustín pudo decir lo siguiente. En sus *Confesiones*, señala: "[Solo Dios] es ese lugar de paz que no puede ser perturbado…".[7]

Ahora, es natural responder a todo esto con una pregunta. "Espera un minuto. Estás diciendo que debo amar a Dios. Pero amo muchas cosas: amo las comodidades materiales; amo a la gente; amo el romance. ¿Estás diciendo que tengo que amar a Dios y no a estas cosas?". No, debes *reordenar* tus amores. Tu problema no es tanto que ames demasiado tu carrera o a tu familia sino que amas demasiado poco a Dios en proporción a lo demás. C. S. Lewis, siguiendo a Agustín, escribe:

> Probablemente sea imposible amar "demasiado" a cualquier ser humano. Podemos amarlo demasiado en proporción a nuestro amor por Dios; pero es la pequeñez de nuestro amor por Dios, no la grandeza de nuestro amor por los demás, lo que constituye la desmesura.[8]

Esa es la forma de obtener la calma, la tranquilidad, la paz: amarlo a *Él* supremamente.

REUBICANDO TU GLORIA

En el Salmo 3, el rey David describe una situación difícil en la que está rodeado de enemigos. Las cosas se ven tan mal que su propia gente susurra que Dios lo ha abandonado. ¿Cómo maneja David la pérdida de reputación ante su gente y la amenaza de sus enemigos? David escribe:

> Muchos son, Señor, mis enemigos;
> muchos son los que se me oponen,
> y muchos los que de mí aseguran:
> "Dios no lo salvará".
> Pero Tú, Señor, me rodeas cual escudo;
> Tú eres mi gloria;
> ¡Tú mantienes en alto mi cabeza!
> Clamo al Señor a voz en cuello,
> y desde Su monte santo Él me responde.
> Yo me acuesto, me duermo y vuelvo a despertar,
> porque el Señor me sostiene.
> No me asustan los numerosos escuadrones
> que me acosan por doquier (Sal 3:1-6).

¿Cómo consigue David esa paz para poder dormir tranquilamente mientras sus enemigos se concentran en sus fronteras? El versículo 3 nos lo dice. Caminar con la "cabeza en alto", incluso hoy, es una metáfora que indica un orgullo saludable, una limpia conciencia y confianza. Su gente susurra sobre él, pero él no se siente abrumado por eso. David dice que Dios "levanta su cabeza", pero ¿cómo? El versículo dice: "Pero Tú, Señor, eres… *mi gloria*". Derek Kidner escribe: "'Mi gloria' es una expresión en la que debemos reflexionar: indica… la poca importancia que tiene la estima terrenal en comparación".[9] David se percata de que ha estado deseando demasiado la aprobación y el elogio de su pueblo. Él caminaba con "la cabeza en alto" debido a su aceptación y popularidad. Ahora él afirma la verdad teológica de que *Dios* es su única gloria.

Es muy importante que aprendamos esto para procesar nuestro sufrimiento. Cuando algo nos es quitado, nuestro sufrimiento es real y válido. Pero a menudo, en nuestro interior, estamos desproporcionadamente tristes porque el sufrimiento nos quita algo que se había convertido en más que solo una cosa buena para nosotros. Se había vuelto demasiado importante, tanto espiritual como emocionalmente hablando. Lo veíamos como nuestro honor y gloria —la razón por la que podíamos caminar con la cabeza en alto. Es posible que hayamos dicho a otros: "Jesús es mi Salvador. Su aprobación, Su opinión sobre mí y mi servicio a Él es lo único que importa". Pero en la práctica ponemos nuestra fe y esperanza en otras cosas. En el sufrimiento, estas "otras cosas" se estremecen. En el caso de David, la mayor parte de su sufrimiento era perfectamente válido. Perder el amor de su hijo y de su gente, y ser falsamente acusado, era sumamente doloroso. Pero también se percató de que había permitido que la opinión popular y la "estima terrenal" se volvieran demasiado importantes para él. Decidió volver a ver a Dios como su única gloria, algo que solo se puede hacer por medio de la oración, el arrepentimiento y la adoración. Él reafirma que la amistad y la presencia de Dios son las únicas cosas que realmente importan. Y mientras hace esto, vemos cómo crecen su optimismo y su valentía.

Es posible leer el versículo 3 como una especie de arrepentimiento basado en la adoración. David está diciendo: "Pero Tú, Señor, me rodeas cual escudo —¡nada ni nadie más! Tú eres mi gloria y el que levanta mi cabeza—¡nada ni nadie más! Ni mis logros, ni el poder político, ni siquiera el amor de mi hijo ni la admiración de mi gente —¡solo Tú!". Eso es alabanza, pero está basada en el arrepentimiento —y también es arrepentimiento basado en la alabanza.

¿Cómo se convierte Dios en nuestra gloria? La única respuesta es: a través del redescubrimiento del evangelio de la gracia. Si escuchamos la acusación de nuestro corazón: "Dios no te salvará; ¡no eres digno!", la única respuesta es que la salvación de Dios no es para los dignos, sino para los humildes —aquellos que admiten que no son dignos. Esto se afirma directamente en el versículo 8: "Tuya es, Señor, la salvación". Esto es idéntico a la famosa declaración de Jonás: "La salvación viene del Señor" (Jon 2:9). No nos salvamos a nosotros mismos —la salvación es inmerecida.

David tuvo una comprensión intuitiva de que fue salvado por gracia, pero nosotros tenemos una seguridad mucho mayor que la suya. Si leemos el versículo 3 a la luz de la cruz, podemos verlo. En Cristo, el Señor se convirtió literalmente en "nuestro escudo". Un escudo nos protege recibiendo los golpes que nos habrían destruido. Nos protege a través de la *sustitución*. Jesús, por supuesto, se puso en nuestro lugar y tomó el castigo que merecíamos. Sabemos que Dios no nos abandonará, porque abandonó a Jesús por nuestro pecado. Nosotros sabemos que en Cristo somos "santos, intachables e irreprochables delante de [Dios]" (Col 1:22), a pesar de nuestro récord imperfecto. Los cristianos, entonces, saben que Cristo es literalmente nuestra gloria y honor delante del Padre (1Jn 2:1-2). Si tenemos eso, entonces no seremos derrotados por la acusación.

Esto, entonces, es lo que debemos hacer cuando sufrimos. Debemos examinar nuestras vidas para ver si nuestro sufrimiento no se ha intensificado innecesariamente por nosotros haber puesto nuestra esperanza en los lugares equivocados. Tenemos que reubicar nuestra gloria y reordenar nuestros amores. El sufrimiento casi siempre te muestra que algunas cosas con las que creías que no podrías vivir, no son indispensables si confías en Dios. Y eso trae libertad. Esto no quiere decir que si amamos a Dios a la perfección, no sufriremos. No, porque los que aman a Dios también aman otras cosas buenas en esta vida. Jesús amaba a Dios perfectamente, pero fue un varón de dolores, en gran parte porque nos amó tanto. No deberíamos tomar el consejo de los estoicos de separar nuestros corazones de las cosas o de las personas. Debemos amar mucho —y cuando perdamos algunas de estas cosas o personas, nos dolerá. Sin embargo, si cultivamos dentro de nosotros un profundo descanso en

Dios, una comprensión existencial de Su amor por nosotros, entonces nos daremos cuenta de que el sufrimiento puede causar dolor, pero no puede derribarnos. Esto es porque el sufrimiento no puede despojarnos de Dios, de Su amor y de Su salvación.

Recuerdo que hace unos años había dos jóvenes en nuestra iglesia que eran actores. Ambos hicieron una audición para el mismo papel, y ninguno había sido considerado para un papel tan importante como ese. Ambos profesaban ser cristianos, pero creo que uno puso todas sus esperanzas emocionales y espirituales en tener una carrera exitosa como actor. Creía en Jesús, pero era evidente que solo disfrutaba de la vida y se sentía bien consigo mismo cuando su carrera iba bien. El otro hombre también era cristiano, pero después de algunas desilusiones, su deseo ahora era que su principal objetivo en la vida fuera complacer y honrar al Dios que lo había salvado. Él pensó que podría hacer eso siendo un actor.

Ambos fueron rechazados, ninguno obtuvo el papel. El primer hombre se encontraba devastado; cayó en depresión y abuso de drogas. El otro se sintió terrible al principio, y lloró. Pero no mucho después, él estaba bien, y dijo: "Creo que estaba equivocado. Parece que puedo complacer y honrar mejor a Dios en otra carrera". ¿Ves la diferencia? El segundo hombre veía su carrera de actor como un medio para un fin; el primer hombre había hecho de la actuación un fin en sí mismo. Las circunstancias de la vida no pudieron tocar el mayor tesoro del segundo hombre, pero destruyeron el tesoro del primero, y fue terrible para él. Ser amado por Dios, ser conocido por Dios, es el mayor tesoro. Y si llega a ser *tu* mayor tesoro, entonces ningún ladrón podrá entrar y robártelo (Mt 6:19).

EL HORRIBLE Y HERMOSO PROCESO

Hemos dicho que el sufrimiento es como un horno —como un calor doloroso y abrasador que crea pureza y belleza. Y ahora podemos ver una de las formas en que logra esto. El sufrimiento señala cosas buenas que se han vuelto demasiado importantes para nosotros. Debemos responder al sufrimiento no desechando esas cosas amadas, sino recurriendo a

Dios y amándolo más, arraigándonos más en Él. Nunca podrás entender lo que hay realmente en tu corazón mientras las cosas vayan bien. Solo puedes verlo cuando las cosas van mal. Y eso es porque el sufrimiento te muestra quién es el Dios verdadero y cuáles son esos dioses falsos que has estado adorando. Solo el Dios verdadero puede atravesar el horno contigo hasta que salgas. Los otros dioses te abandonarán en el horno.

Un himno que expresa este proceso de manera vívida es uno de los Himnos de Olney de John Newton, a menudo titulado "Estas pruebas internas". En él, Newton habla de "calabaceras", una referencia a la calabacera o planta que le dio tanto placer a Jonás en Jonás 4, pero la cual Dios maldijo para mostrarle que sus prioridades estaban en el orden equivocado. En el himno simbolizan aquellas cosas que nos dan alegría y placer, pero que luego nos llevan a la tristeza o la desesperación cuando son eliminadas por la pruebas. El himno no necesita comentarios —habla por sí solo.

Le pedí al Señor que me concediera crecer
en fe, amor y en toda gracia;
poder más de Su salvación conocer
y buscar Su rostro de todo corazón.

Esperaba que, en alguna hora bendecida,
respondiera mi petición enseguida,
y que por el poder constrictivo de Su amor
venciera mis pecados y me diera descanso.

Pero, en vez de esto, me hizo sentir
los males ocultos de mi corazón,
dejó que los poderes feroces del infierno
asaltaran mi alma en toda dirección.

Más aún, Su propia mano parecía
tener la intención de agravar mi aflicción,

anuló todos los proyectos que tenía,
destruyó mis calabaceras y me humilló.

"Señor, ¿por qué?", grité temblando;
"¿Perseguirás a este gusano hasta la muerte?".
"Esta es la manera", el Señor respondió,
"en la que respondo cuando me piden gracia y fe".

"Estas pruebas internas ahora las uso
para librarte del egoísmo y del orgullo;
para romper tus esquemas de gozo terrenal,
y que así puedas buscar tu todo en Mí".

EL SECRETO DE LA PAZ

Volvamos a Filipenses 4. ¿Cómo podemos amar más a Dios? Aunque creas en Él, puede que "Dios" sea solo una abstracción. ¿Cómo podemos sentir más amor por Dios? No trates de trabajar directamente con tus emociones. Eso no funcionará. En lugar de ello, deja que tus emociones fluyan naturalmente de lo que observas. Notemos lo que dice Pablo: la paz de Dios cuida tu corazón y tus pensamientos no solo en Dios, sino en *Cristo Jesús* (v 7). Ahí está. No puedes tratar de amar a Dios en lo abstracto. Tienes que mirar a Jesús —quién es Él y lo que ha hecho por ti. No llegarás a amar lo inmutable ni tendrás paz mirando a Dios en general, sino a la persona y obra de Cristo en particular. Considera lo que Jesús hizo por ti —solo así podrás ver la irresistible hermosura de Dios.

Isaías 57 dice: "... pero los malvados son como el mar agitado, que no puede calmarse, cuyas olas arrojan fango y lodo. No hay paz para los malvados —dice mi Dios—" (v 20-21). A primera vista parece ser una de esas típicas declaraciones del Antiguo Testamento: Dios castigará a los malhechores. Pero mira otra vez; está hablando de consecuencias naturales. Los estoicos tenían razón. Si vives y amas algo o a alguien más que a Dios, entonces tu vida siempre será como un mar agitado.

Estarás inquieto, sin paz, siempre estarás angustiado por ello. Dios está diciendo: "La consecuencia natural de apartarse de Mí —la consecuencia natural de no centrar toda tu vida en Mí— es una profunda inquietud".

Eso es lo que merecemos. Pero 2 Corintios 5:21 dice: "Al que no cometió pecado alguno, por nosotros Dios lo trató como pecador, para que en Él recibiéramos la justicia de Dios". Eso no significa que Dios hizo que Jesús fuera realmente un pecador. Significa que fue tratado como un pecador cuando estuvo en la cruz. Recibió lo que nosotros merecemos: una terrible pérdida de paz. ¿No puedes verlo? ¿Ves a Jesucristo caminando hacia la crucifixión, diciendo: "Solo estoy enfocándome en Dios. Estoy satisfecho, no importa la circunstancia en la que me encuentre"? ¡No! ¡Jesús no dijo eso porque *no* se sentía así!

Jesús perdió toda Su paz. Él grita desde la cruz. De hecho, se nos dice que murió con un lamento. William Lane, comentarista del libro de Marcos, dice:

> El grito de abandono, ese clamor —los criminales que morían crucificados normalmente sufrían un completo agotamiento y estaban inconscientes durante largos períodos antes de morir. El crudo realismo del relato de Marcos describe una muerte repentina y violenta. El grito de abandono expresa un dolor incomprensible.[10]

En la cruz, Jesús recibió lo que nosotros merecemos, incluyendo ese dolor cósmico y esa profunda agitación. Recibió lo que merecemos, dice 2 Corintios 5:21, para que pudiéramos recibir lo que Él merece. Jesús perdió toda Su paz para que tú y yo pudiéramos tener una paz eterna. Contemplar lo que Él hizo por ti te ayudará a superar el sufrimiento. Eso es lo que hará que Dios sea precioso para ti.

Déjame mostrarte cómo funciona esto. Horatio Spafford fue un abogado estadounidense que perdió todo lo que tenía en el incendio de Chicago en 1871. Sólo dos años después, envió a su esposa Anna y a sus cuatro hijas en un barco que partía hacia Inglaterra. El barco golpeó a otro barco y comenzó a hundirse. Mientras se estaba hundiendo, Anna juntó a las cuatro niñas y oraron. El barco se hundió, las olas las separaron, y las cuatro niñas se ahogaron. Un barco de rescate encontró a Anna flotando inconsciente en el agua. La llevaron a Inglaterra, y al llegar le envió un telegrama a Horatio Spafford: "Solo yo me salvé".

Cuando Spafford estaba en el barco de camino a Inglaterra para traer a su esposa a casa, comenzó a escribir un himno: "Estoy bien con mi Dios… de paz inundada mi senda esté o cúbrala un mar de aflicción…". Esas son las palabras que escribió. Esto es lo que quiero que consideres: ¿por qué un hombre que está lidiando con su dolor y buscando la paz de Dios se pasa todo el himno hablando de Jesús y de Su obra de salvación? ¿Y por qué menciona el tema de su propio pecado en ese momento? Él escribió:

> Feliz yo me siento al saber que Jesús
> librome de yugo opresor;
> quitó mi pecado, clavolo en la cruz:
> ¡Gloria demos al buen Salvador![11]

¿Qué tiene que ver eso con la muerte de sus cuatro hijitas? ¡Todo! ¿Sabes por qué? Cuando las cosas van mal, una de las formas en que pierdes la paz es que piensas que tal vez estás siendo castigado. ¡Pero mira a la cruz! Todo el castigo recayó sobre Jesús. Otra cosa que puedes pensar es que tal vez a Dios no le importe. ¡Pero mira a la cruz! La Biblia te ofrece a un Dios que dice: "También he perdido a un hijo; pero no involuntariamente, sino voluntariamente, en la cruz, por tu bien. Para que puedas ser parte de Mi familia".

En ese himno puedes ver a un hombre que está pensando, agradeciendo y amando hasta que finalmente llega a experimentar la paz de Dios. Funcionó para él en esas circunstancias. Funcionó para Pablo en sus circunstancias. Funcionará para ti.

DIECISÉIS

AGUARDANDO

Entonces esos poderes, que trabajan para el sufrimiento,
tendrán su recompensa, y día a día
producirán Tu alabanza, y mi alivio;
me edificarán con cuidado y valor,
hasta que llegue al cielo y, aún más, a Ti.

— George Herbert, "Aflicción IV"

Después vi un cielo nuevo y una tierra nueva, porque el primer cielo y la primera tierra habían dejado de existir, lo mismo que el mar. Vi además la ciudad santa, la nueva Jerusalén, que bajaba del cielo, procedente de Dios, preparada como una novia hermosamente vestida para su prometido. Oí una potente voz que provenía del trono y decía: "¡Aquí, entre los seres humanos, está la morada de Dios! Él acampará en medio de ellos, y ellos serán Su pueblo; Dios mismo estará con ellos y será su Dios. Él les enjugará toda lágrima de los ojos. Ya no habrá muerte, ni llanto, ni lamento ni dolor, porque las primeras cosas han dejado de existir".

— Apocalipsis 21:1-5

No hay nada más práctico para quienes sufren que tener esperanza. La pérdida de la esperanza es lo que hace que el sufrimiento sea insoportable. Y aquí, al final de la Biblia, está la mayor esperanza, un mundo material en el que todo el sufrimiento se ha ido, en el que toda lágrima será enjugada de nuestros ojos. Esta es una esperanza viva y transformadora.

¿A quién estaba escribiendo Juan en el libro de Apocalipsis? Estaba escribiendo a personas que sufrían cosas terribles. El versículo 4 nos muestra la lista. Estaba escribiendo a personas que estaban experimentando aflicciones, peligro de muerte, llanto y dolor. Este libro fue escrito cerca del final del primer siglo, cuando el emperador romano Domiciano estaba llevando a cabo persecuciones de cristianos a gran escala. A algunos les quitaban sus hogares y los saqueaban, y otros eran enviados a la arena para ser despedazados por bestias salvajes mientras el público observaba. Otros eran empalados en postes, cubiertos con brea y, estando aún vivos, les prendían fuego. Eso es lo que los lectores de este libro estaban enfrentando.

¿Y qué les dio Juan para que pudieran enfrentar todo esto? Juan les recordó la mayor esperanza de todas: la llegada de un cielo nuevo y una tierra nueva. Eso fue lo que les dio para enfrentarlo, y la historia nos confirma que funcionó. Sabemos que los primeros cristianos asumieron su sufrimiento con gran serenidad y paz, que cantaron himnos mientras las bestias los desgarraban y que perdonaron a sus verdugos. Es por esto que mientras más los mataban, más crecía el movimiento cristiano. ¿Por qué? Porque cuando la gente los veía morir de esa manera, decían: "Esta gente tiene algo". Bueno, ¿saben lo que tenían? Tenían esto: una esperanza viva.

Los seres humanos son criaturas diseñadas para la esperanza. La forma en que vives ahora está completamente controlada por lo que crees sobre tu futuro. Estaba leyendo una historia hace algunos años sobre dos hombres que fueron capturados y arrojados a un calabozo. Justo antes de ir a prisión, uno de los hombres descubrió que su esposa y su hijo estaban muertos, y el otro se enteró de que su esposa y su hijo estaban vivos y lo esperaban. En los primeros años de su encarcelamiento, el primer hombre se consumió de tristeza y finalmente murió. Pero el otro hombre aguantó, se mantuvo fuerte y salió diez años después. Ten en cuenta que estos dos hombres experimentaron las mismas circunstancias pero respondieron de manera diferente porque, aunque experimentaron el mismo presente, tenían la mente puesta en futuros diferentes. El futuro era lo que determinaba la forma en que manejaban el presente.

Juan tenía razón, entonces, al ayudar a las personas que sufren dándoles una esperanza. ¿Crees que cuando mueras sencillamente te pudrirás? ¿Crees que la vida en este mundo es toda la felicidad que obtendrás? ¿Crees que algún día el sol va a morir, que toda la civilización humana se extinguirá y que nadie recordará nada de lo que se haya hecho? Esa es una forma de imaginar tu futuro. Pero aquí está otra. ¿Crees en "un cielo nuevo y una tierra nueva"? ¿Crees que toda maldad e injusticia será juzgada en el día del juicio? ¿Crees que te diriges hacia un futuro de gozo eterno? Esos son dos futuros completamente diferentes, y lo que creas determinará la manera en que vas a manejar tus prisiones, tu sufrimiento.

Dijimos que hay una prueba histórica de este principio: la forma en que los primeros cristianos enfrentaron sus terribles pruebas y horrendos sufrimientos. Pero hay otra. En 1947, el erudito afroamericano, Howard Thurman, dio una conferencia en la Universidad de Harvard sobre el significado de los cantos afroamericanos. Respondió a una de las críticas sobre estas canciones, es decir, a que parecían ser "de otro mundo". Y, de hecho, están llenas de referencias al cielo, al día del juicio, a las coronas, los tronos y las túnicas que vestiremos. La acusación era que los esclavos afroamericanos no necesitaban todo eso. De hecho, hablar sobre el cielo podía llevarlos a ser dóciles y demasiado resignados a su condición. Pero Howard Thurman respondió:

> Los hechos muestran claramente que [esta fe cantada] sirvió para profundizar la capacidad de resistencia y la absorción del sufrimiento… Le enseñó a la gente a mirar directamente esos hechos que argumentan contra toda esperanza, y a usarlos como materia prima para diseñar una esperanza que sus circunstancias, con toda su crueldad, no podían destruir… Esto… les permitió rechazar la aniquilación y afirmar un terrible derecho a vivir.[1]

Thurman argumentó que los esclavos creían en la fe cristiana y, por lo tanto, sabían sobre el cielo nuevo y la tierra nueva, y sobre el día del juicio final. Sabían que algún día se cumplirían todos sus anhelos, y que ningún perpetrador de la injusticia iba a salirse con la suya. Y esa era una esperanza que ninguna cantidad de opresión podía opacar. ¿Por qué? Porque su esperanza no estaba en el presente, sino en el futuro. Algunos argumentaron que hubiera sido mejor para los esclavos poner su esperanza en algún tipo de acción política concreta, pero la esperanza en la Nueva Jerusalén nunca puede extinguirse porque es una certeza —se basa en la acción de Dios, no en la nuestra.

Ahora, por supuesto, había muchos en la audiencia educada y secular de Thurman que creían que aunque estas cosas en los cantos espirituales afroamericanos eran símbolos maravillosos, no se podían tomar de forma literal. Pero Thurman argumentó, y con razón, que si no puedes tomarlos literalmente, entonces no pueden ser una verdadera esperanza. Él dijo:

> Al final, rechazar la verdad literal es negarle a la vida misma su dignidad y al hombre el derecho o la necesidad de realizarse. En una perspectiva tan secular, el presente es todo lo que hay —el hombre… se convierte en un prisionero confinado a un mundo estrecho de acontecimientos momentáneos, ni más ni menos… Para estos esclavos cantores, ese punto de vista era completamente insatisfactorio y, por lo tanto, fue rechazado de manera exhaustiva y decisiva. Y este es el milagro de su logro, el cual los llevó a ocupar un lugar junto a los grandes pensadores religiosos de la humanidad. Hicieron que una vida insignificante y moralmente degradante … *¡fuera digna de vivir!* Ellos se entregaron con entusiasmo a una visión de la vida que incluía todos los eventos de su experiencia pero que no estaba enfocada en esas experiencias. Para ellos esta calidad de vida era un hecho insistente porque habían descubierto a Dios y Sus propósitos… Conocerlo era vivir una vida digna de la más alta importancia…[2]

Thurman tiene toda la razón al rechazar la interpretación "simbólica" de las promesas de la Biblia. Imagina que pudieras retroceder en el tiempo y sentarte con los esclavos para decirles: "Me alegra que le saquen tanto provecho a sus cantos espirituales. Pero si alguna vez tienen la oportunidad de ir a una escuela realmente buena, aprenderán que esta vida es todo lo que hay. Realmente no existe ningún cielo que en el futuro compense todo el sufrimiento aquí. Y no habrá un día de juicio que arregle todas las cosas y lidie con todas las injusticias. Pero quiero que sigan viviendo con esperanza y valentía". Puedes imaginar a algunos decir: "Déjame ver si te entendí. Nos estás diciendo que esta vida es todo lo que hay, y que si no logramos la felicidad aquí y ahora, nunca la encontraremos. Y, sabiendo esto, ¿todavía se supone que viva con mi cabeza en alto en cualquier circunstancia? ¡Me quedo con la esperanza que tenía! Esa no depende de mi fortuna política".

No es probable que alguno de nosotros sea arrojado a los leones y descuartizado mientras la gente aplaude, y probablemente ninguno de nosotros experimente una vida de servidumbre y esclavitud. Sí hay cosas que nos atribulan, pero nada que ver con leones y látigos. Así que si esta gran esperanza ayudó a estas personas a enfrentar sus problemas, ¿no debería ayudarnos a ti y a mí con los que enfrentamos ahora?

Pero ¿cómo podemos estar seguros de que este futuro es para nosotros? La respuesta es: puedes estar seguro si crees en Jesús, quien recibió lo que merecemos para que pudiéramos tener el cielo y la gloria que Él merece. Donald Gray Barnhouse, quien fue pastor de la Décima Iglesia Presbiteriana en Filadelfia durante muchos años, perdió a su esposa cuando su hija aún era una niña. El Dr. Barnhouse estaba tratando de ayudar a su niña, y a sí mismo, a procesar la pérdida de esta madre y esposa. Una vez iban juntos en su vehículo y los pasó una gran camioneta. Al pasar, la sombra de la camioneta cubrió el automóvil. El ministro tuvo un pensamiento. Dijo algo así: "¿Preferirías que te atropelle un camión o su sombra?". Su hija respondió: "La sombra, por supuesto, pues no puede hacernos daño". El Dr. Barnhouse respondió: "Claro. Si la camioneta no te golpea, sino solo su sombra, entonces estarás bien. Bueno, fue solo la sombra de la muerte que pasó por encima de tu madre. Ella está viva, más viva que nosotros. Y eso es porque hace dos mil años, la verdadera camioneta de la muerte golpeó a Jesús. Y debido a que la muerte aplastó a Jesús, y a que creemos en Él, ahora lo único que puede venir sobre nosotros es la sombra de la muerte, y la sombra de la muerte no es más que nuestra entrada a la gloria".[3]

Si Cristo murió y resucitó por nosotros, cargando con nuestra desesperanza para que ahora podamos tener esperanza, entonces incluso las peores cosas se convertirán en las mejores cosas, y lo mejor está aún por venir.

No ha habido muchas veces en mi vida en las que haya sentido "la paz que sobrepasa todo entendimiento". Pero hubo un momento por el cual estoy muy agradecido, y surgió de esta gran esperanza cristiana. Fue justo antes de mi cirugía de cáncer. Mi tiroides estaba a punto de ser removida, y después de eso, me enfrenté a un tratamiento con yodo radioactivo para destruir cualquier tejido canceroso residual en mi cuerpo. Por supuesto, toda mi familia y yo fuimos sacudidos por todo esto, y estábamos profundamente ansiosos. En la mañana de mi cirugía, después de despedirme de mi esposa e hijos, me llevaron a una habitación para que me prepararan. Y en los momentos antes de que me pusieran la anestesia, oré. Para mi sorpresa, obtuve una nueva y repentina perspectiva de todo. Me pareció que el universo era un reino enorme de gozo, placer y belleza. Por supuesto que lo era —¿no lo diseñó el Dios trino para que reflejara Su propia alegría, sabiduría, amor y deleite infinitos? Y dentro de este gran universo de gloria había solo una pequeña mancha de oscuridad —nuestro mundo— donde temporalmente habría dolor y sufrimiento. Pero era solo una mota, y pronto esa mota se desvanecería y todo estaría bien. Y pensé: "Realmente no importa qué suceda en la cirugía". Todo va a estar bien. Yo, mi esposa, mis hijos, mi iglesia, todo estará bien. Me fui a dormir con una profunda paz en mi corazón.

C. S. Lewis escribió:

> Porque si tomamos en serio la Escritura, si creemos que Dios algún día nos dará la Estrella de la Mañana y nos revestirá del esplendor del sol, entonces podemos inferir que tanto los mitos

antiguos como la poesía moderna, tan falsos como la historia, pueden estar muy cerca de la verdad como profecía. En este momento estamos en el exterior del mundo, en el lado equivocado de la puerta. Discernimos la frescura y la pureza de la mañana, pero no nos hacen frescos ni puros. No podemos mezclarnos con los esplendores que vemos. Pero todas las páginas del Nuevo Testamento están susurrando el rumor de que no siempre será así. Algún día, si Dios quiere, entraremos. Cuando las almas humanas se hayan vuelto tan perfectas en la obediencia voluntaria como la creación inanimada, entonces serán vestidas de esa gloria, o más bien de esa mayor gloria de la cual la naturaleza es solo el primer bosquejo. Se nos invita a pasar a través de la naturaleza, a ir más allá de ella, hacia ese esplendor que ella refleja de manera imperfecta.[4]

EPÍLOGO

Resumamos lo que hemos aprendido. Si conocemos la teología bíblica del sufrimiento y hacemos que nuestros corazones y mentes se comprometan con ella, cuando lleguen la aflicción, el dolor y la pérdida no nos sorprenderemos y podremos responder de varias maneras conforme a las Escrituras. Aquí están organizadas como diez cosas que deberíamos hacer.

Primero, debemos reconocer los diferentes tipos de sufrimiento. Algunas pruebas son provocadas en gran medida por un comportamiento incorrecto. Algunas se deben mayormente a traiciones y ataques de otros. Luego están las formas de pérdida más universales que nos ocurren a todos independientemente de cómo vivamos, como la muerte de un ser querido, enfermedades, reveses financieros o una muerte inminente. Un último tipo de sufrimiento podría llamarse horrendo, como los tiroteos masivos en las escuelas primarias. Por supuesto, muchos casos reales de sufrimiento combinan varios de estos cuatro tipos. Cada tipo de sufrimiento produce sentimientos diferentes: el primero produce culpa y vergüenza; el segundo, enojo y resentimiento; el tercero, tristeza y miedo; el cuarto, confusión y tal vez enojo contra Dios. Si bien todas estas formas de sufrimiento tienen temas en común, y se abordan de maneras similares, cada una de ellas también requiere sus propias respuestas específicas.

En segundo lugar, debemos reconocer las diferencias entre nuestro temperamento y los de los demás. Debemos tener cuidado de no pensar que Dios nos ayudará exactamente de la misma forma en que ayudó a otro a atravesar el fuego. Simone Weil dice que la experiencia de la aflicción se caracteriza por el aislamiento, el ensimismamiento, la condenación, la ira y la "complicidad" con el dolor. Una mirada rápida a esta lista revela que estos factores serán más fuertes o más débiles según el temperamento emocional y la madurez espiritual de cada persona, y también según las causas de la adversidad. Haz ajustes.

Tercero, es crucial que seamos honestos con nosotros mismos y con Dios sobre nuestro dolor y tristeza. No niegues ni luches demasiado por controlar tus sentimientos con tal de ser fiel. Lee los Salmos de lamento o el libro de Job. Dios es muy paciente con nosotros cuando estamos desesperados. Derrama tu alma en Su presencia.

Cuarto, debemos confiar. A pesar de la invitación a derramar nuestros corazones ante Dios, también somos llamados a confiar en la sabiduría de Dios (ya que Él es soberano) y a confiar en Su amor (ya que Él ha pasado por lo que has pasado). A pesar de tu dolor, con el tiempo debes ser capaz de decir al Padre, al igual que Jesús (después de haber suplicado honestamente: "Padre Mío, si es posible, haz que pase de Mí esta copa"): "Hágase Tu voluntad". Lucha hasta que puedas decir eso.

Quinto, debemos estar orando. Aunque Job se quejó mucho y maldijo el día en que nació, lo hizo todo en oración. Fue con Dios que se quejó; fue delante de Dios que luchó. En el sufrimiento, debes leer la Biblia, orar y adorar con el pueblo de Dios, aunque sea doloroso. Simone Weil dijo que si no puedes amar a Dios, debes querer amar a Dios, o al menos pedirle que te ayude a amarlo.

Sexto, debemos ser disciplinados en nuestro pensamiento. Debes meditar en la verdad y obtener la perspectiva que viene de recordar todo lo que Dios ha hecho y hará por ti. Debes escuchar a tu corazón, pero también debes hablarle y razonar con él. Eso significa decir: "¿Por qué te desesperas, *alma mía*, y por qué te turbas dentro de mí?... Espera en Dios, pues lo he de alabar otra vez" (Salmo 42:5,11, NBL). Esto no te obliga a sentirte de cierta manera, sino más bien a redirigir tus pensamientos hasta que tu corazón, tarde o temprano, responda. Debemos enfocar nuestras mentes y corazones en la esperanza cristiana. El cielo, la resurrección y la nueva creación son particularmente importantes a la hora de enfrentar la muerte, ya sea la tuya o la de otra persona. Pero es crucial en todo tipo de sufrimiento.

Séptimo, deberíamos estar dispuestos a hacer una autoevaluación. La imagen bíblica del sufrimiento como un "gimnasio" sugiere esto. Debemos tener cuidado aquí. Esto no significa que siempre tengamos que estar buscando en nuestro interior para hallar la causa de nuestro sufrimiento. Los amigos de Job intentaron hacer eso, pero el sufrimiento de Job no ocurrió porque Dios estuviera tratando de castigarlo por algo. Sin embargo, Job creció en gracia y madurez, y cada momento de adversidad es una oportunidad para mirarnos a nosotros mismos y preguntarnos: ¿Cómo necesito crecer? ¿Qué debilidades está revelando este momento difícil?

Octavo, debemos tratar de reordenar nuestros amores. El sufrimiento revela que hay cosas que amamos demasiado, o que amamos a Dios demasiado poco en comparación. Nuestro sufrimiento a menudo se agrava y se duplica porque convertimos las cosas buenas en cosas fundamentales. El sufrimiento solo nos hará mejores (en lugar de peores) si, durante el mismo, aprendemos a amar a Dios más que antes. Esto sucederá en la medida en que reconozcamos el sufrimiento de Dios por nosotros en Jesucristo, dependamos de Dios en oración, y meditemos y confiemos en Su amor.

Noveno, no debemos eludir a la comunidad. Simone Weil habla sobre cómo el sufrimiento tiende a aislarnos. Pero las comunidades cristianas primitivas tenían la fama de ser buenos lugares para los que estuvieran sufriendo. Los autores de la iglesia primitiva afirmaron que los cristianos "murieron bien" no porque fueran especialmente fuertes, sino porque la iglesia era un lugar donde se recibía compasión y apoyo sin igual. La doctrina del evangelio debería hacer que sea imposible producir muchos "consejeros miserables" como los amigos moralistas de Job. Y el evangelio cristiano explica y da significado a la experiencia del sufrimiento de una forma en que la sociedad secular no puede. Busca una iglesia cristiana donde los que sufren sean amados y apoyados.

En décimo lugar, algunos tipos de sufrimiento —particularmente los primeros dos de los cuatro tipos enumerados anteriormente— requieren que la persona sea capaz de recibir la gracia y el perdón de Dios, y de extender esa gracia y ese perdón a los demás. Cuando la adversidad revele acciones o actitudes pecaminosas, tendremos que aprender a arrepentirnos y a buscar la reconciliación con Dios y con los demás. Cuando nuestro sufrimiento es causado por la traición y la injusticia, es crucial que aprendamos a perdonar. Si queremos buscar la justicia de manera efectiva, debemos perdonar de corazón, olvidándonos de la venganza.[1]

Hacer todas estas cosas, como escribe George Herbert, primero convertirá tu "*gozo en llanto*", pero luego tus "*penas en canto*".

AGRADECIMIENTOS

Como de costumbre, quiero agradecer a los amigos que cada año hacen posible que Kathy y yo salgamos durante tres semanas al año para escribir. Lynn Land, Tim y Mary Courtney Brooks, y Janice Worth hacen un esfuerzo año tras año para darnos este tiempo ininterrumpido. También quiero agradecer al equipo de personas que me rodean en mi trabajo en Redeemer Presbyterian Church: Bruce Terrell, Craig Ellis y Andi Brindley. Me hacen mucho más eficaz y eficiente en mi trabajo, y son una de las principales razones por las que aún tengo capacidad para escribir mientras dirijo una iglesia grande. También le debo mucho a la gente de la congregación en Hopewell, Virginia, donde ministraba desde mediados de los años setenta hasta mediados de los ochenta. Fueron muy pacientes y apoyaron a un pastor nuevo e inexperto; fue allí donde Kathy y yo aprendimos por primera vez a caminar junto a personas que enfrentaban dolor, pérdida, muerte y oscuridad.

NOTAS

INTRODUCCIÓN

1. Ernest Becker, *The Denial of Death* [*La negación de la muerte*] (Free Press, 1973), 283–284.
2. Utilizamos este texto en nuestra boda, una traducción similar a la de la NTV, enfatizando el hecho de que estábamos llamándonos el uno al otro —diciendo "ven" en lugar de "vengan" (v 3) —a vivir de manera que "exaltemos juntos Su nombre".
3. Según la Organización Mundial de la Salud, reportado en *The Independent*, http://www.independent.co.uk/news/world/politics/un-report-uncovers-global-child-abuse-419700.html.
4. William Shakespeare, *Macbeth*, Acto 4, Escena 3. Dicho por Macduff.
5. Becker, *Denial of Death*, 283–284.
6. Ann Patchett, "Scared Senseless" ["Miedo sin sentido"], *The New York Times Magazine*, 20 de octubre, 2002.
7. Reportado por Philip Yancey en *Where Is God When It Hurts?* [*¿Dónde está Dios cuando sufro?*] (Zondervan, 2002), 77.
8. Robert Andrews, *The Concise Columbia Dictionary of Quotations* [*Diccionario Columbia Conciso de Citas*] (ColumbiaUniversity Press, 1989), 125.
9. C. S. Lewis, *The Problem of Pain* [*El problema del dolor*] (Harper, 2001), 94.
10. Lewis, *The Problem of Pain*, 91.
11. John Rippon, "How Firm a Foundation" ["Cuán firme cimiento"] (himno, 1787).

1. LAS CULTURAS DEL SUFRIMIENTO

1. Max Scheler, "The Meaning of Suffering" ["El significado del sufrimiento"] en *On Feeling, Knowing, and Valuing: Selected Writings* [*Sobre sentir, conocer y valorar: Escritos selectos*], ed. H. J. Bershady (University of Chicago Press, 1992), 98.
2. Max Scheler, "The Meaning of Suffering", 98.
3. Esta cita del filósofo Max Weber aparece en Christina Simko, "The Rhetorics of Suffering" ["La retórica del sufrimiento"], *American Sociological Review 7* (6), p. 882. Ver Weber, *The Sociology of Religion* [*La sociología de la religión*], trad. Ephraim Fischoff (Beacon Press, 1963), desde 138 hasta el final del capítulo (capítulo IX, "Theodicy, Salvation, and Rebirth" ["Teodicea, salvación y renacimiento"]).
4. Richard A. Shweder, Nancy C. Much, Manamohan Mahapatra y Lawrence Park, "The 'Big Three' of Morality (Autonomy, Community, Divinity) and the 'Big Three' Explanations of Suffering" ["Los 'tres grandes' de la moralidad (autonomía, comunidad, divinidad) y las 'tres grandes' explicaciones del sufrimiento"] en *Why Do Men Barbecue?: Recipes for Cultural Psychology* [*¿Por qué los hombres hacen barbacoas? Recetas para la psicología cultural*], ed. Richard A. Shweder (Harvard University Press, 2003), 74.
5. Peter Berger, Brigitte Berger, y Hansfried Kellner, *The Homeless Mind: Modernization and Consciousness* [*La mente sin hogar: Modernización y conciencia*] (Vintage, 1974), 185. Berger, en esta obra y en *The Sacred Canopy: Elements of a Sociological Theory of Religion* [*El dosel sagrado: Elementos de una teoría sociológica de la religión*] (Anchor, 1967), sigue a Max Weber al utilizar la palabra *teodicea* para describir esta característica de cada sociedad o cultura, es decir, una forma de atribuirle significado al sufrimiento para los que sufren. Sin embargo, como fue acuñado inicialmente por el filósofo Gottfried Leibniz, el término significaba "justificando los métodos de Dios

a la luz de la tragedia". Tradicionalmente, la teodicea se ha enfocado en la defensa de la realidad de Dios contra el argumento de que el mal y el sufrimiento prueban que Dios no puede existir. Ver Peter van Inwagen, *The Problem of Evil: The Gifford Lectures Delivered in the University of St Andrews in 2003* [*El problema del mal: Las conferencias de Gifford en la Universidad de St. Andrews en 2003*] (Oxford University Press, 2006), pp. 6–7 y notas al pie. Creo que la palabra es mejor utilizada en el original de Leibniz, con mayor significado teológico a como la utiliza Berger.

6. Simko, "Rhetorics", 884.
7. Maureen Dowd, "Why, God?" ["Dios, ¿por qué?"], *The New York Times*, 25 de diciembre, 2012.
8. Ronald K. Rittgers, *The Reformation of Suffering: Pastoral Theology and Lay Piety in Late Medieval and Early Modern Germany* [*La reforma del sufrimiento: Teología pastoral y piedad laica en la Alemania medieval y moderna*] (Oxford University Press, 2012), 4.
9. Tom Shippey, *The Road to Middle-Earth* [*El camino hacia la tierra media*] (Houghton Mifflin, 2003), 78.
10. Lewis, *The Problem of Pain*, 57.
11. Dr. Paul Brand y Philip Yancey, *The Gift of Pain* [*El regalo del dolor*] (Zondervan, 1997), 12.
12. Ver Berger, *The Sacred Canopy*, 60–65.
13. Scheler, "The Meaning of Suffering", 98.
14. Berger, *Sacred Canopy*, p. 62. La discusión de Berger sobre las teodiceas (diferentes estrategias culturales para lidiar con el sufrimiento) se basa en gran medida en la tipología de Max Weber.
15. Berger, *Sacred Canopy*, 73–76. Berger coloca al cristianismo calvinista en esta categoría (categoría que lamentablemente llama "masoquismo religioso").
16. Weber, *Sociology of Religion*, 144–145.
17. Weber, *Sociology of Religion*, 62.
18. Shweder, et al., *Why Do Men Barbecue?,* 125.
19. Richard Dawkins, *River Out of Eden: A Darwinian View of Life* [*El río del Edén: Una perspectiva darwiniana de la vida*] (Basic Books, 1996), 132–133.
20. Dawkins, *River Out of Eden*, 96.
21. Richard Dawkins, *The God Delusion* [*El espejismo de Dios*] (Houghton Mifflin, 2006), 360.
22. Shweder, et al., *Why Do Men Barbecue?,* 74.
23. Dawkins, *God Delusion*, 360.
24. De esto trata el programa televisivo de Dawkins, *Sexo, muerte y el significado de la vida*, que fue televisado en octubre de 2012. Ver el video en https://web.archive.org/web/20161204085835/https://www.channel4.com/programmes/sex-death-and-the-meaning-of-life.
25. Schweder, et al., *Why Do Men Barbecue?,* 125.
26. Schweder, et al., *Why Do Men Barbecue?,* 125.
27. James Davies, *The Importance of Suffering: The Value and Meaning of Emotional Discontent* [*La importancia del sufrimiento: El valor y el significado del descontento emocional*] (Routledge, 2012), 29.
28. Davies, *The Importance of Suffering*, 1–2.
29. Davies, *The Importance of Suffering*, 2.
30. Davies, *The Importance of Suffering*, 2.
31. C. S. Lewis, *The Abolition of Man* [*La abolición del hombre*] (Harper, 2009), 77.
32. Charles Taylor, *A Secular Age* [*Una era secular*] (Harvard University Press, 2007), 373, 375.
33. http://www.bostonreview.net/books-ideas-mccoy-family-center-ethics-society-stanford-university/lives-moral-saints.
34. Scheler, "The Meaning of Suffering", 110.
35. Scheler, "The Meaning of Suffering", 110.
36. Scheler, "The Meaning of Suffering", 110.
37. Scheler, "The Meaning of Suffering", 111.
38. Scheler, "The Meaning of Suffering", 111.
39. Aleksandr Solzhenitsyn, *The Gulag Archipelago 1918–1956* [*Archipiélago Gulag 1918-1956*] (Harper & Row, 1974).
40. Solzhenitsyn, *The Gulag Archipelago 1918–1956*, 112.
41. Solzhenitsyn, *The Gulag Archipelago 1918–1956*, 113.

2. LA VICTORIA DEL CRISTIANISMO

1. Mis párrafos sobre literatura pagana antigua se basan en Rittgers, *Reformation of Suffering*, capítulos 2–3, y Luc Ferry, *A Brief History of Thought: A Philosophical Guide to Living* [*Una breve historia del pensamiento: Una guía filosófica para vivir*] (Harper, 2010), capítulos 1–3. Ver también Robert C. Gregg, *Consolation Philosophy: Greek and Christian* Paideia *in Basil and the Two Gregories* [*Filosofía de la consolación:* Paideia *griega y cristiana de Basilio y los dos Gregorios*] (Philadelphia Patristic Foundation, 1975), capítulo 1; y John T. McNeill, *A History of the Cure of Souls* [*Una historia de la cura de las almas*] (Harper, 1951), capítulo 2.
2. Rittgers, *Reformation of Suffering*, 39.
3. Ferry, *Brief History*, xiv.
4. Ferry, *Brief History*, xiv.
5. Ferry, *Brief History*, 4.
6. Ferry, *Brief History*, 7.
7. Ferry, *Brief History*, 3–5.
8. Ferry, *Brief History*, xiv.
9. Ver el resumen de Ferry sobre la filosofía estoica en *Brief History*, capítulo 2, "The Greek Miracle" ["El milagro griego"]. Ver también Rittgers, *Reformation of Suffering*, 39–40.
10. Rittgers, *Reformation of Suffering*, 39.
11. Ferry, *Brief History*, 45.
12. Rittgers, *Reformation of Suffering*, 39.
13. Epicteto, *Discourses III* [*Discursos III*], 24, 84–88. Citado en Ferry, *Brief History*, 47–48.
14. Ferry, *Brief History*, 48.
15. Ferry, *Brief History*, 48.
16. Ferry, *Brief History*, 50.
17. Epicteto, *Discourses III*, 24, 91–94, y Marco Aurelio, *Meditations IV* [*Meditaciones IV*], 14. Citados en Ferry, *Brief History*, 37.
18. Aquí hay un resumen de lo que Cicerón aconseja a los que sufren, una "cura para las almas" en angustia. Primero, se les debe indicar que el dolor no debe ser una sorpresa para ellos, que muchos otros han experimentado lo mismo y que, en general, tales pérdidas y miserias son experimentadas por todas las personas. En segundo lugar, deben considerar que es "una completa necedad ser vencidos por la pena cuando nos percatamos de que el asunto no tiene solución" (Cicerón, *Tusculan Disputations III* [*Disputas tusculanas III*], 6, sec. 12, citado en Rittgers, *Reformation of Suffering*, 40.) En tercer lugar, deben recordar que el tiempo tendrá un efecto sanador sobre su dolor, pero que pueden ayudar a acelerar ese proceso mediante el uso de la razón, al reconocer la naturaleza transitoria de las cosas y que toda la vida es solo un préstamo de la naturaleza que debe devolverse.
19. Henri Blocher hizo un buen resumen del pensamiento occidental respecto a esto en *Evil and the Cross: An Analytical Look at the Problem of Pain* [*La maldad y la cruz: Un análisis del problema del sufrimiento*] (Kregel, 1994), 15–17.
20. Sé que muchos sostienen que el budismo no es una forma de panteísmo sino de ateísmo, y conozco a muchos ateos de culturas occidentales que han adoptado prácticas budistas porque dicen que les proporciona una espiritualidad que no requiere creer en Dios. Pero el budismo no es verdaderamente ateo en el sentido occidental. Cree firmemente en lo sobrenatural y metafísico; de hecho, cree que lo natural y lo físico es una ilusión y que al final todo es espiritual. Muchos estudiosos han señalado que Buddha no quería abolir las religiones antiguas de la India, sino reformarlas. Henri Blocher cita a Ananda Coomaraswamy de Harvard, quien escribió que mientras más estudia el budismo, más "difícil [se le hace] distinguirlo del brahmanismo". Blocher, *Evil and the Cross*, 17.
21. Además de los estoicos, este enfoque del mal y del sufrimiento ha sido ampliamente compartido por filósofos occidentales como Spinoza, Hegel y místicos como Meister Eckhart, así como por escritores como Ralph Waldo Emerson y Walt Whitman. También caracteriza gran parte de lo que se ha llamado el pensamiento de la "Nueva Era", así como los puntos de vista de Mary Baker Eddy, la fundadora de la Ciencia Cristiana. Esto se basa en una idea de Dios conocida como "panteísmo". Según el *Diccionario de Filosofía de Stanford*: "Panteísmo… se refiere a la creencia de que cada entidad existente forma parte de un solo Ser; y que todas las demás formas de realidad son modos (o apariencias) de ella o idénticas a ella".

http://plato.stanford.edu/entries/pantheism. A nivel popular, el concepto de un espíritu divino impersonal que contiene tanto el bien como el mal ha penetrado gran parte de la ciencia ficción. En las películas de *La guerra de las galaxias*, tenemos "la fuerza", que mantiene unido a todo lo viviente y que contiene un "lado oscuro" y también un lado bueno.

22. Ver Ferry, *Brief History*, 43–49, para ver un paralelismo entre el budismo y el estoicismo griego.
23. Plutarco, *A Letter of Condolence to Apollonius* [*Una carta de condolencia para Apolonio*], citado en Rittgers, *Reformation of Suffering*, 43.
24. Ver Rittgers, *Reformation of Suffering*. Esta sección y la siguiente se basan grandemente en el excelente e innovador estudio de Rittgers sobre este tema.
25. Cipriano, *On Mortality* [*Sobre la mortalidad*], capítulo 13. Citado en Rittgers, *Reformation of Suffering*, 45.
26. Rittgers, *Reformation of Suffering*, 47.
27. Judith Perkins, *The Suffering Self: Pain and Narrative Representation in the Early Christian Era* [*El ser sufriente: El dolor y la representación narrativa en la era cristiana primitiva*] (Routledge, 1995).
28. En Ferry, *Brief History*.
29. Ferry, *Brief History*, 52.
30. Ambrosio de Milán, *On the Death of Satyrus* [*Sobre la muerte de Sátiro*]. Citado en Rittgers, *Reformation of Suffering*, 43–44.
31. Rittgers, *Reformation of Suffering*, 52.
32. Rittgers, *Reformation of Suffering*, 52–53.
33. Rittgers, *Reformation of Suffering*, 63.
34. Rittgers, *Reformation of Suffering*, 46.
35. Rittgers, *Reformation of Suffering*, 46.
36. Rittgers, *Reformation of Suffering*, 86.
37. Incluso Séneca, quien creía en un Dios, creía que Él estaba sujeto a los dictados del destino. El destino en la visión greco-romana es impersonal, sus dispensaciones son completamente inexplicables, no puedes pedirle al destino que haga justicia —ese es un error categórico. El destino es completamente caprichoso y aleatorio, aunque se haya personificado poéticamente en los escritos antiguos. En Boecio, *Consolation of Philosophy* [La consolación de la filosofía], se expresa bien esta opinión: "Estás equivocado si piensas que la fortuna ha cambiado a favor tuyo. El cambio es su comportamiento normal, su verdadera naturaleza... Has descubierto la cara cambiante de la diosa aleatoria... Con mano dominante mueve la rueda de inflexión [de azar], como las corrientes que van de un lado a otro en una bahía traicionera. No escucha ningún grito de miseria, no hace caso a ninguna lágrima, sino que se ríe de todo el dolor que ha provocado". Boecio, *The Consolation of Philosophy*, traducido con una introducción de Victor Watts (rev. ed., Penguin, 1999), 23-24.
38. Boecio, *The Consolation of Philosophy*, 46–47.
39. Boecio, *The Consolation of Philosophy*, 47.
40. Boecio, *The Consolation of Philosophy*, 89.
41. Boecio, *The Consolation of Philosophy*, 53, 90.
42. Ver Gregorio Magno, *The Book of Pastoral Rule* [*Regla pastoral*], trad. George Demacopoulos (St Vladimir's Seminary Press, 2007), y el resumen y discusión de este trabajo en Thomas C. Oden, *Care of Souls in the Classic Tradition* [*El cuidado de las almas en la tradición clásica*] (Fortress Press, 1984). Para una descripción general de *Moralia* y *Regla pastoral*, ver Rittgers, *Reformation of Suffering*, 49-52.
43. Rittgers, *Reformation of Suffering*, 51.
44. Rittgers, *Reformation of Suffering*, 53.
45. Rittgers, *Reformation of Suffering*, 61.
46. Rittgers, *Reformation of Suffering*, 62.
47. Rittgers, *Reformation of Suffering*, 88.
48. Martín Lutero, *Luther's Works, Volume 29: Lectures on Titus, Philemon, and Hebrews* [*Las obras de Martín Lutero, Volumen 29: Charlas sobre Tito, Filemón y Hebreos*], ed. Jaroslav Pelikan (Concordia, 1968), 189. Citado en Rittgers, *Reformation of Suffering*, 103–104.
49. Rittgers, *Reformation of Suffering*, 95.
50. Martín Lutero, *Luther's Works, Volume 14: Selected Psalms III* [*Las obras de Martín Lutero, Volumen 14: Salmos seleccionados III*], ed. Jaroslav Pelikan (Concordia, 1968), 163. Citado en Rittgers, *Reformation of Suffering*, 101.

51. Rittgers, *Reformation of Suffering*, 112. Ver cap. 5, "Suffering and the Theology of the Cross" ["Sufrimiento y la teología de la cruz"] 111–124.
52. Citado en Rittgers, *Reformation of Suffering*, 112.
53. Rittgers, *Reformation of Suffering*, 117.
54. Alister McGrath, *Luther's Theology of the Cross: Martin Luther's Theological Breakthrough* [*La teología de Lutero sobre la cruz: El descubrimiento teológico de Martín Lutero*] (Blackwell, 1990), 170.
55. Rittgers, *Reformation of Suffering*, 117. Lutero fue más lejos que muchos teólogos de la Reforma al argumentar que Dios, incluso en Su naturaleza divina, sufría. Lutero sostuvo que la naturaleza divina de Dios no puede separarse de su omnipotencia, pero "argumentó que en Cristo, Dios había querido que Su deidad estuviera unida a la naturaleza humana de tal manera que se pudiera considerar que la naturaleza divina sufría verdaderamente". Hasta cierto punto, las declaraciones de Lutero reflejan su visión de la *communicatio idiomatum*, la forma en que los atributos de la naturaleza divina y humana de Cristo se relacionan entre sí. En las controversias eucarísticas de finales de la década de 1520, Lutero insistió en que las dos naturalezas pueden impartir sus propiedades entre sí de una manera que muchos teólogos reformados rechazaban. Sin embargo, la idea de que el Dios bíblico conoce y participa del sufrimiento humano es una enseñanza bíblica que separa el cristianismo de otras religiones.
56. Rittgers, *Reformation of Suffering*, 115.
57. Taylor, *Secular Age*, 25.
58. Taylor, *Secular Age*, 542.
59. Sé que el orden en el que estoy desplegando estas frases y conceptos puede llevar a la impresión de que el marco inmanente, el "mundo regulado", se relaciona con el "yo regulado". En realidad, Taylor cree que el ser moderno precedió al mundo moderno. Sus razones son demasiado complejas para exponerlas aquí.
60. Taylor, *Secular Age*, 27.
61. Megan L. Wood, "When the New You Carries a Fresh Identity, Too" ["Cuando el nuevo tú también conlleva una nueva identidad"], *The New York Times*, 17 de febrero, 2013.
62. Taylor, *Secular Age*, 232.
63. Taylor, *Secular Age*, 306.
64. Andrew Delbanco, *The Death of Satan: How Americans Have Lost the Sense of Evil* [*La muerte de Satanás: Cómo los americanos han perdido la sensibilidad hacia la maldad*] (Farrar, Straus, and Giroux, 1995), 106–197.
65. Christian Smith, *Soul Searching: The Religious and Spiritual Lives of American Teenagers* [*Escudriñando almas: Las vidas religiosas y espirituales de los adolescentes americanos*] (Oxford University Press, 2007).
66. Ferry, *Brief History*, 3–5.
67. Susan Jacoby, "The Blessings of Atheism" ["Las bendiciones del ateísmo"], *The New York Times*, enero 5, 2013.

3. EL DESAFÍO A LOS SECULARES

1. Las palabras de Henri Frédéric Amiel fueron citadas en James Davies, *The Importance of Suffering: The Value and Meaning of Emotional Discontent* [*La importancia de sufrir: El valor y el significado del descontento emocional*] (Routledge, 2012).
2. Davies, *The Importance of Suffering*, 75.
3. Samuel G. Freedman, "In a Crisis, Humanists Seem Absent" ["En una crisis, los humanistas parecen estar ausentes"], *The New York Times*, 28 de diciembre, 2012.
4. Jacoby, "Blessings of Atheism".
5. Jacoby, "Blessings of Atheism".
6. Como argumenta David L. Chappell en *A Stone of Hope*, no fueron los blancos, los librepensadores ni los secularistas del norte quienes propusieron la desobediencia civil, un componente clave en la estrategia del movimiento por los derechos civiles. Fue la iglesia afroamericana y el clero con su visión más pesimista del pecado y la naturaleza humana. Ver Chappell, *A Stone of Hope: Prophetic Religion and the Death of Jim Crow* [*Una piedra de esperanza: La religión profética y la muerte de Jim Crow*] (University of North Carolina Press, 2007), capítulo 2, "Recuperando optimistas" y capítulo 5, "El movimiento por los derechos civiles como un renacimiento religioso". *The New York Times* señaló que "es imposible leer el libro sin hacerse un

replanteamiento fundamental sobre el papel que puede jugar la religión en… la vida pública".
7. Citado en Steven D. Smith, *The Disenchantment of Secular Discourse* [*El desencanto del discurso secular*] (Harvard University Press, 2010), 166.
8. Michael Sandel, *Justice: What's the Right Thing to Do?* [*Justicia: ¿Qué es lo correcto?*] (Farrar, Straus, and Giroux, 2010).
9. Comentario sobre "El discurso de Obama en Newtown", http://reason-being.com.
10. Para leer la esencia del pensamiento de Frankl, ver Emily Esfahani Smith, "There's More to Life Than Being Happy" ["La vida no solo se trata de ser feliz"], *The Atlantic*, 9 de enero, 2013.
11. Victor Frankl, *Man's Search for Meaning* [*La búsqueda de propósito del hombre*] (Washington Square Press, 1984), 54.
12. Eleanor Barkhorn, "Why People Prayed for Boston on Twitter and Facebook, and Then Stopped" ["Por qué las personas oraron por Boston en Twitter y Facebook y después dejaron de hacerlo"], *The Atlantic*, 20 de abril 20, 2013; disponible en http://www.theatlantic.com/national/archive/2013/04/why-people-prayed-for-boston-on-twitter-and-facebook-and-then-stopped/275137.
13. Andrew Solomon, *Far from the Tree: Parents, Children, and the Search for Identity* [*Lejos del árbol: Padres, hijos y la búsqueda de identidad*] (Scribner, 2012), p. 47.
14. Solomon, *Far from the Tree*, 357–363.
15. Martha C. Nussbaum, *Women and Human Development: The Capabilities Approach* [*Las mujeres y el desarrollo humano: El abordaje de las capacidades*] (Cambridge University Press, 2000), capítulo 1, "En defensa de los valores universales", citada en Steven D. Smith, *Disenchantment*, 167. Para leer más sobre por qué un relato secular sobre derechos humanos no funciona, ver a Smith, *Disenchantment*, y Nicholas Wolterstorff, *Justice: Rights and Wrongs* [*Justicia: Aciertos y errores*] (Princeton University Press, 2008), 323–341.
16. Solomon, *Far from the Tree*, 147.
17. Solomon, *Far from the Tree*, 697.
18. Shweder, *Why Do Men Barbecue?*, 128.
19. John Gray, *Straw Dogs: Thoughts on Humans and Other Animals* [*Perros de paja: Pensamientos sobre humanos y otros animales*] (Farrar, Straus, and Giroux, 2003), 142.
20. Andrew Delbanco, *The Real American Dream: A Meditation on Hope* [*El verdadero sueño americano: Una meditación sobre la esperanza*] (Harvard University Press, 1999), 1, 3.
21. Delbanco, *The Real American Dream*, 5.
22. Citado en Delbanco, *Real American Dream*, 109.
23. Delbanco, *The Real American Dream*, 96–97.
24. Delbanco, *The Real American Dream*, 102.
25. Delbanco, *The Real American Dream*, 103.
26. Robert Bellah et al, *Habits of the Heart: Individualism and Commitment in American Life* [*Hábitos del corazón: Individualismo y compromiso en la vida americana*] (University of California Press, 1985).
27. Wood, "New You".
28. William H. Willimon, *Pastor: The Theology and Practice of Ordained Ministry* [*Pastor: La teología y la práctica del ministro*] (Abingdon, 2002), 99.
29. Willimon, *Pastor*, 98–99.
30. Explico detalladamente la historia bíblica de Naamán y el profeta Elías en *Counterfeit Gods* [*Dioses falsos*] (Dutton, 2009).
31. J. R. R. Tolkien, *The Lord of the Rings: The Fellowship of the Ring* [*El señor de los anillos: La comunidad del anillo*] (Houghton Mifflin, 2004), 50.

4. EL PROBLEMA DEL MAL

1. Albert Camus, *The Plague* [*La plaga*] (Random House, 1991), 128.
2. David Hume, *Dialogues Concerning Natural Religion* [*Diálogos sobre la religión natural*], ed. Richard Popkin (Hackett Pub, 1980), 63.
3. Ver Peter Berger y Thomas Luckman, *The Social Construction of Reality: A Treatise in the Sociology of Knowledge* [*La construcción social de la realidad: Un tratado sobre la sociología del conocimiento*] (Anchor, 1967); y ver Berger, *A Rumor of Angels: Modern Society and the Rediscovery of the Supernatural* [*Un rumor de los ángeles: La sociedad moderna y el redescubrimiento de lo sobrenatural*] (Doubleday, 1969),

desde 40 hasta el final del capítulo (capítulo 2, "The Perspective of Sociology: Relativizing the Relativizers" ["La perspectiva de la sociología: Relativizando a los relativizadores"]).

4. J. L. Mackie, "Evil and Omnipotence" ["Maldad y omnipotencia"], *Mind 64*, no. 254 (abril, 1955), citado en Alvin Plantinga, *Warranted Christian Belief* [*Creencia cristiana justificada*] (Oxford University Press, 2000), 460.
5. Ver Alvin Plantinga, *God, Freedom, and Evil* [*Dios, la libertad y la maldad*] (Eerdmans, 1974) y *The Nature of Necessity* [*La naturaleza de la necesidad*] (Oxford University Press, 1974). El primer lugar en que Plantinga abordó ampliamente el tema fue en *God and Other Minds: A Study of the Rational Justification of Belief in God* [*Dios y otras mentes: Un estudio de la justificación racional de la creencia en Dios*] (Cornell University Press, 1967; ed. 1990), 115–155 (cap. 5, "The Problem of Evil" ["El problema del mal"] y capítulo 6, "The Free Will Defense" ["Defensa del libre albedrío"]).
6. Plantinga, *Warranted Christian Belief*, 461.
7. William P. Alston, "The Inductive Argument from Evil and the Human Cognitive Condition" ["El argumento inductivo del mal y la condición cognitiva de los humanos"], *Philosophical Perspectives 5* [*Perspectivas filosóficas 5*] (1991): 30–67.
8. Ver Daniel Howard-Snyder, ed., *The Evidential Argument from Evil* [*El argumento probatorio del mal*] (Indiana University Press, 1996). Alvin Plantinga interactúa con argumentos probatorios presentados por William Rowe y Paul Draper en *Warranted Christian Belief*, 465–481.
9. J. P. Moreland y William Lane Craig, *Philosophical Foundations for a Christian Worldview* [*Bases filosóficas para una cosmovisión cristiana*] (Inter-Varsity Press, 2003), p. 552. Esto resume los argumentos de Platinga y su colega.
10. Van Inwagen, *Problem of Evil*, 6.
11. John Hick, *Evil and the God of Love* [*La maldad y el Dios de amor*] (ed. rev.; Harper, 1978), 255–256. Para leer un ejemplo de la perspectiva de Ireneo, ver "Against Heresies" ["Contra las herejías"] en *The Ante-Nicene Fathers* [*Los padres antenicenos*], eds. Alexander Roberts y James Donaldson (Hendrickson, 1994), Vol I, 521–522.
12. Una selección de los escritos de Agustín sobre el mal y el libre albedrío se encuentra en A. I. Melden, ed., *Ethical Theories* [*Teorías éticas*] (2ª ed.; Prentice-Hall, 1955).
13. Jean-Paul Sartre, *Being and Nothingness* [*El ser y la nada*] (Philosophical Library, 1956), 367.
14. Esta es la opinión de que el mal no es una sustancia o cosa sino la "privación" del bien. La ilustración de la vista se usa a menudo para aclarar la postura. La incapacidad de un árbol para ver no es mala, porque la vista no es parte de la naturaleza del árbol. Sin embargo, la incapacidad de un ser humano para ver se consideraría sufrimiento o mal porque para eso sirven los ojos humanos. Esta visión del mal como privación ha sido bastante influyente, presentada no solo por Agustín y Aquino, sino por muchos teólogos reformados protestantes y apologistas modernos como C. S. Lewis. Si bien creo que, en general, es una manera útil de pensar sobre el mal, otros han señalado los problemas con al menos algunas formas de este punto de vista (la opinión de Etienne Gilson, el teólogo tomista, de que el mal es básicamente "no ser…"). ¿Pero es eso todo lo que consideramos malo? ¿No lo describe la Biblia como una fuerza más activa y agresiva que eso? Tal vez es correcto decir que el mal conduce al debilitamiento, a la desintegración, pero decir que el mal es simplemente "caer en el no ser" parece una descripción demasiado débil. Al final, decir que el mal es una condición corrupta en lugar de una cosa creada en realidad no responde la pregunta de por qué Dios lo permitió. Ver la crítica de John Frame a la visión del mal como privación en su ensayo "The Problem of Evil" ["El problema del mal"], en *Suffering and the Goodness of God* [*El sufrimiento y la bondad de Dios*], eds. Christopher W. Morgan y Robert A. Peterson (Crossway, 2008), 144-152. Para leer un buen resumen de la visión del mal como privación, ver Jeremy A. Evans, *The Problem of Evil: The Challenge to Essential Christian Beliefs* [*El problema del mal: El desafío a las creencias cristianas esenciales*] (Broadman, 2013), 1-2.
15. Van Inwagen, *Problem of Evil*, 90.
16. Inwagen, *Problem of Evil*, 85-86. Van Inwagen rechaza la idea de que la historia bíblica de la Caída del Génesis, con Adán y Eva, pueda haber sucedido literalmente. Él dice que "contradice lo que la ciencia ha descubierto sobre la evolución humana y la historia del universo físico" (84). Pero van Inwagen, un cristiano, cree que Génesis 1-3 fue una representación "de eventos reales en la prehistoria humana" (85). La

historia que cuenta Inwagen establece que Dios dirigió el curso de la evolución hasta que hubo tal vez "unos pocos" primates, y Dios entonces "milagrosamente los elevó a la racionalidad"... les dio los dones del lenguaje, el pensamiento abstracto y el amor desinteresado, y, por supuesto, el don del libre albedrío... porque el libre albedrío es necesario para el amor" (85). Estos antepasados originales vivieron en un estado paradisíaco porque vivían en la "armonía del amor perfecto" y "poseyeron... poderes sobrenaturales" que los salvaron de las enfermedades, los desastres naturales, el envejecimiento y la muerte (86). Pero en esta historia, estos primeros seres humanos, creados para un mundo perfecto sin sufrimiento, se alejan de Dios y se rebelan contra Su legítima autoridad. "Abusaron del don del libre albedrío y rompieron su comunión con Dios" (86). El resultado es tanto mal moral como mal natural. El mal natural llegó porque "se enfrentaron a la destrucción debido a las fuerzas aleatorias de la naturaleza a su alrededor como consecuencia natural de su rebelión". El mal moral llegó porque "formaron el sustrato genético de lo que se llama pecado original o de nacimiento; una tendencia innata a hacer el mal" (87).

Van Inwagen sostiene que no necesita probar que su historia es verdadera para que cumpla su propósito. El argumento del mal contra Dios insiste en que no puede haber ninguna buena razón por la cual Dios permitiría el mal y el sufrimiento. Esa es su premisa. Van Inwagen señala: "Afirmo [solo] que, dado que el personaje central de la historia, Dios, existe... la historia bien podría ser verdad" (90). Pero si la historia da una explicación creíble de por qué Dios *podría* permitir el mal y el sufrimiento, aunque no podamos estar seguros de que esta es la razón por la que Dios lo permite, eso prueba que la premisa del argumento del mal —de que no hay una buena razón posible para el mal— es falsa. La historia y los argumentos de van Inwagen son ingeniosos y permiten a las personas que dicen ser cristianas y creen en la evolución seguir utilizando la Caída de la humanidad como explicación de la existencia del mal natural y el mal moral. Sin embargo, si bien tiene mucho mérito como argumento filosófico con los escépticos, no creo que esta historia encaje con los relatos bíblicos. Si Adán y Eva no hubieran existido, no podríamos explicar por qué todos los seres humanos son igualmente pecadores, ni cómo reconciliamos lo que Pablo dice en Romanos 5 y en 1 Corintios 15 en relación a que Adán es un representante de toda la raza humana. Para obtener más información sobre este tema, consulta el capítulo 8 y las notas.

17. Inwagen, *Problem of Evil*, 90.
18. Para leer un argumento comprensible de que el libertinaje no es la definición bíblica de libertad, ver el ensayo clásico "Human Freedom" [*La libertad humana*] de G. C. Berkouwer en *Man: The Image of God* [*El hombre: La imagen de Dios*] (Eerdmans, 1962), 310–348.
19. Para leer un excelente análisis del material bíblico, ver D. A. Carson, *How Long, O Lord?: Reflections on Suffering and Evil* [*¿Hasta cuándo, Señor?: Reflexiones sobre el sufrimiento y el mal*] (2ª ed.; Baker, 1990), 177–203 (capítulo 11, "The Mystery of Providence" ["El misterio de la providencia"]). Ver también J. I. Packer, *Evangelism and the Sovereignty of God* [*El evangelismo y la soberanía de Dios*] (Inter-Varsity Press, 1961).
20. Alvin Plantinga ofrece la versión más corta y Peter van Inwagen la versión "expandida" de la teoría del libre albedrío. En ambos casos afirman que están presentando una defensa, no una teodicea. Sin embargo, para mí y para otros, parece que de hecho están ofreciendo la historia del libre albedrío como una teodicea porque la están usando para responder la pregunta de por qué Dios permite el mal y el sufrimiento.
21. Lewis, *The Problem of Pain* (Harper eBook, 2009); Richard Swinburne, *Providence and the Problem of Evil* [*La providencia y el problema del mal*] (Oxford University Press, 1998).
22. Ver Donald A. Turner, "The Many-Universes Solution to the Problem of Evil" ["La solución de los muchos universos para el problema del mal"] en Richard M. Gale y Alexander R. Pruss, eds., *The Existence of God* [*La existencia de Dios*] (Aschgate, 2003), 143–159.
23. Gale y Pruss, *The Existence of God*, 143-159.
24. Alvin Plantinga, "Perfil propio" en *Alvin Plantinga*, eds. James E. Tomberlin y Peter van Inwagen (Reidel, 1985), 35.
25. El diálogo entre el ateo y el teísta sobre el problema del mal se encuentra en Inwagen, *Problem of Evil*, 64.

26. Inwagen, *Problem of Evil*, 65.
27. Es útil notar que al ofrecer esta defensa (no una teodicea) contra el argumento del mal, el creyente en Dios puede (al mostrar los tipos de razones que podría tener Dios para permitir que el mal continúe) recurrir a algunas de las mejores ideas que se han ofrecido en las teodiceas tradicionales. Cada teodicea ofrecía razones convincentes pero no suficientes para que Dios permitiera el sufrimiento.
28. Dicho por Plantinga, *Warranted Christian Belief*, 481–482.
29. Stephen John Wykstra, "Rowe's Noseeum Arguments from Evil" ["Los argumentos de los jejenes de Rowe"] en *The Evidential Argument from Evil* [*Los argumentos probatorios del mal*], ed. Daniel Howard-Snyder (Indiana University Press, 1996), 126–149.
30. Wykstra, "Rowe's Noseeum", 126.
31. Plantinga, *Warranted Christian Belief*, 466–467.
32. El más prominente defensor del argumento probatorio del mal es William Rowe. Ver William L. Rowe, "The Problem of Evil and Some Varieties of Atheism" ["El problema del mal y algunas variedades de ateísmo"], *American Philosophical Quarterly 16* (1979): 335-341.
33. Historia corta de Ray Bradbury, *A Sound of Thunder* [*El ruido de un trueno*], disponible en http://www.lasalle.edu/~didio/courses/hon462/hon462_assets/sound_of_thunder.htm.
34. Moreland y Craig, *Philosophical Foundations*, 543.
35. Inwagen, *Problem of Evil*, 97.
36. Elie Wiesel, *Night* [*La noche*] (Hill and Wang, 1960).
37. Wiesel, *Night*, 43–44.
38. Es importante notar que el propio Elie Wiesel, aunque presentó el argumento contra la existencia y la bondad de Dios tan enérgicamente, a fin de cuentas no abandonó su creencia en Dios.
39. J. Christiaan Beker, *Suffering and Hope: The Biblical Vision and the Human Predicament* [*Sufrimiento y esperanza: La visión bíblica y el dilema humano*] (Eerdmans, 1994). Mi información fue tomada del prefacio, "The Story behind the Book" ["La historia detrás del libro"] escrito por Ben C. Ollenburger.
40. Beker, *Suffering and Hope*, 16.
41. Blaise Pascal, *Pascal's Pensées* [*Pensamientos de Pascal*] (Echo Library, p. 70), *Pensées* [*Pensamientos*], 276–277.
42. C. S. Lewis, *Mere Christianity* [*Mero cristianismo*] (Macmillan, 1960) 31.
43. C. S. Lewis, *Christian Reflections* [*Reflexiones cristianas*] (Eerdmans, 1967), 69.
44. Lewis, *Christian Reflections*, 69–70.
45. Lewis, *Christian Reflections*, 70.
46. Lewis, *Christian Reflections*, 69–70.
47. Alvin Plantinga, "A Christian Life Partly Lived" ["Una vida cristiana vivida parcialmente"] en *Philosophers Who Believe* [*Filósofos que creen*], ed. Kelly James Clark (IVP, 1993), p. 73. Ver también la carta de Plantinga a Peter van Inwagen. "Me inclino a pensar que existe un… problema del mal para los ateos… Creo que no habría correcto ni incorrecto y, por tanto, nada malo, si el teísmo fuera falso…", van Inwagen, *Problem of Evil*, 154, n.14.
48. A. N. Wilson, "Why I Believe Again" ["Por qué he vuelto a creer"], *The New Statesman*, 2 de abril, 2009.
49. Andrea Palpant Dilley, *Faith and Other Flat Tires: Searching for God on the Rough Road of Doubt* [*La fe y otras llantas pinchadas: Buscando a Dios en medio de las dudas*] (Zondervan, 2012), 224–225.
50. El comentario de Dilley aparece en una entrevista con Micha Boyett en http://www.patheos.com/blogs/michaboyett/2012/04/andrea-palpant-dilley-doubt-flat-tires-and-the-goodness-of-god.

5. EL DESAFÍO DE LA FE

1. Inwagen, *Problem of Evil*, p. 89.
2. Alvin Plantinga, "Supralapsarianism, or 'O Felix Culpa'" ["Supralapsarianismo o 'O Felix Culpa'"] en *Christian Faith and the Problem of Evil* [*La fe cristiana y el problema del mal*], ed. Peter van Inwagen (Eerdmans, 2004), 18. Este artículo parece tomar un enfoque calvinista más tradicional al problema del mal que la más conocida "defensa del libre albedrío" de Plantinga. Ver también la nota de Inwagen que señala

que las teodiceas calvinistas son prometedoras, aunque no cree que estén muy bien formuladas; van Inwagen, *Problem of Evil*, 163, n.9.
3. C. S. Lewis, *The Great Divorce* [*El gran divorcio*] (Macmillan, 1946), 64.
4. J. R. R. Tolkien, *The Lord of the Rings: The Return of the King* [*El señor de los anillos: El retorno del rey*] (varias ediciones).
5. Berger, *Sacred Canopy*, 74.
6. Berger, *Sacred Canopy*, 75.
7. Berger, *Sacred Canopy*, 76–77.
8. Berger, *Sacred Canopy*, 78.
9. John Dickson, *If I Were God I'd End All the Pain: Struggling with Evil, Suffering, and Faith* [*Si yo fuera Dios acabaría con todo el sufrimiento: Luchando con la maldad, el sufrimiento y la fe*] (Matthias Media, 2001), 66–67.
10. Ann Voskamp, *One Thousand Gifts: A Dare to Live Fully Right Where You Are* [*Un millar de obsequios: El desafío a tener plenitud de vida allí mismo donde estás*] (Zondervan, 2010), 154–155.
11. Tolkien, *The Lord of the Rings*, 50.
12. John Gray, *The Silence of Animals: On Progress and Other Modern Myths* [*El silencio de los animales: Sobre el progreso y otros mitos modernos*] (Farrar, Straus, and Giroux, 2013), 79.

6. LA SOBERANÍA DE DIOS

1. C. S. Lewis, *George MacDonald: An Anthology* [*George MacDonald: Una antología*] (Harper, 2001), 49.
2. Muchos cuestionarán todo el relato de Génesis porque contradice el consenso de la ciencia, a saber, que la vida en la tierra evolucionó a través de las edades mediante un proceso de selección natural. Eso significa que la violencia, el sufrimiento y la muerte ya existían (en cantidades masivas) antes de que aparecieran los seres humanos. Como vimos anteriormente, en *The Problem of Evil* (85-86) Peter van Inwagen da una explicación diciendo que, después de guiar muchos años de evolución, Dios toma una pequeña cantidad de homínidos y los hace humanos. Les da la imagen de Dios y crea un enclave paradisíaco en el mundo donde vivían en la "armonía del amor perfecto" y "poseían… poderes sobrenaturales" que los mantenían a salvo de las enfermedades, los eventos naturales destructivos, el envejecimiento y la muerte. Pero ellos "abusaron del don del libre albedrío y se alejaron de Dios" (86). El resultado es que el mal natural, el sufrimiento y la muerte que había en el resto del mundo los envolvió. "Como consecuencia natural de su rebelión, enfrentaron la destrucción provocada por las fuerzas aleatorias de la naturaleza que les rodeaba". También, por supuesto, el mundo vio por primera vez el mal moral, ya que la naturaleza humana había sido corrompida por el egocentrismo pecaminoso. Tal como escribí anteriormente, no creo que esta historia concuerde con el resto de la Biblia, y mucho menos con Génesis. Si Adán y Eva no existieron realmente, entonces no podemos explicar por qué todos los seres humanos son igualmente pecadores, ni entender lo que señala Pablo en Romanos 5 y 1 Corintios 15 de que Adán es un representante de toda la raza humana. Creo que hubo una pareja histórica que se apartó de Dios y trajo al mundo el mal natural y moral, y que todos los seres humanos descienden de ellos. Sin embargo, si crees en un Adán y Eva literales y también crees que la vida surgió en la tierra a través de la evolución, la misma historia básica de van Inwagen podría servirte de manera similar. En esta historia, Dios adopta (o crea *de novo*) a Adán y a Eva y los coloca en el enclave del jardín del Edén. Fue un paraíso sin sufrimiento y muerte. Este era el mundo para el cual Dios había creado a los seres humanos, y también el tipo de vida que habría prevalecido si Adán y Eva hubieran obedecido a Dios. Sin embargo, tan pronto como cayeron el mundo se les vino encima, y el mal natural se vio reforzado por la adición del mal moral, haciendo del mundo un lugar muy oscuro. Esta historia respalda la enseñanza bíblica básica de que el sufrimiento y el mal en el mundo, así como todo el mal moral y la muerte humana, se deben al pecado humano.
3. Ver Walter C. Kaiser, "Eight Kinds of Suffering in the Old Testament" ["Ocho tipos de sufrimiento en el Antiguo Testamento"] en *Suffering and Goodness* [*Sufrimiento y bondad*], eds. Morgan y Peterson, 68-69. Ver también Klaus Koch, "Is There a Doctrine of Retribution in the Old Testament?" ["¿Existe la doctrina de la retribución en el Antiguo Testamento?"] en *Theodicy in the Old Testament*

[*Teodicea en el Antiguo Testamento*], ed. James L. Crenshaw (Fortress, 1983), 57–87.

4. Rittgers, *Reformation of Suffering*, 9.
5. Gerhard von Rad, *Wisdom in Israel* [*Sabiduría en Israel*] (SCM Press, 1972), 144–176 (capítulo 9, "The Self-Revelation of Creation" ["La autorevelación de la creación"]).
6. Rad, *Wisdom in Israel*, 310.
7. Graeme Goldsworthy, *The Goldsworthy Trilogy: Gospel and Wisdom* [*La trilogía de Goldsworthy: Evangelio y sabiduría*] (Paternoster, 2000), 428–258.
8. M. J. Lerner y D. T. Miller, "Just World Research and the Attribution Process: Looking Back and Ahead" ["Investigación del mundo justo y el proceso de atribución: Mirando hacia adelante y hacia atrás"], *Psychological Bulletin* 85: 1030–1051. Citado en Jonathan Haidt, *The Happiness Hypothesis: Putting Ancient Wisdom and Philosophy to the Test of Modern Science* [*La hipótesis de la felicidad: Poniendo a prueba la sabiduría y la filosofía antiguas con la ciencia moderna*] (Arrow Books, 2006), 146.
9. David Bentley Hart, *The Doors of the Sea: Where Was God in the Tsunami?* [*Las puertas del mar: ¿Donde estuvo Dios durante el tsunami?*] (Eerdmans, 2005), 99, 101, 103-104. Debo agregar que, en mi opinión, Hart hace demasiado énfasis en esta línea de teología bíblica del sufrimiento (el sufrimiento como injusticia y como un enemigo de Dios), dejando a un lado lo que dice la Biblia sobre la soberanía de Dios y los propósitos del sufrimiento. En el libro, Hart admite una simpatía por el antiguo gnosticismo, que sostenía que el Dios supremo no pudo haber tenido nada que ver con el mal y el sufrimiento, que no había forma de que fuera parte de Su plan. Hart también simpatiza con la posición del personaje de Dostoyevski, Iván Karamazov, quien rechaza a un Dios que pudiera estar usando el sufrimiento de algún modo para lograr un "bien mayor". Karamazov muestra la autojustificación del habitante moderno del "marco inmanente", quien asegura que en el día del juicio Dios no va a revelar ninguna idea o sabiduría que no se le haya ocurrido a Karamazov. Es importante que creamos que Dios odia el sufrimiento, y también que Él es soberano sobre el mismo. Si nos rehusamos a creer que el sufrimiento de Dios y el mal forman parte del plan de Dios, no solo estamos rechazando una gran cantidad de enseñanza bíblica (como veremos), sino que también nos quedamos sin la paz de saber que Dios está obrando de alguna manera en experiencias reales del mal. Tampoco tendremos mucho incentivo para pensar que Dios podría estar enseñándonos algo para que podamos crecer a través de ese sufrimiento.
10. B. B. Warfield, "The Emotional Life of Our Lord" ["La vida emocional de nuestro Señor"] en *The Person and Work of Christ* [*La persona y la obra de Cristo*], ed. Samuel G. Craig (P&R, 1950), 115.
11. Warfield, "The Emotional Life of Our Lord", 116–117.
12. Rittgers, *Reformation of Suffering*, 9.
13. Rittgers, *Reformation of Suffering*, 261.
14. La opinión de que el libre albedrío de la humanidad es compatible con la determinación absoluta de Dios en la historia es una que está especialmente asociada con la teología reformada. Para leer sobre una perspectiva alternativa, ver Roger Olson, *Theology: Myths and Realities* [*Teología arminiana: Mitos y realidades*] (Inter-Varsity Press, 2006). Filósofos como Peter van Inwagen también argumentan que el libre albedrío es incompatible con el determinismo. Dos descripciones exhaustivas del punto de vista que presento aquí son D. A. Carson, *Divine Sovereignty and Human Responsibility: Biblical Perspectives in Tension* [*Soberanía divina y responsabilidad humana: Perspectivas bíblicas enfrentadas*] (John Knox, 1981) y Packer, *Evangelism*.
15. Existen innumerables pasajes que hablan acerca del control absoluto de Dios sobre todas las cosas que suceden en la historia (Gn 14:8; Pro 21:1; Mt 10:29; Ro 9:20, etc.), y muchos otros que enseñan que todo ser humano es responsable de sus acciones y elecciones (Mt 25; Ro 2:1–16; Ap 20:11–13).
16. En un pasaje clásico, J. I. Packer dice que la relación entre la soberanía divina y la responsabilidad humana es una "antinomia", lo cual él define como "algo con apariencia de contradicción... una *aparente* incompatibilidad entre dos verdades". Existe una antinomia cuando dos principios se encuentran uno al lado del otro, aparentemente irreconciliables, siendo ambos innegables. Luego él pone el ejemplo de la luz, que a veces se comporta como onda y en ocasiones como partícula. Aunque no está claro *cómo* puede ser ambas cosas (ya que se nos enseña que una onda no es una partícula y viceversa), la realidad es que lo es. De la misma manera, según la Biblia, Dios debe

ser soberano o gran parte de la historia no tendría sentido, y tampoco tendría un buen propósito; también debemos ser responsables, o gran parte de lo que hacemos con nuestras vidas no tendría sentido. La Biblia enseña ambas ideas. Packer se esfuerza por decir que esta contradicción no es real sino que es aparente debido a nuestras limitaciones como observadores. Ver Packer, *Evangelism*, 18-19.

17. Carson, *How Long, O Lord?,* 189.
18. Carson, *How Long, O Lord?,* 189.
19. Este versículo señala que Dios es la fuente suprema de todo lo bueno que existe en el mundo. Dice literalmente que "toda buena dádiva y don perfecto desciende...". J. B. Adamson resume la enseñanza del versículo como: "Todo bien humano proviene del Padre perfecto del universo". J. B. Adamson, *The Epistle of James* [*La epístola de Santiago*]. *The New International Commentary on the New Testament* [*Nuevo comentario internacional sobre el Nuevo Testamento*] (Eerdmans, 1976), 74.

7. EL SUFRIMIENTO DE DIOS

1. Dan G. McCartney, *Why Does It Have to Hurt?: The Meaning of Christian Suffering* [*¿Por qué tiene que doler?: El significado del sufrimiento cristiano*] (P&R, 1998), 56.
2. Derek Kidner, *Genesis: An Introduction and Commentary* [*Génesis: Una introducción y un comentario*] (Inter-Varsity Press, 1967), 86.
3. J, Alec Motyer, *The Message of Exodus: The Days of our Pilgrimage* [*El mensaje de Éxodo: Los días de nuestro peregrinaje*] (Inter-Varsity Press, 2005), 69.
4. Carson, *How Long, O Lord?*, 166.
5. Ver F. L. Cross y E. A. Livingstone, eds., *The Oxford Dictionary of the Christian Church* [*Diccionario Oxford de la Iglesia Cristiana*] (Oxford University Press, 1974), p. 694. Citado en Carson, *How Long, O Lord?*, 164.
6. Kidner, *Genesis*, 86. Énfasis añadido.
7. Carson, *How Long, O Lord?,* 159.
8. McCartney, *Why Does It Hurt?,* 57, 59.
9. R. M. M'Cheyne, *Sermons of the Rev. Robert Murray M'Cheyne* [*Sermones del Rev. Robert Murray M'Cheyne*] (Banner of Truth, 1961), 47–49.
10. McCartney, *Why Does It Hurt?,* 60.
11. Ver Douglas John Hall, *God and Human Suffering: An Exercise in the Theology of the Cross* [*Dios y el sufrimiento humano: Un ejercicio en la teología de la cruz*] (Augsburg, 1986). Ver también Warren McWilliams, *The Passion of God: Divine Suffering in Contemporary Protestant Theology* [*La pasión de Dios:El sufrimiento divino en la teología protestante contemporánea*] (Mercer University Press, 1985).
12. Rittgers, *Reformation of Suffering*, 261.
13. Rittgers, *Reformation of Suffering*, 261.
14. Albert Camus, *The Rebel* [*El rebelde*] (Vintage, 1956), 34. Citado en Berger, *Sacred Canopy*, 77.
15. Albert Camus, *Essais* [*Ensayos*] (Gallimard, 1965), 444.
16. Berger, *Sacred Canopy*, 77.
17. Louis Berkhof, *Systematic Theology* [*Teología sistemática*] (nueva ed. en 2 vols.; Eerdmans, 1996), 729.
18. Berkhof, *Systematic Theology*
19. Christopher J. H. Wright, *The God I Don't Understand: Reflections on Tough Questions of Faith* [*El Dios que no comprendo: Reflexiones sobre preguntas difíciles de la fe*] (Zondervan, 2008), 64.
20. Wright, *The God I Don't Understand*, 67.
21. Henri Blocher, *Evil and the Cross* [*La maldad y la cruz*], 131.
22. Estas dos perspectivas del mal a veces son llamadas perspectivas "boecias" y "maniqueas", nombradas así por Boecio, *The Consolation of Philosophy* [*La consolación de la filosofía*] y por los antiguos maniqueos. Tom Shippey, en *The Road to Middle Earth* [*El camino hacia la tierra media*], muestra de manera fascinante cómo la obra de Tolkien, *El señor de los anillos*, describe el mal como "ambos-y". Es a la vez una falta interna y un poder real en el universo. Shippey muestra que a veces el anillo en la narración actúa como una lupa psíquica que muestra lo que está retorcido e incorrecto dentro de aquel que la utilice, pero otras veces pareciera tener un poder maléfico propio. En mi opinión, este "ambos-y" también se ajusta a la perspectiva bíblica del mal. Ver Shippey, *The Road to Middle Earth* (Mariner Books, 2003), 138 hasta el final del capítulo.

23. John Calvin, *Introduction to Olievatan's translation of the New Testament* [*Introducción a la traducción del Nuevo Testamento de Olievatan*].
24. Calvin, *Introduction to Olievatan's translation of the New Testament*, 132.
25. Calvin, *Introduction to Olievatan's translation of the New Testament*, 131-132.
26. Calvin, *Introduction to Olievatan's translation of the New Testament*, 132.
27. Fiódor Dostoyevski, *The Brothers Karamazov* [*Los hermanos Karamazov*], capítulo 34. El personaje que dice estas palabras, Ivan Karamazov, rechaza esta posibilidad, pero eso no significa que el propio Dostoyevski no crea esta elocuente afirmación. Creo que también debería decirse que Dostoyevski no está diciendo que será posible justificar el mal. El mal puede ser usado por Dios para producir un bien aún mayor que el que habría resultado si el mal no hubiera ocurrido, pero sigue siendo malo y, por tanto, inexcusable e injustificable en sí mismo.

8. LA RAZÓN DEL SUFRIMIENTO

1. Haidt, *Happiness Hypothesis*, 136.
2. Haidt, *Happiness Hypothesis*, 136.
3. Haidt, *Happiness Hypothesis*, 137.
4. Haidt, *Happiness Hypothesis*, 138.
5. Haidt, *Happiness Hypothesis*, 138.
6. Haidt, *Happiness Hypothesis*, 140.
7. Robert A. Emmons, *The Psychology of Ultimate Concerns: Motivation and Spirituality in Personality* [*La psicología de las mayores preocupaciones: Motivación y espiritualidad en la personalidad*] (Guilford, 1999), y "Personal Goals, Life Meaning, and Virtue" ["Las metas personales, el significado de vida y la virtud"] en *Flourishing: Positive Psychology and the Life Well Lived* [*Floreciendo: La psicología positiva y la buena vida*], eds. Corey L. M. Keyes y Jonathan Haidt (APA, 2003), 105–28. Citado en Haidt, *Happiness Hypothesis*, 143.
8. Haidt, *Happiness Hypothesis*, 145.
9. Haidt, *Happiness Hypothesis*, 145.
10. Haidt, *Happiness Hypothesis*, 141.
11. C. S. Lewis, *Reflections on the Psalms* [*Reflexiones sobre los Salmos*] (Harcourt, 1958), 90.
12. Lewis, *Reflections on the Psalms*, 92.
13. J. R. R. Tolkien, *The Letters of J. R. R. Tolkien* [*Las cartas de J. R. R. Tolkien*], ed. Humphrey Carpenter (1981), carta #121. Citado en http://tolkien.cro.net/rings/sauron.html.
14. Jonathan Edwards, *The Miscellanies* [Misceláneos, 1–500], *The Works of Jonathan Edwards, Volume 13* [*Las obras de Jonathan Edwards, Volumen 13*]. Editado por Thomas A. Schafer (New Haven: Yale University Press, 1994), n.448, 495.
15. Elisabeth Elliot, *No Graven Image* [*No te harás imágenes*] (Avon Books, 1966).
16. Elliot, *No Graven Image*, 158.
17. Elliot, *No Graven Image*, 164.
18. Elliot, *No Graven Image*, 165.
19. Elliot, *No Graven Image*, 174.
20. Elliot, *No Graven Image*, 175.
21. Elliot, *No Graven Image*, 175.
22. Elisabeth Elliot, *These Strange Ashes* [*Estas cenizas extrañas*] (Harper, 1975), 109.
23. Elliot, *These Strange Ashes*, 130–132.
24. El relato de estos acontecimientos se encuentra en Elisabeth Elliot, *Through Gates of Splendor* [*Portales de esplendor*] (2ª ed.; Hendrickson, 2010).
25. Elliot, *Through Gates of Splendor*, 268.
26. Elisabeth Elliot, "The Glory of God's Will" ["La gloria de la voluntad divina"] en *Declare His Glory among the Nations* [*Declaren Su gloria a las naciones*], ed. David Howard (Inter-Varsity Press, 1977), 133.
27. Rittgers, *Reformation of Suffering*, 47.
28. Cindy Stauffer, "Film Depicting Nickel Mines Shootings Questioned" ["Cuestionamiento sobre la película que muestra los tiroteos de Nickel Mines"], *Lancaster Online*, http://lancasteronline.com/article/local/249326_Film-depicting-Nickel-Mines-shootings-questioned.html.
29. Donald B. Kraybill, Steven M. Nolt, y David L. Weaver-Zercher, *Amish Grace: How Forgiveness Transcended Tragedy* [*Gracia amish: Cómo el perdón trascendió la tragedia*] (Jossey-Bass, 2010).

30. Kraybill, Nolt y Weaver-Zercher, *Amish Grace*, 183.
31. Kraybill, Nolt y Weaver-Zercher, *Amish Grace*, 176-177.
32. Kraybill, Nolt y Weaver-Zercher, *Amish Grace*, 181.
33. Esta historia, y mucho de lo que Joni aprendió en los primeros años después de su accidente, se relata en un buen libro sobre el sufrimiento: Joni Eareckson Tada y Steve Estes, *A Step Further* [*Un paso más allá*] (Zondervan, 1978). El capítulo sobre Denise Walters se titula "When Nobody's Watching" ["Cuando nadie ve"], 56–62.
34. Eareckson Tada y Estes, *A Step Further*, 59.
35. Eareckson Tada y Estes, *A Step Further*, 61.
36. Eareckson Tada y Estes, *A Step Further*, 62.

9. APRENDIENDO A CAMINAR

1. Citado en Haidt, *Happiness Hypothesis*, 152
2. Lewis, *Mere Christianity*, 134 (capítulo 10, "Hope" ["Esperanza"]).
3. Davies, *Importance of Suffering*, 133.
4. Davies, *Importance of Suffering*, 130.
5. Davies, *Importance of Suffering*, 130. Énfasis del autor.
6. Davies, *Importance of Suffering*, 131.
7. Davies, *Importance of Suffering*, 133-134.
8. Haidt, *Happiness Hypothesis*, 146.
9. Haidt, *Happiness Hypothesis*, 146–147.
10. John Newton, *The Letters of John Newton* [*Las cartas de John Newton*] (Banner of Truth, 1960), 180.
11. Citado en Lewis, "Epigraph" ["Epígrafe"], *The Problem of Pain* (HarperOne, 2001), viii.
12. Ver D. Martin Lloyd-Jones, *Spiritual Depression: Its Causes and Cure* [*Depresión espiritual: Sus causas y su cura*] (Eerdmans, 1965), 247–259 (capítulo 18, "In God's Gymnasium" ["En el gimnasio de Dios"]).
13. Michael Horton, *A Place for Weakness* [*Un lugar para la debilidad*] (Zondervan, 2006), 19.
14. Simone Weil, *Waiting for God* [*Esperando a Dios*] (Harper, 2009), 70.
15. Plantinga, *God, Freedom, and Evil*, 63– 64.
16. John S. Feinberg, "A Journey in Suffering: Personal Reflections on the Religious Problem of Evil" ["Un viaje en el sufrimiento: Reflexiones personales sobre el problema religioso del mal"] en *Suffering and Goodness* [*Sufrimiento y bondad*], eds. Morgan y Peterson, 214.
17. Feinberg, "A Journey in Suffering", 215.
18. Feinberg, "A Journey in Suffering", 217.
19. Feinberg, "A Journey in Suffering", 218.
20. Feinberg, "A Journey in Suffering", 219.
21. Feinberg, "A Journey in Suffering", 219.
22. Carson, *How Long, O Lord?,* 18, 20.
23. Carson, *How Long, O Lord?,* 20.

10. LOS DIFERENTES TIPOS DE SUFRIMIENTO

1. Soy consciente de que Jonás y David no están entre los creyentes en Jesucristo del Nuevo Testamento, por lo que las afirmaciones de Pablo sobre los creyentes "en Cristo" no pueden aplicarse directamente a ellos. La comparación entre el estado de los creyentes judíos del Antiguo Testamento y el de los cristianos del Nuevo Testamento es un tema complejo. Pero para nuestros propósitos, lo que debemos preguntarnos es si nosotros, como creyentes hoy, estamos siendo castigados por Dios a causa de nuestro pecado. La mejor respuesta —la que hace justicia a lo que dice la Biblia— es que, estrictamente hablando, no se nos está dando la pena justa por nuestros pecados. Jesús ya sufrió eso. Pero ¿puede Dios traer cosas malas a nuestras vidas como "disciplina correctiva" de la misma manera en que un padre trae consecuencias dolorosas a la vida de un niño para enseñarle a obedecer? La Biblia dice que sí.
2. Weil, *Waiting for God*, 67 hasta el final del capítulo.
3. Weil, *Waiting for God*, 68, 70.
4. Weil, *Waiting for God*, 68.

5. Solomon, *Far From the Tree*.
6. Weil, *Waiting for God*, 69.
7. J. R. R. Tolkien, *The Lord of the Rings: The Two Towers* [*El señor de los anillos: Las dos torres*] (Houghton Mifflin, 2004), 914.
8. Tolkien, *The Lord of the Rings*, 70.
9. Tolkien, *The Lord of the Rings*, 70.
10. Tolkien, *The Lord of the Rings*, 71.
11. D. A. Carson, *For the Love of God: A Daily Companion for Discovering the Treasures of God's Word, vol. 2* [*Por el amor de Dios: Devocional diario para descubrir los tesoros de la Palabra de Dios, Vol 2*] (Crossway, 1999), lectura del 17 de febrero. Disponible en línea: http://s3.amazonaws.com/tgc-documents/carson/1999_for_the_love_of_God.pdf.
12. Feinberg, "Journey in Suffering", 222.
13. Feinberg, "Journey in Suffering", 223–224.
14. Feinberg, "Journey in Suffering", 224.
15. John Feinberg relata que uno de sus alumnos y su esposa tuvieron un bebé que murió. Alguien les dijo, con toda sinceridad: "¿Saben qué? Probablemente sea algo bueno que su hijo haya muerto… Quizás hubiera sido un drogadicto… Dios sabe estas cosas de antemano y probablemente los libró de esos problemas". Feinberg, "Journey in Suffering", 221.

11. CAMINANDO

1. Aunque a Matthew Bridges se le da crédito por la mayor parte del himno "Crown Him with Many Crowns" ["A Cristo coronad"], tomado de su obra *The Passion of Jesus* [*La pasión de Jesús*], 1852, la estrofa citada se le atribuye a Godfrey Thring, *Hymns and Sacred Lyrics* [*Himnos y cantos sagrados*], 1874. Dominio público.
2. Karen H. Jobes, *1 Peter, Baker Exegetical Commentary on the New Testament* [*1 Pedro, Comentario exegético de Baker del Nuevo Testamento*] (Baker, 2005), 94.
3. J. Alec Motyer, *The Prophecy of Isaiah: An Introduction and Commentary* [*La profecía de Isaías: Una introducción y un comentario*] (Inter-Varsity Press, 1993), 331.
4. "Doce de las cuarenta y una apariciones del verbo [sufrir] en el Nuevo Testamento se encuentran en esta breve carta, junto con cuatro de las dieciséis apariciones de la forma nominal… Estas cifras indican claramente que el sufrimiento es un tema central en 1 Pedro". I. Howard Marshall, *1 Peter*, The IVP New Testament Commentary Series [*1 Pedro,* Serie de comentarios del Nuevo Testamento IVP] (Inter-Varsity Press, 1991), 89n.
5. Frederick W. Danker y Walter Bauer, *A Greek-English Lexicon of the New Testament and Other Early Christian Literature* [*Léxico greco-inglés del Nuevo Testamento y de las obras de la literatura cristiana primitiva*] (3ª ed.; University of Chicago Press, 2000), 793.
6. Marshall, *1 Peter*, 42.
7. Cuando Pedro dice: "El oro es perecedero y, sin embargo, se prueba en el fuego", no está diciendo que el fuego puede destruir al oro. Puede derretirlo pero no destruirlo. La mayoría de los comentaristas creen que Pedro está contrastando el oro con la fe. Él está "simplemente presentando un contraste entre la fe y el oro, diciendo que en la vida venidera la fe permanecerá y el oro no". Marshall, *1 Peter*, 41.
8. Muchos comentaristas consideran la historia de Daniel 3 como un "*midrash*" o comentario sobre Isaías 43:2. Ver John E. Goldingay, *Daniel, Word Biblical Commentary, vol. 30* [*Daniel, Comentario bíblico de Word, Vol 30*] (Word, 1998), 68.
9. J. Alec Motyer, *The Message of Exodus: The Bible Speaks Today* [*El mensaje de Éxodo: La Biblia habla hoy*] (Inter-Varsity Press, 2005), 51.
10. Iain M. Duguid, *Daniel, Reformed Expository Commentary* [*Daniel, Comentario expositivo reformado*] (P&R, 2008), 58.

12. LLORANDO

1. Tremper Longman III, *How to Read the Psalms* [*Cómo leer los Salmos*] (Inter-Varsity Press, 1988), 26.
2. Rittgers, *Reformation of Suffering*, 258.
3. Richard Sibbes, *The Bruised Reed and Smoking Flax* [*La caña quebrada y la mecha humeante*], en *Works, vol. 1* [*Obras, Vol 1*] (Banner of Truth, 2001).

4. Joseph Bayly, *The View from a Hearse* [*La vista desde la carroza fúnebre*] (Cook, 1969), 40–41.
5. Derek Kidner, *Psalms 73–150: A Commentary on Books III–V of the Psalms* [*Salmos 73-150: Comentario sobre los libros III-V de los Salmos*] (Inter-Varsity Press, 1973), 316.
6. Martin Marty, *A Cry of Absence: Reflections for the Winter of the Heart* [*Clamor por la ausencia: Reflexiones para el invierno del corazón*] (Harper, 1983), 68.
7. Derek Kidner, *Psalms 1–72: A Commentary on Books I–II of the Psalms* [*Salmos 1–72: Comentario sobre los libros I-II de los Salmos*] (Inter-Varsity Press, 1973), 157. Este comentario viene al final de su comentario sobre el Salmo 39, el otro Salmo del Salterio que también termina sin mostrar esperanza.
8. Tolkien, *The Lord of the Rings*, Houghton Mifflin, 1994, 913.
9. Kidner, *Psalms 73–150*, 317.
10. Citado en Elisabeth Elliot, *Keep a Quiet Heart* [*Aquieta tu corazón*] (Servant, 1995), 73.
11. Michael Wilcock, *The Message of Psalms 73–150: Songs for the People of God* [*El mensaje de Salmos 73–150: Cantos para el pueblo de Dios*] (Inter-Varsity Press, 2001), 65.
12. Los comentaristas han notado cierta ambigüedad en los verbos que utiliza Pedro; pueden tomarse como indicativos presentes y también como imperativos presentes. Esta es la razón por la cual los traductores transmiten los tiempos verbales con cierta dificultad. Muchos ven la ambigüedad como deliberada y astuta. Significa que aquellos que ya están regocijándose en medio de su aflicción pueden interpretarlo como un elogio de parte de Pedro, y aquellos que aún no lo hacen pueden interpretarlo como una exhortación. Ver Marshall, *1 Peter*, 93
13. Lloyd-Jones, Spiritual Depression, 220–221.

13. CONFIANDO

1. Citado en el Prefacio de *These Strange Ashes* (Revell, 1982), 7.
2. Kidner, *Genesis*, 199.
3. Kidner, *Genesis*, 205.
4. Elliot, “Glory of God’s Will”, 130.
5. Kidner, *Genesis*, 181.
6. Newton, *Letters*, 179–180.
7. Kidner, *Genesis*, 207.

14. ORANDO

1. Citado en Peter Kreeft, *Three Philosophies of Life* [*Tres filosofías de la vida*] (Ignatius Press, 1989), 61, “Job: Life as Suffering” [“Job: La vida como sufrimiento”].
2. Kreeft, *Three Philosophies of Life*, 61.
3. “El libro de Job está muy por encima de sus competidores más cercanos debido a la coherencia de su tratamiento continuo de la miseria humana, al alcance de su análisis multifacético del problema… a la grandeza de su poesía lírica, a su impacto dramático y a la integridad intelectual con la que se enfrenta a la “carga incomprensible” de la existencia humana. En todo esto, el libro de Job es único… La comparación solo sirve para resaltar la grandeza del libro”. Francis I. Anderson, *Job: An Introduction and Commentary* [*Job: Una introducción y un comentario*] (Inter-Varsity Press, 1976), 32.
4. Anderson, *Job*, 123.
5. Anderson, *Job*, 124.
6. Anderson, *Job*, 125.
7. Gerald H. Wilson, *Job, New International Biblical Commentary* [*Job, Nuevo comentario bíblico internacional*] (Hendrickson, 2007), p. 422.
8. Anderson, *Job*, 270, citado en George Bernard Shaw, *The Adventures of the Black Girl in Her Search for God* [*Las aventuras de la joven negra en su búsqueda de Dios*], 1932, 12, 19.
9. Wilson, *Job*, 423.
10. Anderson, *Job*, 270.
11. Anderson, *Job*, 287.
12. Anderson, *Job*, 287-288. Ver también la reseña de Thomas Nagel del libro de John Gray, *The Silence of Animals* [*El silencio de los animales*] en *The New York Times Book*

Review. Gray dice que la sociedad secular occidental cree que puede librar al mundo del mal a través de la superación humana, sin Dios, pero que muchos de estos grandiosos planes han conducido a un mal mayor. Nagel admite que "es cierto que nos enfrentamos a una versión secular del problema del mal: ¿cómo podemos esperar que seres capaces de comportarse tan mal puedan diseñar y sostener un sistema que los conduzca a ser buenos? Gray tiene razón en que algunas de las soluciones que se han propuesto para este problema han sido catastróficas…". Thomas Nagel, "Pecking Order" ["Jerarquía"], *The New York Times Book Review*, 7 de julio de 2013, 10.

13. Elliot, "Epilogue II" ["Epílogo II"] en *Through the Gates of Splendor* (ed. 40 Aniversario; Tyndale, 1996), 267.
14. Lloyd-Jones, *Spiritual Depression*, 20–21.
15. John White, *The Masks of Melancholy: A Christian Physician Looks at Depression & Suicide* [*Las máscaras de la melancolía: La perspectiva de un médico cristiano sobre la depresión y el suicidio*] (1982). Citado de un audio.
16. Anderson, *Job*, 267.
17. Wilson, *Job*, 455.
18. Anderson, *Job*, 73.

15. PENSANDO, AGRADECIENDO, AMANDO

1. Citado en C. S. Lewis, "Epigraph", *The Problem of Pain* ["Epígrafo", *El problema del dolor*] (HarperOne, 2001), viii.
2. "Pero lo que Pablo dice aquí es mucho menos claro de lo que quieren implicar las traducciones en inglés. La impresión que dan es que los está llamando por última vez a que se dediquen a 'pensar' en cosas más nobles. Eso puede ser cierto en un sentido, pero el lenguaje y la gramática sugieren algo ligeramente diferente. El verbo originalmente significa 'considerar' en el sentido de 'tener en cuenta', en lugar de simplemente 'pensar'. Esto sugiere que Pablo les está diciendo no tanto que 'piensen', sino que 'tengan en cuenta' el bien que conocen de su propio pasado, siempre que sea conforme a Cristo". G. D. Fee, *Paul's Letter to the Philippians* [*La carta de Pablo a los filipenses*]. The New International Commentary on the New Testament (Eerdmans, 1995), 415-416.
3. Los ejemplos que podrían darse de la crudeza de la visión secular de las cosas son innumerables. Charles Darwin escribió: "Una [persona] que no tiene una creencia segura y permanente en la existencia de un Dios personal o en una existencia futura con retribución y recompensa… hasta donde puedo ver, solo puede vivir siguiendo los impulsos e instintos que sean más fuertes o los que le parezcan mejores" (Charles Darwin, *Evolutionary Writings* [*Escritos evolutivos*], ed. por James A. Secord, 396. Ver books.google.com). Oliver Wendell Holmes Jr., el gran juez de la Corte Suprema, y un formidable intelectual de principios del siglo XX, escribió esto en su correspondencia personal con un amigo: "No hay razón para atribuirle a un hombre una importancia diferente a la de un babuino o un grano de arena… El mundo ha producido la serpiente de cascabel, así como a mí; pero la mato si tengo la oportunidad…y la única razón es que es congruente con el mundo que quiero, el mundo que todos intentan hacer según su propio poder". (Parafraseado de Oliver Wendell Holmes Jr., *The Essential Holmes* [*Los escritos esenciales de Holmes*], ed. y con una introducción de Richard A Posner, 108, 114. Ver books.google.com.) El historiador Carl L. Becker dijo que, desde un punto de vista estrictamente científico, los seres humanos deben ser vistos como "poco más que un depósito fortuito en la superficie del mundo, descuidadamente arrojados entre dos eras de hielo por las mismas fuerzas que oxidan el hierro y maduran el maíz". (Citado en Steven D. Smith, *Disenchantment* [*Desencanto*], 179). El filósofo británico John N. Gray escribe mordazmente sobre el "mito secular moderno" de que los seres humanos tienen algún valor o significado único en la vida, o de que hay alguna esperanza de que estamos mejorando o de que la historia conduce a algún lado. Según él, los seres humanos no tienen más valor que los animales o las plantas. Escribe: "La singularidad humana es un mito heredado de la religión que los humanistas han reciclado para incluirlo en la ciencia. La evolución no tiene un punto final ni una dirección, así que si el desarrollo de la sociedad es un proceso evolutivo, es uno que no va a ninguna parte". Gray, *The Silence of Animals*, 78.
4. Jonathan Edwards, "Christian Happiness" ["Felicidad cristiana"] en *Works of Jonathan Edwards: Sermons and Discourses* 1720–1723, vol. 10 [*Las obras de*

Jonathan Edwards: Sermones y discursos 1720-1723, Vol 10], ed. Wilson H. Kimnach (Yale University Press, 1992), 297.

5. Esta palabra tiene que ver principalmente con lo que las personas consideran "adorable", en el sentido de tener una disposición amistosa. Fee, *Paul's Letter to the Philippians*, 418.
6. Cómo Agustín derrocó el "Eudaimonismo" —la idea de que la mayor fuente de felicidad es la virtud personal— se cuenta en los capítulos 7 y 8 de Wolterstorff, *Justice* [*Justicia*]. La frase "solo el amor a lo inmutable puede dar tranquilidad" es un resumen de las enseñanzas de Agustín, y es usada como encabezado en el capítulo 8, 180.
7. San Agustín, *Confessions* [*Confesiones*], Book IV, 11.
8. C. S. Lewis, *The Four Loves* [*Los cuatro amores*] (Harcourt, 1988), 122.
9. Kidner, *Psalms 1–72*, 55.
10. Ver William L. Lane, *The Gospel of Mark* [*El evangelio de Marcos*]. The New International Commentary on the New Testament (Eerdmans, 1974), 573–574.
11. Horatio Spafford, "It Is Well with My Soul" ["Estoy bien" o "Tengo paz con mi Dios"] (himno, 1873).

16. AGUARDANDO

1. Howard Thurman, *A Strange Freedom: The Best of Howard Thurman on Religious Experience and Public Life* [*Una extraña libertad: Lo mejor de Howard Thurman sobre la experiencia religiosa y la vida pública*], eds. Walter Earl Fluker y Catherine Tumber (Beacon Press, 1998), 71.
2. Thurman, *A Strange Freedom*, 79.
3. Existen numerosas versiones de esta historia, cada una diferente. Lee una versión típica en http://www.family-times.net/illustration/Troubled/200318.
4. C. S. Lewis, "The Weight of Glory" ["El peso de la gloria"]. Disponible en: https://docs.google.com/viewer?url=http%3A%2F%2Fwww.verber.com%2Fmark%2Fxian%2Fweight-of-glory.pdf, 8.

EPÍLOGO

1. En este libro nos concentramos en las estrategias que requieren todas las variedades de sufrimiento. Sin embargo, no abordamos dos habilidades espirituales que, en algunos casos, son muy necesarias. La primera habilidad es recibir el perdón de Dios a través del arrepentimiento y la reconciliación con Él. El sufrimiento suele revelar nuestros fracasos personales y nos llenamos de vergüenza. Es fundamental que aliviemos esa culpa y esa vergüenza recibiendo la gracia de Dios. Por otro lado, a menudo necesitamos la habilidad de perdonar a otros. Muchos casos de adversidad provienen de traiciones por parte de otros. En esos casos, el peligro no es ser consumido por la culpa, sino por la ira. Es fundamental que aliviemos la ira ofreciendo gracia y perdonando a los demás. En este volumen no tratamos ninguna de estas prácticas. Otros libros que pueden ayudar son los siguientes: J. R. W. Stott, *Confess Your Sins: The Way of Reconciliation* [*Confiesa tus pecados: El camino de la reconciliación*] (Westminster, 1965); Dan Hamilton, *Forgiveness* [*El perdón*] (Inter-Varsity Press, 1980); Judith Gundry-Volf y Miroslav Volf, *A Spacious Heart: Essays on Identity and Belonging* [*Un corazón espacioso: Ensayos sobre la identidad y la pertenencia*] (Trinity Press, 1997). Y ver Timothy Keller y Kathy Keller, *The Meaning of Marriage: Facing the Complexities of Commitment with the Wisdom of God* [*El significado del matrimonio: Enfrentando las complejidades del compromiso con la sabiduría de Dios*] (Dutton, 2011), 159-169.

El Evangelio
¡para cada rincón de la Vida!

Poiema /POY-EMA/ es la palabra griega que se refiere a una obra creada por Dios. Es la raíz de nuestra palabra "poema", que nos insinúa algo artístico, no una simple fabricación. Pablo dice:

Porque somos la obra maestra (POIEMA) de Dios, creados de nuevo en Cristo Jesús...
Efesios 2:10

El propósito de Poiema Publicaciones es reflejar la imagen de nuestro Creador, creando libros de alta calidad, accesibles, agradables y pertinentes al mundo caído en el que vivimos. Dios nos invita a tomar parte en la redención de toda Su creación en Jesús. En Poiema Publicaciones, sentimos un llamado a que nuestra lectura ¡también sea redimida!